L'Afrique, l'OMC et le développement

ISBN : 2-7068-1924-3
Maisonneuve & Larose, 2005
15, rue Victor Cousin
75 005 PARIS
servedit1@wanadoo.fr

Hakim Ben Hammouda

L'Afrique, l'OMC et le développement

Maisonneuve & Larose

DU MÊME AUTEUR :

Sous la direction de, « L'économie du Burundi », in *Mondes en Développement*, numéro spécial, tome 21, n° 82, 1993.

Burundi, Histoire politique et économique d'un conflit, L'Harmattan, Paris, 1995.

Sous la direction de, « Contrainte externe et croissance durable au Maghreb », in *Mondes en développement*, numéro spécial, tome 23, n° 89-90, 1995.

Tunisie, Ajustement et difficulté de l'insertion internationale, L'Harmattan, Paris, 1995.

Sous la direction de, *Afrique et monde arabe : échec de l'insertion internationale*, L'Harmattan, Paris, 1995.

Sous la direction de, *Le Maghreb : enlisement ou nouveau départ*, L'Harmattan, Paris, 1996.

Les pensées uniques en économie, L'Harmattan, Paris, 1997.

Afrique : Pour un nouveau contrat de développement, Paris, L'Harmattan, 1999.

L'économie politique du Post-ajustement, Paris, Karthala, 1999.

Sous la direction de, *L'avenir de la zone franc. Perspectives africaines*, Karthala, Paris, 2001.

Sous la direction de, *Repenser Bretton Woods – Réponses africaines*, Karthala, Paris, 2002.

Sous la direction de, *Les économies de l'Afrique centrale 2002*, Paris, Maisonneuve & Larose, 2002.

Crise globale, un regard du Sud, Paris, Maisonneuve & Larose, 2002.

Sous la direction de, *Le NEPAD et les enjeux du développement en Afrique*, Paris, Maisonneuve & Larose, 2002.

100 Mots pour comprendre le développement, Paris, Maisonneuve & Larose, 2003.

Sous la direction de, *L'intégration régionale en Afrique centrale, Enjeux et perspectives*, Paris, Karthala, 2003.

Sous la direction de, *Les économies d'Afrique centrale 2003*, Paris, Maisonneuve & Larose, 2003.

Bagdad, année zéro, Paris, Maisonneuve & Larose, 2003.

Sous la direction de, *Rapport économique sur l'Afrique 2004*, Commission économique des Nations unies pour l'Afrique, Addis-Ababa (Éthiopie) 2004.

Sous la direction de, *Les transports et l'intégration régionale en Afrique*, Paris, Maisonneuve & Larose, 2004.

Sous la direction de, *La décision de Yamoussoukro et le transport aérien en Afrique*, Paris, Maisonneuve & Larose, 2004.

TABLE DES MATIÈRES

INTRODUCTION

Le lundi 15 décembre 2003, très tôt le matin de petits groupes se formaient dans le grand palace où nous avions élu domicile dans cette petite ville balnéaire de Cancùn pour participer à la cinquième conférence ministérielle de l'OMC. On se pressait pour régler nos factures et se diriger vers le petit aéroport afin de quitter le Mexique et entreprendre le long voyage de retour. La Conférence s'est terminée la veille en début d'après-midi sur un échec retentissant. Un évènement rare dans l'histoire des négociations commerciales multilatérales. Et ce n'est pas l'échec qui a constitué l'exception ! Il faut dire que depuis la Conférence de Seattle, le revers n'est plus étranger à ces grands conclaves internationaux ! Ce qui était exceptionnel par contre était que cette Conférence ait pu se terminer avant l'heure ! Une performance sans précédent que seul l'échec venait ternir ! Il faut dire que de mémoire d'habitués à ce type de rencontres, rares sont les Conférences qui ne sont pas terminées tard dans la soirée voire même qui ont exigé quelques jours de plus de négociations ! Certains participants commençaient d'ailleurs à chercher de nouvelles réservations d'avions et à débattre avec les directions de leurs hôtels une extension de leur séjour tellement les négociations avaient peu avancées lors des premiers jours de la Conférence. Mais, c'était sans compter sur l'ampleur des divergences entre les participants ! D'ailleurs, le ministre mexicain des Affaires étrangères, M. Luis Ernesto Debrez, qui présidait cette Conférence s'était rapidement rendu à l'évidence et avait décidé d'annoncer la fin de la réunion.

Ainsi, le lundi 15 décembre les délégations commençaient à quitter leurs hôtels pour se diriger à l'aéroport. Mais, déjà le débat était lancé ! Pourquoi on est-on arrivé là ? Pourquoi ce nouvel échec de l'OMC ? Comment faire pour prendre en compte les intérêts des pays en développement dans les négociations multilatérales ? Pourquoi est-il si difficile de corriger l'ordre international ? Comment rééquilibrer la globalisation ? Comment mettre le commerce international au service du développement ? Comment ouvrir l'OMC aux préoccupations des pays en développement ? Comment expliquer l'échec de l'Afrique à bénéficier du commerce international ? Pourquoi le commerce n'a pas aidé l'Afrique à construire sa compétitivité ? Que doit faire l'Afrique pour tirer profit du commerce international et de la globalisation ? Autant de questions que n'arrêtaient pas de se poser les différents groupes qui se formaient dans les hôtels et dans les files d'attente de l'aéroport !

Toutes ces interrogations commençaient à tourner dans ma tête. J'arrivais difficilement à les ordonner et à les coordonner ! Mes efforts étaient vains et mes tentatives échouaient devant la complexité de la situation ! Par ailleurs, des éléments de réponse fusaient dans mon esprit sans que je puisse en construire la rationalité ou la logique ! J'étais désarmé devant ces interrogations, confus et déboussolé devant l'ampleur des questionnements ! Que faire, éternelle question devant la complexité de l'humain ! C'est à ce moment-là que j'ai décidé de rassembler mes impressions, mes notes, mes remarques et mes débuts de réponse dans un ouvrage. Écrire pour mieux comprendre. Cette réponse me rassurait et me permettrait de défaire les fils distendus de cette histoire. Écrire pour espérer collecter les éléments disparates d'une aventure trouble, écrire aussi pour dénouer la confusion des sentiments qui m'éprend ! Et c'est ainsi qu'est née l'idée de raconter dans une perspective africaine l'histoire récente des négociations commerciales multilatérales.

Cette histoire commence à la Conférence de l'OMC à Doha en 2001 et continue jusqu'à celle de Hong Kong en 2005. Écrire cette histoire c'est restituer l'atmosphère de ces négociations ! Pour cela, j'ai opté pour l'option méthodologique qui consiste à raconter cette histoire au quotidien, en cherchant si possible à entremêler la part raisonnée et un aspect plus intimiste fait de sensations, d'espoirs, de joies et de déceptions.

Ainsi, cet ouvrage fait le pari d'associer des analyses rigoureuses à des récits de voyages, des portraits, des impressions et des émotions. Ce mélange est nécessaire pour mieux saisir une dynamique de négociations faite de raisonnements des plus rationnels, d'enjeux politiques, d'engagements mais aussi d'enchantement et de joie. Une histoire finalement à l'image de la complexité, de l'intelligence et parfois de la faillite de l'humain !

Mais, pour raconter cette histoire, retournons à Cancùn !

Cancùn, un échec retentissant !

La cinquième Conférence ministérielle de l'Organisation mondiale du commerce (OMC) tenue à Cancùn (Mexique) du 10 au 14 septembre 2003 a été un échec. Cette conférence, tenue à mi-parcours dans le déroulement des négociations lancées en 2001 à Doha, s'est fixée comme objectifs : de mesurer les progrès réalisés dans ces négociations, d'apporter de nouvelles directions politiques pour les négociateurs à Genève et de donner un souffle nouveau à ces négociations multilatérales. Or, après cinq jours de débat, les divergences sont si étendues entre les pays membres de l'OMC que le président de cette Conférence, M. Luis Ernesto Debrez, le ministre mexicain des Affaires étrangères, ne pouvait que les constater en annonçant la fin de la Conférence sans l'adoption d'une déclaration ministérielle ouvrant la voie à une poursuite des négociations.

Cet échec a constitué un évènement majeur dans les relations internationales et dans les efforts pour renforcer le multilatéralisme dans les négociations commerciales internationales. Plusieurs observateurs se sont inquiétés à la fin de cette conférence du retour du bilatéralisme et de la multiplication des accords régionaux dans les relations commerciales internationales. Cette situation ne ferait que renforcer les incertitudes et les inquiétudes qui pèsent sur l'ordre international depuis quelques années. Par ailleurs, l'échec de Cancùn pourrait également obscurcir l'horizon de l'OMC qui connaît depuis quelques années une vague de critiques et un grand scepticisme quant à sa capacité à établir des règles, transparentes et équitables pour le fonctionnement du système commercial multilatéral.

L'échec de Seattle est encore dans les esprits. Cette organisation a réussi à dépasser cette débâcle en parvenant à lancer à l'arrachée un nouveau Round de négociations lors de la quatrième Conférence à Doha en 2001. Or, les démons du passé sont rapidement revenus à la surface et la Conférence de Cancùn n'a pas été en mesure de réduire les divergences qui opposent les pays membres.

Pour l'Afrique, l'échec de Cancùn aura été à l'origine d'une grande déception. En effet, lors du lancement du nouveau cycle de négociations à Doha un consensus a été forgé entre les participants sur l'importance de prendre en considération les préoccupations des pays africains. Le nouveau Round était un Round de développement et devait répondre de manière favorable aux inquiétudes des pays africains et aider à la constitution d'un système multilatéral favorable à la modernisation de leurs économies et à leurs efforts de lutte contre la pauvreté. Ces engagements étaient nécessaires car ces pays n'ont pas cessé depuis Seattle d'exprimer leurs craintes face aux tendances inégalitaires de l'économie mondiale et à leur marginalisation croissante dans la globalisation. Le nouveau Round devait par conséquent les rassurer et apporter les réformes nécessaires à l'ordre international afin de favoriser leur intégration au commerce international. Cette intégration devenait urgente pour favoriser une reprise forte de la croissance dans les pays africains et une amélioration de leur compétitivité. Un grand nombre de ces pays avaient fait depuis quelques années de leurs secteurs exportateurs agricoles ou manufacturés des leviers importants de leurs stratégies de croissance.

Or, leurs exportations sont confrontées à d'importantes difficultés pour pénétrer les marchés des pays développés du fait des limitations tarifaires ou non tarifaires. Par ailleurs, les exportations des pays africains supportaient difficilement la concurrence des produits en provenance des pays développés du fait des différentes formes d'aide à l'exportation accordées par ces pays à leurs firmes sur les marchés exportateurs. Enfin, il faut aussi souligner les différentes formes d'appui à la production dans les pays développés qui favorisent la compétitivité de ces produits sur les marchés internationaux et sont à l'origine d'une baisse structurelle des prix. Ainsi, les pays en développement, et les pays africains en particulier, éprouvent depuis quelques années les plus grandes difficultés sur les marchés internationaux en dépit des réformes et des efforts de libéralisation qu'ils n'ont cessé de mettre en place depuis plus de deux décennies. Comme si le différentiel de productivité en leur faveur ne suffisait pas, les pays développés continuaient à apporter un appui considérable à leurs activités agricoles, industrielles et dans les services tout en exerçant des pressions fortes sur les pays en développement afin de libéraliser leurs économies et de diminuer toutes les formes d'aide et d'appui à leurs économies. Ainsi, les exportations, qui devaient contribuer à une reprise forte de la croissance dans le monde en développement, se trouvent en panne, et la fragilité des dynamiques de création de richesse n'a jamais été aussi importante, particulièrement en Afrique. La réforme du commerce international et une plus grande ouverture des échanges internationaux à leurs produits devenaient des questions cruciales pour les pays en développement. La croissance, la lutte contre la pauvreté, la modernisation et la diversification de leurs économies exigeaient l'établissement de nouvelles règles, qui leur sont favorables, pour le commerce international. Depuis Seattle, ces pays ont fait de ces exigences, les conditions au lancement d'un nouveau cycle de négociations internationales. Leurs pressions ainsi que la conjoncture internationale de l'époque ont été à l'origine du consensus de Doha pour faire du développement la priorité de ce nouveau Round.

Or, en dépit de ces engagements et du consensus dégagé lors de la Conférence de Doha, les promesses tenues ne se sont jamais traduites en actes concrets favorables au développement [1]. Les différents délais fixés lors de cette Conférence pour finaliser les négociations dans certains secteurs cruciaux pour les pays africains, comme ceux de l'agriculture, les accords sur la propriété intellectuelle et la santé publique, ou sur l'accès aux marchés pour les produits non-agricoles, n'ont pas été respectés. Les progrès des négociations ont été faibles. Ainsi, ce n'est qu'à la veille de la Conférence de Cancùn que les États-Unis ont levé leur veto sur l'accord sur la propriété intellectuelle et la santé publique, pourtant disponible depuis décembre 2002. Par ailleurs, ce n'est que quelques jours seulement avant la tenue de la cinquième Conférence que les États-Unis et l'Union européenne ont formulé de nouvelles propositions sur le dossier agricole. Ces gestes devaient rassurer les pays en développement quant à l'engagement des grandes puissances économiques en faveur du développement et donner à la Conférence de Cancùn des chances de réussite.

[1] Commission économique des Nations unies pour l'Afrique, *Le cycle de Doha et le développement de l'Afrique : des mots aux actes*, Addis-Ababa, Commission économique des Nations unies pour l'Afrique, septembre 2003.

Mais, trop peu et trop tard avaient estimé les pays en développement [2]. Du coup, la fronde est montée en puissance au sein de l'OMC, et les pays en développement se sont constitués en différents blocs solidaires pour exiger des concessions plus importantes et un contenu plus ambitieux quant à la prise en compte de la dimension développement dans les relations internationales. Dès le mois d'août 2003, un important groupe comportant 20 pays en développement, appelé depuis lors le G 20, s'est formé sous la coordination du Brésil et comportant de grandes puissances comme l'Inde, le Pakistan, la Chine, l'Argentine et certains pays d'Afrique comme l'Égypte et l'Afrique du Sud [3]. Le G 20 a concentré ses critiques sur le dossier agricole et a exigé des réformes plus ambitieuses de la part des pays développés dans le domaine de la réduction des appuis internes à la production et de la suppression des subventions aux exportations agricoles. Par ailleurs, les pays africains ont défini des positions communes lors d'une Conférence ministérielle tenue du 11 au 13 juin 2003 à l'Ile Maurice et ont exigé une plus grande attention à leurs préoccupations lors de la Conférence de l'OMC. À Cancùn, les pays africains se sont rapprochés du groupe des pays ACP (Afrique-Caraïbes-Pacifique) ainsi que des PMA (Pays les Moins Avancés) pour constituer le G 90 et réclamer une plus grande prise en compte de leurs préoccupations dans ce nouveau Round. De l'avis de tous les observateurs, ces nouvelles alliances ont constitué un évènement majeur dans les négociations commerciales internationales depuis les années 70 et les revendications des pays non-alignés et du Groupe des 77 pour un Nouvel ordre économique international. Ces nouvelles alliances ont pesé de tout leur poids à Cancùn, et pourraient constituer dans l'avenir de nouvelles forces dans les négociations commerciales internationales. Or, en dépit de ses alliances et de leurs pressions, les pays en développement n'ont pas été en mesure d'imposer une allure favorable au développement, et la Conférence s'est soldée par un échec.

[2] Voir le texte soumis par le groupe africain à Genève à la première réunion extraordinaire des ministres de l'Union africaine du Commerce lors de sa session le 9 septembre à Cancùn.

[3] À sa formation le G 20 était composé des pays suivants : Argentine, Brésil, Bolivie, Chine, Chili, Costa Rica, Cuba, Équateur, Guatemala, Inde, Mexique, Pakistan, Paraguay, Pérou, Philippines, Afrique du Sud et Venezuela.

Comment expliquer le revers de Cancùn ? Cette question a été au centre des discussions à la fin de la Conférence. Plusieurs explications ont été avancées. Certains avaient avancé l'empressement du président de la Conférence de mettre fin à la réunion de manière prématurée sans laisser le temps aux délégations de faire les consultations nécessaires. Ce dernier avait répondu à ces critiques estimant que les positions des différents protagonistes étaient tellement divergentes qu'il était difficile de parvenir à un accord. De ce point de vue, la poursuite des négociations était une pure perte de temps. D'autres avaient avancé le processus de décision au sein de l'OMC pour expliquer cet échec. Dans cette perspective, il était urgent d'opérer d'importantes réformes dans les mécanismes de prise de décision au sein de l'OMC. Enfin d'autres intervenants avaient fait de l'obstination des pays en développement la raison essentielle de ce revers. Ces pays, de ce point de vue, avaient soutenu jusqu'à la fin des positions maximalistes et se sont refusés à envisager les compromis nécessaires à toute négociation.

Doha, for ever !

Ainsi, le point de départ de notre histoire est un échec, et commence avec la faillite de la Conférence ministérielle de l'OMC à Cancùn. Mais, pour comprendre les enjeux de cet échec il faut remonter un peu plus loin. Plus précisément à la Conférence de Doha qui s'est déroulée en novembre 2001, soit quelques semaines après les attentats du 11-septembre. Cette Conférence avait fait du développement et de la prise en compte des intérêts des pays africains le centre du nouveau cycle de négociations. Cet engagement s'est manifesté de manière claire dans la Déclaration de Doha et dans le programme de travail que cette Conférence avait fixé pour le nouveau cycle de négociations. Or, les engagements de Doha sont restés muets et ne se sont pas traduits par des mesures concrètes favorables au développement, et en particulier aux pays africains.

Le suivi des négociations depuis la Conférence de Doha nous a permis d'apercevoir deux logiques en œuvre. D'abord, l'esprit et l'ambition de Doha qui cherchaient à faire de ce cycle un Round favorable au développement et voulaient impulser une dynamique nouvelle au système commercial international favorable au développement. Les pays en développement, et les pays africains en particulier, ne cesseront de faire référence à cette ambition et à cet esprit pour accélérer les négociations commerciales. Mais, au-delà des préoccupations économiques, l'esprit de Doha se donnait un objectif politique majeur et cherchait à faire du multilatéralisme le moyen de reconstruire un ordre international en crise. Le système multilatéral ouvert à sa marge semblait être une alternative aux tentations hégémoniques et unilatérales qui commençaient à se faire entendre. Mais, en même temps, cette volonté de changement et ce pari sur le futur n'étaient pas partagés par tous. Certains misaient sur le maintien et la poursuite des tendances lourdes qui ont marqué le système commercial multilatéral depuis des décennies, en dépit de leur caractère inégalitaire et de la marginalisation grandissante des pays en développement. Ce choix était d'autant plus important qu'ils leur permettent de maintenir et de sauvegarder leurs positions fortes. Cette tentation n'a jamais quitté les négociations et risque de vider le Doha Round de son contenu novateur et favorable au développement.

Cette opposition entre ces deux logiques peut se retrouver sur les dossiers cruciaux pour une plus grande ouverture du système commercial multilatéral aux pays en développement. Il s'agit particulièrement des dossiers agricoles, de l'accès au marché pour les produits non agricoles, des questions du développement avec la question essentielle du traitement spécifique et différencié, des questions de Singapour, des droits de propriété et de la santé publique. À ces dossiers traditionnels des négociations, il faut rajouter l'émergence de celui du coton suite sur l'initiative de quatre pays d'Afrique de l'Ouest et du centre (Burkina Faso, Mali, Bénin et Tchad). Ce dossier deviendra rapidement le symbole de ce Round en faveur du développement et de la résistance de certains à faire des concessions majeures sur des questions cruciales pour le développement et pour une plus grande prise en compte des intérêts des pays africains dans les négociations commerciales internationales.

Depuis l'échec de Cancùn, les échanges se sont multipliés entre les pays membres de l'OMC afin de relancer les négociations et de les faire sortir de l'impasse. Ces efforts ont abouti à l'adoption du consensus de juillet 2004 qui définit le cadre pour les négociations futures sur les modalités.

Cet essai se fixe pour objectif de contribuer à l'écriture de l'histoire récente des négociations commerciales multilatérales. À ce niveau, nous faisons l'hypothèse que cette histoire est celle de l'opposition entre l'ambition de Doha de rééquilibrer le système commercial multilatéral et la logique du maintien des positions acquises. Il s'agit d'une histoire faite de ce divorce entre le pari de réformer le système international afin qu'il prenne en compte les espérances et les préoccupations de sa marge et la volonté de défendre l'ordre en place. Nous nous sommes fixés comme objectif de livrer notre perception de cette histoire récente qui a commencé en 2001 à Doha et qui se poursuit devant nous. Mais, comme l'histoire est rarement objective, nous lui avons prêté un regard subjectif. Il s'agit des yeux de l'africain et du ressortissant de la marge qui croit en un universel ouvert et libéré de la centralité du regard occidental. Cette histoire sera écrite à partir d'une singularité, celle de l'Afrique dans son rapport avec l'Autre par les échanges et le commerce.

Le commerce ou l'histoire d'une singularité africaine

L'histoire de l'Afrique avec le commerce est singulière à bien des égards. Cette singularité trouve son fondement dans l'échec des pays africains à en faire un instrument en faveur du développement, comme on peut en juger par l'histoire que le commerce a joué dans l'histoire de l'ensemble de la planète. Revenons tout d'abord à l'histoire relativement ancienne du capitalisme et remontons à la Renaissance et à l'émergence des villes italiennes comme des centres économiques majeurs. Le développement de ces villes a trouvé ses origines dans le développement du commerce et la construction d'importantes flottes navales en faveur des grands commerçants florentins et vénitiens. Le commerce international a permis à ces villes d'accumuler des richesses et de devenir des centres de la modernité pendant la Renaissance. Un peu plus tard le développement du capitalisme a aussi exigé un recours au commerce international pour écouler les marchandises sur les marchés étrangers et pour pouvoir importer les matières premières. Dès la fin du XVIIIe siècle, la Grande-Bretagne est devenu une puissance économique et a monopolisé en faveur de son industrie les grandes voies des échanges internationaux. Le XIXe siècle a connu l'émergence de nouvelles puissances économiques en Europe, comme la France et l'Allemagne qui ont également su mettre à profit le commerce international. Ainsi, l'histoire du développement du capitalisme est en partie celle de la maîtrise du commerce international et de son usage dans le développement de la compétitivité des économies.

Mais, le rôle du commerce international ne se limite pas à la naissance du capitalisme mais a également accompagné son développement tout au long du XXe siècle. En effet, les grandes économies continuent à jouer un rôle majeur dans les échanges internationaux, et la puissance économique se mesure aussi par la part des pays dans le commerce international. Plus proche de nous dans l'histoire récente de l'économie mondiale, le commerce a joué un rôle important dans l'impressionnant phénomène de rattrapage de certaines économies en développement lors du dernier quart de siècle. En effet, rien ne prédestinait les pays asiatiques dans les années 60 à cet important progrès en matière de développement. Au contraire, les économistes de l'époque avaient voué l'Asie à plusieurs décennies de ténèbres et de sous-développement du fait des conflits, de la guerre froide et de la culture … qui était perçu à l'époque comme un facteur qui devait desservir ce continent. Or, on se rend compte aujourd'hui que les progrès asiatiques ont largement dépassé les pronostics les plus optimistes. En effet, en moins d'un quart de siècle, les différents pays asiatiques ont pu devenir de véritables dragons qui comptent sur la scène internationale. À travers des dynamiques de croissance fortes, une maîtrise des nouvelles technologies, des efforts impressionnants en matière d'éducation et de santé, les pays asiatiques sont devenus des acteurs majeurs de l'économie mondiale et certains d'entre eux font désormais partie du club très fermé des pays les plus développés. Ces succès ont fait l'objet d'importantes études et analyses durant les dernières décennies. Mais, en dépit de la diversité des travaux et des écrits sur ces expériences, invariablement ils reconnaissent le rôle majeur joué par le commerce international dans ces expériences d'industrialisation tardive.

La reconnaissance du rôle du commerce dans le développement n'est pas seulement un enseignement de l'histoire, mais également l'un des résultats majeurs de la théorie économique. Il faut souligner que l'intérêt accordé par les grands penseurs économiques au commerce international ne date pas d'aujourd'hui. Il remonte aux pères fondateurs de l'économie classique. Qu'il s'agisse de A Smith, de D. Ricardo ou de K. Marx, ils ont mis l'accent sur le rôle du commerce international dans le développement des économies capitalistes. La théorie économique s'est alors chargée depuis le XIXe siècle d'expliquer l'intérêt pour les économies nationales de se spécialiser et de participer de manière active au commerce international et des gains procurés par les échanges internationaux pour les pays en développement. Ainsi, A. Smith a mis l'accent sur la notion d'avantage absolu qui doit guider la spécialisation internationale. D. Ricardo a franchi une étape supérieure en introduisant la notion d'avantages comparatifs qui justifie la spécialisation des pays dans les productions dans lesquelles ils ont la productivité la plus élevée. Depuis ces travaux fondateurs, la théorie de l'échange international s'est développée autour de deux idées majeures. La première insiste sur la spécialisation internationale des pays et leur participation à l'échange. La seconde réaffirme que cette spécialisation est favorable à la croissance et au développement économique, et bénéfique à tous les pays. Récemment les nouvelles théories du commerce international ont également mis en exergue le rôle des rendements non constants et des économies d'échelle dans la spécialisation internationale. Plus particulièrement, ces nouvelles théories ont expliqué le rôle clé de l'investissement et de l'accumulation dans la nature de l'insertion internationale des pays [5].

Certes, récemment le rapport entre la croissance économique et l'ouverture sur l'international a fait l'objet d'une importante controverse. En effet, les travaux d'économistes comme D. Rodrik ont eu tendance à remettre en cause le consensus qui prévalait jusque-là sur l'importance de l'ouverture sur l'extérieur dans la croissance et le développement en général. Mais, en dépit de cette controverse, on continue à penser que les pays qui ont eu un certain degré d'ouverture sur l'extérieur se sont développés plus vite que ceux qui ont cherché à vivre en totale autarcie. Le problème n'est pas tant l'ouverture des économies, mais la manière dont cette ouverture sur l'extérieur

[5] Voir à propos des nouvelles théories de l'échange international, l'ouvrage de référence écrit par P. Krugman, *Rethinking International Trade*, Massachussets, The MIT Press, 1990.

s'intègre dans les stratégies globales de développement. À ce propos, il nous semblait que le véritable débat n'est point celui de l'ouverture par opposition à l'autarcie mais concerne la capacité des pays en développement à faire de la politique commerciale un instrument dynamique en faveur de la croissance et de l'inscrire dans une vision globale et stratégique du développement [6].

Ainsi, qu'il s'agisse de la théorie économique ou des enseignements de l'histoire économique, il apparaît clairement que le commerce international a joué un rôle important dans le développement et a été un instrument majeur dans les dynamiques de croissance et de compétitivité depuis des siècles. La question qui s'impose alors est de savoir les raisons de la singularité africaine ? Pour comprendre cette singularité, il faut présenter certains faits qui nous permettront d'illustrer notre propos et de mieux saisir cette faillite africaine. Tout d'abord, il faut mentionner que l'Afrique est la seule région au monde où la part dans le commerce international n'a cessé de baisser. Ensuite, cette région est la seule où les matières premières et les produits de rente continuent à dominer largement le contenu des exportations. À ce niveau, il faut souligner que la plupart des régions du monde ont réussi à diversifier leurs économies et ont réussi par conséquent à opérer d'importants changements dans la structure de leurs exportations en augmentant considérablement la part des produits manufacturés ou celles des services. Seule l'Afrique continue à s'enfermer dans la trappe des produits de rente. Mais même pour les produits de rente, l'Afrique semble avoir du mal à supporter la concurrence en provenance d'autres économies. Du coup, la part du continent dans les exportations de matières premières a énormément baissé ces dernières années, et l'Afrique a cédé la place à d'autres exportateurs plus dynamiques et compétitifs [7].

---

[6] Voir à ce propos Hakim Ben Hammouda, *Libéralisation commerciale et développement : Quelles leçons pour l'Afrique*, ATPC work in progress n° 7, Addis-Ababa, Commission économique des Nations unies pour l'Afrique, 2004.

[7] Voir sur ces évolutions les différents rapports économiques annuels de la Commission économique des Nations unies pour l'Afrique, et particulièrement celui de l'année 2004 consacré aux questions commerciales : CEA, *Rapport économique 2004*, Addis-Ababa, CEA, 2004.

Comment expliquer cette singularité africaine ?

Ces différents éléments montrent, à ceux qui en doutaient encore, que l'Afrique est la seule région au monde qui n'a pas su mettre à profit le commerce international pour son développement. Du coup, l'histoire de l'Afrique avec le commerce est particulièrement singulière et spécifique. En effet, raconter l'histoire de l'Afrique avec le commerce c'est relater l'échec du continent à utiliser cet instrument pour construire son avenir. À partir de là, il faut comprendre cette singularité et lui fournir des éléments d'explication. Pourquoi le continent n'a pas été en mesure d'utiliser le commerce international ? Qu'est-ce qui a manqué à l'Afrique pour que la politique commerciale puisse contribuer à la construction de la compétitivité des économies ? S'agit-il, comme certains ne cessent de le répéter, de l'incapacité essentielle de l'Afrique à s'inscrire dans la marche du monde vers le progrès ? Sommes-nous en présence, comme certains le prétendent, d'un nouveau signe de l'immuabilité de l'Afrique et de son imperméabilité aux changements ? Est-ce une expression de cette inaptitude de l'Afrique de sortir des mythes et des allégories, et de s'inscrire dans la modernité et le temps du monde ?

L'objectif de cet ouvrage est d'essayer de comprendre cette singularité de l'Afrique dans son rapport avec le commerce. Nous nous sommes fixés comme objectif de mieux analyser cette incapacité du continent à faire du commerce un outil essentiel pour son développement. Cette réflexion est importante et nécessaire pour aider l'Afrique à renouveler le rôle et la place du commerce dans le développement. Mais, il est aussi nécessaire de réfléchir sur les fondements de cette spécificité et la particularité du rapport de l'Afrique au commerce international dans la mesure où l'Afrique n'a échappé pas aux « modes » de pensée et aux consensus en vigueur sur les politiques commerciales durant les quatre dernières décennies. Ainsi, au moment des indépendances, les stratégies de développement adoptées par les pays africains se sont inscrites dans les politiques d'import-substitution en vogue à l'époque et qui cherchaient à développer les activités orientées vers les marchés intérieurs. Ainsi, la plupart des pays africains, à l'image des pays asiatiques comme des pays latino-américains, ont adopté pour des politiques commerciales orientées vers la protection du marché intérieur. Les tarifs douaniers élevés ainsi que les différentes autres formes de restriction des exportations ont favorisé le marché local et ont réduit le rôle de l'échange international dans le développement. Les stratégies d'import-substitution ont été remises en cause par la crise des années 80 et les pays africains se sont inscrits comme la plupart des pays en développement dans le mouvement de réformes ouvert par le consensus de Washington. Ces nouvelles stratégies de développement se sont distinguées ouvertement des précédentes en mettant l'accent sur le marché extérieur dans les stratégies de croissance. Au niveau des politiques commerciales, les pays africains ont adopté de nouveaux choix axés sur l'ouverture à travers une libéralisation du commerce extérieur et un appui plus marqué aux entreprises exportatrices.

Ainsi, les pays africains ont adopté depuis plus de quarante ans les politiques commerciales en vigueur et n'ont pas échappé au consensus à l'œuvre dans ce domaine. À partir de là, la question qui se pose est de comprendre ce qui s'est passé. Plus précisément, il faut expliquer les raisons qui ont fait que les mêmes politiques n'ont pas produit les mêmes effets. En effet, il est nécessaire d'élucider cette énigme africaine et de comprendre les raisons de l'échec africain au moment où les pays asiatiques et latino-américains ont tiré profit de leurs politiques commerciales et ont été en mesure de structurer des économies dynamiques et compétitives. Il est nécessaire d'expliquer pourquoi les politiques protectionnistes ont permis à certaines économies en développement de structurer des marchés dynamiques et une demande locale forte, capable de soutenir les industries naissantes, alors qu'en Afrique elles n'ont produit que comportements rentiers et inefficacité. Il est également important d'analyser les raisons des effets différenciés des politiques de promotion des exportations qui ont permis à un grand nombre de pays en développement de renforcer leur compétitivité alors qu'en Afrique ils ont été à l'origine d'un mouvement de désindustrialisation et du renforcement de l'instabilité macroéconomique.

L'objectif de cet ouvrage est de mieux comprendre cette singularité africaine. Pourquoi ce qui a été possible ailleurs ne l'a pas été en Afrique. Pourquoi la politique commerciale n'a pas contribué à notre développement ? Pourquoi n'a-t-elle pas été en mesure de participer à la réduction de notre retard ?

Cet ouvrage se fixe comme objectif d'apporter des éléments de réponse à ces questions. Plus particulièrement, nous chercherons à comprendre les raisons de l'échec de l'Afrique dans l'usage du commerce pour son développement. À ce niveau, nous formulons l'hypothèse que l'échec africain ou la singularité du continent trouve son explication à un double niveau. D'abord, au niveau national, les politiques commerciales adoptées par les africains ont rarement intégré une vision globale du développement et cherché à répondre aux défis et aux besoins des dynamiques de croissance. Dans la plupart des pays africains, les politiques commerciales ont été statiques et n'ont pas montré le dynamisme et la flexibilité nécessaire afin d'accompagner la construction de la compétitivité des économies africaines. Dans les années 60 et 70, les politiques commerciales ont fait le choix exclusif du protectionnisme et n'ont pas été en mesure d'opérer les changements nécessaires afin de prévenir le développement des comportements rentiers et de favoriser les investissements dans les nouveaux secteurs. Par ailleurs, les politiques commerciales adoptées dans les années 80 et 90 ont fait le choix exclusif de la libéralisation et de l'ouverture des frontières sans être en mesure de concevoir des stratégies d'appui aux secteurs les plus touchés par la concurrence. Ainsi, la passivité, l'inertie et le manque de créativité semblent avoir été des constantes des politiques commerciales en Afrique durant les quatre dernières décennies. Ces caractéristiques se sont traduites par des choix exclusifs et peu dynamiques en matière de politiques commerciales. Ces choix ont eu pour résultat le faible développement de la compétitivité des économies africaines, et particulièrement l'émergence de comportements rentiers du fait du protectionnisme excessif dans les années 70, et la désindustrialisation et l'instabilité macroéconomique liée à l'ouverture exagérée du marché dans les années 80 et 90.

Mais, la singularité et l'échec africains ne trouvent pas leur explication seulement dans les politiques commerciales passives et peu dynamiques. En effet, l'échec africain dans le domaine commercial trouve une partie de son explication dans le caractère déséquilibré et inégal du système commercial multilatéral. Il faut souligner à ce niveau que les pays africains n'ont cessé depuis les années 70 de mettre l'accent sur la nécessité de réformer l'ordre international afin qu'il puisse prendre en considération les intérêts des pays en développement. Le caractère déséquilibrée et inégal du système multilatéral s'observe dans différents marchés cruciaux pour les pays africains, dont ceux des produits agricoles et des produits industriels. Au niveau agricole, le maintien d'importantes subventions aux fermiers dans les pays développés au moment où les pays africains ont réduit toutes les formes d'appui dans le cadre des réformes de l'ajustement structurel ont pesé lourdement sur les performances de l'agriculture africaine. Par ailleurs, les pays développés continuent à mettre en œuvre des politiques commerciales protectionnistes sur le marché des produits industriels particulièrement pour les produits intensifs en travail et où certains pays africains disposent d'importants avantages comparatifs. La question de l'accès au marché pour les pays africains demeure également une question centrale. Certes, les pays africains ont eu depuis quelques années un accès privilégié aux marchés des pays développés dans le cadre de différents schémas et traitements préférentiels. Cependant, ces différentes formes d'appui n'ont pas réglé certains aspects essentiels de la question de l'accès aux marchés. Ainsi, les tarifs appliqués par les pays développés sur certaines exportations agricoles ou industrielles africaines sont encore élevés. Par ailleurs, les pays africains continuent à buter sur d'importants pics tarifaires sur des produits où ils disposent d'importants avantages compétitifs. Il faut noter aussi que la question de la progressivité des droits de douane que certains pays développés appliquent pour les produits en provenance d'Afrique représente une importante limite à leurs efforts en matière de diversification de leurs structures économiques. À ce niveau, nous avons montré qu'une libéralisation plus ambitieuse des marchés des pays développés aurait des effets importants sur les économies africaines en matière de croissance, d'exportations, de bien-être et de réduction de la pauvreté [8].

Mais, comme si des barrières tarifaires ne suffisaient pas, les exportations des pays africaines rencontrent également d'importantes difficultés sur les marchés internationaux liées aux barrières non-tarifaires. Parallèlement aux normes administratives, il faut mentionner toutes les mesures sanitaires et physosanitaires qui deviennent d'importants

[8] Voir H. B. Hammouda, S. Karingi et R. Perez, *Unrestricted Market Access for Sub-Saharan Africa: Important Benefits with Little Cost to the Quad*, ATPC Work in Progress n° 11, Addis-Ababa, CEA, mars 2005.

obstacles devant les exportateurs africains. L'ensemble de ces questions sont aujourd'hui au centre des préoccupations des pays africains qui cherchent à rendre le système commercial multilatéral plus équitable et plus attentif aux préoccupations du développement. Ces revendications sont à l'origine de l'adoption de la Déclaration de Doha lors de la Conférence ministérielle de l'OMC en 2001 et l'engagement de la communauté internationale de faire de ce Round de négociations un round favorable au développement.

Ainsi, l'exception africaine et l'échec du continent à faire du commerce un outil favorable au développement s'expliquent par cette forte connexion entre des facteurs externes et des facteurs internes. En effet, le caractère passif et peu dynamique des politiques commerciales nationales durant les quatre dernières décennies n'a pas aidé le développement de la compétitivité des économies africaines. Mais, en même temps, le caractère restrictif du système commercial multilatéral n'a pas favorisé les efforts de diversification et de modernisation des économies africaines. Cette combinaison forte et étroite entre facteurs internes et externes est à l'origine de la singularité du rapport entre l'Afrique et le commerce.

Tout au long de cet ouvrage nous chercherons à expliciter cette hypothèse. Mais, notre analyse ne se limitera pas à comprendre les raisons de l'échec africain. Notre objectif est également d'identifier les moyens de dépasser la crise actuelle et de renouveler la réflexion et l'action dans le domaine des politiques commerciales sur le continent. De ce point de vue, renouveler le commerce en Afrique doit s'opérer à un double niveau. Le premier est celui de la définition de politiques commerciales nationales qui doivent prendre en considération les leçons de l'échec passé et celles retenues des réussites d'autres régions en développement comme l'Asie. Le second niveau est celui de l'ordre commercial multilatéral où nous chercherons à identifier les réformes nécessaires pour l'ouvrir plus aux préoccupations du monde en développement.

Mais, renouveler la réflexion sur le commerce doit s'inscrire dans un cadre élargi sur le renouvellement de la réflexion sur le développement dans un contexte de globalisation.

Renouveler le commerce dans un contexte de globalisation

L'échec africain dans l'usage des politiques commerciales en faveur du développement exige un renouvellement profond de la réflexion. Cette réflexion doit définir les nouveaux principes et les nouvelles orientations du commerce dans le continent. Mais, cet effort d'analyse doit prendre en considération le contexte nouveau avec le développement de la globalisation depuis quelques années. Ce phénomène est devenu la réalité structurante de l'ordre économique, politique et social. En effet, le développement des échanges économiques internationaux, des investissements à l'étranger et des mouvements financiers a eu des effets sans précédent sur notre environnement et a fait du globe l'espace privilégié de l'activité économique contemporaine. Il s'agit d'une mutation majeure qui a réduit le rôle et la place de l' État-nation dans le fonctionnement des économies. Mais, le rétrécissement de l'État-nation dans les dynamiques économiques n'est pas seulement du fait de l'évolution récente des mouvements de marchandise et de capitaux. Il trouve également son explication dans le rôle de plus en plus important pris par les institutions internationales dans la gestion et la régulation de l'ordre économique. L'action de ces institutions s'est traduite par le développement et le renforcement du rôle du multilatéralisme. Le renforcement des normes multilatérales est important dans la mesure où il assure une convergence entre les procédures et les règles nationales. Cette convergence est nécessaire afin d'assurer les conditions du développement des échanges et des capitaux, et elle permet ainsi d'éviter l'incohérence des législations nationales. Mais, en même temps, le renforcement de la discipline multilatérale réduit les marges de manœuvre des pays dans la mise en œuvre de leurs politiques nationales. Ainsi, on assiste à un rétrécissement de l'espace de liberté et du degré de flexibilité dont disposaient auparavant les pays dans la formulation et l'exécution de leurs choix et stratégies de développement. Cette question est d'ailleurs au centre des préoccupations des pays en développement dans les négociations internationales qui cherchent à défendre et à renforcer l'espace d'autonomie politique dans la définition de leurs choix nationaux.

Ainsi, la globalisation a opéré des changements majeurs dans notre monde. Plus particulièrement, le débat sur le développement doit prendre en compte ces mutations afin de définir un nouveau cadre d'analyse et d'action. À ce niveau, la réflexion sur le développement doit répondre à deux questions majeures. La première est liée au contenu nouveau du développement dans une période de globalisation. En effet, il est important de savoir si l'objectif de construire un espace économique cohérent au niveau national est toujours pertinent dans un contexte de globalisation ? En d'autres termes, est-ce que l'État-nation a encore un avenir dans un contexte d'interdépendance accrue ? Il faut également se poser la question de l'utilité d'une politique de développement au niveau national dans un contexte de multiplication des échanges et des mouvements de capitaux ? Clairement, faut-il abandonner l'idée du développement ou lui donner un nouveau contenu ? La seconde série de questions est liée à la première et concerne l'avenir des politiques économiques dans un contexte de globalisation. À ce niveau, il faut se demander si on n'assiste pas à la fin des politiques économiques avec l'extension et l'approfondissement du multilatéralisme ? Les pays gardent-ils toujours une marge ou un espace de liberté dans la définition de leurs politiques économiques ? Dans le domaine macroéconomique par exemple, le consensus sur les politiques de stabilisation laisse t-il la possibilité aux pays en développement de définir des choix macroéconomiques différents ? Au niveau commercial, les nouvelles règles établies par l'OMC accordent-elles une place et un rôle pour les politiques commerciales nationales ? Autant d'interrogations et de questionnements qui exigent un renouvellement de la réflexion sur le développement ainsi que les politiques économiques dans un contexte de globalisation.

Réfléchir le développement au XXIe siècle est une question qui doit être au cœur des débats et du savoir sur le développement. Cette réflexion doit remonter à l'histoire récente du développement pour en ressortir les principales caractéristiques et en même temps s'interroger sur leur pertinence dans notre monde d'aujourd'hui. À ce niveau, il nous semble que le concept de développement a intégré tout au long des cinq dernières décennies deux idées essentielles. La première est liée au contenu du développement qui était perçu comme étant l'extension à la périphérie du modèle de la modernité occidentale. Cet élargissement de l'expérience occidentale était nécessaire dans la mesure où elle était perçue comme la seule voie d'accès à l'universel. Le modèle de la modernité était perçu comme le moyen de libérer les populations du Sud de la domination des mythologies et des élites traditionnelles corrompus et autocratiques. Ce modèle devait du point individuel mettre fin à l'altérité radicale du sujet et à la dépossession de soi. Cette libération devait se faire par le recours à la rationalité et à la science comme moyens d'entendement et de raisonnement. Au niveau collectif la libération des sociétés du Sud de la domination des élites patrimoniales passait par la modernisation des structures politiques, économiques et sociales. À ce niveau, l'État moderne devait se charger de cette modernisation par le biais de ces programmes de développement économique et social. Parallèlement à l'accès à l'universel par la modernisation, les fondements philosophiques de la réflexion sur le développement mettaient l'accent sur l'unicité des voies de cette ouverture sur le temps du monde. Il s'agit d'emprunter le chemin de l'Occident et de suivre dans ses détails la trajectoire historique des pays développés. Ainsi, le développement a incarné durant une grande partie du siècle passé une volonté d'hégémonie de l'universel occidental justifiée par la croyance en la supériorité de ce modèle par rapport à un Autre inférieur et enfermé dans ses mythes.

La seconde constante de la réflexion sur le développement durant les cinq dernières décennies est de faire de l'État-nation le lieu privilégié de la régulation de l'ordre politique et économique. Cette préoccupation était au cœur des programmes des mouvements nationalistes durant la lutte anti-coloniale et dans la période post-indépendance. La construction de l'État-nation est devenu rapidement la principale préoccupation des régimes nationalistes dans les pays en développement. Ainsi, les structures politiques traditionnelles ont été remplacées par le modèle étatique occidental moderniste et centralisateur. Par ailleurs, les anciennes élites ont été remplacées pour les nouvelles élites modernistes qui vont opérer le profond processus de réformes dans la plupart des pays en développement.

Ces deux constantes dans la réflexion théorique sur le développement se sont retrouvées dans les différentes stratégies de développement mises en œuvre par les pays en développement durant les dernières décennies. En effet, dans les années 60 et 70, le modèle d'import-substitution avait pour principal objectif de moderniser les économies des pays en développement, et surtout de favoriser la diversification des structures productives dans ces pays. En même temps, cet effort de modernisation devait avoir lieu dans le cadre de l'État-nation. Ainsi, les différentes politiques économiques et politiques sectorielles, comme c'est le cas pour le commerce ou l'industrie, se sont données pour priorité de construire le marché national. Les différentes formes de protection se chargeaient de défendre le marché local devant la concurrence étrangère et de favoriser les activités économiques orientées vers ce marché au profit du marché international. Mais, il faut souligner également l'unicité des stratégies de développement appliquées par les pays en développement. Ainsi, l'État était au centre des stratégies de développement et un rôle limité était accordé aux autres institutions dans les dynamiques de croissance comme dans la régulation de l'ordre économique. Par ailleurs, ces stratégies étaient orientées invariablement vers le marché intérieur et accordaient peu d'intérêt à l'international. Enfin, ces différentes stratégies faisaient appel à la planification centralisatrice dans la programmation des investissements publics.

L'échec de ces stratégies n'a pas remis en cause les fondements de cette perception du développement ni ces constantes. En effet, la supériorité du modèle occidental de développement, l'unicité des voies d'accès à ce modèle et l'État-nation sont au centre des réformes appliquées dans les années 80. Ainsi, l'échec du modèle de modernisation mis en place durant les deux premières décennies après les indépendances a été analysé comme le résultat de l'étatisme puissant qui a pesé sur la liberté du sujet et son autonomie. À partir de là, les réformes mises en œuvre s'inspiraient du projet philosophique de la modernité occidentale et cherchaient à renforcer l'autonomie du sujet et à réduire son altérité. Qu'il s'agisse des réformes politiques avec l'ouverture de l'espace public et le renforcement de la démocratie, ou des réformes économiques avec une réduction du rôle de l'État et le renforcement de la place du secteur privé, les stratégies de développement des années 80 continuaient à s'inscrire dans la logique du modèle de la modernisation comme moyen d'accès à l'universel et au temps du monde. Par ailleurs, en dépit des réformes visant le renforcement de l'ouverture des économies sur l'international, l'État-nation restait le cadre ultime de régulation de l'ordre politique et économique. Mais, surtout et probablement plus que les stratégies des années 60 et 70, l'unicité de la voie d'accès à l'universel est une dimension essentielle des programmes d'ajustement structurel mis en œuvre par les pays en développement [One size fits all]. D'Afrique à l'Amérique latine, d'Asie au Moyen Orient, les remèdes à la crise économique et à l'endettement suggérés par le consensus de Washington étaient les mêmes. Cette invariabilité des thérapies en dépit de la diversité des maux a été au centre des critiques adressées aux programmes d'ajustement structurel.

Le renouvellement de la réflexion sur le développement passe aujourd'hui par un examen critique de ces fondements passés. Cet examen est d'autant plus nécessaire qu'on assiste aujourd'hui à un effritement du modèle de la modernité occidentale. Le malaise dans la modernité a commencé dès la fin de la première guerre mondiale. La guerre la plus meurtrière que l'humanité ait jamais connue dans son histoire. Une guerre où pour la première fois, le sujet moderne retourne contre lui-même les produits de sa propre rationalité. Des découvertes qui devaient renforcer l'autonomie de l'individu et lui donner les moyens d'édifier des lendemains qui chantent deviennent des armes qui non seulement enchaînent les modernes mais détruisent jusqu'à leur intégrité physique. Ce projet de libération commençait déjà à perdre son sens devant la volonté de puissance et la logique implacable des rapports marchands qui finissent par refouler le besoin social.

Ce malaise ne cesse de grandir et se transforme progressivement en doutes, questionnements et interrogations vis-à-vis du projet de libération que la modernité n'a pas arrêté de brandir et de défendre. Ce projet de libération se transforme progressivement en une entreprise d'asservissement où la raison se décline en rationalité instrumentale libérée de tout contrôle social et l'utilité sociale cède le pas à la logique marchande de la rentabilité. Par ailleurs, le productivisme et les nouvelles normes d'organisation du travail ont eu des effets néfastes sur la planète et risquent de peser sur les générations futures. Le dérèglement climatique, le réchauffement de la planète suite à l'augmentation de l'effet de serre et la destruction de la couche d'ozone sont au centre des préoccupations écologiques depuis quelques années.

Parallèlement, à la remise en cause de la supériorité du modèle de la modernité et de l'universel occidental, la globalisation a remis en cause l'un des fondements de la réflexion sur le développement. Il s'agit de l'idée de faire de la construction de l'État-nation comme l'objectif ultime du développement. Certes, il ne s'agit pas pour nous d'avancer l'idée de la fin des nations suite à la forte interaction et à l'ouverture prononcée des économies. D'ailleurs, même dans ce contexte de globalisation de l'économie, le fait national reste un élément essentiel dans la dynamique économique et politique internationale [9]. Mais, la critique concerne plutôt la prise en compte de cette dimension dans les choix de développement. À ce niveau, il faut souligner que la construction nationale ne signifie pas nécessairement l'orientation de manière exclusive des dynamiques de développement vers les marchés intérieurs. Au contraire, il faut chercher à assurer un équilibre entre les logiques internes et externes de manière à construire sur le long terme la compétitivité des économies.

Le renouvellement de la réflexion sur le développement exige aussi aujourd'hui l'abandon de la croyance de l'existence d'une voie unique pour le développement. L'expérience des quatre dernières décennies a montré que cette conviction était au cœur des stratégies de développement appliquées par la plupart des pays en développement. On était persuadé que le modèle de la modernisation occidentale était l'idéal à suivre et qu'il existait une seule voie pour s'y inscrire. Cette perception du développement [*One size fits all*] a depuis montré ses limites. D'un côté, les pays qui ont cru à l'unicité de la voie d'accès à cet universel ont eu des résultats relativement limités. En même temps, ce sont les pays qui ont fait preuve d'une grande inventivité institutionnelle, comme ceux d'Asie du Sud-Est, qui ont connu les niveaux de développement les plus avancés.

Ainsi, le renouvellement de l'économie du développement passe aujourd'hui par l'abandon de ces fondements lors de la dernière moitié de siècle. En effet, refonder la réflexion sur le développement exige la reconnaissance de la diversité des expériences et des modèles de société, le maintien et l'accroissement des marges de liberté afin de mieux prendre en compte le fait national dans un contexte d'ouverture prononcée des économies et, enfin, l'ouverture d'un espace d'expérimentation et d'inventivité afin de définir et de construire les institutions les plus appropriées pour conduire le développement économique et social dans les pays en développement. Tout d'abord,

[9] Voir à ce propos par exemple : D. Rodrik, *Feasible Globalizations*, Mimeo, July 2002,

la tentation de réduction de l'Autre à soi et de faire du modèle de la modernisation occidental la référence unique en matière de projets de société ont été fortement remis en cause ces dernières années. Un nouveau consensus se construit de plus en plus autour des mélanges et de métissages qui prennent jour dans notre monde d'aujourd'hui. Du coup, la relation avec l'Autre n'est plus perçu que sous le prisme de l'homogénéisation et de la domination. Dans ce contexte, les modèles de développement doivent chercher à inventer un équilibre entre l'accès à l'universel et le droit à la différence. Cet équilibre est nécessaire dans la mesure où il permet d'éviter les tentations de l'hégémonisme du modèle occidental et d'un droit de la différence qui pourrait prendre les voies aventureuses d'un retour à l'âge d'or de l'histoire. Cet équilibre ne peut se trouver qu'à travers un dialogue, l'emprunt et l'échange avec l'Autre.

Il faut également noter que le développement ne peut plus s'appréhender comme un enfermement des dynamiques politiques et économiques dans le contexte national. Il faut mentionner, dans cette perspective, que les efforts d'intégration régionale et de coopération entre les pays du Sud sont devenus une réalité incontournable de l'économie internationale. En même temps, l'équilibre entre ouverture et clôture est au cœur des démarches politiques et des stratégies de développement. Ainsi, le nationalisme autoritaire et cloisonné dans les frontières de l'État-nation est bien derrière nous. Il a laissé la place à un nationalisme ouvert qui s'inscrit dans les dynamiques d'échange, de coopération et d'emprunt au niveau international.

Enfin, il faut également souligner que les voies du mimétisme et de l'homogénéité sont définitivement closes. Au contraire, le développement se décline aujourd'hui beaucoup plus en termes d'inventivité, de créativité et de fécondité institutionnelle. À ce niveau, il faut maintenir et défendre les espaces politiques d'expérimentation et de liberté qui permettront aux pays en développement de donner libre cours à toute leur ingéniosité et leur créativité.

Ainsi, la diversité, le nationalisme ouvert et le pluralisme sont les fondements d'une nouvelle philosophie du développement. À partir de là, la question qui se pose est de savoir comment les politiques s'inscrivent dans cette nouvelle conception du développement ? En d'autres termes, il s'agit de savoir comment les pouvoirs publics pourront traduire cette nouvelle philosophie du développement dans le domaine de l'action publique ?

À ce niveau, nous formulons l'hypothèse que la relation entre les politiques économiques et la nouvelle conception du développement est double. D'un côté, elles vont porter les principes de la nouvelle philosophie du développement. Les politiques économiques vont alors se démarquer des dogmes et chercher à sortir des sentiers battus en mettant en avant les principes de la diversité et de la pluralité des stratégies du développement. Ainsi, dans le domaine commercial par exemple, les politiques publiques chercheront, loin des choix exclusifs en faveur de l'ouverture ou de la protection, à user des instruments et des outils commerciaux afin d'aider les pays en développement à construire la compétitivité de leurs économies. D'un autre côté, les politiques économiques en cherchant à accroître la marge de liberté et l'espace d'inventivité institutionnelle vont également renforcer la nouvelle philosophie du développement. Ainsi, les politiques publiques doivent connaître un profond renouvellement afin d'accompagner la nouvelle philosophie du développement dans un contexte de globalisation et d'interdépendance prononcée des économies.

Dans cet ouvrage nous avons voulu mieux comprendre une singularité africaine et l'échec du continent à faire du commerce un outil du développement. À ce niveau, nous avons retracé les spécificités des politiques commerciales africaines et leur caractère passif et peu dynamique qui n'a pas favorisé une contribution majeure du commerce dans la construction de la compétitivité des économies africaines. En même temps, nous avons souligné le caractère restrictif du système commercial multilatéral et sa faible contribution dans la prise en compte des intérêts des pays en développement. Cet ouvrage ne s'est pas limité à une analyse des tendances passées mais a également essayé d'esquisser des éléments afin de renouveler la place du commerce dans le développement de l'Afrique. Dans cette perspective, nous faisons l'hypothèse que l'analyse du commerce doit s'inscrire dans le cadre du renouvellement de la réflexion sur le développement afin de tenir compte des évolutions récentes de l'environnement économique et social. Le renouvellement de la place et du rôle du commerce dans le développement passe par la définition de nouvelles politiques commerciales dynamiques et une réforme profonde de système commercial multilatéral afin de faire du développement une préoccupation centrale au système international. Enfin, du point de vue méthodologique, nous avons opté pour un mélange du style académique classique et celui plus intimiste qui cherche sur le ton du récit à rendre compte de l'ambiance et de l'atmosphère des négociations internationales. Cette combinaison nous semble utile pour mieux comprendre la place et le rôle du commerce dans le développement de l'Afrique.

Cet ouvrage sera articulé autour de trois parties. La première cherchera à situer les faits en cherchant à apporter des éléments sur le positionnement de l'Afrique dans la globalisation. Cette partie nous permettra de mettre en valeur la marginalisation croissante de l'Afrique dans le système mondial. La seconde partie aura une vocation plus analytique et cherchera à saisir et à expliquer les raisons de cette marginalisation de l'Afrique. Elle mettra l'accent sur deux aspects importants : le premier est interne et concerne les politiques commerciales statiques adoptées par la plupart des pays africains, le second est externe et s'intéresse au caractère restrictif du système commercial multilatéral. Enfin, la troisième partie cherche à esquisser des éléments alternatifs afin de renouveler le rôle et la place du commerce dans le développement de l'Afrique. Dans cette dernière partie, nous suggérons que le renouvellement du commerce passe par la définition de nouvelles politiques commerciales et la réforme de l'ordre commercial international.

PARTIE I

GLOBALISATION, COMMERCE ET MARGINALISATION DE L'AFRIQUE

INTRODUCTION

Le point de départ de notre réflexion tourne autour de l'usage en Afrique du commerce pour son développement. Cette réflexion nous a permis de saisir la singularité et la spécificité de cet usage par les pays africains. En effet, l'Afrique semble relativement insolite dans la mesure où elle fait partie des rares régions du monde où le commerce n'a pas joué un rôle actif dans son développement récent. Certes, il est difficile de comparer les performances des politiques commerciales des pays africains à celles des pays asiatiques. En effet, les résultats de ces pays sont exceptionnels et par certains égards difficiles à égaler. Or, d'autres régions comme certains pays d'Amérique centrale ont été en mesure de réaliser d'importantes performances dans le domaine commercial et d'améliorer par conséquent leurs avantages compétitifs dans l'économie internationale. Or, l'Afrique a été loin de réaliser ces performances, et sa place dans le commerce international n'a cessé de se réduire et de se marginaliser.

Cette singularité africaine dans l'usage du commerce constitue le point de départ de notre propos. L'objectif de cet ouvrage est de relater cette histoire, d'en comprendre les raisons et d'essayer enfin d'esquisser des éléments pour une alternative à cet échec africain. Mais, chaque histoire a un début et la notre commence par la présentation des faits. Tout d'abord nous chercherons à situer notre continent dans le contexte de la globalisation. Cette étude passera par l'examen des mouvements de marchandises, de capitaux et des flux financiers. Il s'agit pour nous de rendre compte de la place du continent dans le mouvement de globalisation, et surtout de faire les suggestions afin de mettre la globalisation au service du développement. Dans cette partie, nous consacrerons le second chapitre à la place de l'Afrique dans les échanges internationaux. En effet, après avoir examiné le positionnement de l'Afrique dans le mouvement de globalisation en général, nous étudierons de manière spécifique la question du commerce international et les préoccupations des pays africains.

En nous aidant à établir les faits, cette première partie constituera le point de départ à notre analyse de l'exception africaine et de l'échec du continent à faire du commerce un outil en faveur du développement.

CHAPITRE I
PEUT-ON METTRE LA GLOBALISATION AU SERVICE DU DÉVELOPPEMENT ?

I. Introduction

La globalisation est devenue un phénomène marquant de ce début de siècle. Plus qu'un phénomène économique, la globalisation est aujourd'hui une réalité complexe intervenant à plusieurs niveaux politique, culturel et social. Cette multiplicité d'actions converge vers la tentative de dépassement de l'État-nation comme lieu privilégié d'organisation de la vie politique, économique et sociale. La globalisation correspond à une contraction sans précédent de l'espace et du temps suite au développement des moyens de communication et des nouvelles technologies à travers la planète. Cette réduction de l'espace et du temps, et la diminution sensible des coûts qu'elle entraîne sont à la base du développement des échanges et des divers flux de marchandises, de capitaux et d'information. Ces flux sont à l'origine de l'émergence et du développement d'importants réseaux tant au niveau régional qu'au niveau mondial. Une sorte de communauté universelle est en train de naître, créant un temps du monde. Une temporalité universelle faite de principes, d'idées et de biens lie pays, individus et communautés. Par leurs échanges et interactions, les communautés humaines sont entrain de construire une destinée commune et une culture politique partagée faite du respect des droits de l'homme, de la démocratie et de l'autonomie du sujet. Une nouvelle ère est entrain de s'ouvrir devant nous où la communauté internationale cherche à construire un nouvel espace où la différence n'est plus une source d'exclusion, et où la démocratie, l'égalité et le respect du droit de l'individu sont au cœur d'une nouvelle philosophie politique.

Comment cette nouvelle culture s'est-elle transcrite dans le domaine du développement ? Comment la globalisation a t-elle influencé la réflexion sur le développement ? Comment a-t-elle pu façonner les stratégies et l'action en matière de développement ? L'objectif de ce chapitre est d'examiner l'impact de la globalisation sur le Sud et les stratégies de développement. A-t-elle aidé les pays en développement dans leur quête de modernisation et de fin de la marginalité ? Ouvre t-elle des perspectives nouvelles pour les dynamiques de croissance ? Renforce t-elle la compétitivité des économies en développement ? Permet-elle à ces pays d'améliorer leur insertion internationale ? Surtout la globalisation a-t-elle favorisé une reprise d'une croissance forte afin de rattraper les effets négatifs de la décennie perdue de l'ajustement et de la stabilisation au cours des années 80 ? A-t-elle permis à la pauvreté de reculer et a-t-elle été en mesure d'ouvrir une espérance nouvelle pour les pays en développement ? Ce chapitre cherche à esquisser quelques éléments de réponse à ces questions cruciales pour l'avenir de la globalisation et du développement. Plus précisément, il se donne pour objectif de suggérer des éléments de réflexion autour de la question de savoir si la globalisation peut être enrôlée au service du développement et de la diversification de nos économies.

Mais, afin de mieux comprendre la nouvelle temporalité inscrite par la globalisation dans la pratique politique et économique des pays en développement, il faut la situer dans l'histoire récente de ces pays. Cette histoire remonte à l'indépendance politique à partir des années 50 qui a été à l'origine d'un important élan d'espoir dans la plupart des anciennes colonies. De nouveaux États indépendants ont émergé et ont concrétisé le rêve de liberté de plusieurs millions d'individus. Les indépendances ont été dans la plupart des cas le résultat de luttes et de combats majeurs contre le colonialisme. Les États indépendants vont rapidement chercher à appuyer cette indépendance économique par une véritable modernisation des structures politique, économique et sociale. Il faut dire que l'attrait du modèle de modernité occidentale était encore fort et son influence n'était pas contestée. Au niveau politique, l'État moderne centralisateur et développeur va remplacer les structures politiques traditionnelles. Par ailleurs, l'État va suppléer une bourgeoisie privée encore faible et parfois inexistante dans la modernisation des structures économiques des pays nouvellement indépendants. L'action modernisatrice de l'État ne s'est pas limité aux dimensions économique et politique mais a touché les aspects sociaux. En effet, parallèlement aux mécanismes traditionnels de solidarité, l'État moderne a créé de nouveaux mécanismes à travers le développement des formes de sécurité sociale.

Mais surtout, l'État moderne a joué un rôle dynamique dans le développement des services sociaux tels que l'éducation et les services de santé. Il a également favorisé l'accès des populations locales à ces services. Par ailleurs, les dynamiques fortes de croissance économique jusqu'aux années 70 ont permis la création d'un grand nombre d'emplois. Ces dynamiques économiques, politiques et sociales ont été à la base d'une importante capacité d'intégration et de promotion sociale. Un monde nouveau était entrain de naître dans la plupart des pays du Tiers-Monde avec l'émergence d'élites modernes. L'idée « d'un monde meilleur » n'était plus une utopie et les réalisations économiques et politiques étaient perçues comme un début de concrétisation de ce paradis sur terre des temps modernes.

Mais l'utopie était encore plus belle car elle a porté avec l'élan de solidarité des pays non-alignés l'idée de construire un monde plus égalitaire et moins marqué par la domination et la dépendance. Cet élan de solidarité a réussi à imposer l'ouverture de grands débats sur les réformes des relations internationales et la nécessité de reconstruire un nouvel ordre international. Dans cette bataille, les pays du Sud ont réussi à imposer une revalorisation sans précédent des cours de matières premières et à utiliser les recettes pour consolider l'effort de modernisation de leurs structures économiques et politiques.

Or, ce rêve et cette utopie d'un Sud moderne et libéré du poids de la dépendance économique et de l'archaïsme politique et social sont venus buter sur la crise de la dette dès 1982. En effet, l'éclatement de cette crise a opéré un changement radical dans le contexte politique et économique international. Mais, la crise de la dette s'inscrit dans un cadre plus large et correspond à l'essoufflement des expériences de modernisation entamées depuis les indépendances. En effet, les stratégies d'import-substitution mises en œuvre dans la plupart des pays en développement et centrées sur le développement des marchés internes ne les ont pas aidés à diversifier leurs structures économiques et à opérer une insertion dynamique dans l'économie internationale. Désormais, les pays en développement doivent réviser leurs choix de développement antérieurs et se préoccuper plus de leurs grands équilibres macroéconomiques. Ce tournant sera au Sud le moment du lancement de l'offensive néo-libérale. Au nom de la rationalité implacable de la science économique, il fallait tout libéraliser et laisser le marché, instance suprême des nouveaux prophètes du développement, réguler l'économie, la société et la vie des hommes. Au niveau économique, l'ajustement structurel et la gestion des équilibres macroéconomiques, appuyés par les institutions de Bretton Woods (le FMI et la Banque mondiale), vont prendre la place des grands travaux développementalistes des années 60 et 70. Au niveau politique, la libéralisation relative des espaces publics a été à l'origine de l'éclatement d'une violence sans précédent, qui a pris souvent les contours de l'ethnie et de la région. On pensait que l'État moderne était en mesure d'enterrer ces formes d'engagement politique et social. Ainsi, le modèle de modernité occidentale porté par l'État-nation dans le Sud rentrait en crise.

Les programmes d'ajustement n'ont pas été en mesure de relancer une croissance forte ni de réduire durablement les grands déséquilibres dans les pays en développement. Au contraire, ils ont été à l'origine d'une forte récession économique. La stabilisation passait, dans l'optique des nouveaux prêcheurs de réalisme, par une forte réduction de la demande interne qu'elle soit publique ou privée. Elle exigeait également la réorientation de l'offre vers les marchés internationaux afin de favoriser une nouvelle insertion internationale des pays sous-développés dans la globalisation. Par ailleurs, l'État, dont l'action était porteuse a priori de distorsions, devait laisser la place aux mécanismes régulateurs du marché.

Baisse de l'emploi, fermeture d'entreprises, réduction de la consommation et de l'investissement, forte hausse du chômage sont devenues les manifestations des nouveaux choix de politique économique appliqués dans la plupart des pays sous-développés.

La déflation est devenue la réalité quotidienne des pays du Sud. Les baisses cumulatives de la production et de l'emploi ont eu des conséquences importantes dans nos contrées. Parallèlement à leurs conséquences économiques immédiates avec la chute de l'investissement et la détérioration dans la satisfaction des besoins fondamentaux des populations, la déflation a eu des effets politiques importants. En effet, le chômage et le repliement des populations sur des liens de solidarité traditionnels ont fini par remettre en cause la légitimité d'un État moderne de plus en plus dépossédé de ses prérogatives en matière de régulation politique et économique, et n'ayant plus les moyens de nouveaux choix de développement.

Dans ce contexte de crise économique et d'essoufflement des programmes d'ajustement à la fin des années 80, la globalisation va surgir dans le débat économique et particulièrement dans la définition des choix de politique économique. Une importante accélération des mouvements de capitaux, une plus grande ouverture des frontières et les réseaux du cyberespace sont venus remettre en cause le pouvoir régulateur des États et annoncer la fin des territoires. La fin du politique ouvrait une nouvelle période d'enchantement portée par le marché et l'immatériel. Les grandes théories et les espérances du xxe siècle n'ont généré que dictature et barbarie. Il suffisait alors d'ouvrir de larges portes aux forces régulatrices du marché et se désengager du politique pour atteindre le paradis terrestre. Le bonheur est donc immanent et à portée de main. Point d'utopie lointaine, un nouveau saut dans une modernité globale assurerait à l'humanité le meilleur des mondes, un monde fait d'efficience, de démocratie et de dynamisme.

Ainsi, la globalisation sera le nouvel horizon à partir du début des années 90 des politiques économiques dans les pays en développement. Ces nouveaux choix se manifesteront particulièrement dans les domaines du commerce et de la finance. Au niveau commercial, les pays en développement vont opter pour une libéralisation de leurs politiques commerciales. Ce choix se justifiait par la nécessité d'ouvrir les dynamiques de croissance sur des marchés plus larges qui vont fournir aux entreprises des pays en développement des opportunités beaucoup plus importantes. Par ailleurs, cette ouverture permettra aux pays en développement de faire face aux rigidités internes et d'assurer une utilisation plus efficiente des ressources limitées. Au niveau financier, la libéralisation constituait un axe fondamental des stratégies et des réformes de la globalisation. Ces préceptes ont largement influencé les réformes dans les pays sous-développés dans les années 80. Les théories de la répression financière qui les justifiaient, soulignaient que l'épargne était réprimée par le faible niveau des taux d'intérêt dans les pays sous-développés. La mobilisation de l'épargne passe par un désengagement de l'État de la sphère financière, la libéralisation des mécanismes de formation des taux d'intérêt, le développement des marchés financiers afin de faciliter le financement des entreprises et l'ouverture des frontières pour attirer les mouvements internationaux de capitaux. Le développement des marchés financiers et l'ouverture des frontières ont favorisé d'importants mouvements de capitaux à destination de certaines économies émergentes, notamment en Amérique latine et en Asie du Sud-Est. Or, après la crise mexicaine et la crise asiatique, on a constaté que ces mouvements de capitaux sont très volatils et que leurs mouvements remettent en cause la stabilité des dynamiques de croissance dans ces pays.

Or, la globalisation, cette religion de la fin du siècle dernier, n'a pas eu le temps de s'installer durablement et de convertir les humains. La crise financière est venue très rapidement rappeler qu'elle engendrait une grande instabilité et qu'il en fallait beaucoup plus pour ré-enchanter des citoyens devenus critiques. En effet, la crise asiatique a été à l'origine d'un renouvellement important de la réflexion sur la gouvernance de l'économie mondiale et le développement. Par ailleurs, la littérature récente ne cessait depuis quelques années de mettre l'accent sur les inégalités de plus en plus fortes entre le monde développé et le monde sous-développé. En effet, au moment où les avancées technologiques ont permis à l'économie mondiale de réaliser des avancées considérables dans la production des richesses, une grande partie de la planète souffre de la pauvreté et éprouve les plus grandes difficultés à satisfaire ses besoins de base. Les rapports du Programme des Nations unies pour le développement (PNUD) sur le développement humain soulignent, qu'en dépit d'avancées importantes dans le développement humain, la progression et le développement de certains maux et de grands déséquilibres persistent. Ces rapports notent l'accroissement rapide de la pauvreté dans un grand nombre de pays de la planète. Cette progression ne se limite pas aux pays sous-développés mais concerne également les pays développés où le chômage a été à l'origine d'un accroissement rapide de la pauvreté et du dénuement humain.

Par ailleurs, les rapports du PNUD soulignent la persistance et l'accroissement d'un certain nombre de déséquilibres en matière de développement humain. Ainsi, en 1960, les 20 % de la population mondiale dans les pays riches avaient un revenu 30 plus important que 20 % des plus pauvres. Cet écart s'est accentué en devenant 82 fois supérieur en 1995. L'approfondissement de cet écart n'est pas le propre des pays riches. En effet, au Brésil la part des 50 % des plus pauvres est passée de 18 % à 11 % du revenu national entre 1960 et 1995. Ces déséquilibres concernent également les zones urbaines et les zones rurales. Ainsi, 43 % de la population rurale est analphabète soit deux fois plus que la population urbaine.

Les inégalités touchent également le genre. En dépit de la progression du nombre de femmes en matière d'éducation, d'accès à la santé, les inégalités avec les hommes persistent. Ces inégalités prennent aussi des couleurs raciales ou ethniques. En Afrique du Sud, les blancs avaient au début des années 90 une espérance de vie de 68 ans alors que celle des noirs ne dépassait pas 54 ans. En Malaisie, la pauvreté touche plus la population malaise, avec un taux de 24 %, que la population d'origine chinoise dont la part des pauvres ne dépasse pas 6 % du total.

Le développement a souffert des conflits armés et des crises économiques. Ainsi, la proportion des victimes civiles est passée de 5 % au début du siècle à plus de 90 % dans les années 90. Enfin, les crises économiques dans les pays sous-développés ont eu des conséquences néfastes en matière de satisfaction des besoins fondamentaux des populations. En effet, « pas moins de 100 pays, note le rapport du PNUD - tous en développement ou en transition - ont connu un recul économique sérieux au cours des trente dernières années. En conséquence, le revenu par habitant dans ces 100 pays est inférieur à ce qu'il était il y a 10, 15, 20, voire 30 ans, privant leur économie des ressources nécessaires au progrès du développement humain ».

Ces résultats ont été à l'origine depuis quelques années de l'émergence d'importantes critiques sur le phénomène de la globalisation. Qu'il s'agisse des dirigeants politiques de la planète, des responsables des organisations internationales ou de la société civile internationale, un large consensus s'est développé autour de la nécessité de réformer la globalisation, et de la mettre au profit du développement et de la satisfaction des besoins fondamentaux des populations. Certes, on reconnaît à la globalisation qu'elle a apporté une espérance nouvelle et qu'elle a cherché à créer une nouvelle culture politique plus ouverte et centrée sur le respect des droits de l'homme et de la démocratie. Ainsi, le rapport de la Commission mondiale sur la dimension sociale de la mondialisation mis en place par le Bureau international du Travail souligne « nous reconnaissons que la mondialisation a ouvert la voie à de nombreux avantages. Elle a favorisé l'ouverture des économies et des sociétés, et encouragé la libéralisation des échanges de biens, d'idées et de connaissances. Dans de nombreuses parties du monde, on a vu fleurir l'innovation, la créativité et l'esprit d'entreprise. En Asie de l'Est, la croissance a permis à plus de 200 millions de personnes de sortir de la pauvreté en une seule décennie. L'amélioration des communications a entraîné une prise de conscience des droits et des identités, et permis à des mouvements sociaux de mobiliser l'opinion et de renforcer la transparence démocratique. Il en résulte qu'une véritable conscience planétaire est entrain d'émerger, sensible à l'injustice que représentent la pauvreté, la discrimination entre les sexes, le travail des enfants et la dégradation de l'environnement » [10].

Cependant, l'ensemble des évolutions économiques et sociales récentes ont suscité également de multiples inquiétudes et craintes. La Commission Mondiale s'est faite écho de ces interrogations et a souligné dans son rapport que « la direction actuellement suivie par la mondialisation suscite de plus en plus de préoccupations. Ses avantages sont trop lointains pour beaucoup de gens, tandis que ses risques, eux, sont bien réels. Son caractère volatil est une menace aussi bien pour les riches que pour les pauvres. D'immenses richesses sont créées mais les problèmes fondamentaux que sont la pauvreté, l'exclusion et les inégalités persistent. La

[10] Voir Bureau international du travail (BIT), *Rapport de la Commission mondiale sur la dimension sociale de la mondialisation*, Genève, BIT, 2004, p. 3.

corruption est très répandue. Les sociétés ouvertes sont menacées par le terrorisme mondial, et l'avenir des marchés est de plus en plus remis en question. La gouvernance mondiale est en crise. Nous nous trouvons à un moment critique et il est urgent de repenser nos politiques et institutions actuelles » [11]. Ainsi, cet appel à repenser la globalisation et notre monde aujourd'hui lancé par la Commission mondiale sur la dimension sociale de la globalisation est depuis quelques années partagé par nombre de responsables politiques, de dirigeants d'institutions internationales voir même de responsables de grandes firmes privées ou de grands traders financiers.

Cet appel à revisiter la globalisation s'est étendu au domaine de la réflexion et de la recherche économique. L'incapacité de la globalisation et des marchés à créer un nouveau cercle vertueux de la croissance a favorisé un renouvellement théorique important depuis le milieu des années 90, qui remet en cause le néo-libéralisme qui a dominé le champ économique depuis le début des années 80. En effet, on a enregistré dans le champ économique l'apparition de nouveaux courants théoriques qui s'inscrivent dans le cadre de l'institutionnalisme et qui remettent en cause le pouvoir explicatif des théories libérales. Pour ces courants, le marché est incapable d'assurer la cohérence et la coordination des choix individuels des agents économiques. Les imperfections du marché liées au caractère imparfait de l'information et de la concurrence exigent la mise en place d'autres institutions, dont l'État, afin d'assurer la régulation des économies décentralisées.

L'objectif de ce chapitre est d'engager une réflexion critique sur l'impact de la globalisation sur le développement. Il s'agit pour nous d'esquisser une réflexion sur les nouveaux enjeux que fait peser la globalisation sur les pays en développement. Nous avons privilégié trois dimensions fondamentales dans cette réflexion. Plus particulièrement, il s'agit pour nous de réfléchir sur les questions commerciales, financières, institutionnelles. Nous avons cherché dans cette perspective à déterminer les préoccupations nouvelles suscitées par la globalisation pour les pays en développement dans ces trois domaines. À ce niveau, il faut indiquer que la globalisation a suscité quatre enjeux majeurs pour les pays en développement. Le

[11] BIT, *op. cit.*, 2004, p. 3.

premier est lié à son caractère inégalitaire avec l'accès déséquilibré des pays aux mouvements de marchandises et de capitaux. Le second concerne l'instabilité que la globalisation inscrit dans le fonctionnement de l'économie mondiale et qui affecte tout particulièrement les pays en développement. À ce niveau, il faut indiquer que la libéralisation croissante des mouvements de capitaux et particulièrement de ceux à court terme et à forte volatilité a favorisé cette instabilité , et a été à l'origine de grandes crises financières. Le troisième enjeu est d'ordre institutionnel et concerne la gouvernance de la globalisation. À ce niveau, il faut mentionner l'incapacité de la communauté internationale de construire des institutions et des mécanismes transparents et démocratiques dans la gestion de l'ordre international.

Enfin, la globalisation suscite également une préoccupation liée à la réduction des marges de liberté des pays en développement dans la formulation de leurs politiques et stratégies nationales du fait de la montée de la discipline multilatérale. À ce niveau, il faut souligner que le développement de la globalisation a été à l'origine d'un développement rapide des règles et des normes multilatérales. Ce développement était nécessaire et répondait au besoin d'assurer une plus grande convergence des normes et des législations nationales. Mais, en même temps, le développement de la discipline multilatérale a été à l'origine de l'émergence de nouvelles tensions avec les pays dans la mesure où elle s'est traduite par une réduction des espaces pour la formulation des politiques et des choix nationaux. Ainsi, la globalisation s'accompagne d'un paradoxe entre, d'un côté le besoin d'instituer des normes internationales communes afin de faire converger les règles nationales, et d'un autre côté la nécessité de maintenir une grande flexibilité pour les pays dans la formulation de leurs politiques. Ces tensions sont à l'origine de l'exigence des pays en développement de renforcer le traitement spécifique et différencié en leur faveur afin de réduire le caractère restrictif de la discipline multilatérale.

L'objectif de ce chapitre ne se limite pas à l'identification des enjeux et des contraintes que la globalisation fait peser sur les pays en développement. Nous chercherons également à ébaucher les transformations nécessaires à mettre en œuvre pour modifier ces tendances lourdes de la globalisation et de l'ouvrir aux intérêts et aux préoccupations des pays en développement. De ce point de vue, corriger les inégalités, réduire l'instabilité, construire une gouvernance transparente et démocratique et renforcer les marges de liberté et les espaces de formulation et de mise en œuvre des politiques et des stratégies nationales constituent les principales préoccupations des pays en développement dans le contexte de globalisation. Cette réflexion nous permettra d'esquisser les éléments de réformes à mettre en œuvre afin de faire en sorte que la globalisation se mette au service du développement.

Ce chapitre se compose de cinq sections. Après cette section introductive, on essayera d'ébaucher l'histoire de la globalisation, ce qui nous permettra de montrer que ce phénomène n'est pas totalement récent et qu'il remonte loin dans l'histoire du capitalisme. La troisième section nous permettra de réfléchir sur le décalage entre les promesses et les réalités du phénomène de la globalisation. Ce décalage est à l'origine des critiques et des remises en cause de ce phénomène tant du point de vue théorique que politique. La quatrième section insistera plus particulièrement sur les promesses déçues de la globalisation. Enfin, dans la cinquième section les réformes nécessaires à introduire afin de mettre la globalisation au service du développement seront esquissées.

II. La globalisation n'est pas un phénomène récent

La globalisation n'est pas un phénomène récent. Pour S. Amin ce phénomène remonte à la montée et au développement des échanges marchands avec la recherche des empires commerciaux d'élargir leurs marchés [12]. On se rappelle des fameux passages de Keynes sur la globalisation dans son livre *Les conséquences économiques de la paix* publié en 1919, dans lequel il faisait une critique acerbe du traité de Versailles et particulièrement de l'obligation faite par les anglais et les français aux allemands, les grands perdants de la première guerre mondiale, de payer des réparations. Keynes avait défendu l'idée de l'abandon des réparations dans la mesure

[12] Voir S. Amin, *Les défis de la mondialisation*, Paris, L'Harmattan, 1996.

où elles exigent un accroissement des exportations allemandes vers la France et le Royaume Uni et vont par conséquent influencer de manière positive le système productif allemand par rapport aux autres économies. Ces arguments ont été utilisés à la fin du siècle dernier par ceux qui défendaient l'idée d'une annulation de la dette du Tiers-Monde. Mais, dans cet ouvrage Keynes s'est déjà intéressé à la question de la globalisation qui devenait un phénomène au centre des débats et des échanges. Ainsi, il soulignait dans cet ouvrage qu'un « habitant de Londres pouvait, en dégustant son thé du matin, commander, par téléphone, les produits variés de toute la terre en telle quantité qui lui convenait, et s'attendre à les voir bientôt déposés à sa porte ; il pouvait, au même instant, et par les mêmes moyens, risquer son bien dans les ressources naturelles et les nouvelles entreprises de n'importe quelle partie du monde et prendre part, sans effort ni souci, à leur succès et à leurs avantages espérés ; il pouvait décider d'unir la sécurité de sa fortune à la bonne foi des habitants d'une forte cité, d'un continent quelconque, que lui recommandait sa fantaisie ou ses renseignements. Il pouvait, sur le champ, s'il le voulait, s'assurer des moyens confortables et bon marché d'aller dans un pays ou une région quelconque, sans passeport ni aucune formalité ; il pouvait envoyer son domestique à la banque voisine s'approvisionner d'autant de métal précieux qu'il lui conviendrait. Il pouvait alors partir dans les contrées étrangères, sans rien connaître de leur religion, de leur langue ou de leurs mœurs, portant sur lui la richesse monnayée. Il se serait considéré comme grandement offensée et aurait été fort surpris du moindre obstacle » [13].

Ces différents éléments confirment le caractère relativement ancien de la globalisation. Mais d'une manière générale, on admet que les phénomènes d'internationalisation de la production et du développement des échanges remontent au développement du capitalisme. En effet, le phénomène d'internationalisation du capital n'est pas totalement nouveau dans l'histoire du capitalisme dans la mesure où les dynamiques économiques ne se limitaient pas au cadre national. Le recours à l'international a toujours été une constante dans l'histoire du capitalisme. À ce niveau, on estime globalement qu'il y a eu trois importantes vagues de globalisation des

[13] Voir J. M. Keynes, *Les conséquences économiques de la paix*, Paris, Gallimard, 1920, p. 20.

échanges économiques. La première remonte à la grande dépression de la fin du XIXe siècle qui a connu le développement rapide des exportations de capitaux. Entre 1850 et 1870 l'Angleterre exportait en moyenne 40 millions de livres par an, soit 18 % de ses exportations de marchandises et 3 % de son PNB. Cette première vague a été favorisée par la baisse des coûts du transport avec l'apparition des bateaux à vapeur et le développement rapide du chemin de fer. Durant cette période la part des exportations dans le revenu mondial a doublé. Le Royaume-Uni, devenu la principale puissance économique mondiale, investissait la moitié de son épargne intérieure à l'étranger. Par ailleurs, les investissements français, allemands et hollandais à l'étranger avaient également augmenté rapidement durant la même période. Au cours de la grande dépression de la fin du XIXe siècle le mouvement d'internationalisation du capital connaîtra une accélération, et on enregistrera un accroissement des activités des firmes à l'étranger. Cet investissement direct à l'étranger jouait un double rôle pour les économies d'origine. En effet, il leur permettait, d'un côté, de s'approvisionner en matières premières en s'orientant vers les activités minières dans les colonies. D'un autre côté, la délocalisation de certaines activités productives accordait aux industries nationales, dont le marché interne avait atteint un haut niveau de saturation, de nouvelles possibilités de croissance. En même temps, on a enregistré une croissance rapide des échanges internationaux dont le rythme dépassait celui du revenu [14].

Cet essor de la globalisation sera remis en cause avec la première guerre mondiale et l'éclatement de l'ordre international et ce n'est qu'à la fin du conflit qu'on connaîtra la seconde vague. En effet, ce mouvement va reprendre à la fin de la première guerre mondiale. Particulièrement durant la crise de l'entre-deux-guerres, la transnationalisation du capital va de nouveau s'accélérer plus en provenance du Royaume-Uni et des Pays-Bas. Par ailleurs le nombre de filiales à l'étranger des 187 firmes transnationales (FTN) américaines passe de 180 en 1919 à 417 en 1929, avant d'atteindre 715 en 1930.

La seconde guerre mondiale sera également à l'origine d'une remise en cause du mouvement de globalisation. Mais, après la guerre la dynamique de reconstruction et de croissance était centrée autour du projet de

[14] Voir pour plus de précisions sur l'histoire de la globalisation : Angus Maddison, *L'économie mondiale-Une perspective millénaire*, Paris, OCDE, 2001.

construction de l'État-nation. En effet, le modèle fordiste qui a prévalu dans tous les pays développés après la guerre et qui a été au cœur des Trente Glorieuses avait centré sa dynamique sur une étroite corrélation entre les gains de productivité et la croissance des revenus. Ce nouveau contrat social et le projet de l'État-providence avaient misé sur le marché local et par conséquent marginalisé les marchés internationaux et la globalisation.

Le mouvement de mondialisation de la production et de délocalisation des activités productives va connaître une troisième vague dans les années 70. En effet, durant cette période on assiste à un éclatement de la crise de rentabilité dans les secteurs traditionnels à fort contenu en main d'œuvre dans les pays développés, comme le secteur des textiles. L'épuisement de l'ordre technologique et la baisse rapide des gains de productivité sont à l'origine de cette crise de rentabilité. Dans ce contexte, les entreprises des pays développés vont chercher dans les coûts de main d'œuvre des pays sous-développés un moyen de répondre à la dégradation des conditions de rentabilité. Ainsi, la délocalisation de la production Nord-Sud sera la première forme de globalisation de la production. Ces investissements seront renforcés et bientôt dépassés par les investissements croisés entre pays développés.

Mais, ce qui est totalement nouveau dans la période actuelle est que cette globalisation de la production s'accompagne de tentatives et de projets de dépassement de l'État-nation, comme espace de régulation et de gestion de l'ordre politique et économique. Parallèlement, à ces dimensions économiques et politiques, la globalisation a une importante dimension culturelle avec les tentatives d'unification des pratiques et comportements des individus à travers le monde. Cette unification s'observe dans la façon de se vêtir, dans les pratiques alimentaires et dans les modes littéraires ou musicales. Le développement de ces nouveaux comportements a profité des nouvelles technologies et des nouveaux moyens de communication pour devenir des normes de comportement. Ainsi, la confluence des évolutions économiques, des trajectoires politiques et des comportements quotidiens des individus sont à l'origine de l'émergence d'un temps mondial durant lequel les sociétés humaines renégocient leurs rapports aux autres, au temps et à l'espace.

La globalisation apparaît donc comme un phénomène pluriel et complexe avec l'interférence des dimensions économique, politique et culturelle. Mais, il s'agit d'un phénomène dynamique et non achevé, dont la logique se déploie de manière contradictoire avec des ouvertures mais également des reculs et un retour en force de l'État-nation. Ce phénomène connaît des difficultés du fait du décalage de plus en plus croissant entre l'intensification des échanges et la compression de l'espace du point de vue économique, et d'un autre côté le cantonnement de la gestion du politique et de sa légitimité au niveau national. Pour certains, la globalisation butera tôt ou tard sur l'absence d'un ordre politique mondial et le refus des nations à envisager leur dépassement. Pour d'autres, elle ne signifie pas nécessairement la disparition des États nationaux ou la construction d'un État mondial à l'image des constructions politiques nationales capables de gérer les intérêts politiques et sociaux. La mondialisation des échanges s'accommodera au contraire d'une coordination ou d'une gouvernance au niveau mondial des grands choix politiques et économiques. Parallèlement aux difficultés de l'émergence d'une gouvernance globale, la globalisation a renforcé ces dernières années les inégalités au niveau international entre les pays. L'examen des structures des échanges mondiaux, des investissements et des flux de capitaux financiers est assez significatif de l'accroissement de ces inégalités.

III. La globalisation entre espoirs et réalités

La globalisation a été accompagnée de discours et d'analyses économiques qui mettaient l'accent sur sa capacité à réguler les distorsions et les mauvaises allocations de ressources que les économies nationales ont connu durant la période de la suprématie du nationalisme économique. Pour l'ensemble de ces analyses, les dynamiques de croissance antérieure à la globalisation ont été caractérisées par une dilapidation des ressources du fait de l'interventionnisme exagéré d'acteurs exogènes dont les pouvoirs publics qui ont faussé le libre fonctionnement des marchés et leurs capacités à assurer une allocation efficiente des ressources disponibles. De ce point de vue, les réformes néo-libérales du début des années 80 se sont fixées comme objectif de restaurer la prééminence du marché dans la régulation des activités économiques et dans l'allocation des ressources. Cette première génération de réformes a été renforcée par une seconde vague dans les années 90 qui visaient à accélérer l'ouverture des économies nationales sur la globalisation. La seconde vague de réformes s'inscrivait dans la même logique que la première en cherchant à travers la libéralisation des échanges commerciaux et des mouvements de capitaux à assurer une allocation plus efficiente des ressources sur une échelle plus large. Dans cette logique, la globalisation devait assurer une répartition plus harmonieuse des ressources et favoriser une croissance forte et partagée par tous.

Ces premières grilles de lecture de la globalisation se sont également intéressées à son impact sur les pays en développement. Dans ces grilles de lecture, la globalisation constitue une chance pour le développement dans la mesure où elle ouvre une alternative par rapport à l'échec du projet de modernisation nationaliste et des stratégies d'import-substitution. Pour ces analyses, l'interventionnisme étatique dans les pays en développement a été à l'origine d'un grand gâchis. La logique de structuration de marchés nationaux protégés a été à l'origine d'une grande inefficacité et d'une faible compétitivité. Par ailleurs, on a assisté au développement des comportements rentiers de la part des entreprises locales qui ont su tirer profit des différentes formes de protection sans pour autant développer les investissements nécessaires à l'amélioration de la productivité et de la compétitivité de leurs économies. Dans cette perspective la globalisation devait aider les pays en développement à éliminer les distorsions et à assurer une plus grande efficacité dans la répartition des ressources.

La globalisation a suscité pendant de longues années d'importants espoirs. On avait effectivement misé sur une répartition plus égalitaire des ressources et un accès plus important des pays en développement aux marchés et aux ressources de production. On pensait également que la globalisation allait favoriser un processus de croissance dynamique au niveau international qui devait être transmis dans les pays en développement et les entraîner dans un cercle vertueux de croissance et de réduction de la pauvreté. On avait également émis l'hypothèse que la globalisation devait entraîner un processus dynamique de convergence entre les différents pays qui permettrait de réduire l'écart entre les pays développés et les pays en développement. Or, ces espoirs entrouverts dans les années 90 ont été déçus. En effet, la croissance mondiale est restée fragile et n'a pas entraîné dans sa dynamique les pays en développement. Par ailleurs, en dépit des percées des pays émergents, les pays en développement sont encore marginalisés sur les marchés internationaux et dans les flux de capitaux. Enfin, les écarts de revenus entre les pays en développement et les pays développés se sont accentués et la globalisation n'a pas été en mesure de favoriser une convergence accrue des niveaux de vie et de la répartition des richesses au niveau international.

Dans cette section nous chercherons à mesurer cet écart entre les promesses et les réalités dans les échanges commerciaux, les mouvements de capitaux et les flux financiers. Nous nous intéresserons également aux questions institutionnelles et aux difficultés rencontrées par la globalisation dans la mise en place d'institutions et de mécanismes transparents et démocratiques dans la gestion des conflits et dans la conduite des affaires du monde en général.

Globalisation et polarisation des échanges commerciaux

La libéralisation des échanges commerciaux a été un des premiers vecteurs de la globalisation. Les théories du commerce international ont depuis longtemps développé les arguments en faveur de la libéralisation du commerce international. L'argument le plus important est bien évidemment lié aux bénéfices de la spécialisation selon les avantages comparatifs qui permettent aux pays d'avoir une allocation efficiente des ressources. L'ouverture des économies aux échanges internationaux favorise également la concurrence entre les entreprises nationales qui effectueront les investissements nécessaires à l'amélioration de leur compétitivité. D'autres arguments ont également été évoqués pour justifier la spécialisation internationale, dont les économies d'échelle du fait de l'élargissement des marchés nationaux. Par ailleurs, pour d'autres économistes l'ouverture aux échanges internationaux permet d'établir un environnement favorable à l'investissement privé et favorisera d'importants flux d'investissements directs étrangers dans les pays en développement. Ainsi, un nouveau consensus s'est développé autour de l'apport de la spécialisation internationale à la croissance et à l'efficacité dans l'utilisation des ressources. Il est venu rompre celui qui prévalait dans les années 70 et qui mettait l'accent sur les marchés internes et qui a été à l'origine d'une réorientation des dynamiques de croissance vers la promotion des exportations. Ce consensus a également joué un rôle important dans le développement des échanges internationaux.

Le commerce mondial a connu depuis le début des années 80 et dans les années 90 des taux de croissance très élevés qui ont tourné autour d'une moyenne annuelle de 7 % entre 1995 et 2000 en volume [15]. Certes, cette progression a connu un fléchissement à partir de 2001 où le taux de croissance a été légèrement négatif. Mais elle est reparti à la hausse dès 2002 avec des taux de croissance de 3 % et de 4,5 % pour les exportations, et de 3 % et 5 % pour les importations respectivement pour les années 2002 et 2003. Mais, plus important que le niveau de croissance, il faut souligner qu'il était plus élevé que celui du PIB mondial dont la croissance moyenne a été de 3 % seulement entre 1995 et 2000. Certes, ces taux de croissance sont plus bas que ceux enregistrés par les mouvements d'investissements directs à l'étranger ou les investissements financiers. Mais, cette évolution est assez significative du rôle assigné au commerce international dans une période de récession. En effet, les échanges internationaux deviennent de plus en plus la locomotive de la croissance dans les pays développés, comme dans ceux du Tiers-Monde. Cette évolution s'explique par les politiques récessionnistes et anti-inflationnistes menées dans un grand nombre de pays. Ces politiques ont eu pour conséquence une forte réduction de la part de la demande interne dans les dynamiques de croissance.

Il faut également noter que la croissance du commerce mondial est venue des pays développés avec particulièrement l'Amérique du Nord qui a égalé la croissance moyenne des exportations mondiales entre 1995 et 2000 (7 % de taux de croissance). Mais, la progression des importations d'Amérique du Nord a été nettement plus rapide que celle des exportations avec des taux annuels de 10,5 % durant la même période. Ces évolutions s'expliquent par le rôle joué par la demande américaine à cause de la forte croissance dans les années 90. Mais, le décalage entre les deux

---

15 Voir pour les différentes statistiques commerciales : WTO, *International Trade Statistics 2004*, Geneva, WTO, 2004.

rythmes de croissance a été à l'origine de l'explosion du déficit commercial américain. Il faut également noter dans ces évolutions régionales la faible progression des pays de l'Union européenne où le taux de croissance du commerce mondial a été en dessous de la moyenne mondiale et n'a pas dépassé les 6 %. Cette évolution s'explique par la faible croissance que cette région a connu depuis de longues années. Par ailleurs, il faut mentionner les performances exceptionnelles des pays asiatiques qui ont été en moyenne supérieures à la moyenne annuelle entre 1995 et 2000, et se sont situés autour de 8,5 % en moyenne annuelle pour les exportations en volumes. Les résultats de cette région sont encore plus importants si on ne prend en compte que les performances des six pays émergents dont les exportations ont connu une progression impressionnante se situant autour de 9,5 % en moyenne annuelle entre 1995 et 2000. En dépit de la crise de 1997, les exportations de ces pays se sont maintenus à un niveau élevé avec une croissance de 8 et de 9,5 respectivement en 2002 et en 2003.

Pour ce qui est de la composition des échanges internationaux par produits, il faut noter que le rythme de progression des produits agricoles et des produits miniers a été relativement faible. En effet, la croissance moyenne des exportations des produits agricoles et des produits miniers a été de moitié moins importante que celle du commerce mondial se situant autour de 3,5 % entre 1995 et 2000. Ces exportations ont largement souffert de la récession du début du siècle et ont connu une forte chute entre 2001 et 2003. Ces évolutions montent une claire tendance à la baisse de la part des produits agricoles et miniers dans le commerce mondial. En même temps, on enregistre une augmentation rapide des produits manufacturés qui vont désormais dominer le commerce international. La domination de ces produits s'observe d'abord au niveau du rythme de croissance des exportations qui a dépassé la moyenne du commerce mondial avec une moyenne de 8 % par an entre 1995 et 2000. Certes, la récession du début du siècle a touché ses exportations qui ont connu un taux de croissance négatif (-1 %) en 2001. Mais, les échanges de produits manufacturés ont connu une reprise rapide avec une croissance moyenne de 4 % et 5 % respectivement en 2002 et en 2003 supérieure au commerce mondial ainsi qu'à la croissance du PIB mondial. La prédominance des produits manufacturés s'observe également dans sa place dans le total des échanges qui se situe autour de 75 %. Par ailleurs, la part des produits agricoles ainsi que celle des produits miniers n'a cessé de se marginaliser avec des parts successivement de 9,2 % et de 13,2 % du total mondial en 2003.

La dernière caractéristique du commerce international est liée à sa concentration géographique autour de trois zones importantes. La libéralisation des échanges dans un contexte de globalisation a conduit à un accroissement de la polarisation du commerce mondial autour des pôles de la triade (Amérique du Nord, Europe occidentale et Japon). Ainsi, la triade concentre près de 65 % du total des exportations mondiales et près de 67 % des importations mondiales en 2003. Il faut noter à ce niveau la progression rapide de la part des six nouveaux pays industriels dont la part est passée de 3 % en 1948 à près de 9 % du commerce mondial en 2003. Cependant, cette tendance à la concentration des échanges s'est également accompagnée d'une marginalisation des pays éloignés dans les échanges internationaux, en particulier les pays en développement. À ce niveau, il faut noter la marginalisation des pays africains dont la part dans les exportations mondiales est passée de 7,3 à 2,4 % du total mondial entre 1948 et 2003. On a observé la même tendance pour les importations africaines dont la part a fortement régressé passant de 7,6 à 2,2 % du total durant la même période. Cette marginalisation dans le commerce mondial n'est pas propre à l'Afrique. En effet, l'Amérique latine a également connu la même tendance avec un baisse de sa part dans les exportations mondiales de 12,3 à 5,2 % et dans les importations mondiales de 10,6 à 4,8 % entre 1948 et 2003.

La concentration des échanges entre les pays développés trouve son explication dans la nature des produits échangés, et plus particulièrement sa concentration sur les produits manufacturés et intensifs en nouvelles technologies. Cette évolution a entraîné une réduction de la part des matières premières exportées par les pays sous-développés, et en particulier celle des pays africains. La plupart de ces pays avaient tenté au début des années 60 et dans les années 70 des expériences de modernisation et de diversification de leurs structures productives. L'objectif de cette diversification était d'échapper à l'insertion agro-exportatrice héritée de la colonisation. Or, ces tentatives ont échoué et la crise de la dette a amené les pays africains à renforcer leur insertion agro-exportatrice. Depuis, la baisse des cours des produits exportés a entraîné une chute de la part des pays africains dans le commerce international. Cette baisse n'a pas pu être absorbée par l'accroissement en volume des exportations de ces pays.

En définitive, il apparaît clairement que la libéralisation des échanges et l'accroissement du commerce international ont contribué au renforcement et à l'approfondissement de la globalisation. Le rythme de progression des échanges a été élevé et a nettement dépassé celui de la production. Par ailleurs, il faut noter une domination des produits manufacturés aux dépens des produits agricoles et miniers. Enfin, il faut souligner une concentration des échanges autour de la triade et la marginalisation des pays du Tiers-Monde, et particulièrement des pays africains.

L'étude du commerce international nous a permis de mettre en perspective le caractère inégal et déséquilibré de la globalisation. Cependant, l'impact de la globalisation ne se limite pas au caractère déséquilibré des échanges mais s'étend à l'extension de la discipline multilatérale avec la création et le renforcement du rôle de l'OMC.

L'OMC et l'extension de la discipline multilatérale

L'OMC a été créée le 1er janvier 1995 à la suite de la signature des accords de l'Uruguay Round. Elle a succédé à l'Accord Général sur les Tarifs et le Commerce mis en place après la seconde guerre mondiale en 1947. Mais, l'OMC s'est fixé un cadre d'action et de missions plus élargis que celles du GATT. L'objectif de cette institution est de créer un cadre juridique multilatéral afin de résoudre des questions restées en suspens en matière de commerce international. Ainsi, l'OMC est chargée de la constitution d'un environnement international favorable aux échanges internationaux et à la libéralisation du commerce international. De ce point de vue, cette institution participe au mouvement de globalisation et à l'extension de la discipline multilatérale en s'érigeant comme instance de règlement des conflits et de négociation entre les différents pays afin d'élargir ses accords et ses normes à l'ensemble des secteurs de l'activité économique. L'action de l'OMC va chercher à assurer une plus grande libéralisation commerciale et à étendre la discipline et le système multilatéral.

L'OMC veut consolider la libéralisation des procédures de réglementation du commerce international en réintégrant dans le système multilatéral, des secteurs qui n'en faisaient pas partie, comme le textile et l'agriculture, et en élargissant le système multilatéral à de nouveaux secteurs comme les services. À ce niveau, il faut rappeler que l'agriculture était depuis 1950 exclue des accords commerciaux multilatéraux. Mais dans les faits, seule l'agriculture des pays développés (les pays à climat tempéré) échappait aux accords internationaux, et l'agriculture des pays à climat tropical (les pays sous-développés) était soumise à ces réglementations.

Les accords de l'OMC ont également cherché à intégrer le secteur des textiles et de l'habillement en éliminant les pratiques restrictives mises en place par les États-Unis et l'Europe afin de défendre les intérêts de leurs industries en perte de compétitivité depuis le début des années 70 face aux industries du Sud, et notamment celles en provenance des pays asiatiques. L'OMC a également cherché à intégrer de nouveaux domaines dans la discipline des accords multilatéraux comme les services, les droits de propriété intellectuelle, les marchés publics.

Parallèlement à l'extension du système multilatéral à d'autres secteurs, l'OMC veut renforcer la discipline multilatérale. Ainsi, elle cherche à développer des codes multilatéraux de manière à normer les pratiques et les règles en matière de commerce international. À ce niveau, on peut souligner le code sur le dumping et l'anti-dumping, le code sur les mesures de sauvegarde et le code sur les subventions et les mesures compensatoires. Pour assurer à ces codes et à l'ensemble des réglementations les conditions de leur application, l'OMC a créé des mécanismes ayant pour objet la surveillance des pratiques commerciales des différents pays et le règlement des conflits et différends commerciaux. Ainsi, l'OMC a mis en place deux mécanismes : l'un spécialisé dans la surveillance appelé Mécanisme d'examen des Politiques Commerciales - le MEPC - et l'autre pour le règlement des conflits, intitulé Organe de Règlement des Différends -ORD.

L'OMC participe aujourd'hui au mouvement de globalisation et de dépassement des pouvoirs des États-nations dans la réglementation des échanges commerciaux. L'objectif de cette institution est d'œuvrer dans le sens d'une plus grande libéralisation des échanges mondiaux et d'étendre cette conception du commerce international à l'ensemble des secteurs économiques. Cette politique de libéralisation est renforcée par des instances de surveillance et de sanction qui s'assurent du respect des différents États de ces normes en matière d'échange international. Or, si cette convergence des normes et des codes est nécessaire dans un contexte de croissance forte des échanges internationaux, elle pose des défis majeurs pour les pays en développement. En effet, ces pays n'ont cessé d'exprimer des craintes face à l'extension de la discipline multilatérale. Ces inquiétudes concernent la capacité de la discipline multilatérale à réduire leur marge de liberté dans la formulation de leurs politiques nationales et dans l'usage des instruments de la politique commerciale dans la construction de leur compétitivité. Ces appréhensions sont à l'origine de l'émergence de la notion d'espace de formulation des politiques que ces pays cherchent à faire reconnaître et à défendre dans les négociations internationales.

Ainsi, les échanges commerciaux internationaux ont contribué au développement et au renforcement du mouvement de globalisation. Cependant, le commerce international a été marqué par une forte inégalité et une tendance à la marginalisation des pays en développement et, en particulier, les pays africains. Parallèlement à cette marginalisation, il faut mettre l'accent sur la montée de la discipline multilatérale et la réduction des marges de liberté des pays dans la formulation de leurs politiques nationales.

Marginalisation et réduction des marges de liberté des politiques publiques ne sont pas propres aux mouvements commerciaux. Ils se retrouvent également dans les mouvements de capitaux.

Globalisation et attrait pour les investissements directs étrangers

Les mouvements de capitaux, et en particulier les investissements directs à l'étranger (IDE), constituent la voie privilégiée de la globalisation de l'économie. Par leurs investissements internationaux, les firmes cherchent à augmenter leurs marchés et à échapper aux conditions et législations nationales dans le domaine productif. Par ces actions et la délocalisation de la production, les firmes essaient d'accroître leur rentabilité et d'améliorer les conditions de valorisation de la production. Les flux annuels de capitaux sont passés de 59 milliards de $ en 1982 à 209 en 1990, avant d'atteindre 560 milliards en 2003 [16]. Mais, plus que

[16] Pour les différentes statistiques sur les Investissements directs étrangers voir : UNCTAD, *World Investment Report 2004, The Shift Towards Services*, Geneva, UNCTAD, 2004.

le volume c'est surtout le rythme de croissance qui montre l'ampleur de ces mouvements durant les deux dernières décennies. À ce niveau, il faut indiquer que la croissance annuelle des flux des investissements directs à l'étranger (IDE) a été de 22,9 % entre 1986 et 1990 et de 21,5 % entre 1991 et 1995. Mais, c'est surtout durant la seconde moitié des années 90 que les IDE vont connaître une explosion sans précédent avec une croissance annuelle de 39,7 %. Pour saisir l'ampleur de cette croissance il faut la comparer à celle de la production et du commerce international. À ce niveau, il faut indiquer que la croissance des flux d'IDE a été plus de 12 fois supérieure à celle du PIB, et plus de cinq fois supérieure à celle du commerce international. Ces éléments montrent l'importance des mouvements de capitaux dans la globalisation.

Mais, cette tendance à la hausse des mouvements de capitaux va se tasser dès le début du siècle avec une forte régression en 2001 estimée à - 41,1. Cette tendance s'est poursuivie jusqu'à récemment. La baisse des investissements croisés entre pays développés explique probablement cet effritement des IDE. Ainsi, les investissements à destination du monde développé ont diminué de près 25 %. La plus forte baisse provient des États-Unis où la chute a été de 53 % soit un montant de 30 milliards de $.

L'explosion des IDE dans les années 80 et 90 trouve son explication dans les nouvelles logiques derrière les activités à l'étranger des Firmes Transnationales (FTN). En effet, l'importance des investissements croisés entre pays développés montre que la faiblesse des coûts de main d'œuvre n'est plus la plus importante motivation pour les FTN. Certes, ces firmes continuent à délocaliser une partie de leurs activités intensives en travail dans les pays sous-développés ayant des coûts de main d'œuvre bas afin d'améliorer leur rentabilité. Cependant, les IDE sont motivés par d'autres conditions dont le rapprochement des marchés dynamiques et en pleine croissance, comme le marché américain ou celui des pays asiatiques avant la crise financière.

En effet, de nouvelles préoccupations sont à la base des activités à l'étranger des FTN dans les années 90. La première concerne le renforcement de leurs positions monopolistiques. Une grande partie des IDE a servi à des opérations de fusion-acquisition dans des secteurs comme la banque, l'assurance, l'industrie chimique, l'industrie pharmaceutique et les télécommunications. Les opérations internationales de fusion-acquisition ont mobilisé près de 297 milliards de $ en

2003, soit plus de la moitié du total. L'essentiel de ces opérations a été effectué entre les entreprises des pays développés avec près de 90 % du total. « Ces opérations constituent, précise la CNUCED, une composante majeure des flux d'IDE pour les pays développés tout en reflétant la stratégie suivie par les entreprises transnationales, c'est-à-dire se retirer de leurs secteurs d'activité secondaires et renforcer, par le biais d'acquisitions, leur avantage concurrentiel dans leur secteur d'activité principal. Cette stratégie a été rendue possible par la libéralisation (notamment l'accord de l'OMC sur les services financiers de 1997) et la déréglementation (par exemple dans les télécommunications). Cette évolution a eu pour résultat une concentration accrue de certaines branches d'activité entre les mains d'un petit nombre d'entreprises, en général des transnationales ».

Parallèlement aux fusions-acquisitions, les activités internationales des FTN sont motivées par la recherche d'accords interentreprises, en particulier dans le domaine des nouvelles technologies. En effet, « une partie de ces accords, note le rapport de la CNUCED, concernent des activités en rapport avec la technologie et viennent en réaction à l'accroissement de l'intensité en savoir de la production, au raccourcissement des cycles de produit et à la nécessité de suivre l'avancée constante de la technologie ». Le nombre annuel moyen de ces accords est passé de moins de 300 au début des années 80 à plus de 600 dans les années 90.

Un autre facteur qui joue un rôle déterminant dans les IDE est l'appartenance des pays d'accueil à un groupement régional. De ce point de vue, les FTN cherchent à améliorer leur positionnement stratégique dans les expériences et les efforts d'intégration régionale entrepris dans la plupart des régions. Ainsi, la taille du marché national n'est plus un facteur aussi déterminant que par le passé, et les FTN s'intéressent de plus en plus aux expériences d'intégration régionale qui peuvent constituer des alternatives à des marchés nationaux étroits. Le rapport de la CNUCED précise qu'aujourd'hui « parmi les facteurs qui peuvent avoir un effet direct sur l'IDE figure l'appartenance à un groupement d'intégration régionale, car cela peut modifier un facteur économique déterminant, à savoir la taille, voire la croissance, du marché. En fait, pour cette raison, cette appartenance peut être considérée comme un facteur déterminant à part entière. Les instruments d'intégration régionale peuvent couvrir un large éventail de mesures d'intégration, allant de la réduction des droits de douane à une harmonisation des politiques dans de nombreux domaines ».

En définitive, les IDE ont connu une progression rapide dans les années 90. Cette croissance correspond à une accentuation du mouvement de globalisation. Les FTN se préparent à une plus grande concurrence au niveau international en l'absence d'institutions régulatrices par un accroissement de leurs monopoles et l'amélioration de leur positionnement stratégique sur les différents marchés. Les préoccupations des entreprises donnent un contenu nouveau à la compétitivité des économies qui n'est plus liée à leur libéralisation ou à la faiblesse de leurs coûts de main d'œuvre. En effet, plus que jamais, la technologie, l'innovation, l'accroissement des monopoles et le positionnement stratégique sur les marchés sont des facteurs déterminants de la compétitivité des FTN de nos jours.

Cependant, cette tendance a été modifiée dès le début du siècle avec une nette diminution des IDE. Le repli des IDE s'est accompagné également par leur recentrage autour des pays développés qui ont reçu près de 65 % du total en 2003. Ce recentrage s'est fait aux dépens des pays en développement dont la moyenne annuelle est passée de 231 milliards de $ en 1999 à 172 milliards en 2003. L'Amérique latine et l'Asie, qui étaient pourtant dans les années 90 les zones privilégiées d'orientation, sont les plus grands perdants de ce recentrage des IDE autour des pays développés. Ainsi, la moyenne annuelle des flux à destination de l'Amérique latine a baissé de moitié entre 1999 et 2003 en passant de 107 à 49 milliards de $. Par ailleurs, les IDE à destination de l'Asie ont connu leur niveau le plus élevé en 2000 avec un niveau 146 milliards de $. En 2003, les IDE vers l'Asie ont diminué du tiers et ne sont plus que de 107 milliards de $. Certes, les IDE à destination de l'Afrique ont connu une légère progression en 2003. Mais, les montants restent marginaux et l'Afrique n'a accueilli que 15 milliards de $. Ce montant est encore en dessous des performances de 2001 avec des flux de près de 20 milliards de $. Les IDE à destination de l'Afrique sont concentrés autour d'un nombre limité de pays et sont orientés essentiellement vers les ressources naturelles et l'extraction pétrolière.

Parallèlement au recentrage sur les pays développés, les mouvements de capitaux se sont orientés essentiellement vers les secteurs des services. En effet, dans les années 70, ce secteur ne représentait que le quart des IDE. En 1990, la part du secteur des services était encore en dessous de la moitié dans le stock mondial des IDE. Mais, dès le début du siècle, le secteur des services va dominer le mouvement des capitaux avec près de 60 % du total en 2002. Cette progression rapide s'est faite aux dépends du secteur primaire, qui a poursuivi sa baisse, et surtout du secteur manufacturier. Ainsi, la part du secteur primaire a diminué de 9 à 6 % et celle du secteur manufacturier de 42 à 34 % du stock total des IDE. Pour se rendre compte de l'ampleur de cette réorientation sectorielle, il faut mentionner que le secteur des services a absorbé entre 2001 et 2002 un montant de 500 milliards de $ des flux de capitaux. Ces IDE sont dominés par les pays développés qui concentrent près de 90 % du stock total. Par ailleurs, dans le secteur des services on a enregistré une baisse de la part des secteurs traditionnels comme les secteur commercial et financier au profit de nouveaux segments comme l'électricité, l'eau et surtout les télécommunications et les services aux entreprises dont les services informatiques.

Ainsi, comme nous l'avons vu pour le commerce international, les mouvements de capitaux, particulièrement à partir du début du siècle, sont concentrés au sein des pays en développement. Cette tendance est le résultat du repli que les IDE ont connu à partir de 2001. Au même moment, les IDE se sont également concentrés dans le secteur des services qui reçoit l'essentiel des mouvements de capitaux. Ce repli des mouvements de capitaux et sa concentration dans les pays développés se sont traduits par une concurrence sans précédent entre les pays afin de libéraliser les conditions d'accueil des firmes étrangères. Ainsi, en 2003 les dispositions réglementaires et législatives relatives à l'IDE ont connu 244 modifications dont 220 allaient dans le sens d'une plus grande libéralisation. Par ailleurs, au cours de cette même année, on a enregistré la conclusion de 86 accords bilatéraux d'investissement portant le total à 2265, et 60 conventions pour la double imposition ce qui amène leur total à 2316. Pour les pays d'accueil, ces accords cherchent à attirer le plus d'investissements étrangers en créant des cadres propices aux FTN. Or, pour les pays d'origine, essentiellement des pays développés, ces accords sont importants dans la mesure où ils assurent une plus grande transparence et stabilité des cadres réglementaires et rendent les investissements dans les pays étrangers plus sûrs et à l'abri des tentations de nationalisation. La question de l'investissement occupe aujourd'hui une place de choix dans le contexte de globalisation croissante de l'économie. Les pays développés ont cherché à introduire la question de l'investissement dans le programme de négociations du cycle de Doha. Mais, les pays en développement se sont opposés à cette proposition et ont réussi à réduire les questions de Singapour à la facilitation du commerce. L'échec des pays développés à proposer un cadre multilatéral aux investissements ne les a pas empêchés de multiplier tout au long des années 90 les accords bilatéraux et régionaux.

La multiplication des accords d'investissement avait pour objectif d'accroître les flux, particulièrement à destination des pays en développement. Or, il semble que la libéralisation du cadre réglementaire n'a pas été suffisante pour attirer plus d'investissement et les flux annuels n'ont jamais été en mesure d'égaler les chiffres records de la fin du siècle dernier et de l'année 2000. Ceci montre que la libéralisation n'est pas suffisante pour attirer les mouvements de capitaux. Par ailleurs, cette ouverture ne peut permettre aux pays d'accueil de tirer profit des capitaux étrangers en l'absence d'une politique nationale dynamique qui chercherait à favoriser ces flux dans les secteurs prioritaires en matière de développement. En effet, le rapport sur les investissements de la CNUCED de 2003 souligne que « la libéralisation peut stimuler l'investissement, mais elle ne suffit certainement pas pour en tirer tout le parti possible. Il faut non seulement ouvrir les pays aux investisseurs étrangers et faciliter leurs activités, mais encore s'employer à drainer les types d'investissement qui peuvent rapporter le plus à l'économie d'accueil ». Par ailleurs, la politique nationale vis-à-vis des IDE doit chercher également à augmenter leur contribution aux efforts de développement national en favorisant l'intégration de produits locaux, l'achat des produits nationaux, le réinvestissement sur place des profits ainsi que la protection des consommateurs et de l'environnement. La politique nationale vis-à-vis des IDE doit prévenir les pratiques anticoncurrentielles et les accords entre firmes étrangères visant à exclure les entreprises locales. Or, la multiplication des accords d'investissements réduit la marge de liberté des pouvoirs publics dans la formulation des politiques vis-à-vis des IDE et dans les efforts de l'intégration de ces flux dans les priorités de développement national.

En définitive, les mouvements de capitaux ont joué un rôle majeur dans la globalisation des économies. Le rythme de progression des IDE a été très élevé et a nettement dépassé ceux du commerce international et de la production. Mais, ce mouvement a été marqué par la logique inégalitaire et déséquilibrée de la globalisation. Ainsi, depuis le début du siècle, on a enregistré une concentration des IDE au sein des pays développés. Les pays en développement ont, certes, cherché à attirer les mouvements de capitaux en libéralisant leurs législations nationales et en passant un nombre croissant d'accords bilatéraux en matière d'investissement. Or, si ces accords n'ont pas entraîné un accroissement des IDE, ils ont, par contre, réduit de manière forte la marge de liberté et de manœuvre des politiques publiques vis-à-vis des capitaux étrangers.

Parallèlement à son caractère déséquilibré et à la réduction de la marge de liberté des pays dans la formulation de leurs politiques publiques, la globalisation s'est accompagnée d'une grande instabilité particulièrement avec le développement des mouvements financiers de court terme.

Globalisation et instabilité financière

La sphère financière a été l'élément le plus important de la globalisation durant ces dernières années. Plusieurs indicateurs montrent l'importance prise par les mouvements financiers. L'investissement direct du secteur financier à l'étranger a représenté, selon les pays, dans les années 80 entre 15 et 30 % du total des investissements à l'étranger. Si on s'intéresse, par ailleurs, aux activités sur les marchés des changes on constate que les opérations liées aux échanges commerciaux ne représentent plus que 3 % sur un volume de transactions dépassant les 1000 milliards de $ jour. L'essentiel des opérations sur le marché des changes est destiné aux investissements financiers.

Le développement des activités financières a profité de la déréglementation et de la libéralisation des opérations monétaires et financières. Par ailleurs, le relèvement des taux d'intérêt dans la plupart des pays développés depuis le début des années 80 dans le cadre des politiques anti-inflationnistes s'est traduit par l'accroissement du rôle des marchés financiers dans le financement des activités des entreprises par rapport aux banques. Cette désintermédiation a permis un accroissement de l'épargne destinée aux activités financières. Au même moment, on a enregistré un important décloisonnement au niveau national des différents compartiments des activités financières et une intégration et interpénétration plus grandes des marchés financiers mondiaux.

Ainsi, les années 80 ont été marquées par une montée des activités financières au niveau mondial. Cependant, cette financiarisation s'est faite en marge des activités productives, et la sphère financière s'est érigée en un lieu de valorisation et d'accumulation totalement indépendant des autres sphères économiques. En effet, à partir du moment où les banques et les autres institutions financières, ne se limitent plus à leurs fonctions traditionnelles d'intermédiation financière et de création monétaire au profit de l'investissement, elles vont chercher à transformer la sphère financière en un champ de valorisation spécifique pour des opérations d'un type nouveau susceptibles de dégager des plus-values et des profits financiers.

À partir du début des années 90, les marchés émergeants d'Asie et d'Amérique latine sont devenus la destination privilégiée de ces mouvements financiers à court terme à la recherche d'un profit immédiat. Les investissements de portefeuille privés à destination des pays en développement ont connu une progression rapide dans les années 90 et ont atteint leur niveau record en 1996 avec un flux annuel de près de 82 milliards de $ [17]. L'Amérique latine et l'Asie ont été la destination privilégiée de ces investissements avec respectivement 44 et 32 milliards de $ en 1996. Ces investissements ont été limités en Afrique et n'ont pas dépassé les 3 milliards de $ durant la même année. La crise asiatique de 1997 a eu bien évidemment un effet immédiat sur les investissements financiers à destination du monde en développement et si ces flux ont connu une baisse rapide durant la même année, ils deviendront insignifiants au début du siècle.

Ainsi, la globalisation financière a joué un rôle majeur dans la globalisation des années 90. Le développement des activités financières a été encouragé par la déréglementation et la libéralisation des opérations monétaires et financières. Dans les années 90, les capitaux spéculatifs ont pris la direction des marchés émergents d'Asie et d'Amérique latine les soumettant à de fortes tensions. Ces économies n'ont pas pu résister aux mouvements erratiques de ces capitaux et les crises financières ont rapidement éclaté au Mexique, puis en Asie entraînant d'importantes turbulences dans l'économie mondiale. Le spectre de la crise et de l'instabilité financière est venu au centre du système financier international.

[17] Les données sur les investissements financiers proviennent du rapport *World Economic Outlook* du FMI.

La globalisation débridée et le caractère erratique des mouvements de capitaux à court terme ont été à l'origine de la crise financière qui a secoué l'Asie. Cette crise, qui a commencé au mois de juin 1997 en Thaïlande, s'est étendue à des pays comme le Japon et la Corée du Sud, censés être plus stables et ayant une plus grande maîtrise des mouvements internationaux de capitaux. En effet, la Corée du Sud a été au bord de la cessation de paiement en décembre 1997 et a décidé de faire appel au Fonds monétaire international qui a accepté de lui allouer une aide d'urgence de 20 milliards de $ pour faire face à l'accroissement de ces déficits. Quant au Japon, il a vu le dépôt de bilan de la maison de titres Yamaichi, l'une des plus importantes institutions financières japonaises. Cette faillite a donné lieu dans tout le pays à des scènes de panique de la part des épargnants, qui rappelaient celles de la crise de 1929. Les interventions du gouvernement japonais et plus particulièrement de la Banque centrale, ont réussi avec difficulté à calmer les esprits et à amener les différents acteurs à adopter des positions plus rationnelles.

La crise financière asiatique a commencé au début de l'été 1997 avec la chute de la bourse thaïlandaise puis s'est étendue à une première série de pays composant le noyau de croissance asiatique : l'Indonésie, les Philippines et la Malaisie. Les difficultés conjoncturelles dans ces pays expliquent en partie l'éclatement de la crise financière. En effet, ils ont accumulé depuis quelques années des déficits importants tant internes qu'externes. Les déficits commerciaux sont dus aux difficultés de transition de ces économies d'une spécialisation basée sur les faibles de coûts de main d'œuvre à une spécialisation basée sur les produits intensifs en capital et en technologie. Ainsi, la plupart de ces économies commençaient à perdre des parts de marché sur la scène internationale vis-à-vis de nouvelles économies comme le Vietnam ou la Chine où les coûts de main d'œuvre sont encore plus faibles. Ces difficultés conjoncturelles ont été accentuées par le rattachement des monnaies de ces pays au dollar qui connaissait à l'époque une importante hausse. Dans ce contexte, face aux déficits conséquents et aux monnaies nationales surévaluées, ces pays ont fait l'objet d'attaques spéculatives.

Cette crise, devait se limiter aux pays périphériques de la zone de croissance asiatique. Or elle s'est prolongée et a touché, dès la fin du mois de septembre 1997, d'autres pays supposés plus stables comme le Japon, la Corée du Sud ou Hong Kong. En effet, les bourses de Tokyo et de Séoul ont été victimes de la chute des cours dans la région et le phénomène les a rattrapées rapidement. Plusieurs facteurs expliquent cet effet « boule de neige » dans la crise financière de la région. Le premier est d'ordre psychologique. La crise dans les premiers pays s'est traduite par un reflux des investisseurs internationaux qui commençaient à craindre une accentuation du mouvement de la baisse, et dont les pronostics sur l'avenir de la croissance dans la région ont été revus à la baisse. Par ailleurs, les institutions financières japonaises et coréennes sont depuis quelques années bien ancrées dans la région, et ont été touchées par la crise dans les premiers pays. Alors, ces institutions ont cherché à se relocaliser sur leurs propres places financières afin de limiter leurs pertes. Par ailleurs, il faut souligner que les systèmes bancaires et financiers en Corée et au Japon sont très fragiles. En effet, le développement économique et les dynamiques de croissance dans ces pays ont été financés par d'importants recours aux systèmes financiers essentiellement publics en Corée, et fortement liés aux entreprises au Japon. De ce point de vue, les entreprises de ces pays étaient très endettées, et les banques trop fragilisées pour réagir et résister à l'onde de choc venue de la région.

Cette crise a touché d'une manière différenciée les pays asiatiques. La Chine, le Vietnam et Taïwan, par exemple, ont été nettement moins touchés par les tendances baissières de cette crise. La différence réside dans leurs attitudes et leurs réglementations vis-à-vis des mouvements internationaux de capitaux. Les pays qui avaient une attitude plus ouverte aux mouvements internationaux de capitaux ont été les plus touchés par la crise financière pour la simple raison qu'il s'agit dans un grand nombre de cas de placements de portefeuille à la recherche de perspectives de gains rapides sans engagements dans la production. Ces investisseurs retirent leurs capitaux dès que d'autres places leur proposent des profits plus importants. Ainsi, la Chine et Taïwan, en dépit de leur ouverture, ont gardé une attitude plus ferme vis-à-vis des mouvements de capitaux et exercent encore un contrôle sur les entrées des investissements internationaux afin de favoriser les investissements productifs.

Mais, la crise asiatique n'est pas seulement le produit de difficultés et de déficits conjoncturels enregistrés par les pays asiatiques. En effet, des éléments plus structurels liés à la situation de l'économie mondiale sont à la base de ces soubresauts. Cette configuration économique remonte à la mise en place dans les pays développés à partir du début des années 80 de politiques de lutte contre l'inflation connue sous le vocable de « désinflation compétitive ». L'ensemble de ces pays a cherché à lutter contre l'inflation à travers la hausse des taux d'intérêt pour agir sur les prix et améliorer ainsi la compétitivité des entreprises. Or, la hausse des taux d'intérêt est à l'origine d'une forte baisse de la demande interne d'investissement et de consommation pour les ménages comme pour les entreprises. La dépression de l'activité productive a été à l'origine d'un développement rapide de la sphère financière qui est devenue la principale aire d'investissement. La montée de cette sphère a été favorisée par la déréglementation et la dérégulation de la circulation des mouvements internationaux de capitaux. Ainsi, un marché financier international a été créé où les excédents de capitaux et l'épargne internationale émigrent d'une place financière à une autre à la recherche des meilleures conditions de profit et de gain. Le développement des marchés financiers est à l'origine de la création d'une bulle financière totalement déconnectée de la sphère réelle et dont l'éclatement peut entraîner la faillite du système international et fait peser un important risque de système sur l'économie internationale.

La crise financière internationale déclenchée en juillet 1997 en Asie du Sud-Est a connu une étape supplémentaire avec son extension à la Russie, en Amérique latine et aux marchés financiers occidentaux dès le mois d'août 1998. Mais, il est vrai que ces régions étaient sous tensions depuis de longs mois, et la crise asiatique s'est transformée en défiance généralisée des mouvements de capitaux envers toutes les places financières émergentes.

Ces crises à répétition ont engendré une grande inquiétude. Les experts et les milieux financiers et économiques internationaux continuent à nourrir les plus grandes inquiétudes sur l'avenir de l'économie mondiale. Mais, ces crises ont été aussi à l'origine d'une remise en cause sans précédent de la vague de libéralisation financière et d'une plus grande prudence dans la gestion des mouvements de capitaux financiers internationaux.

Ainsi, la globalisation financière débridée des années 90 a été à l'origine d'une instabilité sans précédent sur les marchés financiers internationaux. Certains dirigeants politiques ont été jusqu'à faire appel à la taxe Tobin pour limiter les mouvements spéculatifs de capitaux. D'autres, comme P. Krugman, avaient à l'époque préconisé ni plus ni moins un recours au contrôle des changes pour faire face à l'instabilité financière croissante. Cette position a fait l'effet d'une bombe dans les milieux d'affaires internationaux. Car il s'agit d'une remise en cause profonde d'un des dogmes libéraux qui a le plus marqué les décennies 80 et 90 à savoir la déréglementation et la libéralisation financière. Ainsi, la globalisation financière n'est plus à l'ordre du jour comme elle l'a été il y a quelques années. Au contraire, on cherche de plus en plus à réguler les marchés financiers et à contrôler les mouvements hybrides de ces capitaux.

Globalisation et gouvernance mondiale

Parallèlement à son caractère déséquilibrée et instable, la globalisation pose d'importantes questions en matière de gouvernance. En effet, le développement d'une économie globale prospère, ouverte et offrant des chances réelles à l'ensemble des pays ne peut se passer d'un système de gouvernement global démocratique et capable d'organiser de manière systématique et d'assurer un minimum de cohérence nécessaire à l'interdépendance croissante tant économique que politique de l'ensemble des acteurs et des intervenants. Cette gouvernance parait urgente pour réguler l'ordre économique et politique en proie depuis le début des années 80 à une grande incertitude et instabilité. Mais, la nécessité de cette gouvernance s'explique également par la montée de ce qu'il est convenu d'appeler, les problèmes globaux comme la dégradation de l'environnement ou le maintien de la sécurité. La gouvernance pose aujourd'hui la question des principes et des institutions qui doivent prendre en charge la régulation de l'ordre global car la globalisation se doit d'ériger une base minimale d'intérêts communs entre les différents acteurs sur la scène internationale afin de dépasser les divergences étatiques et pour asseoir sa légitimité.

Or, la mise en place de ce système de gouvernement de la globalisation se heurte aujourd'hui à d'importantes difficultés. La première série de difficultés est liée aux fondements juridiques et aux réformes à mettre en place afin de lui donner des bases et des préceptes clairs. Il faut rappeler que le principe de souveraineté était au cœur du droit international depuis le XVIIe siècle. Ce principe suppose la supériorité des législations nationales, le respect de l'intégrité territoriale des États et la non-ingérence dans leurs affaires intérieures. Ce principe a été réaffirmé au cours du XXe siècle par la Charte des Nations unies qui fait des États les seuls acteurs légitimes sur la scène internationale. Or, l'interpénétration croissante des relations économiques et politiques dans le contexte de globalisation commence à remettre en cause ce principe, et pose de plus en plus la société internationale comme nouvelle source de légitimité dans les relations internationales. Certes, pour les théories réalistes, les relations internationales sont, en dépit des mutations récentes, encore marquées par le jeu de pouvoir et de concurrence entre les États qui permet au principe de souveraineté de garder toute sa pertinence. Or, d'autres analystes mettent l'accent sur l'émergence d'un espace public global avec une pluralité d'acteurs dont les États et les différentes composantes de la société civile. Pour ces analyses, d'inspiration kantienne ou idéaliste, les transformations opérées par la globalisation exigent une relativisation du principe de souveraineté et doivent conduire la communauté internationale à inventer de nouvelles sources de légitimité.

Cette tension entre le principe de souveraineté et celui de la légitimité de la société internationale est au cœur des discussions sur la gouvernance mondiale. Mais cette tension a été surtout au centre du débat sur le principe d'ingérence avec l'éclatement des conflits dans l'ex-Yougoslavie notamment avec la guerre en Bosnie et au Kosovo. En effet, ce principe s'est trouvé dans ces conflits en porte à faux avec un autre principe important dans les relations internationales à savoir le droit des peuples à disposer d'eux-mêmes. La tension entre ces deux principes n'est pas récente dans la mesure où elle a marqué l'histoire de l'Europe dans le XXe siècle du fait de la cœxistence de fortes minorités nationales au sein des États-nations du continent. La notion de droit d'ingérence va marquer la fin du XXe siècle, et sera progressivement à la base d'une nouvelle jurisprudence en gestation. Cette nouvelle notion a été à la base de l'intervention américaine en Somalie, de la protection des kurdes au Nord avant la chute du régime de Saddam Hussein en Irak et de l'intervention militaire massive des puissances occidentales en Bosnie et au Kosovo. Or, en dépit de ces débuts d'application du droit d'ingérence, le principe de souveraineté et de la seule légitimité de l'État-nation, est loin d'avoir survécu. Car, le triomphe de ce nouveau principe de légitimité internationale suppose un accord de la part des États-nations sur le transfert du monopole de l'usage de la force légitime au profit d'une institution transnationale. À ce niveau, le conseil de sécurité des Nations unies peut paraître l'institution la mieux indiquée pour hériter de ce nouveau monopole. Or, ce transfert est problématique dans la mesure où un grand nombre de pays, en particulier les pays du Tiers-Monde, récuse ce principe et y voit le moyen d'intervention des États développés dans leurs affaires. Par ailleurs, les grandes puissances, n'ont recours au conseil de sécurité que pour avoir son accord, et lorsqu'elles sont sûres de l'accord préalable de tous ses membres, et notamment ceux détenant des droits de veto. Autrement, ces pays s'arrogent un droit d'ingérence comme l'a montré le cas du Kosovo ou de l'Irak sans prendre la peine de chercher à construire un consensus global sur ces interventions. Ainsi, en dépit d'une montée rapide de la globalisation, l'ensemble des intervenants, États, firmes, institutions multilatérales et organisations de la société civile sont loin d'avoir dépassé la jurisprudence de l'État-nation et ne sont pas parvenus à construire des normes démocratiques et un cadre juridique commun pour la régulation du nouvel ordre politique et économique international.

Cette difficulté s'observe également au niveau de la gestion de certaines questions devenues aujourd'hui globales comme celle de l'environnement. La protection de l'environnement est devenue une préoccupation partagée par l'ensemble des pays de la planète et fait partie intégrante d'une nouvelle culture globale commune en constitution. La protection de l'environnement est au cœur des grandes questions qui ne peuvent plus être discutées à l'échelle nationale. Cette question renferme des préoccupations importantes liées au respect de la nature telles que celles de la gestion des déchets, la lutte contre la pollution ou la préservation de la biodiversité. Mais ces préoccupations ont été renforcées depuis quelques années par la question de la modification climatique avec le réchauffement de la température suite à l'activité humaine qui est à l'origine de l'accroissement du gaz à effet de serre qui rend difficile la disparition de l'énergie au-delà de l'atmosphère terrestre. La communauté internationale s'est saisie de cette question, et la conférence de Kyoto a permis l'adoption d'engagements de la part des États afin de contrôler l'émission de ces gaz. Or, une année après, la Conférence de Buenos-Aires n'a pas été en mesure de définir des mécanismes clairs et acceptés par tous les États pour diminuer les gaz. La coopération inter-étatique a buté sur plusieurs difficultés qui sont assez significatives aujourd'hui de cette tension entre les intérêts immédiats des États-nations et les exigences d'une communauté internationale en gestation. D'abord, les pays sous-développés estiment que la pollution actuelle est le résultat de l'action des pays développés et que par conséquent il leur revient de faire des efforts supplémentaires pour lutter contre le réchauffement de la planète. Ensuite, les études effectuées montrent le rôle important des États-Unis et de la Chine dans l'émission des gaz à effet de serre. Or, ces pays refusent jusqu'à présent de coopérer sur les limitations de leurs activités économiques et en font des questions de souveraineté. Enfin, la mise en place des mécanismes de contrôle et des instruments de dissuasion, comme les écotaxes, fait encore l'objet de controverses et de divergences.

Les difficultés de l'émergence d'une gouvernance internationale ne sont pas propres aux questions juridiques ni politiques. Elles se retrouvent dans le domaine économique même si d'importants efforts ont été entrepris afin d'aboutir à une gestion concertée de la globalisation. Ces difficultés s'expliquent par la pluralité des acteurs intervenants sur la scène internationale, les divergences entre les États-nations et l'émergence d'une société civile internationale désireuse de prendre une place plus active dans l'espace public international. Les difficultés de la construction d'une gouvernance mondiale démocratique s'observent à différents niveaux comme la coordination des politiques macroéconomiques, la gestion des tensions entre la flexibilité et la stabilité des taux de change, la gestion des conflits commerciaux et la gestion de la globalisation financière.

En conclusion, cette section nous a permis de mettre en perspective les limites de la globalisation. Plus particulièrement, elle nous a donné l'occasion de saisir le décalage entre les espoirs offerts par cette tentation de dépassement des États-nations dans la régulation de l'ordre économique et la réalité de l'ordre économique international. Ainsi, la libéralisation commerciale devait assurer une meilleure répartition des ressources et une amélioration de la compétitivité des économies et des entreprises. Or, la réalité des échanges internationaux montre une plus grande marginalisation des pays en développement et un déséquilibre croissant dans le commerce international. De la même manière, l'ouverture des frontières devant les mouvements internationaux de capitaux devait favoriser un renforcement de la croissance et améliorer l'accès des pays en développement aux nouvelles technologies et aux mouvements de capitaux. Or, les mouvements de capitaux ont été caractérisés par un grand déséquilibre et une grande marginalisation des pays en développement. Par ailleurs, les mouvements des capitaux financiers ont été à l'origine d'une grande instabilité de l'économie mondiale et d'un important risque de système. Mais, la libéralisation des mouvements de capitaux et de marchandises s'est accompagnée par un renforcement de la discipline multilatérale et la réduction de la marge de liberté et de la capacité de formulation des politiques économiques des pays. Enfin, la globalisation éprouve les plus grandes difficultés à construire une gouvernance démocratique et ouverte aux intérêts des pays en développement. Ces limites expliquent largement les résultats relativement maigres et les promesses déçues de la globalisation.

IV. Globalisation et les promesses déçues

Le contexte intellectuel favorable à la globalisation a quelque peu changé depuis ces dernières années. En effet, le caractère déséquilibrée et inégal ainsi qu'une plus grande marginalisation des pays en développement, et en particulier des pays africains, sont à l'origine de doutes et de questionnements croissants sur la capacité de la globalisation à répondre aux préoccupations du développement. Parallèlement à ces interrogations, on a enregistré une floraison d'études sur l'impact de la globalisation sur la croissance et la prospérité mondiale. Ces études se sont attaquées à deux questions essentielles qui étaient au centre du discours politique accompagnant ce phénomène. La première est liée à la capacité de la globalisation à générer un sentier de croissance forte, vers lequel convergerait l'ensemble des économies. Il s'agit là d'une question essentielle dans la mesure où les divergences dans les performances économiques des pays ont été souvent expliquées comme étant le résultat de l'enfermement des dynamiques économiques au sein des frontières nationales et d'une mauvaise utilisation des ressources. L'ouverture des économies nationales devait dans cette perspective assurer une répartition plus efficiente des ressources et favoriser une croissance forte et mieux partagée. Or, les performances des économies nationales durant les deux dernières décennies semblent confirmer une plus grande divergence des dynamiques de croissance. La seconde question est liée à une réduction des inégalités entre pays et au sein d'un même pays. Cette diminution des inégalités est étroitement liée à la convergence des dynamiques de croissance entre les économies. Or, les études récentes montrent, au contraire, un creusement des inégalités et par conséquent un accroissement de la pauvreté et de la marginalité. Ainsi, la globalisation n'a pas réussi à tenir ses promesses et à garantir une économie mondiale prospère et égalitaire. Cet échec a entraîné une remise en cause de la globalisation et la montée des mouvements altermondialistes qui sont devenus des acteurs importants de la scène internationale.

Globalisation et échec du rattrapage

Le rattrapage des pays développés et l'intégration du Tiers-Monde dans le temps du monde ont toujours été des thèmes importants dans la réflexion sur le développement. Dans les années 60 et 70, la réflexion dominante sur le développement a fait du rattrapage du niveau de développement atteint par les pays avancés le cœur du processus de transition économique en cours dans le Tiers-Monde. Ces deux décennies ont par ailleurs connu une forte accélération des dynamiques de croissance dans la plupart des pays en développement qui avaient adopté des stratégies d'import-substitution dans les années 60 et 70. La réflexion dominante sur le développement a fait du rattrapage du niveau de développement atteint par les pays avancés, le cœur du processus de transition économique en cours dans le Tiers-Monde. Ces deux décennies ont par ailleurs connu une forte accélération des dynamiques de croissance dans la plupart des pays en développement qui avaient adopté des stratégies d'import-substitution et ont orienté leurs dynamiques de croissance vers les marchés intérieurs. Les performances réalisées par les pays en développement durant les années 60 et 70 en matière de croissance ont permis d'espérer un temps qu'ils allaient rejoindre le niveau de développement des pays avancés. Or, la crise des années 80 a coupé court à ses dynamiques de croissance et l'application des programmes de stabilisation inspirées par le consensus de Washington a été à l'origine d'une forte dépression dans la plupart des pays en développement. Le thème du rattrapage reviendra dans le débat économique dans les années 90 avec le renforcement de la globalisation. Pour beaucoup d'économistes, la globalisation et l'ouverture des frontières nationales favoriseront une répartition plus efficiente des ressources et initieront un processus de convergence de l'ensemble des économies nationales vers un sentier de croissance forte et dynamique.

Qu'en est-il aujourd'hui de cette promesse de convergence ? La globalisation a-t-elle été en mesure de favoriser une dynamique de croissance forte ? Et surtout, a-t-elle été en mesure de favoriser un processus de rattrapage de la part des pays en développement du niveau des pays avancés [18] ? À ce niveau, il faut souligner que les années 90 ont été marquées par la forte croissance américaine avec une réduction sensible du chômage. Durant l'année 2000, l'économie américaine a enregistré un taux de croissance de 4 % et a battu ses propres records en matière de croissance forte sans interruption. La plus forte période de croissance que l'économie américaine ait connu durant le siècle passée s'étend de 1961 à 1969, sous les administrations Kennedy et Johnson.

Dans un contexte de forte dépression, suite aux crises asiatiques et latinoaméricaines, les performances américaines paraissent impressionnantes. La croissance américaine a eu d'importants résultats en matière d'emplois avec la création de 20 millions d'emplois durant les huit dernières années. Cette dynamique en matière de création d'emplois a été à l'origine d'une baisse sans précédent du chômage. Le taux de chômage se situait autour de 4,2 % , soit le taux le plus bas depuis 1970. Par ailleurs, cette croissance s'est faite sans de grandes tensions inflationnistes. Le taux d'inflation est légèrement supérieur à 2 %.

Or, cette dynamique de croissance a pris fin dès le tournant du siècle avec une croissance nulle en 2001. Les attaques terroristes de septembre 2001 ont été à l'origine d'une grande incertitude qui n'a pas favorisé la reprise de la

---

[18] Voir sur ce débat, Richard Kozul-Wright et Paul Rayment, *Globalization Reloaded: an UNCTAD Perspective*, Discussion Paper n° 164, Geneva, UNCTAD, January 2004.

croissance. Du coup, les États-Unis ont rejoint un sentier de croissance faible que connaissent les autres grands pôles économiques mondiaux depuis près de deux décennies à savoir le Japon et les pays de l'Union européenne. Ainsi, la récession semble dominer les grandes puissances économiques qui connaissent les plus grandes difficultés à jouer un rôle actif dans la relance de la croissance mondiale. Cette récession s'est traduite par une explosion du chômage et une baisse de la demande entraînant une extension de la morosité économique au reste de l'économie mondiale.

L'étude des performances des autres groupements économiques montre la constitution de quatre grands groupes. Le premier est constitué par les pays d'Amérique latine caractérisée par une forte instabilité de la croissance. En effet, si la croissance s'est située autour d'une moyenne de 3,3 % tout au long de la décennie 90, elle a surtout été marquée par une évolution en dents de scie. Par ailleurs, la croissance s'est inscrite dans une tendance baissière dès le début du siècle. Cette tendance s'explique par les crises financières que ne cessent de connaître les grands pays latino-américains, et surtout les difficultés liées à l'accumulation d'une dette externe insurmontable. La plupart de ces pays continuent à mettre en place des programmes de stabilisation afin de maîtriser les grands déficits. Cependant, ces programmes ne font que renforcer la récession et le chômage, et par conséquent ne favorisent pas une réduction sensible des déficits.

Le second groupe est composé des pays africains qui connaissant depuis plus d'une quinzaine d'années une croissance molle, située entre 3 et 4 %. Cette croissance s'explique essentiellement par l'évolution des cours de matières premières exportées par ces pays. Ainsi, les politiques économiques et particulièrement les stratégies de lutte contre la pauvreté que la plupart des pays africains ont commencé à mettre en œuvre semblent avoir peu de prise sur la croissance qui reste désespérément faible et fragile. Les performances du continent africain restent en dessous des niveaux exigés pour atteindre les objectifs du Millénaire pour le développement, et réduire la pauvreté de moitié à l'horizon 2015. Ainsi, l'Afrique reste enfermée dans une trappe à la croissance molle. L'échec du continent à s'inscrire dans une dynamique de croissance forte trouve son explication certainement dans le caractère restrictif des politiques économiques et la prédominance des préoccupations de stabilisation des grands équilibres macroéconomiques.

Le troisième groupe comprend les pays en transition qui ont connu leur décennie perdue dans les années 90 où la croissance a été négative (- 2,5 % en moyenne annuelle entre 1990 et 2000). Cette croissance s'explique par les programmes de réformes drastiques que la plupart de ces pays ont mis en œuvre afin de faire face à l'accumulation de déficits et de dettes. Certes, la croissance a repris dès le début du siècle mais elle reste fragile.

Le quatrième groupe de pays asiatiques est le seul à avoir échappé à la récession et connaît une croissance forte depuis plus de trois décennies. Il faut souligner que la croissance moyenne a été de 6 % dans la décennie 90. Certes, la crise financière de 1997 a eu des effets immédiats sur la dynamique économique mais la croissance a rapidement repris pour se situer autour de 5 % dès 1999. Parmi ce groupe de pays, il faut citer le cas de la Chine qui a connu dans les années 90 une moyenne annuelle de 10 %. Cette croissance s'est poursuivie au cours du nouveau siècle sur un rythme très soutenu. C'est probablement la croissance chinoise qui a jugulé les effets de la dépression de l'économie mondiale et a été à l'origine d'une forte demande surtout de produits primaires ce qui a entraîné une hausse de leurs prix.

En définitive, il apparaît clairement que la globalisation n'a pas été en mesure de favoriser l'émergence d'un sentier de croissance fort et dynamique. C'est probablement le plus grand échec de ce phénomène qui a construit sa légitimité sur sa capacité à relancer l'économie mondiale et à faire converger la prospérité à tous les pays. Depuis les années 90, l'économie mondiale s'est installée dans une croissance de basse intensité. Cette récession a été à l'origine de l'explosion du chômage, de la pauvreté, et surtout de la montée des inégalités.

Globalisation, inégalité et pauvreté

On a assisté durant les dernières années à l'émergence d'une importante littérature qui cherche à mesurer l'impact de la globalisation sur la répartition des revenus entre pays et au sein d'un même pays [19]. Le développement de ces travaux est concomitant à la perception d'un accroissement des inégalités et surtout de l'explosion de la pauvreté dans l'économie mondiale. La première série de travaux s'est intéressée aux inégalités entre pays. À ce niveau, il faut mentionner le *Rapport sur le développement de la CNUCED* [20] de 1997 qui a porté sur un échantillon de 124 pays représentant près de 93 % de la population mondiale. Ce rapport a montré que le cœfficient de Gini de la distribution globale a augmenté de 0,68 en 1980 à 0,74 en 1990. Ce creusement des inégalités s'explique par l'augmentation de la part de la population la plus riche dans le revenu. Ces résultats ont été confirmés par le Rapport sur le Développement Humain du PNUD de 1999 qui a montré un accroissement des inégalités entre les pays [21]. Mais, ces études ont fait l'objet d'importantes critiques méthodologiques dans la mesure où elles ont utilisées le taux de change du marché dans la conversion des revenus par habitant en dollars afin d'effectuer les comparaisons internationales.

Depuis ces travaux fondateurs on a enregistré une multiplication des recherches sur cette question. Des travaux récents ont mis en évidence la complexité de cette question et ont même abouti à des résultats contradictoires. À ce niveau, il faut souligner l'importante étude de Bourguignon et de Morisson sur l'évolution des structures de répartition de 15 grands pays entre 1820 et 1992 [22]. Cette étude a montré que les deux dernières décennies ont connu l'augmentation des inégalités la moins forte sur toute la période. Dans une étude des systèmes de répartition de 125 pays entre 1970 et 1998, Salai-i-Martin montre que l'inégalité entre les pays a augmenté de manière faible entre 1970 et 1980 [23]. Cependant, la forte croissance de la Chine et de l'Inde dans les années 80 et 90 a eu pour effet de réduire les inégalités entre pays durant les deux dernières décennies.

Cependant, ces travaux ont été critiqués dans la mesure où il ne prenait en considération que l'indice de Gini pour apprécier une question aussi complexe. D'autres travaux se sont basés sur des études de distribution par

---

19 Pour une revue de cette littérature voir notamment : Giovanni Andrea Cornia, « Globalization and the Distribution of Income Between and Within Countries », in Ha-Joon (editors), *Rethinking Development Economics*, London, Anthem Press, 2003 ; Aghion Philippe, Eve Caroli and Cecilia Gracia-Penalosa, « Inequality and Economic Growth: The Perspective of the New Growth Theories », in *Journal of Economic Literature*, vol. XXXVII, December 1999, p. 1615-1660 ; Isabelle Bensidoun, « L'imbroglio des inégalités », in CEPII, *L'économie mondiale 2005*, Paris, La Découverte, 2004.

20 UNCTAD, *Trade and Development Report*, Geneva, United Nations, 1997.

21 Voir PNUD, *Rapport sur le développement humain*, New York, Nations unies, 1999.

22 François Bourguignon and Christian Morisson, « Inequality Among World Citizens », in *American Economic Review*, vol. 92, n° 4, 2002.

23 Xavier Sala-i-Martin, *The Disturbing Rise of Global Income Inequality*, NBER Working Paper Series 8904, Cambridge, 2002.

pays [household survey] qui sont agrégés par la suite pour donner une idée sur l'évolution des inégalités entre pays. À ce niveau l'étude la plus importante est celle de Milanovic qui a couvert 88 pays représentant 84 % de la population mondiale et 94 % du PIB [24]. Cette étude a montré que les inégalités ont augmenté et que l'indice de Gini de la répartition mondiale s'est accru, passant de 0,628 en 1988 à 0,670 en 1993.

Parallèlement à l'évolution des inégalités entre pays la littérature économique s'est également intéressée à l'évolution des inégalités au sein des pays. À ce niveau, il faut souligner les travaux de Cornia et de Kiiski sur l'évolution des systèmes de répartition au sein des pays et ont produit les études les plus complètes sur cette question [25]. Ces travaux ont permis de mettre en évidence la tendance étendue à la réduction des inégalités après la seconde guerre mondiale dans l'ensemble des pays. La baisse des inégalités au cours des Trente Glorieuses trouve son explication dans la mise en place de l'État-providence dans la plupart des pays développés et dans les progrès réalisés par les pays en développement après les indépendances et particulièrement dans les années 60 et 70. Cependant, ces tendances ont été renversées durant les deux dernières décennies avec le renforcement des inégalités dans la plupart des pays développés et dans un grand nombre de pays en développement. Du coup, Cornia fait l'hypothèse d'une courbe en U avec un déclin des inégalités lors de la première phase et leurs renforcements dans les années 70 et 80.

D'une manière générale, on peut dire, en dépit de la complexité méthodologique de ces questions, que les inégalités entre pays, et au sein des pays, ont diminué après la seconde guerre mondiale. Cependant, le début des années 80 a été caractérisé par une croissance faible des inégalités. Mais, les études ont montré que les inégalités ont fortement augmenté dans les années 90. L'accroissement des inégalités trouve son explication dans une multitude de facteurs dont l'accroissement de la part du capital

[24] Branco Milanovic, *Worlds Apart: Global and International Inequality 1995-2000*, Princeton, Princeton University Press, 2004.

[25] Voir à ce propos : Cornia Giovanni Andrea, *Transition and Income Distribution: Theories, Evidence and Initial Interpretation*, Helsinki, WIDER Research in Progress, UNU/WIDER, 1996 ; Cornia Giovanni Andrea and Sampsa Kiiski, *Trends in Income Distribution in the Post-World War Period: Evidence and Interpretation*, Helsinki, UNU/WIDER Discussion Papers, 2001.

dans la répartition aux dépends des revenus du travail, l'évolution de la demande du travail non qualifié vers les biens à fort contenu technologique et exigeant plus de travail qualifié et l'évolution des systèmes de redistribution dans la plupart des pays suite à la crise de l'État-providence. Mais, de plus en plus la globalisation est évoquée comme une des explications de ce creusement des inégalités. Ainsi, plusieurs études ont cherché à mesurer l'impact des réformes introduites dans le cadre de l'insertion des économies nationales dans le mouvement de globalisation dont la libéralisation commerciale, l'ouverture du compte de capital, la libéralisation financière, la privatisation des entreprises publiques, les réformes fiscales et la libéralisation du marché de travail. Cornia a construit un indice synthétique pour mesurer l'impact de ces réformes et du mouvement de globalisation sur la réparation [26]. Ces études ont montré une importante corrélation positive entre les réformes et l'évolution des inégalités dans le monde. D'une manière générale, les réformes financières, la libéralisation du compte de capital et les réformes fiscales ont l'impact le plus élevé sur le creusement des inégalités dans la plupart des pays.

Ainsi, en définitive, il apparaît que la forte croissance durant la période des Trente glorieuses, le renforcement des mécanismes de solidarité et de distribution avec l'État-providence et les efforts de développement mis en place par les pays en développement ont eu des effets positifs sur les systèmes de répartition, et se sont traduits par la réduction des inégalités entre pays et au sein des pays. Or, la crise du début des années 80 avec l'affaissement de la croissance et la remise en cause du système de l'État-providence s'est traduite par un renversement de cette tendance avec l'apparition à nouveau des inégalités, de manière faible dans les années 80 et de façon plus prononcée dans les années 90. Plusieurs facteurs sont à l'origine de cet approfondissement des inégalités dont les réformes liées au processus de globalisation en cours.

Globalisation et altermondialisation

[26] Voir Cornia Giovanni Andrea, *op. cit.*, 1996.

La Conférence de l'OMC en 1999 à Seattle a été certainement un tournant majeur pour les mouvements contestataires de la globalisation. Cette Conférence a été un évènement très important par l'ampleur de la mobilisation que ces mouvements ont réussi à rassembler. Elle aura été marquante dans la mesure où les manifestants ont empêché le déroulement de la conférence amenant les autorités américaines à imposer un couvre-feu. Cet évènement a été également de taille car l'ampleur de la contestation a pesé sur le déroulement de la Conférence. Ainsi, cette Conférence constitue véritablement l'acte de naissance du mouvement anti-mondialisation qui ne cessera depuis de se développer et de croître. Une véritable internationale citoyenne prendra alors forme à travers la convergence de milliers de groupes du Nord comme du Sud qui exigeaient la construction d'un monde plus solidaire et plus attentif aux préoccupations de sa marge.

Il faut dire que ce mouvement de critique de l'ordre économique mondial n'est pas totalement nouveau. Son histoire récente remonte aux années 70 où les pays en développement avaient revendiqué de manière forte au sein des institutions internationales, comme les organismes spécialisés des Nations unies, la nécessité de modifier l'ordre international. Cette réforme était nécessaire, avaient argumenté les pays en développement, pour accompagner l'effort de modernisation économique et sociale que les pouvoirs issus des luttes anti-coloniales avaient entamé après les indépendances. Les revendications des pays du Sud se concentraient alors autour de trois principales. La première est liée à la revalorisation des cours de matières premières exportées par les pays en développement pour faire face à la détérioration des termes de l'échange. La seconde concerne une plus grande réglementation des activités des Firmes Multinationales dans le Sud afin de faire en sorte que ces économies tirent un plus grand profit de ces activités. La troisième revendication concerne les transferts de technologies qui ne favorisaient pas une véritable maîtrise des techniques et du savoir. Ces pays cherchaient à codifier de manière plus rigoureuse ces activités afin de faire en sorte que le transfert soit réel et qu'il ne se traduise pas par une perpétuation de la dépendance des récepteurs. Les pays en développement avaient fait preuve d'une grande combativité et d'une grande solidarité, notamment dans le cadre du mouvement des non-alignés, qui leur ont permis d'enregistrer quelques succès avec une augmentation rapide des prix des matières premières.

Or, cette solidarité va s'essouffler au tournant des années 80 avec l'éclatement de la crise de la dette. En effet, la plupart des pays du Sud, confrontés aux difficultés de règlement du service de la dette, ont cherché à privilégier leurs intérêts immédiats par rapport à la coopération et à la solidarité avec les autres pays. Ainsi, par exemple ces pays ont cherché à accroître de manière unilatérale leurs exportations de matières premières entraînant ainsi une explosion de l'offre mondiale et la chute des cours. La plupart des pays du Sud se renfermaient dans une logique de gestion de leurs crises à court terme et s'empêtraient dans les programmes d'ajustement structurel. Ainsi, la critique de l'ordre international et la revendication de sa réforme vont s'éclipser à partir des années 80. Plus personne ne s'émeut des inégalités croissantes qui frappent notre monde. Il faut dire aussi que le contexte idéologique et politique a beaucoup changé. Face à la crise du social-keynésianisme et à l'essoufflement de l'État-providence, on a assisté à un retour en force du néo-libéralisme et à une forte remise en cause du rôle de l'État.

Dans ce contexte de désenchantement face à la globalisation, on va assister à une renaissance des mouvements de contestation de l'ordre international et à un retour en force de l'exigence d'une réforme des institutions qui le régissent. Partout dans le monde on observe une multiplication des associations, forums et autres institutions de la société civile qui se sont donnés pour objectif de lutter contre la globalisation et de dénoncer la marchandisation du monde qu'elle entraîne. La première manifestation d'importance de cet embryon de société civile s'est effectuée en 1984 à la marge du Sommet du G 7. Depuis, cette date, chaque sommet de ce groupe s'accompagne d'un important contre-sommet où les mouvements anti-mondialisation commencent à exprimer leurs revendications notamment en matière d'annulation de la dette, de l'imposition d'une taxe Tobin pour freiner la circulation de capitaux et des mouvements financiers à court terme, et d'une plus grande transparence dans le fonctionnement des institutions internationales. La réunion de Seattle a constitué un tournant dans l'histoire récente de ce mouvement. En effet, l'échec de cette Conférence et le poids que les manifestations de rue dans cet échec ont donné une visibilité sans précédent à ces mouvements et ont fait de la nouvelle internationale citoyenne un acteur majeur des négociations internationales. Du Sommet du G 8 à Gênes en 2001 au Sommet européen à Barcelone en 2002 et à la manifestation pour une Europe sociale à Florence en novembre 2002, toutes les grandes réunions internationales seront marquées par leur lot de mobilisations, de critiques et de manifestations.

Aujourd'hui, le mouvement anti-globalisation est traversé par un débat important. Un débat qui se résume à une alternative entre anti-mondialisation ou altermondialisation. Des courants souverainistes, qui rêvent d'un retour à l'État-nation, aux courants les plus réactionnaires opposés au multiculturalisme et au cosmopolitisme du monde moderne aux militants des pays en développement qui veulent réduire les effets négatifs de la globalisation libérale sur leurs pays, aux militants de gauche qui voient dans ces mouvements une nouvelle forme d'internationalisme, aux militants en faveur de la réduction des contraintes devant la circulation des hommes et des idées, le mouvement anti-mondialisation est traversé par une diversité de positionnements et de projets.

Le mouvement de contestation de l'ordre global semble quitter la posture du refus de la mondialisation pour s'inscrire dans une recherche plurielle et critique afin de construire un monde plus solidaire et ouvert à sa marge. Par cette transition, ce mouvement semble indiquer que l'alternative n'est pas entre le refus résigné d'une globalisation qui ne cesse de croître et de s'inscrire dans le temps du monde, et une forme néo-libérale qui ne conçoit la globalisation que sous la forme d'une uniformisation et d'une marchandisation de la planète. Du refus des termes de cette alternative, le mouvement global suggère une voie alternative à la globalisation. Une globalisation pensée comme un enrichissement du monde par sa diversité et un décentrement de l'universel pour lui donner les couleurs d'un vécu humain varié et métissé. Cette transition et ce nouveau mot d'ordre de l'alter-mondialisme sont à l'origine d'une forte démarcation au sein de l'internationale citoyenne avec les courants souverainistes qui se sont toujours refusés à l'idée d'un possible dépassement des frontières de l'État-nation comme espace d'organisation de l'économique et de légitimation du politique.

Ainsi, le renforcement des inégalités et le caractère déséquilibré de la globalisation sont aujourd'hui à l'origine du développement d'une réflexion importante dans les milieux académiques, politiques ou de la société civile autour des réformes à apporter afin de mettre la globalisation au service du développement. Un large consensus semble ainsi se dégager sur les réformes à apporter à l'ordre international afin de prendre en compte les préoccupations des pays en développement et de l'ouvrir plus sur leurs intérêts.

V. Réformer la globalisation pour le développement

Cette analyse nous a permis de mettre en exergue le développement rapide et le renforcement du mouvement de globalisation. On a pu montrer que ce mouvement n'est pas récent et que certaines formes d'internationalisation des activités économiques comme le commerce ou les investissements à l'étranger remontent à une période lointaine de l'histoire du capitalisme. Cependant, la globalisation a connu durant les dernières décennies une forte accélération avec la libéralisation financière et le développement des mouvements financiers à travers la planète. Mais, le renforcement de ce mouvement n'est pas seulement lié à l'émergence de nouvelles formes d'internationalisation comme le développement des mouvements financiers. Il trouve également son expression dans les nouvelles formulations politiques de ce mouvement avec l'émergence d'une nouvelle culture politique commune faite de respect des principes démocratiques et des droits de l'homme. Le mouvement récent de la globalisation s'est également accompagné de tentatives de dépassement de l'État-nation comme lieu privilégié de définition des normes politiques, économiques et sociales et d'établir une nouvelle gouvernance mondiale.

La globalisation a suscité d'importants espoirs durant les années 80 et 90. En effet, le développement d'une culture politique commune avait contribué à l'affaiblissement de l'autoritarisme politique et a renforcé l'ouverture démocratique. Par ailleurs, elle a consolidé le sentiment d'appartenance commune à la planète et la volonté de gérer de manière solidaire les défis globaux de notre monde comme l'effet de serre, le maintien de la paix et de la sécurité et le développement économique. Ainsi, la globalisation a ouvert une ère nouvelle devant l'humanité et a suscité une espérance forte de construire une nouvelle utopie et une nouvelle expérience historique respectueuse de la démocratie, de la différence et de la pluralité. La globalisation a soulevé l'espérance d'un monde nouveau et d'un nouveau saut dans la modernité et dans l'accès à l'universel.

Or, ces espérances font l'objet depuis quelques années d'importantes critiques. Ces critiques concernent la capacité de la globalisation à tenir ses promesses et favoriser l'émergence de la nouvelle utopie et du nouveau monde tellement promis. Ces critiques mettent en avant les tendances majeures qui accompagnent depuis quelques années le mouvement de la globalisation. À ce niveau, on a mis en exergue le caractère déséquilibré et inégal de ce mouvement qui se traduit par une tendance à la marginalisation des économies en développement, notamment les pays africains. Par ailleurs, la libéralisation financière s'est traduite depuis quelques années par une forte instabilité qui a touché les pays émergents en Asie comme en Amérique latine ainsi que certains pays en transition en Europe. Cette instabilité a amené les institutions financières internationales à reculer sur la proposition de libéraliser le compte de capital qui était pourtant au cœur des processus de libéralisation financières au début des années 90. Le mouvement de globalisation a été aussi suivi par un renforcement de la discipline multilatérale notamment dans le domaine commercial et dans celui de l'investissement. Certes, le multilatéralisme renforcé permet une plus grande convergence des règles et des normes nationales. Mais, en même temps, il réduit la marge de manœuvre et l'espace de formulation des politiques nationales pour les pays en développement.

Le renforcement du mouvement de globalisation et les tentatives de dépassement des États-nations se sont traduits par l'émergence des questions de la gouvernance globale qui sont devenus le cœur des débats sur la gestion de ce phénomène. Or, jusqu'à présent les débats n'ont pas abouti et les formes de gouvernance à l'œuvre sont ouvertement contestées pour leur caractère peu démocratique et leur faible ouverture aux pays en développement. Enfin, nous avons pu montré également que la globalisation n'a pas eu les effets escomptés en matière de convergence des efforts de croissance et a entraîné un accroissement des inégalités entre pays et au sein des pays.

En définitive, la globalisation est un moment important de notre temps. Elle entraîne une profonde mutation du champ social avec l'émergence de nouveaux acteurs politiques, économiques et culturels. Par ailleurs, cette forte tendance se heurte à des difficultés structurelles et soulève d'importantes inquiétudes du fait de sa dynamique déséquilibrée et inégale. Ces inquiétudes et ces interrogations sont à l'origine d'une importante mobilisation de la part des pays en développement ainsi que de la société civile internationale. De ce point de vue, il est nécessaire d'opérer des réformes et des changements majeurs dans la dynamique actuelle du mouvement de globalisation afin qu'il puisse contribuer aux efforts de développement. Ces réformes doivent avoir pour objectif de réduire les inégalités actuelles, de renforcer la stabilité politique et économique, le renforcement de la marge de liberté des pays en développement et le raffermissement du caractère démocratique de l'ordre international. Mettre la globalisation au service du développement exige dans cette perspective la définition d'un nouveau pacte de développement, le maintien de l'espace de définition des politiques pour les pays en développement, la structuration d'institutions de gouvernance démocratique, le rééquilibrage de l'ordre international et une plus grande participation citoyenne.

Un pacte de croissance et de développement

La conjoncture économique mondiale est morose depuis le début des années 90. Cette morosité trouve son explication dans le ralentissement de l'activité économique mondiale dans la plupart des pays développés. Seuls, les États-Unis avaient échappé à cette conjoncture et ont joué tout au long des années 90 le rôle de « locomotive de la croissance mondiale en dernier ressort ». Mais, l'économie américaine connaîtra de son côté un retournement de conjoncture après les attentats du 11-septembre 2001 et la croissance s'est depuis fortement ralentie. Cette configuration économique n'est pas récente et remonte aux changements des priorités de politique économique et à la mise en place dans les pays développés à partir du début des années 80 de politiques de lutte contre l'inflation. L'ensemble de ces pays a cherché à lutter contre l'inflation à travers la hausse des taux d'intérêt pour agir sur les prix et améliorer ainsi la compétitivité des entreprises. Or, la hausse des taux d'intérêt est à l'origine d'une forte baisse de la demande interne d'investissement et de consommation pour les ménages comme pour les entreprises. La dépression de l'activité productive a été à l'origine d'un développement rapide de la sphère financière qui est devenue la principale aire d'investissement. La montée de cette sphère a été favorisée par la déréglementation et la dérégulation de la circulation des mouvements internationaux de capitaux. Ainsi, un marché financier international a été créé où les excédents de capitaux et l'épargne internationale émigrent d'une place financière à une autre à la recherche des meilleures conditions de profit et de gain. Le développement des marchés financiers est à l'origine de la création d'une bulle financière déconnectée de la sphère réelle qui a été à l'origine d'importants soubresauts et de crises financières dans les années 90. La dépression de la sphère productive et la montée de la sphère financière ont eu pour effet la marginalisation des pays en développement dans les dynamiques économiques.

Un des grands défis aujourd'hui de la globalisation est de relancer les dynamiques de croissance et de construire un nouveau contrat de partenariat et de développement. En effet, aujourd'hui plus que jamais l'humanité a besoin d'ouvrir un nouvel horizon et de se donner une nouvelle utopie et une nouvelle raison d'espérer. Un nouveau contrat planétaire de développement devrait chercher à répondre aux préoccupations des populations et leur ouvrir un nouvel horizon de civilisation. Ce projet passe par une relance des dynamiques de croissance dans les pays développés afin de lutter contre le chômage et de relancer la demande mondiale. Par ailleurs, les pays développés devrait aider le Sud à sortir du cadre restrictif des politiques de stabilisation pour définir de nouvelles stratégies de développement adaptées aux conditions particulières de chaque pays et ayant pour objectif la construction de dynamiques de croissance compétitives et permettant à ces économies de sortir de leur marginalisation et de s'insérer de manière dynamique dans l'économie mondiale.

Maintenir et consolider les marges des politiques dans les pays en développement

La globalisation s'est accompagnée d'une extension et d'un approfondissement de la discipline multilatérale. L'élargissement des règles multilatérales s'observe à différents niveaux dont les échanges commerciaux mondiaux, les mouvements de capitaux et d'investissements directs et la libéralisation financière. Cet élargissement est le résultat de l'adhésion des pays à certaines organisations internationales comme l'OMC ou à des accords et des protocoles internationaux ou bilatéraux comme ceux portant sur les investissements. L'élargissement de la discipline multilatérale peut également prendre forme dans les choix de politique économique à travers la définition de stratégies et de choix qui s'inscrivent dans les consensus en cours au niveau international et mis en avant par les organismes internationaux.

Ce renforcement de la discipline multilatérale est important dans le contexte de globalisation dans la mesure où elle assure une plus grande convergence des règles et des normes internationales. Cette convergence est nécessaire pour échapper au chaos et à l'opposition des règles nationales. Par ailleurs, l'extension de la discipline multilatérale est capitale pour les pays en développement dans la mesure où elle leur permet d'imposer des règles et des contraintes sur les pays développés qu'ils ne seraient pas en mesure d'imposer au niveau bilatéral. Ainsi, par exemple au niveau commercial, les pays en développement ont réussi à remettre en cause l'appui considérable accordé par les pays développés à leur agriculture dans les négociations du Doha Round. Ils ont également exigé une plus grande ouverture des marchés des pays développés pour leurs exportations industrielles et agricoles. Les pays en développement n'auraient pas espéré des avancées aussi importantes dans le cadre des accords commerciaux bilatéraux. En effet, la plupart des accords de libre-échange signés par les pays en développement ces dernières années avec les pays développés sont nettement plus contraignants que les négociations multilatérales. Par ailleurs, si on prend aussi la question de l'investissement, il faut noter que les pays en développement ont été capables d'avoir une position forte dans le cadre multilatéral. Par contre, tous les accords d'investissement bilatéraux signés ces dernières années ont été fortement contraignants. Ainsi, parallèlement à la cohérence des normes et des règles nationales, le multilatéralisme prend mieux en considération les intérêts des pays en développement et renforce l'équité dans le système international.

Or, l'élargissement de la discipline multilatérale ne se fait pas sans soulever des contraintes et des difficultés nouvelles pour les pays en développement. En effet, le multilatéralisme se traduit par une baisse de la marge de liberté dont disposaient les pays par le passé pour la définition de leurs politiques et de leurs stratégies nationales. Ceci s'observe par exemple au niveau des contraintes nouvelles dans l'usage des instruments de la politique commerciale imposées par l'OMC à ses pays membres. On peut également noter que les accords bilatéraux en matière d'investissement réduisent la marge de manœuvre des pays en développement dans l'appui à leurs entreprises nationales. Ainsi, le multilatéralisme réduit l'espace des politiques dont disposaient les pays par le passé.

De ce fait, la globalisation se trouve devant un paradoxe. D'un côté, le multilatéralisme aide à assurer une plus grande convergence des législations nationales et renforce la position des pays en développement dans l'ordre international. Mais, d'un autre côté, la discipline multilatérale réduit la marge de liberté et de formulation des politiques de ces pays. Mettre la globalisation au service du développement suppose la résolution de ce paradoxe en faveur des pays en développement en préservant leurs espaces d'inventivité et de créativité politique et économique.

Développer une gouvernance démocratique et ouverte

La globalisation a cherché à structurer et à mettre en place des institutions lui assurant un fonctionnement stable. Depuis, la fin de la seconde guerre mondiale, le système des Nations unies a contribué fortement à la gestion des affaires du monde. La fin de l'opposition Est-Ouest a par ailleurs renforcé ce système qui a longtemps souffert des blocages liés à la guerre froide. Ces dernières années, les Nations unies ont organisé une série de conférences mondiales sur d'importantes questions globales comme les questions écologiques, la paix, la lutte contre la dégradation de la planète ou le développement économique et social. Ces conférences ont contribué à forger des consensus internationaux sur des questions importantes et à construire cette culture commune et partagée par tous.

Il faut aussi à ce niveau souligner le rôle important joué par les institutions de Bretton Woods, la Banque mondiale et le FMI, dans la gestion de la crise de la dette mais également dans la gestion et la prévention des crises financières internationales. L'OMC, créé en 1994 à la suite des accords de Marrakech, est devenue rapidement une institution phare de la globalisation avec la gestion des échanges internationaux. Il faut également mentionner les sommets des pays les plus développés (G 8) qui cherchent à assurer un leadership politique de la planète. L'ensemble de ces institutions et bien d'autres constituent le noyau d'un directoire de la globalisation à venir.

Or, cette architecture internationale est de plus en plus remise en cause. D'abord, ce dispositif institutionnel reste peu stable et n'a pas été en mesure de suggérer une architecture de gouvernance et des règles acceptées par l'ensemble des pays. Par ailleurs, ce noyau institutionnel de la globalisation n'a pas pu ouvrir des perspectives nouvelles aux pays de la planète et de construire une nouvelle utopie ou projet collectif. Par ailleurs, on a l'impression que la dynamique d'évolution et de ces institutions est entrain de se faire aux dépens d'institutions démocratiques comme celle des Nations unies au profit d'autres où le poids des contributions financières est beaucoup plus important. Cette évolution est paradoxale par rapport aux préoccupations de notre temps. Au moment où les exigences de participation et de pluralité sont de plus en plus fortes, le système de gouvernance politique de la planète ne peut se renfermer autour de pays riches et de quelques experts, ce qui peut lui faire perdre sa légitimité.

Dans cette période d'instabilité et de forte incertitude sur l'avenir, il est nécessaire de renforcer les institutions des Nations unies dont le caractère démocratique permet de prendre en charge les préoccupations des populations de la planète. Le projet de réforme de ce système va dans ce sens et cherche à assurer une plus grande participation et de démocratie dans la gestion de l'ordre mondial.

La gouvernance du système mondial ne se limite pas aux aspects politiques mais présente une forte dimension économique. À ce niveau, deux grandes séries de questions sont au centre du gouvernement des relations financières internationales. La première est liée aux moyens de contrôler les mouvements de capitaux afin de limiter leur caractère spéculatif. La seconde est en rapport avec la nouvelle architecture internationale à mettre en place afin de réorganiser l'ordre économique international.

Pour les mouvements de capitaux, plusieurs propositions sont en discussion depuis quelques années dont le projet de taxe Tobin du nom du prix Nobel américain qui a proposé en 1978 le principe de l'instauration d'une taxe sur les mouvements spéculatifs afin de ralentir leurs mouvements. Il s'agissait, selon Tobin, de mettre des grains de sable dans la mécanique spéculative afin de limiter ses effets négatifs sur l'économie mondiale et les économies nationales. Cette proposition a fait l'objet ces dernières années d'un intérêt croissant de la part des hommes politiques et des experts internationaux. Cependant, la mise en application de cette proposition se heurte à la complexité des mouvements de capitaux internationaux et à la difficulté par conséquent d'appliquer cette taxe. Par ailleurs, cette proposition suppose une coordination internationale très importante permettant à tous les pays de l'appliquer au même moment. Or, pour l'instant cette condition semble utopique dans la mesure où les différents pays se positionnent en concurrents pour attirer les capitaux étrangers, notamment pour faire face aux déficits publics.

Parallèlement à ces propositions sur la réglementation des mouvements de capitaux, le débat sur la gouvernance mondiale porte également sur la question de la refonte de l'ordre monétaire et financier issu des accords de Bretton Woods. Plusieurs propositions sont aujourd'hui en discussion, en particulier sur la réforme du FMI et de la Banque mondiale. Or, en dépit de ces propositions, la communauté internationale n'a pas encore opéré de changements majeurs dans l'architecture financière internationale. Les débats sur la gouvernance économique globale posent la place du FMI dans une nouvelle architecture internationale. Plus particulièrement, il faut étudier la capacité de cette institution à devenir le prêteur en dernier ressort de l'économie mondiale au même titre qu'une banque centrale au niveau d'une économie nationale.

Or, le FMI ne fonctionne pas aujourd'hui comme un prêteur en dernier ressort et ceci pour plusieurs raisons. D'abord, les ressources du FMI sont aujourd'hui très limitées et ne lui permettent pas d'intervenir de manière efficace à la hauteur des crises actuelles et des dangers encourus par l'économie mondiale. Par ailleurs, contrairement à l'attitude d'un prêteur en dernier ressort, le FMI applique des politiques de restriction monétaire qui rendent difficile l'appui à des institutions ayant d'importants besoins de financement. Mais plus fondamentalement, le FMI n'est pas un prêteur en dernier ressort au niveau international car la résistance des États en faveur de la création d'une banque centrale mondiale reste grande. Mais plus que la place et le rôle du FMI, la question de la gouvernance est au centre des débats sur la globalisation. Car plus que d'une série d'institutions spécialisées, l'économie mondiale a désormais besoin d'un conseil de sécurité économique capable d'englober toutes les dimensions de la mondialisation.

Les discussions sur la gouvernance de la globalisation sont assez significatives aujourd'hui de l'ouverture d'une nouvelle étape dans le débat politique et économique. En effet, si les années 80 étaient marquées par les débats sur la déréglementation et le désengagement de l'État en faveur du marché, ce début de siècle est plus marqué par les préoccupations de la reconstruction de l'ordre international et de la régulation par le politique du chaos provoqué par un économique livré à lui-même.

Une plus grande participation citoyenne

La question de la participation citoyenne est aujourd'hui au cœur du processus de globalisation avec la montée de l'internationale citoyenne et des mouvements de la société civile. Il y a de ce point de vue une forte exigence de transparence et de renforcement des pratiques démocratiques et de la participation citoyenne à tous les niveaux. Cette démocratisation devrait aider la construction d'une plus grande solidarité au niveau international dans un monde devenu de plus en plus interdépendant, où les rapports de pouvoir et d'hégémonie ne conduisent qu'aux conflits et à la guerre.

Le renforcement de la démocratisation de la globalisation est d'autant plus possible qu'on a enregistré une profonde mutation du mouvement citoyen. Cette transformation est caractérisée par le passage de l'anti-mondialisation à l'alter-mondialisation qui exprime de la part de cette internationale citoyenne le choix de s'inscrire dans une dynamique de propositions et de ne plus se cantonner dans la perspective du rejet. Certains regrettent les premiers temps de la contestation radicale et ne cachent pas leur mécontentement face à ce réformisme qui commence à pénétrer le mouvement. Mais, les alter-mondialistes semblent s'être inscrits dans cette dynamique de proposition et de suggestion afin d'opérer des réformes radicales à un ordre international libéré de tout contrôle citoyen.

Le passage de l'anti-mondialisation à l'alter-mondialisation a permis d'ouvrir un important débat sur les réformes à faire afin de favoriser un changement dans l'ordre international permettant de répondre aux grands défis de l'humanité. Il a également permis de mettre l'accent sur les résistances et les difficultés à opérer ces changements ce qui fait à nouveau ressortir la place et le rôle de l'internationale citoyenne comme contre-pouvoir nécessaire face aux pesanteurs. Ce débat aura surtout montré le décalage entre la communauté d'idées qui se construit dans le monde à travers le mélange des cultures, leur métissage et le cosmopolitisme d'un côté, et d'un autre côté les réalités des échanges économiques et des mouvements de capitaux avec leur lots d'inégalités, d'injustices et d'abus. Ce débat et l'activisme des mouvements alter-mondialistes ont permis de mettre l'accent sur cette fracture de plus en plus marquée entre la société politique internationale et les risques de conflits, de guerres, de morts et de tragédies, et une mondialité qui se vit de plus en plus comme une ouverture, un échange et un débat avec l'autre pour construire un universel commun. De ce point de vue, plus que jamais que l'alter-mondialisation paraît être le passage obligé à la mondialité. La réforme des institutions internationales, la prise en compte des intérêts des pays du Sud, la construction d'un ordre mondial de paix et de stabilité et de co-développement permettront probablement de rattraper la nouvelle conscience et la culture mondiale en gestation faites de multiplicité, d'ouverture sur l'autre et d'enrichissement mutuel.

La gestion des défis globaux

La globalisation a mis l'accent sur le caractère global d'un certain nombre de phénomènes qui ne peuvent par conséquent être gérés à l'échelle de l'État-nation. Parmi ces phénomènes, il faut souligner l'instabilité financière croissante de l'économie internationale sous le poids des mouvements de capitaux et des variations de la monnaie. Il faut également mentionner la pollution, la violence, le terrorisme et les conflits et les inégalités croissantes entre pays. Dans la gestion de ces externalités du mouvement de la globalisation, la communauté internationale a remis à l'ordre du jour l'idée des biens publics mondiaux. Cette notion couvre aujourd'hui un espace vaste et regroupe l'ensemble des domaines transnationaux qui exigent une plus grande coopération étatique à travers la planète. L'actualité de cette notion est aujourd'hui assez significative de la volonté de la communauté internationale de construire un avenir commun et d'ouvrir les horizons d'un futur partagé entre les humains.

La mise en œuvre des biens publics mondiaux suppose la socialisation de leurs coûts au sein de la communauté internationale. Or, c'est là que le bât blesse car les ressources mises à la disposition de ces œuvres de coopération internationale sont très limitées. Par ailleurs, les pays en développement ne cachent pas leurs inquiétudes que la mobilisation de ressources pour ces biens n'entame encore une fois les ressources accordées à l'aide au développement. Or, l'émergence de cette question et l'engagement des pays à faire face de manière commune aux problèmes transnationaux de la planète sont assez significatifs des champs de réflexion nouveaux créés par la globalisation, et des résistances qui se dressent devant les avancées dans ce domaine. Le débat sur les biens publics a permis d'introduire la question de la gouvernance globale afin de faire face à l'interdépendance croissante économique et politique des différents pays ainsi que des acteurs privés et multinationaux. Une interdépendance qui exige une plus grande coordination des politiques et des choix économiques et surtout une relativisation du sacro-saint principe de la souveraineté et du refus de certains États de céder leurs prérogatives à d'autres institutions supra-nationales.

En définitive, la globalisation ouvre une page nouvelle dans l'histoire économique et politique de notre monde. Cette nouvelle ère est pleine de promesses mais suscite également des inquiétudes et des interrogations. De ce point de vue, mettre la globalisation au service du développement exige de profondes réformes afin de réduire les déséquilibres et les inégalités qu'elle génère, de renforcer la stabilité et la gouvernance démocratique du système mondial et d'accroître la marge de liberté des pays en développement dans la définition de leurs choix de développement et de leurs projets politiques.

CHAPITRE 2
POURQUOI L'AFRIQUE S'EST-ELLE MARGINALISÉE DANS LE COMMERCE INTERNATIONAL ?

I. Introduction

Les performances commerciales de l'Afrique n'ont cessé de se détériorer durant les deux dernières décennies. Qu'il s'agisse de la place du continent dans les échanges mondiaux ou de la croissance des exportations africaines, les résultats sont en baisse et la marginalisation de l'Afrique s'est accentuée dans les échanges mondiaux. Cette marginalisation ne s'est pas limitée aux exportations manufacturières. Elle a touché également les exportations de matières premières ainsi que les produits agricoles. Pourtant, on avait pensé que l'Afrique avait acquis un avantage comparatif dans les exportations de produits primaires. Cet avantage est le résultat de l'échec des expériences de modernisation et de diversification entamées dans les années 70, et de l'enfermement de l'Afrique dans l'exportation des produits primaires. Or, l'Afrique a vu également sa primauté et sa spécialisation dans les matières premières entamée par d'autres pays en développement notamment en Asie et en Amérique latine. C'est pourquoi la marginalisation de l'Afrique s'est renforcée depuis quelques années. La réforme des politiques commerciales avec une plus grande ouverture sur le marché international et la réorientation des stratégies de développement vers la promotion des exportations à partir du début des années 80 n'ont pas aidé l'Afrique à faire face à sa marginalisation et à améliorer ses performances. La part de l'Afrique dans le commerce international ainsi que la compétitivité des économies africaines continuent leur imperturbable déclin.

La question qui se pose dès lors est de comprendre les raisons du déclin de l'Afrique dans le commerce international. Pourquoi le continent n'a pas été en mesure d'améliorer sa part dans le commerce international ?

Comment expliquer cette détérioration de la place de l'Afrique dans les échanges internationaux en dépit des efforts de diversification des économies africaines ? Comment comprendre la diminution de la part de l'Afrique dans les échanges internationaux, et même dans les produits primaires ? Pourquoi l'Afrique n'a pas améliorée son positionnement sur les marchés internationaux en dépit de tous les systèmes d'accès préférentiels qui lui ont été accordée par les pays développés ? Les faibles progrès en matière d'intégration régionale expliquent-ils la faillite de l'Afrique dans le commerce international ? Le caractère relativement peu développé des infrastructures de facilitation du commerce dans les pays africains est-il à l'origine de la faiblesse des performances des économies africaines sur les marchés mondiaux ?

Cette contribution a pour objectif de participer à cette réflexion sur la faiblesse des résultats de l'Afrique dans le domaine commercial. Il s'agit pour nous d'esquisser quelques éléments de réponse à la question sur les raisons de marginalisation de l'Afrique dans le commerce international. À ce niveau, nous formulons l'hypothèse que la détérioration de la place de l'Afrique dans le commerce international trouve son explication à un double niveau. Le premier est lié aux conditions internationales et à l'évolution du commerce international. Depuis deux décennies, les échanges internationaux ont été caractérisés par une marginalisation des produits primaires et une progression des produits manufacturés et des services. Par ailleurs, on a enregistré un accroissement des échanges au sein de la même industrie. Cette évolution des structures des échanges internationaux s'est traduite par une marginalisation des pays qui n'ont pas réussi à construire leur compétitivité dans le domaine manufacturier et celui des services comme les pays africains. Par ailleurs, la marginalisation de l'Afrique dans le commerce international trouve aussi son explication dans l'échec des tentatives de modernisation et de diversification entamées dans les années 70. Mais, parallèlement à l'enfermement des économies africaines dans une insertion rentière, il faut aussi mentionner les faibles progrès en matière d'intégration régionale qui n'ont pas aidé les pays africains à améliorer leur compétitivité. Il faut, enfin, mettre l'accent sur les infrastructures et l'ensemble des mécanismes de facilitation du commerce qui ont contribué à la faiblesse des performances des pays africains dans le commerce international. Ainsi, cette étroite jonction entre les facteurs externes, dont l'évolution des structures du commerce international, et les facteurs internes avec l'échec des stratégies de diversification et les faibles progrès en matière d'intégration régionale sont à l'origine de la marginalisation du continent dans le commerce international.

Dans une première section, nous chercherons à établir les faits et à fournir les éléments nécessaires pour établir la réalité et les contours de la marginalisation de l'Afrique dans le commerce international. La seconde section sera consacrée au premier élément d'explication de cette tendance à savoir l'évolution et la transformation récente des structures du commerce international. Dans la troisième section nous évoquerons la question des produits de base qui représentent l'essentiel des exportations africaines et à l'évolution de leurs cours. L'analyse des raisons de la marginalisation de l'Afrique ne peut exclure l'examen des préférences accordées par les pays développés à l'Afrique. Cette étude, dans la quatrième section de cette contribution, nous permettra de comprendre les causes qui ont empêché l'Afrique d'en tirer profit et d'améliorer son insertion dans l'économie internationale. Dans la cinquième section nous nous intéresserons aux facteurs internes et à mettre en exergue l'échec des tentatives de diversification pour expliquer la baisse de la part de l'Afrique dans le commerce international. Enfin, dans les sixième et septième sections, nous aborderons les faibles progrès dans l'intégration régionale ainsi que la déficience des structures de facilitation du commerce pour expliquer les faibles performances des économies africaines dans les échanges internationaux.

II. L'inexorable marginalisation de l'Afrique dans le commerce international

La place de l'Afrique dans le commerce international a connu une importante évolution dans les deux dernières décennies. La première et certainement la plus importante est relative à la nette marginalisation de l'Afrique dans le commerce mondial. Il faut noter que la part du continent dans les exportations mondiales n'a cessé de se tasser passant de 7,3 % en 1948 à 2,4 % en 2003 (voir tableau n° 1). Cette réduction s'est surtout accélérée dans les années 80 et 90 où la part de l'Afrique dans le commerce mondial a été réduite de moitié. Mais, cette tendance ne s'est pas limitée à ce continent. En effet, d'autres régions ont vu leur part dans le commerce mondial se réduire comme l'Amérique latine et l'Europe de l'Est. Cette baisse s'est faite au profit de l'Asie et de l'Europe de l'Ouest qui ont vu leurs part dans les exportations mondiales augmenter rapidement surtout dans les décennies 80 et 90. Cette évolution des parts relatives des différentes régions dans les exportations mondiales s'est traduite par l'émergence de trois grands pôles exportateurs dont l'Asie, l'Europe de l'Ouest et à un degré moindre l'Amérique du Nord.

Les évolutions qui ont marquées les exportations mondiales se retrouvent également au niveau des importations mondiales. La part de l'Afrique a fortement diminué en passant de 7,6 % en 1948 à 2,2 % en 2003. Les parts de l'Amérique latine et de l'Europe de l'Est se sont affaissés (voir tableau n°2). Il faut aussi noter l'accroissement de l'Asie comme pôle d'importation mondiale qui s'explique par la forte demande en provenance de cette région du fait de la croissance rapide qu'elle connaît depuis trois décennies. D'ailleurs, ce sont la croissance asiatique et la demande de matières premières, particulièrement en provenance de la Chine, qui ont été à l'origine des tendances à la hausse des prix de matières premières durant ces dernières années. Comme pour les exportations, les évolutions des parts relatives des différentes sous-régions ont été à l'origine de l'émergence de trois grands pôles importateurs au niveau mondial à savoir l'Asie, l'Amérique du Nord et l'Europe de l'Ouest. À ce niveau, il faut noter une évolution contrastée entre les exportations et les importations de l'Amérique du Nord. En effet, au moment où la part de l'Amérique du Nord et particulièrement celle des États-Unis se maintient dans les importations mondiales, elle connaît une baisse prononcée au niveau des exportations. Cette évolution trouve son explication dans la forte délocalisation des activités des entreprises américaines particulièrement celles intensives en travail dans les pays en développement. Il faut aussi mentionner le rôle joué par la demande américaine durant la forte période de croissance dans les années 90 qui s'est traduite par une forte augmentation des exportations à destination des États-Unis.

Ainsi, le commerce international a été caractérisée durant les deux dernières décennies par l'émergence d'une triade (Europe de l'Ouest, Asie et Amérique du Nord) qui domine les échanges internationaux. En même temps, il faut noter une marginalisation d'autres régions dont l'Afrique, l'Amérique latine et l'Europe de l'Ouest.

Les années 80 ont constitué un tournant important pour la place et le rôle de l'Afrique dans le commerce international. En effet, la crise de la dette du début des années 80 s'est traduite par une forte récession économique qui a eu des effets négatifs sur les échanges internationaux de l'Afrique. Ainsi, durant la première moitié des années 80 on a enregistré une forte baisse des exportations et des importations africaines (voir tableau n° 3). Certes, les réformes mises en œuvre durant la seconde moitié des années 80 ont porté leurs fruits et ont été à l'origine d'une reprise des échanges internationaux. Mais, cette reprise a montré sa fragilité dans les années 90 avec une évolution en dents de scie.

Parallèlement à la baisse de la part de l'Afrique dans le commerce international, la seconde caractéristique concerne sa composition par produits. À ce niveau, il faut noter l'enfermement du continent dans la trappe de l'insertion rentière où les produits agricoles et miniers représentent près de 70 % du total des exportations (voir tableau n° 4). Par ailleurs, les exportations de produits manufacturés sont concentrées sur un nombre limité de pays dont ceux d'Afrique du Nord, l'Afrique du Sud et l'Ile Maurice. Pour les importations, il faut noter que plus de 70 % du total est constitué de produits manufacturés. Cette structure du commerce extérieur africain est assez représentative des insertions traditionnelles Nord-Sud. Elle est aussi significative de l'échec des tentatives de diversification et de modernisation des structures économiques africaines entamées à la fin des années 60 et dans les années 70. En effet, la crise de la dette a mis fin aux efforts des pays africains de développement industriel et de transformation sur place des produits de rente.

Enfin, la dernière caractéristique du commerce extérieur africain concerne sa structure géographique et sa concentration sur l'Europe de l'Ouest (voir tableau n° 5). Cette composition géographique n'est pas sans rapport avec la structure par produits des échanges extérieurs africains qui reproduit le schéma d'insertion héritée de la colonisation avec une orientation des exportations de matières premières et de produits agricoles vers les pays européens et l'importation de ces pays des produits manufacturés. Il faut rappeler à ce niveau que les stratégies d'import-substitution adoptées par les pays africains dans les années 60 et 70 avaient pour objectif de mettre fin à ce schéma en fabricant sur place les produits manufacturés importés par le passé de la métropole coloniale. Or, l'échec de ses stratégies et l'éclatement de la crise de la dette se sont traduits par l'abandon des politiques d'import-substitution et la survivance du modèle agro-exportateur. Certes, à ce niveau il faut noter une progression de la part de l'Amérique du Nord dans les échanges extérieurs de l'Afrique suite à l'adoption par les États-Unis (AGOA) et par le Canada d'accords préférentiels en faveur des exportations africaines. Il faut également noter une croissance rapide de la part de l'Asie dans les échanges extérieurs de l'Afrique.

Tableau n°1 : Évolution de la part des régions dans les exportations mondiales (en %)

Source : Tableau reconstitué par l'auteur à partir de WTO, *International Trade Statistics 2004*, Geneva, WTO, 2004.

	1948	1953	1963	1973	1983	1993	2003
Amérique du Nord	27,3	24,2	19,3	16,9	15,4	16,6	13,7
Amérique latine	12,3	10,5	7	4,7	5,8	4,4	5,2
Europe de l'Ouest	31,5	34,9	41,4	45,4	38,9	44	43,1
Europe de l'Est	7,3	6,5	5,7	4,8	4,5	2,5	2,4
Afrique	7,3	6,5	5,7	4,8	4,5	2,5	2,4
Moyen Orient	2	2,7	3,2	4,1	6,8	3,4	4,1
Asie	13,6	13,1	12,4	14,9	19,1	26,1	26,1
Monde	100	100	100	100	100	100	100

Tableau n°2 : Évolution de la part des régions dans les importations mondiales (en %)

	1948	1953	1963	1973	1983	1993	2003
Amérique du Nord	19,8	19,7	15,5	16,7	17,8	19,7	20,5
Amérique latine	10,6	9,3	6,8	5,1	4,5	5,1	4,8
Europe de l'Ouest	40,4	39,4	45,4	47,4	40,1	43	42
Europe de l'Est	5,8	7,6	10,3	8,9	8,4	2,9	5
Afrique	7,6	7	5,5	4	4,6	2,6	2,2
Moyen Orient	1,7	2	2,3	2,8	6,2	3,3	2,5
Asie	14,2	15,1	14,2	15,1	18,5	23,3	23
Monde	100	100	100	100	100	100	100

Source : Tableau reconstitué par l'auteur à partir de WTO, *op. cit,* 2004.

Tableau n° 3 : Croissance des exportations et des importations africaines (%)

	1980-85	1985-90	1990-95	1995-00	2001	2002	2003
Exportations	-7	5	1	6	-6	2	23
Importations	-5	6	5	0	4	2	21

Source : Tableau reconstitué par l'auteur à partir de WTO, *op. cit,* 2004.

Tableau n° 4 : Composition du commerce africain par produits en 2003 (en %)

	Produits agricoles	Produits miniers	Produits manufacturés
Exportations	13,9	54,9	26,9
Importations	15,9	10,1	71,2

Source : Tableau reconstitué par l'auteur à partir de WTO, *op. cit,* 2004.

Tableau n°5 : Évolution des exportations africaines par destination (en %)

	Europe de l'Ouest	Amérique du Nord	Asie	Intra-africain	Amérique latine	Moyen Orient	Europe de l'Est
1995	53,9	14,2	13,8	9,8	2,2	1,5	1,4
2003	48,4	18,9	17,7	10,2	2,5	1,5	0,6

Source : Tableau reconstitué par l'auteur à partir de WTO, *op. cit,* 2004.

Ainsi, il faut mettre l'accent sur la marginalisation de l'Afrique dans le commerce international. À ce niveau, la crise des années 80 a constitué un tournant majeur dans l'histoire économique récente du continent et a eu des effets négatifs sur la place de l'Afrique dans le commerce international. Parallèlement à la marginalisation du continent, on note également une tendance à son enfermement dans un schéma traditionnel de spécialisation et la prédominance des rapports avec l'Europe en dépit de l'apparition des États-Unis et de l'Asie comme nouveaux partenaires commerciaux émergents pour le continent. À partir de ces éléments, la question qui se pose est de comprendre les raisons de cette évolution des échanges internationaux de l'Afrique. Comme nous l'avons suggéré dans l'introduction de ce chapitre, l'évolution récente de l'Afrique dans le commerce international trouve son explication dans une multitude de facteurs dont l'évolution des structures du commerce international.

III. Évolution des structures du commerce international

Dans l'introduction de ce chapitre, nous avons émis l'hypothèse que la marginalisation de la place et du rôle de l'Afrique dans le commerce international trouve son origine dans l'évolution des structures des échanges mondiaux durant ces dernières années. À ce niveau, il faut noter d'abord le rôle de plus en plus important joué par le commerce dans les économies contemporaines. En effet, durant les dernières années la progression du commerce international a été plus importante que celle de la production (voir tableau n° 6). Mais, plus important que la croissance du commerce mondial, il faut noter que la progression des exportations de produits manufacturés a été la plus forte et a été plus du double de celle des produits miniers ou celle des produits agricoles. Il faut aussi mentionner que les exportations de produits manufacturés ont enregistré des rythmes de croissance deux fois plus important que ceux du PIB mondial et de la production de produits manufacturés.

Ainsi, les produits manufacturés jouent un rôle de plus en plus dynamique dans le commerce mondial. Ce rôle n'est pas récent et remonte au milieu des années 80 où les produits manufacturés commençaient à connaître des taux de croissance très élevés (voir tableau n° 9). Depuis cette date, leur rythme de progression dans le commerce international est devenu supérieur à celui de la moyenne des exportations mondiales. En même temps, il faut mentionner le caractère contrasté de l'évolution des exportations des différents segments des produits manufacturés. À ce niveau, il faut noter que ce sont essentiellement les équipements de télécommunication, les produits électroniques, les machines et les équipements de transport qui enregistrent les taux de croissance les plus élevés, et qui sont par conséquent au centre de la dynamique forte des produits manufacturés sur les marchés internationaux. Nos résultats sont corroborés par ceux de la CNUCED qui indiquent que les produits électriques et électroniques sont parmi les produits les plus dynamiques du commerce international et que leur part a quadruplé [27]. Ainsi, le commerce international a été caractérisé depuis le milieu des années 80 par l'émergence des produits manufacturés et plus particulièrement les produits électriques et électroniques comme les produits les plus dynamiques. Cette évolution aura d'importantes conséquences sur les différentes régions participant dans les échanges mondiaux. Ainsi, les régions, comme l'Asie, l'Amérique du Nord ou l'Europe de l'Ouest qui disposent d'avantages compétitifs pour la production de ces produits vont voir leur part dans le commerce international augmenter rapidement. Par contre, les pays africains qui n'ont pas développé de capacités dans la production de ces produits dynamiques ont vu leur place dans le commerce international se détériorer de manière inéluctable.

Ces éléments de conclusions sont confirmées par l'étude des performances des différentes régions dans le commerce international. À ce niveau, il faut souligner que l'Europe de l'Ouest, l'Amérique du Nord et l'Asie ont connu les résultats les plus élevés dans le domaine du commerce international (voir tableau n° 7). Il faut noter que les six pays émergents d'Asie ont connu des rythmes de croissance encore plus élevés que la moyenne mondiale et ceux des pays d'Amérique du Nord et de l'Europe de l'Ouest. On peut souligner aussi les performances de l'Amérique latine et de l'Europe de l'Est qui ont connu une reprise de leurs exportations durant ces dernières années. Mais, il faut dire qu'en dépit de cette reprise, la part de ces régions dans le commerce international reste très faible.

Ainsi, le commerce international a été caractérisé depuis deux décennies par l'émergence et la prédominance de quelques produits dynamiques qui sont aujourd'hui au cœur des échanges internationaux. Il s'agit des produits manufacturés et plus particulièrement des produits électriques et électroniques qui sont au centre du nouveau paradigme technologique. L'émergence de ces produits a eu comme conséquence l'émergence de nouvelles régions dynamiques qui ont des avantages compétitifs pour la production de ces produits et dominent le commerce international. La prédominance du commerce international par les produits dynamiques et certaines régions émergentes s'est également accompagné par la primauté

[27] Voir différentes études de la CNUCED sur les produits dynamiques et plus particulièrement : CNUCED, *Rapport sur le Commerce et le Développement*, Genève, CNUCED, 2002.

de la région dans les échanges internationaux. Ainsi, les échanges intra-régionaux représentent près de la moitié de ceux de l'Asie et de l'Amérique du Nord et près de 70 % pour l'Europe de l'Ouest (voir tableau n° 8). La part du commerce régional est très faible pour les autres sous-régions.

Ainsi, le commerce international a été caractérisé ces deux dernières décennies par la formation d'une triade (Asie, Amérique du Nord et Europe de l'Ouest) qui concentre les échanges internationaux et qui s'est spécialisée dans le commerce de produits manufacturés. L'Afrique, comme les régïons qui se trouvent à la périphérie de cette triade, dont le Moyen Orient ou l'Amérique latine, se trouve alors fortement marginalisée dans les échanges mondiaux. Cette concentration du commerce international au sein de la triade a été renforcée par le développement des échanges intra-branches au sein du commerce international. Cette tendance a été mise en exergue dès le milieu des années 60 [28]. Depuis, on a cherché à construire les indicateurs nécessaires pour mesurer ce phénomène émergent dans le commerce international et d'en comprendre les raisons. Certains auteurs ont remis en cause ce phénomène et ont expliqué son apparition par le caractère imparfait des appareils statistiques du commerce international dont le niveau de désagrégation ne permet pas de distinguer de manière précise les produits.

Or, des travaux récents ont montré l'importance des échanges entre produits équivalents qui sont devenus un phénomène essentiel dans les échanges internationaux. D'ailleurs, ce phénomène a été à l'origine d'un renouvellement important de la théorie de la spécialisation internationale qui ne s'intéressait qu'aux échanges inter-branches sur la base des théories traditionnelles des avantages comparatifs. Ainsi, on a enregistré l'émergence de la nouvelle théorie du commerce international qui cherchait à intégrer et à mieux comprendre les échanges intra-branches [29]. Depuis, les auteurs se sont engagés dans l'identification des facteurs explicatifs de ces échanges et ont opéré une distinction entre ceux qui déterminent ces échanges entre pays et entre secteurs. Pour les premiers, l'intensité des échanges intra-branches est forte lorsque les pays ont le même niveau de développement, la même taille de marché et sont géographiquement proches [30]. D'autres auteurs se sont intéressés aux déterminants au sein du secteur et ont mis en exergue le rôle de la différenciation des produits, des économies d'échelle, du cycle de vie du produit et des entreprises multinationales pour expliquer l'intensité des échanges intra-industriels [31].

Ainsi, l'évolution des structures du commerce international depuis le milieu des années 80 avec l'émergence de nouveaux produits dynamiques, la prédominance de certaines régions (Amérique du Nord, Europe de l'Ouest et Asie) et la concentration du commerce au niveau régional et le développement des échanges entre produits équivalents expliquent la marginalisation des régions à la marge de cette triade dont l'Afrique. Dans la prochaine section on s'intéressera plus particulièrement aux produits de base où l'Afrique a joué un rôle majeur depuis la période coloniale.

Tableau n°6 : Croissance de la production et des exportations mondiales par produits (en %)

	1995-00	2002	2003
X mondiales	7	3	4,5
Amérique du Nord	7	-2,5	1,5
Amérique latine	9,5	-0,5	4
Europe de l'Ouest	6	1,5	0,5
Europe de l'Est	7	8	12,5
Asie	8,5	10,5	12
Les six pays émergents d'Asie	9,5	8	9,5

Source : Tableau reconstitué par l'auteur à partir de WTO, *op. cit,* 2004.

[28] Voir à ce propos les travaux fondateurs de Bela Balassa et de Grubel et Lloyd dont Bela Balassa, « Tariff Reductions and Trade in Manufactures Among the Industrial Countries », in *American Economic Review*, n° 56, 1966, p. 466-473 ; H. G. Grubel et P. J. Lloyd, *Intra-Industry Trade, the Theory and Measurement on International Trade in Differentiated Products*, Londres, Mac Millan, 1975.

[29] Voir à ce propos les travaux de E. Helpman et de P. R. Krugman dont E. Helpman et P. R. Krugman, *Market Structures and Foreign Trade : Increasing Returns, Imperfect Competition and the International Economy*, Cambridge MA, MIT Press, 1985.

[30] Voir à ce propos notamment : Bela Belassa, « Intra-industry Specialization : a Cross Country Analysis », in *European Economic Review*, n° 30, 1986, p. 27-42 ; Bela Belassa, « Intra-Industry Trade Among Exporters of Manufactured Goods », in D. Greenaway et P. K. M. Tharkan (editors), *Imperfect Competition and International Trade: the Policy Aspects of Intra-Industry Trade*, Wheatsheaf, Sussex, 1986.

[31] Voir notamment R. E. Caves, *Intra-Industry Trade and Market Structures in the Industrial Countries*, Oxford Economic Papers, n° 33, 1981, p. 203-223.

	1995-00	2001	2002	2003
X mondiales	7	-0,5	3	4,5
Produits agricoles	3,5	2,5	3,5	3
Produits miniers	3,5	1	0,5	2,5
Produits manufacturés	8	-1	4	5
Production mondiale	4	-0,5	1	3
Agriculture	2,5	1,5	1,5	2
Mines	2	-0,5	-0,5	3,5
Manufactures	4	-1	1	3
PIB Mondial	3	1	1,5	2,5

Amérique du Nord	Amérique latine	Europe de l'Ouest	Europe de l'Est	Afrique	Moyen Orient	Asie
40,5	15,6	67,7	24,5	10,2	7,3	49,9

Tableau n° 7 : Les régions ayant les meilleures performances dans les exportations mondiales (% de croissance annuelle en volumes)

X Totales	Produits pétroliers	Produits manufac-turés	Produits chimiques	Machines et équipe-ments de transport	Produits électro-niques	Équipement de télécommuni-cation	Habillem ent
5	12	5	4	6	5	10	5

Source : Tableau reconstitué par l'auteur à partir de WTO, *op. cit,* 2004.

1980-85	1985-90	1990-85	1980-85	1980-85	1980-85	1980-85
2	15	9	5	-4	5	14

Tableau n°8 : Part des échanges intra-régionaux dans le total des échanges de chaque région en 2003 (en % du total)

Source : Tableau reconstitué par l'auteur à partir de WTO, *op. cit,* 2004.

Tableau n° 9 : Les produits ayant enregistré les taux de croissance les plus élevés dans les exportations mondiales (% en croissance annuelle entre 1995 et 2000).

Source : Tableau reconstitué par l'auteur à partir de WTO, *op. cit,* 2004.

Tableau n°10 : Croissance annuelle du commerce mondial de produits manufacturés (en %)

Source : Tableau reconstitué par l'auteur à partir de WTO, *op. cit,* 2004.

IV. Le commerce des produits de base et la marginalisation de l'Afrique

Pour mieux comprendre la marginalisation croissante de l'Afrique sur les marchés internationaux, il faut s'intéresser à l'évolution du commerce des produits de base qui concentrent l'essentiel des exportations des économies africaines. L'évolution des marchés des produits de base est assez significative de cette tendance lourde à la marginalisation de l'Afrique.

L'évolution des cours constitue la première variable d'intérêt dans l'étude des cours des produits de base. Ces cours ont été caractérisés depuis de longues années par un repli et une forte volatilité. À ce niveau, il faut souligner qu'il y a un accord entre les récentes études sur cette tendance au déclin structurel des prix réels des produits de base [32]. Ces travaux ont permis de mettre en exergue l'évolution de ces prix durant le xxe siècle. À ce niveau, il faut noter, qu'après la forte hausse au milieu des années 50 suite à la guerre de Corée, les prix nominaux de produits de base ont connu une forte stabilité dans les années 50 et 60. La décennie 70 a connu une forte hausse de ces prix avec une pointe en 1974 suite à la mobilisation des pays en développement pour la refonte et la réforme de l'ordre international. Cependant, ces prix ont enregistré une forte tendance à la baisse dès le milieu des années 90 avec un repli de 15 % par rapport à leur niveau au début de la décennie. Par ailleurs, il faut noter que les prix réels des produits de base ont connu un déclin important durant la période allant de 1957 à 2001 [33]. Ces replis ont été estimés à 1,92 pour les produits alimentaires, à 1,91 pour le café, à 2,04 pour le coton et 1,26 pour les métaux. Parallèlement à cette forte tendance à la baisse, il faut également mentionner une grande variabilité des prix des produits de base durant la même période. Cette volatilité a été très forte pour les produits alimentaires avec un cœfficient de 0,3, le café avec un cœfficient de 0,54, le coton avec un cœfficient de 0,39 et les métaux avec un cœfficient de 0,20.

Comment expliquer cette tendance au repli et à la baisse des prix des produits de base ? À ce niveau, il faut mentionner que l'évolution de ces prix est liée à des facteurs structurels et d'autres facteurs de moyen et court termes. Pour ce qui est des facteurs structurels, l'hypothèse de Prebisch-Singer qui lie cette dégradation à la différence d'élasticité entre la demande des produits manufacturés et celle des produits primaires est toujours valable. Cette tendance lourde a été renforcée récemment par les efforts de substitution des matières premières avec les progrès techniques et l'émergence des produits de synthèse.

Parallèlement à ces facteurs structurels, cette tendance à la baisse des produits de base trouve également son explication dans des facteurs conjoncturels. Parmi ces facteurs, on peut noter les catastrophes naturelles et les conditions climatiques qui ont une influence forte sur les fluctuations des cours des produits de base. Il faut également mentionner l'arrivée sur les marchés mondiaux de nouveaux producteurs, dont

[32] Voir à ce propos différentes études dont : D. Diakosavvas et P. Scandizzo, *Trends in the Terms of Trade of Primary Commodities 1900-1982: the Controversy and its Origins, Economic Development and Cultural Change*, n° 39, 1991, p. 231-264 ; H. Bloch et D. Sapsford, « Wither the Terms of Trade? An Elaboration of the Prebisch-Singer Hypothesis », in *Cambridge Journal of Economics*, n° 24, 2000, p. 461-481 ; P. Cashin et C. J. McDermott, *The Long-Run Behaviour of Commodity Prices: Small Trends and Big Variability*, IMF Staff Papers, n° 49, 2002, p. 175-199 ; E. Grilli et M. C. Yang, « Primary Commodity Prices, Manufacturing Good Prices, and the Terms of Trade of Developing Countries: What the Long Run Shows », in *World Bank Economic Review*, n° 2, 1988, p. 1-47 ; A. Maizels, Commodities in Crisis: *The Commodity Crisis of the 1980 and the Political Economy of International Commodity Policies*, Oxford, Clarendon Press, 1992.

[33] Voir OMC, *Rapport sur le commerce mondial 2003*, Genève, OMC, 2003.

notamment les pays asiatiques, qui ont une productivité plus élevée que les produits africains et qui ont été à l'origine d'une forte progression de l'offre mondiale. Par ailleurs, le repli des cours des produits de base s'explique à court terme par la dépression que connaît l'économie mondiale depuis près d'une décennie et par la baisse de la demande mondiale. À ce niveau, seuls les niveaux exceptionnels de croissance enregistrés par la Chine et certains pays asiatiques ont permis quelque peu d'altérer cette tendance et de donner une plus grande vigueur aux marchés des produits primaires.

La structure des marchés internationaux contribue également à cette tendance à la baisse des cours des produits de base. À ce niveau, il faut mentionner les politiques de soutien interne à la production aux produits agricoles et aux subventions aux exportations dans les pays de l'OCDE qui ont eu comme conséquence une baisse des prix de ces produits sur les marchés internationaux. Ces soutiens ont été estimés par l'OCDE à 241 milliards de $ en 2000 dont plus de 60 % vont à l'appui aux prix des marchés. À ce niveau, le coton est l'exemple type de ces produits primaires qui bénéficient de l'appui des pays développés, dont les États-Unis et l'Union européenne, et qui se traduit par un affaissement sans précédent des cours sur les marchés internationaux. Parallèlement aux subventions accordées par les pays développés à leurs productions, il faut également mentionner les structures tarifaires sur les marchés internationaux qui favorisent un accroissement de l'offre des produits de base aux dépends des produits transformés. En effet, la progressivité des droits de douane appliquée par certains pays développés sur les exportations des pays en développement ne favorise pas la transformation des produits de base localement et par conséquent la diversification de leurs structures productives. À titre d'exemple on peut indiquer que pour le cacao l'écart de tarif entre le produit de base et le produit transformé est de 5,2 % pour le Canada, de 8 % pour l'Union européenne, de 21 % pour le Japon et de 6,3 % pour les États-Unis [34]. Cet écart pour le café est de 5 % pour l'UE, de 19,8 % pour le Japon et de 6,9 % pour les États-Unis. Pour les métaux non ferreux cet écart atteint 2,9 % pour le Canada, 4 % pour l'UE, 2,1 % pour le Japon et 2,8 % pour les États-Unis. Cette progressivité des droits de douane ne favorise pas la transformation locale des produits et contribue à un accroissement de l'offre des produits de base et par conséquent à une baisse des prix.

Ainsi, les cours des produits de base n'ont cessé de connaître une tendance à la baisse depuis des décennies. Ce recul va voir un impact important sur les pays africains. Mais, pour mesurer cet impact il faut mettre en exergue la place des produits de base dans les exportations des pays africains. Des études récentes ont montré que les produits primaires ne représentaient plus que 12,3 % du total des exportations. Or, pour les pays africains cette part est encore plus importante et pour une grande partie d'entre eux elle est supérieure à 80 % du total (voir tableau n°11). Cette forte dépendance vis-à-vis des matières premières explique l'impact des fluctuations des cours sur ces économies et en partie leurs faibles performances économiques durant ces dernières années. Une étude de la Banque Mondiale et de la Commission économique des Nations unies pour l'Afrique a estimé que ces pertes représentaient sur la période allant de 1970 à 1997 pour les pays africains non exportateurs de pétrole et en dehors de l'Afrique du Sud l'équivalent de 119 % du PIB de ces pays, 51 % des flux nets cumulés de ressources et près de 68 % des transferts nets de ressources [35]. Une autre étude de la CNUCED a montré que les producteurs de café auraient gagné 19 milliards de $ supplémentaires, ceux du sucre 1,4 milliards de $ et ceux du coton en Afrique de l'Ouest 1 milliards de $ entre 1999 et 2002 si les cours avaient gardé leurs niveaux de 1998 [36]. Selon la même étude, la chute des cours des produits de base a coûté à l'Afrique 6 % en moyenne annuelle de cœfficient d'investissement et 50 % de revenu par habitant. D'autres études estiment que la détérioration des termes de l'échange dans les années 80 s'est traduite par une perte en moyenne de 0,7 % de croissance pour les pays africains [37]. Parallèlement aux manques à gagner en matière de croissance et de revenu, la baisse des prix des produits de base a contribué au surendettement des pays africains [38].

Cette forte détérioration des termes de l'échange et les fortes fluctuations des cours de matières premières se sont traduites depuis longtemps par des

---

[34] OMC, *op. cit.*, 2003.

[35] World Bank et Economic Commission for Africa, *Can Africa Claim the 21st Century?*, Washington, World Bank et Economic Commission for Africa, 2000.

préoccupations de stabilisation afin de permettre aux pays qui en dépendent de planifier leur développement et leurs investissements. C'est au cours des négociations de la Charte de La Havane en 1948 que la question de la stabilisation des cours des produits de base a été introduite pour la première fois dans les négociations internationales. Depuis cette date, elle n'a cessé jusqu'à nos jours de constituer un sujet essentiel pour les pays exportateurs. La question de la stabilisation s'est depuis posée à un double niveau. D'abord au niveau international, la CNUCED a inscrit la question des cours des produits de base dans son programme de travail dès sa première conférence générale en 1964. Les travaux de la CNUCED ont abouti à la définition du programme intégré pour les produits de base en 1974 qui a été adopté en 1976. Cet accord a favorisé l'adoption d'accords sectoriels dont ceux sur le café, le caoutchouc, l'étain et bien d'autres accords, et la formation d'organisations internationales sectorielles ayant pour objectif de stabiliser les prix par le biais d'une régulation de l'offre et de la demande mondiales. D'autres mécanismes d'appui et de financement compensatoire dont la Facilité de Financement Compensatoire et de Financement pour Imprévus du FMI et le Système de Stabilisation des Recettes d'Exportation de l'Union européenne.

Le second niveau de la stabilisation des prix se retrouve au niveau national où un certain nombre de pays africains ont mis en place dans les années 70 des caisses de stabilisation des prix des produits de base exportés. Ces caisses servaient d'intermédiaires entre les paysans et les marchés mondiaux. Ainsi, ils fixaient un prix garanti aux producteurs qui ne variaient pas brutalement avec les prix mondiaux. Si les prix mondiaux étaient plus élevés que les prix locaux, ces caisses dégageaient des excédents où ils puisaient lorsque les prix mondiaux baissaient. Mais, ces caisses ne se sont pas limitées à la stabilisation des cours des produits de base. Mais, elles ont joué un rôle important dans le développement économique dans la mesure où la hausse des cours dans les années 70 leur a permis de

[36] CNUCED, *Le développement économique en Afrique. Résultats commerciaux et dépendance à l'égard des produits de base*, Genève, CNUCED, 2003.

[37] Voir Y. Hadass et J. Willamson, *Terms of Trade Schoks and Economic Performance: 1870-1940: Prebish and Singer Revisited*, NBER Working Paper n° 8188, 2001.

[38] FMI, *Perspectives de l'économie mondiale*, Washington, FMI, 2000.

disposer d'une capacité de financement relativement importante. Ces caisses ont ainsi pu financer les infrastructures dans le monde rural, l'accès des paysans aux engrais ainsi que les infrastructures dans les domaines de la santé et de l'éducation.

Ces différents mécanismes ont cherché à stabiliser les prix des produits de base exportés par les pays africains. Or, les résultats ont été relativement limités dans la mesure où ils n'ont pas pu faire face au retournement de la conjoncture internationale dans les années 80 et au caractère structurel de la baisse des cours. En même temps, les années 80 ont connu un changement du contexte idéologique et du paradigme économique avec la remise en cause de l'interventionnisme étatique dans la régulation de l'ordre économique et le retour en force du marché et de la conviction dans sa capacité à assurer un fonctionnement cohérent des économies décentralisées. Du coup, on a assisté à une remise en cause des mécanismes internationaux de stabilisation des prix et à l'éclatement des accords internationaux comme celui du café. Dans les pays africains, les programmes d'ajustements structurels (PAS) ont mis l'accent sur le désengagement de l'État et la privatisation des organismes publics. Dans cette perspective, la plupart des caisses de stabilisation ont été remises en cause et les filières des produits de base ont été libéralisées. En même temps, on a enregistré le développement rapide des mécanismes de gestion des risques de prix dont les contrats à livraison différée, les contrats à terme, les contrats d'option et les swaps.

En définitive, la crise des matières premières avec un chute structurelle des cours et leur grande volatilité ont contribué à la marginalisation des pays africains dans le commerce international. Tout au long des années 70 et 80, ces pays ont pu disposer au niveau international comme au niveau interne de mécanismes permettant la stabilisation des cours et le soutien aux activités des paysans pauvres. Or, l'éclatement de ces mécanismes au tournant des années 80 s'est traduit par un renforcement de la tendance au repli des cours ce qui a pesé lourdement sur les performances économiques de ces pays et a été à l'origine d'une explosion de la pauvreté.

Parallèlement à l'évolution des matières premières dans les échanges internationaux qui dominent la structure du commerce africain, la marginalisation du continent dans commerce international trouve son explication dans son incapacité à tirer profit des différents schémas et mécanismes préférentiels d'accès aux marchés des pays développés.

Tableau n° 11 : Part des produits primaires hors combustibles dans les exportations de certains pays africains (% du total en moyenne 1998-2000)

Pays	Part des produits primaires dans le total des exportations	Principaux produits primaires exportés
République centrafricaine	88,2	Diamants, bois, coton, café
Malawi	87	Tabac, thé, sucre, coton, café
Comores	82,9	Vanille, clous de girofle
Burundi	82,8	Café, thé
République démocratique du Congo	82,1	Diamants, cuivre, bois
Gambie	80,8	Graines pour l'extraction d'huile douce, coton
Burkina Faso	79	Coton
Tanzanie	78,2	Café
Niger	73,3	Uranium
Mozambique	64,4	Noix de cajou, coton, sucre
Rwanda	58,7	Thé, café
Guinée	56,7	Bauxite, alumine, or, diamants

Pays	Part des produits primaires dans le total des exportations	Principaux produits primaires exportés
Zambie	99,8	Cuivre
Libéria	99,8	Caoutchouc, bois
Mauritanie	99,5	Fer
Guinée-Buissau	97,7	Noix de cajou
Tchad	95	Coton
Mali	94,5	Coton
Bénin	93,7	Coton
Ouganda	90,5	Café

Source : Tableau reconstitué par l'auteur à partir de WTO, *op. cit,* 2004.

V. Les préférences ont-elles servi le développement de l'Afrique ?

Les faibles performances des économies africaines dans le commerce international nous amènent à poser la question de l'utilité des préférences accordées par les pays développés pour améliorer la compétitivité du continent et son accès aux marchés internationaux. Cette question est d'autant plus importante qu'elle suscite de nos jours d'importantes controverses sur son intérêt pour les pays en développement et leur capacité à les aider à diversifier leurs structures productives [39]. Pour ceux qui y sont opposés, l'échec de l'Afrique à en bénéficier est une illustration des limites des préférences dans les relations internationales. Dans cette perspective, la libéralisation des échanges et le libre fonctionnement du marché sont les meilleurs outils pour mettre le commerce au service du développement et construire la compétitivité des économies en développement. Pour d'autres, au contraire, les préférences sont essentielles pour aider les pays en développement à réduire le différentiel de productivité avec les pays développés et améliorer leur accès aux marchés internationaux. La question qui se pose alors est de comprendre les raisons qui ont limité l'utilisation de ces préférences par les pays africains et comment les améliorer afin de les mettre au service de la diversification de nos économies.

Il faut rappeler que le système des préférences a émergé dans les années 60 et s'est fixé pour objectif d'aider les pays en développement à mieux intégrer le système commercial multilatéral [40]. Cette naissance fait suite aux débats au sein de la CNUCED sur l'importance de mettre le commerce au service du développement. Ces débats ont donné lieu à l'adoption du Système Généralisé de Préférences qui permettait aux pays développés d'accorder un accès non réciproque à certains produits en provenance des pays en développement. Les pays développés, en particulier les pays du QUAD, se sont inscrits dans le cadre de ce système et ont mis en place des mécanismes et des schémas d'accès préférentiels pour les exportations en provenance des pays en développement. Or, les préférences ont fait l'objet d'importantes controverses dans les années 80 suite au retour en force des idées libérales et à la remise en cause de toutes les formes de traitement spécifique et différencié en faveur des pays en développement. En effet, certains auteurs avaient estimé que, non seulement ces schémas n'ont pas aidé les pays africains à améliorer leur compétitivité, mais ils sont aussi à l'origine d'une remise en cause de la règle de la nation la plus favorisée qui est au cœur du système commercial multilatéral [41].

Cependant, ce contexte intellectuel défavorable aux préférences a quelque

[39] Voir à propos de cette controverse : W. Cline, *Trade Policy and Global Poverty*, Washington, Institute of International Economics, 2003.

[40] Voir sur les questions de préférences : Andrew Mold, *Trade Preferences in Africa: The State of Play and the Issues at Stake*, ATPC Work in Progress n° 12, Addis-Ababa, ECA, 2005 ; UNCTAD, *Trade Preferences for LDCs: An Early Assessment of Benefits and Possible Improvements*, Geneva, United Nations, 2003.

peu changé dans les années 90 avec l'avènement de l'OMC et les pressions fortes des pays en développement en faveur de l'amélioration de leur accès aux marchés des pays développés. Ainsi, dès 1996 la Conférence Ministérielle de l'OMC à Singapour a appelé à un renforcement des préférences, particulièrement en faveur des Pays les Moins Avancés (PMA). En même temps, les différents pays développés ont cherché à renforcer leurs schémas et systèmes préférentiels. Ainsi, dès le mois de mai 2000 les États-Unis ont annoncé « La Loi sur la croissance et les potentialités de l'Afrique », plus connue sous le vocable AGOA, qui accorde des avantages spécifiques aux pays de l'Afrique au Sud du Sahara. Par ailleurs, les pays de l'Union européenne ont lancé en mars 2001 une nouvelle initiative, « Tous sauf les armes », accordant un accès libre à tous les produits en provenance des PMA sauf les armes, les bananes, le sucre et le riz. Le gouvernement canadien a également élargi son Système Général de Préférences en 2003 pour comprendre tous les produits avec un système de règles d'origine plus souple. Le Japon a également fait de même dès décembre 2000 en introduisant de nouveaux produits industriels et agricoles en provenance des PMA et en libre accès. Ainsi, le système des préférences a connu, en dépit des critiques, un renforcement rapide ces dernières années. Toute la question est aujourd'hui de savoir comment faire en sorte que les pays africains puissent mieux profiter de ces schémas d'accès préférentiels et les utiliser pour améliorer leur compétitivité.

Revenons tout d'abord aux effets des préférences dans le système multilatéral. Les pays bénéficiaires des systèmes de préférences peuvent profiter d'un accès plus important aux marchés des pays développés et améliorer leurs performances en matière d'exportation [42]. Cette forme d'appui est d'ailleurs préférable à l'aide dans la mesure où elle a un effet direct sur la production et l'investissement et par conséquent la croissance et la création d'emplois. Ce système a par ailleurs un effet sur les producteurs des pays développés dans la mesure où il leur permet d'accéder à des marchés plus larges et bénéficier

[41] R. Hudec, *Developing Countries in the GATT Legal System*, , London, Trade Policy Research Center 1987.

[42] Voir pour une analyse détaillée de l'impact des systèmes de préférences : B. Bora, L. Cernat et A. Turini, « Duty and Quota-Free Access for LDCs: Further Evidence From CGE Modelling », in *Policy Issues in International Trade and Commodities Study Series*, n° 14, Geneva, UNCTAD, 2002 ; S. Tangermann, *The Future of Preferential Trade Arrangements for Developing Countries and the Current Round of WTO Negociations on Agriculture*, Rome, FAO, 2002.

par conséquent des effets d'échelle. Enfin, les préférences, en augmentant les exportations des pays bénéficiaires, participent à l'amélioration de leurs grands équilibres macroéconomiques.

Cependant, il faut noter que ces préférences peuvent également avoir des effets négatifs. D'abord, ils se traduisent par une réorientation des structures de production des pays bénéficiaires en faveur des secteurs ayant accès à ces privilèges. Par ailleurs, il faut noter que ces préférences ont un caractère imprévisible dans la mesure où les pays qui les accordent peuvent introduire des modifications tant en ce qui concerne la portée que l'ampleur de ces schémas [43]. Par ailleurs, les préférences peuvent entraîner une baisse des prix sur les marchés des pays qui les accordent ce qui peut avoir des effets négatifs sur les producteurs locaux ainsi que sur les exportateurs des pays non bénéficiaires. Cependant, il faut relativiser ces critiques par le fait que l'offre des PMA est relativement réduite et son élasticité est faible et exerce par conséquent peu d'influence sur les marchés internationaux. Certains évoquent aussi les effets de ces préférences sur les recettes douanières des pays qui les accordent. Là également, il faut noter que ces baisses sont faibles et ne risquent pas de peser sur les équilibres macroéconomiques des pays qui les accordent. Ainsi, les systèmes de préférences peuvent contribuer au développement des pays africains. Ils ont également un impact relativement réduit sur le système multilatéral du fait de la faiblesse de l'offre des pays africains.

En dépit de leur contribution dans le développement des pays africains, les systèmes de préférences font l'objet d'importantes critiques. Ces critiques proviennent des pays en développement qui n'en sont pas bénéficiaires et qui mettent l'accent sur une plus grande libéralisation des échanges ce qui risque d'entraîner une érosion des préférences. D'autres critiques portent sur les résultats limités des systèmes de préférences sur les performances des pays africains. D'autres études estiment que seuls les pays intermédiaires qui disposent de tissus économiques diversifiés et d'importantes capacités productives peuvent en tirer profit [44].

Ces critiques nous amènent à étudier l'utilisation faite par les pays

[43] Voir OMC, *Rapport sur le commerce mondial 2004*, Genève, OMC, 2004.

africains et les pays en développement en général des préférences qui leur ont été accordées ces dernières années. Pour apprécier cet aspect, la CNUCED a introduit la notion du taux d'utilisation qui représente les importations bénéficiant des Systèmes de Préférences Généralisées sur les importations couvertes par ces systèmes. Il s'agit donc d'une notion très utile dans la mesure où elle nous permet de mesurer la capacité des pays à tirer profit des préférences et des privilèges qui leur sont accordés. L'étude de la CNUCED a cherché à apprécier l'évolution récente de ce taux pour les grands marchés mondiaux [45]. Dans ce cadre, on note une évolution rapide du taux d'utilisation depuis le milieu des années 90. Ainsi, ce taux est passé de moins de 50 % en 1994 pour l'ensemble des quatre marchés les plus importants à près de 70 % en 2001 (Tableau n° 12). Ainsi, pour le Canada ce taux est passé de 65 % à 70 % durant la même période. Pour l'Europe, cette évolution est restée limitée et le taux d'utilisation se situe toujours en dessous de 50 %. L'évolution la plus importante a été enregistrée aux États-Unis où elle se situe aujourd'hui à près de 95 %. Mais, pour le Japon le taux de couverture a baissé de manière significative en passant de près de 95 % à 38% entre 1994 et 2000 avant de remonter à 83 % en 2001. Ainsi, cette étude montre que les PMA ont tiré profit des préférences qui leur ont été accordées ces dernières années et leurs taux d'utilisation n'ont cessé de s'améliorer. Cette conclusion est importante et remet en cause les propos de certains auteurs qui estiment que les pays en développement n'ont pas tiré profit de ces avantages et que les préférences n'ont pas aidé ces pays à améliorer leurs compétitivité.

Cependant, il faut nuancer cette conclusion en indiquant qu'en dépit de son amélioration, le taux d'utilisation reste limité. Ainsi, par exemple, pour les pays de l'Union européenne qui constituent le principal partenaire commercial de l'Afrique ce taux reste en dessous de 50 %. Par ailleurs, pour le Canada et les pays

[44] Voir notamment : J. Whalley, « Non-Discriminatory Treatment: Special and Differential Treatment under the GATT for the Developing Countries », in *Economic Journal*, n° 100, p. 1318-1328, 1990 ; C. Ozden et E. Rheinhart, *The Perversity of Preferences: GSP and Developing Country Trade Policy 1976-2000*, World Bank Policy Research Paper, n° 2955, Washington, World Bank, 2003 ; OCDE, *Incidence du système généralisé de préférences*, Paris, Comité des échanges de l'OCDE, 2003.
[45] CNUCED, *op. cit.*, 2003.

de la quadrilatérale d'une manière générale ce taux reste autour de 70 %. À partir de là, la question qui se pose est de comprendre les raisons de la faiblesse du taux d'utilisation des préférences accordées par les pays développés. À ce propos beaucoup s'accordent sur l'importance des règles d'origine ainsi que d'autres nouvelles barrières non tarifaires qui constituent un important obstacle devant l'utilisation des avantages d'accès au marché accordés par les pays en développement aux pays africains.

Ainsi, les préférences constituent un important instrument d'appui aux pays africains et à la diversification de leurs structures productives en favorisant un accès plus important aux marchés. Ces pays ont fait usage de cet instrument et ont pu améliorer au fil des ans le taux d'utilisation des préférences qui leur ont été accordées depuis quelques années. Cependant, cet usage est encore limité et il est nécessaire de l'améliorer afin qu'il contribue de manière plus significative aux besoins de développement des pays africains. Cette amélioration peut d'abord s'orienter vers l'expansion du taux de couverture des schémas préférentiels. À ce niveau, il faut noter une amélioration rapide de ce taux qui est passé pour les marchés des pays de la quadrilatérale de près de 53 % du total des importations en 1994 à près de 65 % en 2001 ce qui dénote une plus grande ouverture de ces schémas à des produits qui en étaient exclus par le passé (Tableau n° 12). De la même manière on a enregistré un renforcement du taux de couverture ces dernières années pour la plupart des grands marchés pour les pays africains dont l'Union européenne, les États-Unis, le Japon et le Canada. Cependant, certains produits restent exclus de ces schémas préférentiels dont les produits sensibles comme les produits agricoles qui sont fortement protégés sur les marchés des pays développés. À ce niveau, il est nécessaire d'étendre la couverture des produits dans les différents schémas préférentiels. De plus en plus d'auteurs se prononcent pour un accès illimitée et sans restriction pour les pays africains sur les marchés des pays développés. Nous avons montré que cette proposition pourrait avoir un effet important sur les pays africains en matière de croissance, d'investissement, d'emploi et d'exportation avec des coûts très faibles pour les pays de la quadrilatérale [46].

Les exportations africains sur les marchés des pays développés font face à l'émergence d'une nouvelle génération de barrières non tarifaires qui constituent de nouvelles mesures de protection [47]. Certes, les négociations

[46] Voir H. Ben Hammouda, S. Karingi and R. Perez, *Unrestricted Market Access for Sub-Saharan:*

commerciales multilatérales ont réussi depuis le Cycle de l'Uruguay Round a réduire de manière substantielle les barrières non tarifaires traditionnelles dont les quotas, les limitations volontaires d'exportations ou les contrôles de prix. Cependant, ces dernières années ont été caractérisées par l'émergence d'une nouvelle génération de barrières non tarifaires dont les mesures d'antidumping, les mesures sanitaires et physo-sanitaires, les normes environnementales et la législation de travail ainsi que les règles d'origine. Certes, il est encore difficile de mesurer le poids des barrières non-tarifaires dans le commerce international. Cependant, certains études montrent d'ores et déjà que ces barrières sont deux fois plus importantes dans les pays développés qu'en Afrique au Sud du Sahara et portent sur 42 % des exportations [48]. Pour les produits miniers, la fréquence de ces mesures sur les exportations des PMA est de 6,7 %. Pour les exportations de produits manufacturés, la fréquence de ces mesures est de 10,67 % sur les produits en provenance des PMA. Mais, c'est surtout le secteur agricole qui connaît la plus importante imposition de mesures non tarifaires avec une fréquence de 48,24 %. Ces éléments sont significatifs de l'ampleur des protections appliquées sur les produits en provenance des pays africains et montrent la pertinence des revendications de ces pays en faveur d'un plus grand accès aux marchés des pays développés.

L'amélioration des schémas préférentiels passe également par une simplification des règles d'origine. Elles obligent les pays bénéficiaires à prouver qu'une grande partie de la valeur ajoutée a été produite localement. Ainsi, pour le textile, par exemple, les règles d'origine dans certains systèmes de préférences exigent des stades de fabrication double ou triple dans le pays bénéficiaire. Il s'agit là de règles très restrictives et qui ne tiennent pas compte des structures productives des pays africains qui dans la plupart des cas sont obligés à s'approvisionner dans d'autres pays afin d'avoir les matières premières et les produits intermédiaires nécessaires.

Par ailleurs, certains auteurs ont cherché à quantifier le supplément de coût du fait du respect des règles d'origine pour les pays en développement. Ces coûts peuvent aller de 2 à 5,7 % de la valeur du produit [49].

Important Benefits with Little Cost to the QUAD, ATPC Work in Progress n°11, ECA, Addis-Ababa, 2005.

47 Voir la synthèse de A. Mold sur cette question : A. Mold, *Non Tariff Barriers- Their Prevalence and Relevance for African Countries*, ATPC Work in Progress, Addis-Ababa, ECA, 2005.

48 Voir B. Bora, A. Kuwahara et S. Laird, *Quantification of Non-Tariff Measures*, Geneva, UNCTAD, 2002.

Ces coûts annulent pour certains produits les avantages accordées par les systèmes préférentiels. La rigidité des règles d'origine est à l'origine d'importantes critiques de la part des pays en développement et certains producteurs abandonnent ces systèmes et exportent leurs produits dans le cadre de la clause de la nation la plus favorisée pour éviter la complexité des règles d'origine des systèmes préférentiels. Ces critiques sont à l'origine d'appels en faveur du relâchement et de la simplification des règles d'origine.

Parallèlement aux règles d'origine et aux barrières non-tarifaires, il faut également mentionner la complexité des schémas préférentiels et la superposition des différents systèmes. Les pays africains se trouvent désarmés devant cette mosaïque de schémas et exigent de plus en plus une harmonisation des différents systèmes et leur alignement vers le haut sur le système le plus favorable.

Ainsi, contrairement à certains affirmations, les pays africains ont pu durant ces dernières années tirer profit des différents schémas préférentiels appliqués par les pays développés. Cependant, les règles d'origine rigides et le développement du nouveau protectionnisme avec les barrières non-tarifaire réduisent l'utilisation de ces schémas. Mais, parallèlement à ces difficultés, il faut mentionner surtout le phénomène d'érosion des préférences qui pourrait remettre en cause cet accès privilégié accordé par les pays développés à leurs marchés pour les pays africains. L'érosion des préférences est le résultat du renforcement de la libéralisation des échanges depuis le lancement de l'Uruguay Round et de l'élargissement de ces préférences à un plus grand nombre de pays bénéficiaires. Certes, il est difficile pour l'instant de mesurer de manière précise l'impact de cette érosion sur les pays africains. En effet, le poids de cette érosion devrait varier d'un pays à un autre et dépendra de l'ampleur de ces préférences pour chaque pays, de leur degré d'utilisation, du degré de dépendance des exportations vis-à-vis des pays accordant ces préférences ainsi que de la robustesse de l'environnement économique des pays bénéficiaires [50]. En dépit de ces difficultés de mesure, les pays africains ont mis en exergue l'impact négatif que pourrait avoir cette érosion sur leurs économies. Cette question fait

[49] Voir A. Mold, *op. cit.*, 2005

partie de l'ordre du jour des négociations multilatérales et un certain nombre de propositions sont d'ores et déjà envisagées dont le maintien des marges bénéficiaires, le retardement des réductions au-delà des droits convenus dans la clause de la nation la plus favorisée et, enfin, une compensation financière pour les pays qui risquent d'en souffrir.

Ainsi, les systèmes préférentiels ont joué un rôle dynamique pour les pays africains et les ont aidé dans l'accès aux marchés des pays développés. Le renforcement de ces systèmes et l'extension de leur couverture pourraient aider les pays africains à améliorer leur compétitivité et leur insertion internationale. Cette amélioration passe par la réduction de la complexité des procédures administratives ainsi que leur harmonisation et leur alignement sur le système le plus favorable pour les pays africains. Elle exige aussi le relâchement des règles d'origine et de toutes les barrières non tarifaires qui réduisent les taux d'utilisation de ces systèmes par les pays africains. Enfin, il est également nécessaire de faire face à l'érosion récente de ces systèmes, notamment par le biais de compensations financières au profit des pays africains.

[50] Voir sur cette question : K. Alexandrani et H. P. Lankes, *The Impact of Preference Erosion on Middle-Income Developing Countries*, IMF Working paper, Washington, September 2004.

Tableau n°12 : Efficacité des différents systèmes préférentiels pour les PMA (Évolution des taux de couverture et des taux d'utilisation entre 1994 et 2001)

Pays/ Groupe de pays	Année	Importations totales (a)	Importations passibles de droits (b) (en million de dollars)	Importations concernées par les préférences au titre du SGP (c)	Importations bénéficiant des préférenes au titre du SGP (d)
Quadrilatérale	1994	5347	3 917,3	2071	999
	1995	6087,8	4 706,1	2564,3	1361,2
	1996	9956,3	7451,1	2985	1517,9
	1997	10 634,1	8163,4	5923,1	1788,2
	1998	9795,7	7915,1	5564,2	2704,5
	1999	10 486,5	8950,4	5869,3	3487,5
	2000	13 359,2	11 715,5	7836	4990,2
	2001	12 838,2	11 167,1	7185,5	4919,9
Canada	1994	..	..	..	..
	1995	175,9	41,3	6,4	4,1
	1996	336,9	34,5	6,3	2,9
	1997	205,3	47,3	8,6	4,7
	1998	256	92,1	9,8	5,8
	1999	154,6	60,7	8,2	4,9
	2000	180,1	75,9	9,9	7,2
	2001	243,2	44,6	11,4	8

Pays/ Groupe de pays	Année	Importations couvertes par le SGP (c)/(b)	Taux d'utilisation du SGP (d)/(c) Pourcentage	Taux d'utilité du STP (d)/(a)
Quadrilatérale	1994	52,9	48,2	18,7
	1995	54,5	53,1	22,4
	1996	40,1	50,9	15,2
	1997	72,6	30,2	16,8
	1998	70,3	48,6	27,6
	1999	65,6	59,4	33,3
	2000	66,9	63,7	37,4
	2001	64,3	68,5	38,3
Canada	1994	..	..	..
	1995	15,5	64,1	2,3
	1996	18,3	46	0,9
	1997	18,2	54,7	2,3
	1998	10,6	59,2	2,3
	1999	13,5	59,8	3,2
	2000	13	72,7	4
	2001	12,1	70,2	3,3

	Année	(a)	(b)	(c)	
Union européenne	**1994**	2471,2	1823,4	1791,1	748,1
	1995	2814,6	2277,8	2246,3	1077,6
	1996	3219	2520,1	2520,1	1196,8
	1997	3614,8	2888,8	2888,8	770,8
	1998	3519,4	2908	2908	761,8
	1999	3562,2	3075,2	3075,2	1035
	2000	4247,1	3633,6	3633,6	1499,5
	2001	4372,4	3935,7	3935,7	1847,4
Japon	**1994**	1120,5	695,5	211,2	200,5
	1995	1309,8	912,7	241,9	230,1
	1996	1504,3	939,8	388,9	269,9
	1997	1204,9	757,3	306,3	222,1
	1998	1045,4	643,8	364	189,9
	1999	989	679,6	366,2	231,9
	2000	1236,5	881,3	615,3	236
	2001	1001,3	398,1	278,3	228,4
États-Unis	**1994**	1755,3	1398,4	68,1	50,4
	1995	1787,5	1474,3	69,7	49,4
	1996	4896,1	3896,5	69,7	48,3
	1997	5609,1	4432,5	2719,4	790,6
	1998	4974,9	4247,1	2282,4	1747
	1999	5780,7	5109,2	2419,7	2215,7
	2000	7695,5	7086,6	3577,2	3247,5
	2001	7221,3	6716,3	2960,1	2836,1

	Année	(c)/(b)	(d)/(c)	(d)/(a)
Union européenne	**1994**	98,3	41,8	30,3
	1995	98,6	48	38,3
	1996	97,7	47,5	37,2
	1997	98,7	26,7	21,3
	1998	99,2	26,2	21,6
	1999	99,2	33,7	29,1
	2000	99	41,3	35,3
	2001	99,4	46,9	42,3
Japon	**1994**	30,4	94,9	17,9
	1995	26,5	95,1	17,6
	1996	41,4	69,4	17,6
	1997	40,4	72,5	18,4
	1998	56,5	52,2	18,2
	1999	53,9	63,3	23,4
	2000	69,8	38,4	19,1
	2001	69,9	82,1	22,8
États-Unis	**1994**	4,9	74	2,9
	1995	4,7	70,9	2,8
	1996	1,8	69,3	1
	1997	61,4	29,1	14,1
	1998	53,7	76,5	35,1
	1999	47,4	91,6	38,3
	2000	50,5	90,8	42,2
	2001	44,1	95,8	39,3

L'échec de la diversification et la marginalisation de l'Afrique

Parallèlement aux facteurs externes, la marginalisation de l'Afrique dans le commerce international trouve une partie de son explication dans une série de facteurs internes. Parmi ces facteurs, le plus important réside dans l'échec des expériences de diversification entamées peu après les indépendances afin de rompre avec le modèle rentier mis en place par les puissances coloniales. En effet, la plupart des pays africains ont entamé dans les années 60 et 70 un processus de développement industriel rapide dont l'objectif était de diversifier leurs structures économiques et de réduire leur dépendance par rapport aux produits de base. Cette dynamique de développement a été favorisée par l'accroissement des prix des produits de base exportés par les pays africains qui leur a fourni les moyens pour financer les investissements réalisés. Ces stratégies de diversification avaient suivi dans la plupart des pays africains, à l'image de l'ensemble du monde en développement à l'époque, des modèles d'import-substitution qui se sont fixés comme objectif de produire localement les produits de consommation importés par le passé à partir de la métropole coloniale. Ces stratégies de développement se sont traduites par un accroissement rapide des investissements et de l'emploi dans les secteurs manufacturiers. On a également enregistré une augmentation de la productivité suite à un transfert des nouvelles techniques dans le secteur industriel.

Or, quelques années plus tard, les stratégies de diversification mise en œuvre dans la plupart des pays africains se sont soldées par des échecs cuisants. La crise des stratégies de diversification s'est d'abord manifestée à travers la montée des grands déséquilibres macroéconomiques. D'un côté, l'accroissement des importations de biens d'équipement et de biens intermédiaires pour le développement industriel ont lourdement pesé sur la balance commerciale et se sont traduites par un éclatement des équilibres externes. D'un autre côté, l'État a joué un rôle actif dans les dynamiques d'investissement et de régulation économique et sociale ce qui a fini par entraîner un creusement sans précédent des déficits publics. Mais, parallèlement à la montée des grands déséquilibres macroéconomiques, l'épuisement des expériences de diversification s'observe également dans quelques indicateurs structurels. À ce niveau, il faut noter que la demande locale, du fait des grandes inégalités, n'a pas suivi la croissance de l'offre des produits de consommation finale. Du coup, le marché interne s'est trouvé fortement limité et n'a pas favorisé le développement des rendements d'échelle des activités industrielles. Ainsi, après une croissance rapide durant les premières années, les gains de productivité ont nettement stagné et la compétitivité des activités industrielles s'est trouvée réduite. Il faut aussi mentionner la rigidité des politiques commerciales et industrielles qui ont favorisé le développement de comportements rentiers et n'ont pas encouragé les dynamiques d'innovation et de créativité de la part des entreprises locales. En effet, la plupart des pays africains ont opté pour des politiques tarifaires protectionnistes qui ont été appliquées de manière uniforme sur l'ensemble des secteurs d'activité. Ces politiques n'ont pas pris en considération les besoins spécifiques des dynamiques de diversification et la nécessité d'introduire un certain niveau de compétition et de concurrence afin d'encourager les investissements et l'amélioration de la compétitivité des entreprises locales. Ainsi, l'ensemble de ces facteurs macroéconomiques et structurels ont été à l'origine de l'échec des stratégies de diversification et de l'éclatement de la crise de la dette.

La crise de la dette a mis fin, dès le début des années 80, aux stratégies d'import-substitution et s'est traduite par une réorientation des choix et des stratégies de développement dans les pays africains. En effet, les programmes d'ajustement mis en place durant cette décennie avaient mis l'accent sur la stabilisation macroéconomique afin de rétablir les grands équilibres. Du coup, les choix sectoriels et particulièrement le développement agricole et industriel ont été mis en sourdine. Il était alors attendu que la libéralisation et l'ouverture sur le secteur privé allaient dynamiser le développement, favoriser des dynamiques de croissance forte et couper court aux comportements rentiers des entreprises dans les années 70. Ainsi, la page de la diversification a été définitivement tournée et la stabilité macroéconomique est devenue le grand leitmotiv des années 80 et 90. Mais, en même temps, on pensait que les réformes mises en œuvre durant cette période, à travers le renforcement du rôle du marché dans la régulation économique et le retrait de l'État, allaient favoriser une accélération de la croissance et de l'investissement. En même temps, on avait misé sur la libéralisation du commerce extérieur et la promotion des activités exportatrices afin d'améliorer la compétitivité des économies africaines.

La crise des années 80 a entraîné un changement majeur dans les choix et les fondements des stratégies de développement. En effet, le modèle de la diversification qui était au cœur des stratégies des années 70 faisait l'hypothèse que le développement passait par un noircissement de la matrice des échanges intra-sectoriels. La densification de ces échanges exige d'importants efforts d'investissements afin d'assurer une plus grande complémentarité entre les différentes branches d'activité. Ces investissements ne devaient pas privilégier les critères de rentabilité et répondaient en priorité aux besoins de cohérence du tissu économique. Ce choix explique la prédominance des investissements publics dans les stratégies de diversification mises en œuvre dans la plupart des pays africains.

Or, l'essoufflement de ce modèle à la fin des années 70 s'est traduit par la marginalisation du paradigme de la diversification. En effet, plusieurs analyses avaient mis l'accent sur les conséquences des choix d'investissement effectués dans le cadre de ce paradigme, notamment leur inefficacité. Le thème de l'utilisation inefficiente des ressources rares dans les pays en développement est devenu familier dans les analyses sur les origines des crises. Cette inefficacité et la mauvaise utilisation des ressources s'expliquent, selon le consensus de Washington en vogue à l'époque, par un fort interventionnisme des pouvoirs publiques et le non respect des règles naturelles du marché dans l'allocation des ressources. Par ailleurs, d'autres mettaient l'accent sur les comportements rentiers qui se sont développés dans la plupart des pays africains du fait de la forte protection dont jouissaient les entreprises et qui n'encourageaient pas les investissements dans l'innovation pour améliorer la compétitivité des entreprises.

La crise du paradigme de la diversification au début des années 80 s'est traduite par le retour en force de la spécialisation internationale. Désormais, le développement des pays africains doit rompre avec la problématique de la cohérence du tissu productif national et s'inscrire dans une optique d'amélioration de l'insertion internationale. Cette nouvelle problématique passait par la libéralisation des échanges extérieurs afin de prévenir les comportements rentiers et encourager la concurrence au sein des économies nationales. Cette réorientation des choix de développement devait éliminer le biais anti-exportation qui était au centre des stratégies d'import-substitution et favoriser la promotion des activités exportatrices. Par ailleurs, cette nouvelle stratégie de développement exigeait un désengagement de l'État et un recours au libre fonctionnement des forces du marché dans la répartition des ressources rares. Ce changement de cap devait favoriser une allocation plus efficace des ressources. Ainsi, la crise des années 80 avait mis fin à l'espoir d'une diversification des structures productives des pays en développement et avait remis à l'ordre du jour le paradigme de la spécialisation selon les avantages comparatifs.

Or, après deux décennies de mise en œuvre des réformes, le bilan est loin d'être positif. En effet, le nouveau paradigme de développement et les nouvelles stratégies appliquées par les pays africains dans les années 80 et 90 n'ont pas été en mesure de tenir leurs promesses. La croissance a été tout au long des deux dernières décennies faibles et fragiles. Par ailleurs, la crise de la dette n'a pas cessé de s'amplifier. Mais, surtout la marginalisation des pays africains dans les relations internationales n'a cessé de s'approfondir et l'insertion rentière s'est affirmée de jour en jour. Cette situation économique s'est traduite par une forte paupérisation et un éclatement des conflits politiques et sociaux.

Dans ce contexte d'essoufflement des réformes économiques et de leur incapacité à aider l'Afrique à sortir de sa marginalisation, on assiste à un renouvellement du débat sur le développement économique. Différentes contributions ont cherché dans cette perspective à renouveler la réflexion sur les stratégies à mettre en œuvre afin de sortir de l'impasse actuelle. Ce renouveau a touché plusieurs domaines dont la réflexion sur le commerce et le développement. À ce niveau, plusieurs auteurs ont mis en exergue la faible contribution du commerce dans le développement des économies africaines. Le renouveau des politiques commerciales a été à l'origine d'un retour de la question de la diversification dans le débat économique ces dernières années. Plusieurs auteurs mettent de plus en plus l'accent sur cette question et la nécessité de réorienter les politiques commerciales et industrielles afin de favoriser une plus grande diversification des économies en développement [51].

[51] Voir notamment J.-C. Berthélemy, « Commerce international et diversification économique », à paraître dans la *Revue d'économie politique*.

Le renouvellement du débat sur la diversification s'est orientée dans deux directions. La première cherchait à inscrire ce renouveau dans la tradition historique de l'économie du développement. Dans cette perspective, la nouvelle réflexion sur la diversification s'est inscrite dans la continuité des travaux apparus dans les années 30 qui mettaient l'accent sur cette question afin de faire face aux aléas de la conjoncture, et plus particulièrement sur la chute des cours de matières premières comme le café pour les pays d'Amérique latine. Ces prémices sur la diversification ont été renforcés plus tard par les travaux de Rosenstein-Rodan et ceux de Léontief qui avaient dévellopé sur les notions d'effets d'entraînement et de densification des matrices intersectorielles [52]. Ces travaux ont constitué le point de départ à la réflexion théorique sur la diversification des économies en développement. Cette diversification devait se traduire par le noircissement de la matrice intra-sectorielle suite au développement des échanges entre les différents secteurs de l'économie du fait de leur plus grande complémentarité. Dans cette perspective, les différents auteurs ont cherché à identifier les activités industrielles qui ont un rôle moteur dans la multiplication des échanges internes. Cette réflexion sur les effets d'entraînement et les industries motrices occupera une place de choix dans la réflexion sur les pays en développement depuis la fin de la seconde guerre mondiale jusqu'au milieu des années 70 [53]. Les travaux sur la diversification ont également montré qu'elle joue un rôle essentiel dans la maîtrise des aléas de la conjoncture et particulièrement des fluctuations des cours de matières premières pour les pays en développement [54]. Ainsi, la première préoccupation du renouvellement récent des travaux sur la diversification a été de retrouver les premiers travaux et de rappeler la continuité historique dans cette réflexion.

[52] Voir W. Leontief, *Input-Output Economics*, 2nd Edition, Oxford, Oxford University Press, 1986 ; P. N. Rosenstein-Rodan, « Problems of Industrialization of Eastern and South-Eastern Europe », in *Economic Journal*, vol. 33, p. 202-211, 1943.

[53] Voir à ce propos les travaux de F. Perroux et de G. D. De Bernis.

[54] Voir à titre d'exemple B. F. Massel, « Export Instability and Economic Structure », in *American Economic Review*, vol. 60, n° 4, p. 618-630, 1970.

La seconde direction prise par ce renouvellement théorique concerne la détermination des conditions de la réussite de la diversification des structures productives des économies. De ce point de vue, les nouvelles recherches dispose d'un avantage incontestable par rapport aux travaux menées dans les années 60 et 70 dans la mesure où les expériences différenciées des pays en développement durant les trois dernières décennies constituent un important champ de recherche et de réflexion. En effet, la nouvelle génération de recherche s'est attelée à tirer les leçons des expériences historiques de développement dans les différentes sous-régions afin d'enrichir la réflexion sur les conditions ainsi que les politiques menant à une diversification réussie. À ce niveau, il faut noter les travaux d'Imbs et Wacziarg qui ont montré que la diversification avait une relation en U inversé avec le niveau de développement [55]. Ainsi, la diversification augmente avec le développement économique, mesuré par le revenu par habitant, puis décroît avec un point de retournement se situant autour de 9000$ par habitant. Mais, cette étude a surtout mis l'accent sur les aspects macroéconomiques. D'autres recherches ont mis en exergue des déterminants de la diversification dont la croissance, l'investissement, les nouvelles technologies, la productivité des facteurs ainsi que les exportations sur les marchés mondiaux [56].

Le premier déterminant de la diversification est l'investissement qui contribue fortement aux dynamiques de la croissance et surtout à l'accroissement de la productivité des nouveaux secteurs économiques. De ce point de vue l'expérience historique des pays en développement a montré que la hausse des investissements s'est toujours traduite par une diversification poussée de l'appareil productif. Ainsi, les décennies 70 et 80 ont été caractérisée par une augmentation du taux d'investissement dans la plupart des

[55] J. Imbs et R. Wacziarg, « Stages of Diversification », in *American Economic Review*, vol. 93, n° 1, p. 63-86, 2003.

[56] Voir notamment : R. C. Feenstra, « Testing Endogenous Growth in South Korea and Taiwan », in *Journal of development economics*, vol. 60, p. 317-341, 1999 ; J.-C. Berthelémy et L. Söderling, « The Role of Capital Accumulation, Adjustment and Structural Change for Economic Take-Off: Empirical Evidence from African Economic Growth Episodes », in *World development*, vol. 29, n° 2, p. 323-343, 2001 ; F. Al-Marhubi, « Export Diversification and Growth: an Empirical Investigation », in *Applied Economic Letters*, vol. 7, p. 559-562, 2000.

régions du monde entraînant dans leur sillage une plus grande diversification des économies nationales. Or, le début des années 80 a été caractérisé par une chute rapide des taux d'investissements qui sont passés de 24,6 % à 17,2 % pour l'Afrique et de 26 % à 20 % pour l'Amérique latine entre 1975 et 2000. Pour la même période, les taux d'investissement de l'Asie et de la Chine n'ont cessé d'augmenter passant respectivement de 22,7 % à 29,5 % et de 21,2 % à 27 % [57]. Cette dynamique des investissements a joué un rôle majeur dans le processus de diversification des différentes sous-régions. En effet, au moment où les pays asiatiques ont poursuivi leurs efforts d'accumulation, en dépit de la crise de 1997, et ont pu accroître leur compétitivité et améliorer leur insertion internationale, les pays africains et latino-américains n'ont pas été en mesure de continuer leurs efforts d'investissement accentuant ainsi leur marginalisation dans l'économie internationale.

Parallèlement aux investissements, les travaux sur la diversification ont mis en exergue la place et le rôle des politiques industrielles. L'intérêt récent accordé au développement industriel constitue un renouvellement majeur dans la réflexion et rompt avec le consensus de Washington qui a mis l'accent sur la stabilisation macroéconomique aux dépens des politiques sectorielles. Il ne fait plus aucun doute aujourd'hui que l'industrialisation doit être au centre des nouvelles stratégies de diversification afin d'améliorer l'insertion internationale des pays en développement. De ce point de vue, l'expérience historique a montré le rôle de ce secteur dans les dynamiques de croissance et dans l'amélioration de la compétitivité des économies nationales. En effet, les régions les plus dynamiques dans le commerce international sont celles où la part de l'industrie dans le PIB n'a cessé d'augmenter depuis le début des années 70. Ainsi, cette part est passée de 14,6 % à 27 % et de 13,8 % à 15,7 % respectivement pour l'Asie de l'Est et l'Asie du Sud entre 1960 et 2000. Mais, l'évolution la plus spectaculaire est certainement celle de la Chine où la part de l'industrie est passée de 23,7 % à 34,5 % dans le PIB durant la même période [58]. Il faut noter également les performances des économies

[57] Voir UNCTAD, *Trade and Development Report 2003*, Geneva, United Nations, 2003.

[58] UNCTAD, *op. cit.*, 2003.

émergentes de la première génération où la part de l'industrie dans le PIB a fortement augmenté entre 1960 et 1980 en passant de 16,3 à 29,6 % du total avant de régresser par la suite et retomber à 26 %. Cette évolution ne correspond nullement à une désindustrialisation de ces pays mais concorde avec l'évolution structurelle de l'économie où la croissance de la productivité dans ce secteur lui permet de répondre à la demande croissante sans créer de nouveaux emplois. La demande additionnelle d'emplois est alors transférée dans le secteur des services qui obéit encore à une dynamique extensive et a besoin d'emplois pour augmenter sa productivité.

La situation des pays africains, même si elle obéit à la même dynamique, s'explique par des logiques différentes. En effet, la part du secteur manufacturier en Afrique subsaharienne a progressé en passant de 15,3 à 17,4 % du total entre 1960 et 1980. Cependant, l'essoufflement des stratégies d'import-substitution et les réformes mises en œuvre se sont traduites par un rétrécissement du secteur manufacturier dont la part est retombée à 14,9 % du PIB en 2000. Mais, c'est probablement l'Amérique latine qui a connu l'évolution la plus spectaculaire dans la mesure où la part du secteur manufacturier a baissé de 10 points en passant de 28,1 % à 17,3 % entre 1960 et 2000 dans le PIB. Cette chute de la part du secteur manufacturier trouve son explication dans la désindustrialisation que connaissent ces régions et dans le rétrécissement de ce secteur.

Ainsi, il apparaît clairement que le développement industriel joue un rôle majeur dans la diversification des économies des pays en développement et dans l'amélioration de leur compétitivité internationale. Les différentes études ont montré que d'autres facteurs contribuent à la densification du tissu économique dont les nouvelles technologies et l'ouverture sur les marchés extérieurs. Ces différents travaux ainsi que l'expérience historique nous permettent de mettre en exergue l'enchaînement à l'origine de la diversification et de l'amélioration de la compétitivité internationale. En effet, les pays qui ont réussi à améliorer leur positionnement sont ceux qui ont maintenu durant les trois dernières décennies un rythme d'investissement élevé particulièrement dans le secteur industriel. Cet investissement leur a permis d'accéder aux nouvelles technologies et d'améliorer la productivité et la compétitivité de leurs économies. Ces enchaînements ont permis à ces pays d'accroître leurs exportations et d'améliorer leur insertion internationale.

Les pays africains font partie des régions qui n'ont pas été en mesure de s'inscrire dans ce cercle vertueux de la croissance et de la diversification. En effet, après deux décennies de croissance des investissements et d'augmentation de la part du secteur manufacturier dans le produit, la crise des années 80 avait remis en cause cette dynamique, ce qui s'est traduit par une marginalisation croissante des pays africains dans les échanges mondiaux. Ces expériences de diversification ont été limitées par l'étroitesse des marchés nationaux mais aussi par les faibles progrès réalisées en matière d'intégration régionale.

VII. Faibles progrès dans l'intégration et marginalisation de l'Afrique

La question de l'intégration régionale suscite en Afrique un intérêt de plus en plus important ces dernières années. À ce niveau, il faut mentionner qu'elle a été un élément essentiel des stratégies de développement des années 70. En effet, les pays africains étaient persuadés que le renforcement de la coopération régionale était un complément nécessaire aux processus de croissance au niveau national. Cette conviction était à l'origine de la création et du développement de la plupart des communautés économiques régionales sur le continent et les efforts développés durant les années 60 et 70 en matière de libéralisation des échanges et de renforcement de la coopération régionale [59]. Or, ces efforts ont été mis en veilleuse dans les années 80 avec la crise économique. En effet, durant cette période l'essentiel de l'effort de développement a porté sur la mise en œuvre des réformes économiques et la stabilisation macroéconomique. La coopération régionale est passée à la trappe et l'attention s'est portée sur la dimension nationale. De fait, les différentes communautés économiques régionales ont été mises en veilleuse et les projets de coopération ont été gelés.

[59] Voir sur les questions d'intégration régionale l'important rapport publié par la Commission économique des Nations unies pour l'Afrique : CEA, *L'état de l'intégration régionale en Afrique*, Addis-Ababa, CEA, 2003.

Or, les efforts de coopération et d'intégration vont connaître une renaissance dès le milieu des années 90. En effet, cette période correspond au niveau institutionnel à une relance des secrétariats des communautés économiques régionales qui étaient jusque-là moribonds. Par ailleurs, de nouvelles communautés ont été lancées afin de renforcer les liens de coopération entre pays au niveau régional. Ces différentes entités se sont lancés dans des programmes ambitieux de libéralisation des échanges au niveau régional et de meilleure coordination de leurs politiques économiques. Au niveau continental cette question est revenue au centre des préoccupations des pays africains et le NEPAD a fait de l'intégration régionale une de ses plus importantes priorités.

Ainsi, on assiste à un retour en force de l'idée d'intégration sur le continent. Ce renouveau s'explique également par le rôle qu'elle peut jouer dans l'amélioration de l'insertion internationale des pays africains et le renforcement de leur compétitivité. À ce niveau, les nouvelles théories de la croissance mettent l'accent sur les rendements d'échelle et les effets de taille qui jouent un rôle majeur dans la croissance et la dynamique économique. Or, les marchés africains ont une taille relativement réduite et ne peuvent permettre aux entreprises de tirer profit des rendements croissants. En même temps, l'étroitesse des marchés n'a pas encouragé les investissements internes comme les investissements étrangers. Ainsi, la libéralisation des échanges et le renforcement de l'intégration régionale peuvent aider les pays africains à augmenter la taille de leurs marchés et favoriser par conséquent une reprise forte des investissements. L'intégration régionale pourrait de ce point de vue contribuer à un renforcement de la compétitivité des économies africaines et à l'amélioration de leur insertion internationale.

Or en dépit de cet intérêt croissant, les résultats de l'intégration régionale et plus particulièrement du commerce intra-régional ont été faibles et en dessous des attentes. Certes, le commerce régional a progressé durant les dernières années en passant en moyenne de 7,5 % à un peu plus de 10 % du total du commerce extérieur du continent en 2000 [60].

[60] Voir CEA, *op. cit.*, 2003.

Cependant, ce niveau reste très faible et les pays africains doivent plus que doubler le niveau actuel de leurs échanges afin que le commerce intra-africain atteigne le même niveau que dans les autres régions. Mais, cette vue d'ensemble cache des disparités entre les régions du continent. Ainsi, les pays de la SADC ont atteint des niveaux d'échanges intra-régionaux plus importants se situant autour de 30 % du total. Ce niveau s'explique par le rôle dynamique joué par l'Afrique du Sud en tant que pôle de croissance et d'échange dans cette sous-région. Il faut également mentionner les performances réalisées par les pays de la CEDEAO où le niveau de commerce intra-régional avait atteint en 2000 près de 20 % du commerce total de la sous-région. Cependant, toutes les autres communautés ont des niveaux d'échanges réduits.

La faiblesse des échanges intra-communautaires s'explique par plusieurs raisons. La première est probablement liée à la lenteur de la mise en œuvre des accords de libéralisation des échanges. En effet, en dépit de la signature d'un certain nombre d'accords de libre-échange ou d'union douanière, leur application rencontre parfois des difficultés du fait des inquiétudes des pays devant la perte des recettes suite au démantèlement des tarifs douaniers. Par ailleurs, certains pays sont préoccupés par la concurrence que peuvent leur imposer leurs voisins qui ont des niveaux de développement plus élevés.

Parallèlement à la libéralisation des tarifs, il faut également mentionner les barrières non-tarifaires dont les procédures administratives, les formalités douanières complexes, les postes de contrôle et les différents barrages routiers. Ces échanges sont aussi limités par les différences dans les règles d'origine établies par les différents pays africains. Ces règles prennent en considération la part du capital local, les intrants importés utilisés et la part de la valeur ajoutée locale dans la valeur totale du produit. À ce niveau, on enregistre encore des différences entre les différents regroupements sous-régionaux. À titre d'exemple, on peut mentionner que les règles d'origine de la CEDEAO intègrent 51 % pour le capital local, 40 % de matières premières communautaires et 35 % de la valeur du produit. En même temps, les pays de l'UEMOA qui sont tous membres de la CEDEAO ont défini d'autres critères qui ont amené les deux communautés à harmoniser ces règles. Mais, d'une manière générale les règles d'origine continuent à être différentes ce qui ne facilite pas les échanges au sein des différentes communautés.

La coopération et les échanges intra-régionaux connaissent également des difficultés du fait des faibles progrès en vue de l'établissement des unions douanières dans les différentes régions. En effet, la lenteur dans la mise en œuvre des tarifs extérieurs communs n'encouragent pas les investisseurs étrangers à adopter des stratégies de développement sous-régionales qui pourraient encourager le commerce intra-régional [61].

Parallèlement à ces aspects liés aux échanges et à l'évolution de la coopération commerciale entre les différents pays, il faut mettre l'accent dans l'explication de la faiblesse des échanges intra-régionaux sur le peu de complémentarité entre les appareils productifs des différents pays africains. À ce niveau, l'intensité des échanges intra-régionaux est fortement liée à l'existence d'une économie avec un niveau de diversification plus élevé au niveau régional comme c'est le cas des pays de la SADC avec l'Afrique du Sud ou la communauté des pays de l'Afrique de l'Est avec le Kenya. Mais, d'une manière générale la faible diversification des économies s'est traduite par un renforcement des relations verticales avec les anciennes métropoles coloniales. Les pays africains continuaient à exporter les produits de base et à importer les produits manufacturés. À ce niveau, l'échec des stratégies de modernisation a renforcé les relations verticales avec les pays développés et l'insertion rentière des pays africains dans l'économie internationale aux dépens des relations intra-africaines.

Ainsi, le faible développement de la coopération et des échanges intra-régionaux en Afrique ont contribué à la marginalisation du continent dans les échanges mondiaux dans la mesure où il n'a pas permis une plus grande ouverture des marchés. Ainsi, les pays africains n'ont pas pu tirer profit des rendements d'échelle et des effets de taille pour améliorer leur compétitivité et par conséquent leur insertion internationale. Plusieurs raisons expliquent cette faiblesse des échanges dont la faible complémentarité des appareils productifs, la lenteur dans la mise en œuvre des schémas de libé-

[61] Voir sur les questions du commerce intra-régional les travaux de Mahamat Abdoulahi dont : M. Abdoulahi, « Le processus de création du marché commun africain : une vue d'ensemble », in *ATPC Work in Progress*, Addis-Ababa, Commission économique des Nations unies pour l'Afrique, 2004 ; M. Abdoulahi, *Évaluation des efforts d'intégration régionale en Afrique en vue de promouvoir le commerce intra-africain*, Addis-Ababa, Commission économique des Nations unies pour l'Afrique, 2005.

ralisation, les divergences dans les règles d'origine et les difficultés dans la mise en place des unions douanières et dans le renforcement de la coopération régionale. Mais, il y a aussi la question de la facilitation du commerce qui a joué un rôle important dans la limitation de la participation des pays africains dans le commerce international et dans le commerce intra-régional.

VII. La facilitation du commerce et la marginalisation de l'Afrique

La question de la facilitation du commerce constitue depuis quelques années un important sujet de préoccupation pour les pays africains dans la mesure où elle a constitué un frein majeur dans leurs performances dans le domaine des exportations [62]. Cette question est redevenue au centre de l'intérêt de ces pays aussi du fait de la décision de l'OMC d'en faire la seule question de Singapour qui fera partie du programme des négociations du Doha Round.

La définition de la facilitation du commerce fait l'objet d'importantes controverses depuis quelques années. Dans sa version restreinte, elle concerne les problèmes liés au déplacement, de manière efficiente, des produits à travers les ports ou les frontières. Des travaux récents ont cherché à élargir cette définition en y incluant l'environnement en général des transactions commerciales dont la transparence et le professionnalisme des agents de douane ainsi que l'harmonisation des règles et des procédures locales avec les normes internationales. Ainsi, la facilitation du commerce ne se limite pas aux questions du commerce ou aux problèmes douaniers, mais intègre une vision plus large de l'environnement interne liée aux activités de commerce et de négoce international, qui pèsent depuis de longues années sur la compétitivité des économies africaines.

62 Voir sur la question de la facilitation du commerce : R. Lisinge, « Trade Facilitation to Integrate Africa Into the World Economy »,in *ATPC Work in Progress*, Economic Commission for Africa, Addis-Ababa, 2004 ; R. Lisinge, « Facilitating Intra-African Trade- Dismantling the Barriers to Intra-African Trade », in *ATPC Work in Progress*, Addis-Ababa, Economic Commission for Africa, 2005.

La première question liée à la facilitation du commerce est probablement celle des coûts du transport. D'importants travaux ont montré que ces coûts sont en général plus importants en Afrique que dans les autres pays en développement. En effet, en moyenne les coûts de transport sur le continent sont de 14 % de la valeur des exportations contre 8,6 % dans les autres pays en développement [63]. Certains pays africains ont des coûts encore plus importants que cette moyenne dont le Malawi (56 %), la Tchad (52 %) et le Rwanda (48 %). Ainsi, il apparaît clairement que les coûts du transport en Afrique sont les plus élevés au monde et pèsent lourdement sur la compétitivité des économies africaines. En effet, beaucoup de travaux ont montré l'important effet des coûts du transport sur le commerce. Limao et Venables estiment qu'un accroissement de 10 % dans les coûts du transport se traduit par une réduction du volume du commerce de 20 % [64].

La hausse des coûts de transport trouve son explication dans la faiblesse des infrastructures de transport et la lenteur des opérations dans ce domaine. Différentes études ont montré le caractère déplorable des infrastructures de transport sur le continent. Ainsi, les routes sont longues de 2 064 613 km parmi lesquelles moins de 30 % sont goudronnées. Mais, une grande partie de ces routes goudronnées sont dans un mauvais état. Différentes études ont montré que la mauvaise qualité des routes entraîne une augmentation des coûts du transport. Parallèlement à la qualité des infrastructures, il faut mentionner d'autres éléments qui ont un effet sur les coûts dont les prix élevés des véhicules, la faiblesse de l'information sur le marché, la déficience des travaux de maintenance ainsi que les points de contrôle qui se traduisent par des paiements importants.

Parallèlement aux coûts du transport, la facilitation du commerce concerne également les démarches administratives auprès des autorités douanières. Cette question soulève d'importantes difficultés dans les pays africains. La première difficulté est liée au caractère excessif des documents exigés par les différents services douaniers. Ainsi, la CNUCED avait estimé

63 Voir CEA, *op. cit.*, 2004.

64 N. Limao et A. Venables, *Infrastructure, Geographical Disadvantage and Transport Costs*, Washington, World Bank, OIL, 2000.

qu'en moyenne chaque opération douanière exige 20 à 30 acteurs et services, 40 documents, 200 éléments d'informations. L'ampleur de la documentation à fournir est alourdie par l'automatisation insuffisante des opérations douanières, l'absence de transparence dans l'application des règles, la faiblesse de la coordination avec les autres services administratifs et l'insécurité qui règne dans les ports et les aéroports. La complexité et la lenteur des procédures douanières font que les délais en Afrique sont les plus longs au monde avec en moyenne 12 jours en Afrique au Sud du Sahara, 7 jours en Amérique latine, 5,5 jours en Asie de l'Est et du centre et 4 jours en Europe de l'Est et du centre. Il faut noter à ce niveau qu'une journée représente près de 0,5 % du total des exportations.

Le troisième niveau de la facilitation du commerce est lié au retard de l'Afrique dans l'utilisation des nouvelles technologies de l'information. En effet, les services de télécommunications sont peu développés, inefficaces et excessivement chers. Ces coûts ont une influence sur la compétitivité des économies africaines. Il faut également rajouter à la facilitation du commerce les questions liées aux mécanismes de paiement internationaux, aux problèmes d'assurance et aux garanties douanières. Pour les paiements internationaux, les travaux de la CEA ont montré que le crédit documentaire est le système de paiement le plus utilisé en Afrique. Ce système est basé sur la liaison étroite entre la procédure de paiement et celle de la livraison de la marchandise. Mais, ce système est relativement complexe dans la mesure où il suppose un mouvement physique de différents documents entre des systèmes bancaires de différents pays. Les activités d'exportation exigent également des systèmes d'assurances relativement développés qui permettent de garantir les entreprises exportatrices contre tous les risques. Or, ces systèmes sont relativement peu développés en Afrique. Une autre question essentielle dans les activités d'import-export sur le continent concerne le problème de la garantie lors des opérations de transit auprès des administrations douanières. Les exportateurs africains sont également confrontés au risque de change et les systèmes financiers locaux sont très peu outillés pour aider les entreprises locales à faire face à ce risque. Enfin, il faut mentionner le renforcement depuis quelques années des règles et des normes internationales particulièrement dans les pays développés pour les domaines de la santé ou de l'environnement avant de permettre aux importations d'accéder à leurs marchés. Ces standards ont empêché les pays africains de tirer profit des schémas préférentiels qui leur ont été accordés par les différents pays développés.

Ainsi, la question de la facilitation du commerce joue un rôle majeur dans la faiblesse de la capacité d'exportation des pays africains et dans la réduction de la compétitivité de ces économies. La plupart des pays africains ont entrepris depuis quelques années d'importantes réformes afin de moderniser et d'améliorer l'efficacité de leurs systèmes. Or, la mise en œuvre de ces réformes exige la mobilisation d'importants investissements. La capacité des pays africains à les mobiliser demeure une question essentielle dans la perspective de l'amélioration de l'insertion internationale de ces pays.

Dans ce chapitre nous avons cherché à mieux comprendre la place de l'Afrique dans le commerce international. Une analyse factuelle nous a permis de mettre en perspective la tendance historique à la marginalisation des pays africains dans le commerce international durant les quarante dernières années et un enfermement du continent dans une logique rentière. Nous avons cherché à comprendre cette dynamique et à lui apporter quelques éléments d'explication. À ce niveau, nous avons démontré qu'une partie de l'explication de cette tendance se trouve dans la nouvelle structure du commerce international avec l'émergence de nouveaux produits dynamiques et de nouvelles régions de concentration des échanges. L'Afrique se trouve à la marge de ces produits et de ces nouvelles régions. Mais, une partie de l'explication est d'ordre interne et se situe dans l'échec des expériences de diversification des structures productives dans le continent, ainsi que par la faiblesse des efforts d'intégration régionale et des infrastructures de facilitation du commerce. Ainsi, le véritable enjeu du développement de l'Afrique pour les prochaines années passe par une relance du processus de diversification afin que le continent puisse intégrer le cercle réduit des régions dynamiques dans le commerce mondial et améliorer sa compétitivité. Mais, cet effort passe également par un renforcement de l'intégration régionale et une amélioration des infrastructures de facilitation du commerce.

PARTIE II

L'AFRIQUE ET LE COMMERCE : LE POURQUOI D'UNE MARGINALISATION

INTRODUCTION

La première partie de cet ouvrage nous a permis de mettre en perspective la place de l'Afrique dans la globalisation, et en particulier dans les échanges mondiaux. Nous avons pu alors nous rendre compte d'une tendance lourde à la marginalisation des pays africains dans l'économie internationale. Par ailleurs, nous avons pu également voir que l'Afrique n'a pas pu tirer pleinement profit des préférences et des avantages qui lui ont été accordés pour améliorer sa place dans les échanges mondiaux et sa compétitivité. La question qui se pose alors est de comprendre les raisons profondes de cette tendance à la marginalisation de l'Afrique dans la globalisation, et en particulier dans le commerce international ? Quels sont les facteurs qui sont à l'origine de cette tendance lourde ? L'objectif de cette partie est d'apporter des éléments d'explication à cette situation et à cette singularité africaine afin de pouvoir esquisser quelques pistes de réponse dans la troisième partie de cet ouvrage.

À ce niveau, il faut noter qu'une explication courante dans le milieu des négociateurs internationaux africains est de renvoyer la responsabilité sur un système multilatéral peu équitable et peu ouvert aux intérêts et aux préoccupations des pays africains. Certes, cet aspect n'est pas négligeable et joue un rôle important dans l'explication des échecs africains et de leur marginalisation dans les courants d'échanges mondiaux. Il faut rappeler à ce niveau, les pics tarifaires appliqués par les pays développés sur les exportations intensives en main d'œuvre provenant des pays africains et des pays en développement en général. Il faut également mentionner la question de la progressivité des droits de douane sur les produits manufacturés et qui n'encourage pas les pays africains à opérer localement les premières transformations des matières premières. Enfin, les multiples barrières non tarifaires continuent à peser sur les pays africains et à réduire l'usage qu'ils peuvent faire des préférences qui leur sont accordés par les pays développés.

Cependant, aussi important soit-il, le facteur international n'est pas la seule explication des échecs africains. Il est de ce point de vue nécessaire d'expliquer également ces limites par les facteurs internes et par la faillite des expériences de développement en Afrique depuis la fin des années 70. En effet, il faut rappeler qu'un grand nombre de pays africains ont essayé dès les premières années des indépendances de mettre en œuvre des stratégies de diversification de leurs économies afin d'échapper à l'insertion rentière héritée de la période coloniale. Or, ces stratégies n'ont pas porté leurs fruits, et nos économies continuent à subir une insertion rentière et sont encore fortement dépendantes des cours de matières premières.

Notre hypothèse dans cette seconde partie de notre réflexion est de considérer que les échecs africains trouvent leur explication dans cette interaction entre les facteurs internes et externes. En effet, dans le troisième chapitre de cet essai nous mettrons l'accent sur les politiques commerciales mises en œuvre par les pays africains au niveau national qui n'ont pas contribué au processus de développement et de diversification des structures économiques de nos pays. Dans ce chapitre, l'analyse comparative que nous mènerons entre l'Afrique et l'Asie nous permettra de mettre en valeur le caractère peu dynamique et relativement statique des politiques commerciales sur le continent africain, et explique en partie leur contribution limitée dans la construction de la compétitivité des économies africaines. Le quatrième chapitre s'attaque alors aux conditions internationales et met en valeur les difficultés rencontrées par les pays africains sur les marchés internationaux qui pèsent de tout leur poids sur les stratégies de développement et de diversification menées par les pays africains. Ainsi, ces deux chapitres nous permettront de saisir cette forte corrélation entre les facteurs internes et les conditions internationales qui sont à l'origine de la marginalisation croissante des pays africains dans les courants des échanges internationaux.

CHAPITRE 3
DES POLITIQUES COMMERCIALES PEU DYNAMIQUES

I. Introduction

L'objectif de ce chapitre est de réfléchir sur la place des politiques commerciales dans les stratégies de développement en Afrique. Il s'agit pour nous de comprendre les raisons de l'échec de ces politiques dans leur contribution à l'émergence d'économies africaines dynamiques et compétitives. Cette réflexion est menée dans le contexte du débat et de la controverse sur l'impact des politiques de libéralisation commerciale sur les pays en développement. Vue d'Afrique, ces politiques ont eu un rôle relativement limité et la marginalisation de l'Afrique s'est poursuivie dans la globalisation et en particulier dans les échanges mondiaux. Mais, dans ce chapitre nous avons remonté plus loin et notre réflexion sur les politiques commerciales en Afrique a commencé au début des années 70. Cette réflexion qui va des premières années des indépendances jusqu'à nos jours nous a donné l'occasion de mettre en valeur les principales caractéristiques de ces politiques, et particulièrement leur caractère statique qui ne leur a pas permis de jouer un rôle dynamique dans la construction de la compétitivité des économies africaines. Cette hypothèse a été confirmée par l'analyse comparative que nous avons menée dans ce chapitre entre les expériences asiatiques et africaines. Cette analyse croisée nous a permis de mettre valeur le rôle joué par les politiques commerciales dans les réussites asiatiques et dans les échecs africains. La question essentielle alors n'est pas le choix de politiques libérale ou interventionniste en matière de commerce mais plutôt le caractère dynamique de ces politiques et leur capacité à s'adapter et à évoluer afin de répondre aux besoins des trajectoires fragiles et changeantes des dynamiques de croissance.

Jusqu'à une date récente la relation entre la libéralisation commerciale, la croissance et le développement ne faisait pas l'ombre d'un doute. Un large consensus existait au sein de la littérature sur le développement sur les effets positifs de la libéralisation commerciale sur la croissance et le développement économique. L'ouverture sur l'extérieur devait assurer une meilleure allocation des ressources et favoriser une orientation des investissements vers les secteurs exportateurs jusque-là défavorisés par les stratégies de développement centrées sur le marché interne. Ces stratégies avaient été longtemps à l'origine d'importantes distorsions dans le fonctionnement des lois du marché dans les pays en développement et les protections mises en œuvre depuis les années 60 se sont traduites par une mauvaise allocation des ressources rares et de la faiblesse de la croissance et de la productivité dans ces économies. Par conséquent, l'ouverture commerciale devait corriger ses distorsions, et favoriser une allocation optimale des ressources et des investissements dans les pays en développement. Cette option se traduirait par une relance des dynamiques de croissance et aider à une insertion plus compétitive des économies en développement dans la globalisation.

Cette unanimité sur les effets bénéfiques de la libéralisation commerciale sur la croissance et le développement remonte aux débuts des années 80 et à l'émergence du consensus de Washington. Ce consensus constituait une réponse à la crise économique que traversaient à l'époque la plupart des pays en développement et à l'éclatement de la crise de la dette. Le modèle de développement adopté par les pays en développement depuis les années 60, caractérisé par une forte intervention de l'État et une préférence accordée aux investissements liés au marché interne, avait atteint ses limites historiques. Faiblesse de la croissance, inefficacité des entreprises publiques, faiblesse des rendements et de la productivité des investissements et éclatement de l'endettement interne et externe étaient alors les principales manifestations de l'impasse des stratégies de développement appliquées dans une grande partie du monde en développement. Le consensus de Washington cherchait à répondre à cette crise et à aider les pays en développement à résoudre la crise de la dette et à retrouver les sentiers d'une croissance forte et dynamique. Les programmes d'ajustement structurel (PAS) inspirés par le consensus de Washington, et appliqués avec l'appui des institutions de Bretton Woods, devaient aider ces pays à rétablir les grands équilibres macroéconomiques et à opérer les réformes de structure nécessaires afin de réduire les distorsions et les rentes, qui se sont constituées tout au long de l'histoire récente du processus de développement économique [65].

Ces réformes se sont données deux grandes priorités. La première réside dans un effort important de stabilisation macroéconomique à travers une forte réduction de la demande publique et privée. Par ailleurs, cet effort de réformes s'est tourné vers les structures économiques à travers une réduction importante de l'interventionnisme étatique afin de faire du libre jeu de l'offre et de la demande, le principal moyen de formation des prix sur les différents marchés. Ces réformes cherchaient à rompre avec la logique autocentrée qui a dominé les stratégies de développement, et à favoriser une plus grande ouverture des économies sur les marchés extérieurs. Dans cette perspective, les réformes de structure vont privilégier une action sur l'offre, et résorber les déséquilibres sectoriels pour relancer la production des biens exportables, afin de rétablir à long terme l'équilibre de la balance des paiements. Le choix de la libéralisation des échanges extérieurs faisait donc partie d'un large mouvement de réformes visant le rétablissement des grands équilibres macroéconomiques, la relance de la croissance et l'amélioration de l'insertion internationale des pays en développement.

[65] Voir John Willamson, « What Washington Means by Policy Reform », in John Willamson (editors), *Latin American Adjustment: How Much Has Happened?*, Washington, Institute for International Economics, 1990.

Or, le consensus de Washington a fait l'objet depuis quelques années d'importantes critiques. En effet, le bilan des réformes appliquées par les pays en développement est plus que mitigé [66]. Certes, certaines économies ont réussi à améliorer leurs déséquilibres internes et externes. Cependant, les dynamiques de croissance sont restées faibles et les réformes n'ont pas été en mesure d'initier de nouveaux modes de croissance pour faire face à l'essoufflement des stratégies d'import-substitution des années 70. Par ailleurs, la compétitivité des économies africaines reste faible et leur dépendance vis-à-vis des exportations traditionnelles est encore marquée. Le bilan social des programmes d'ajustement structurel (PAS) est encore plus faible. Le blocage des dynamiques de croissance a entraîné dans son sillage une baisse de création d'emplois. Ce ralentissement, associé à une forte croissance démographique, a provoqué une augmentation rapide du chômage. La baisse de la croissance, la diminution des dépenses sociales, l'accroissement du chômage, la chute des salaires réels et la déstructuration des mécanismes de solidarité mises en place par les États se sont traduits par une explosion sans précédent de la pauvreté à travers la planète. Ainsi, près du quart des populations des pays en développement vivent dans le dénuement total [67]. Dans ces pays, un tiers de la population, soit près de 1,3 milliard de personnes, doit se contenter d'un revenu inférieur à un dollar par jour. Mais, ce qui est encore plus important c'est le rythme de progression élevé de la pauvreté. Ainsi, entre 1987 et 1993, le nombre de personnes disposant d'un revenu inférieur à un dollar par jour a augmenté de 100 millions.

Ces résultats ont été à l'origine d'une remise en cause des fondements théoriques et des choix de développement du consensus de Washington [68]. Au niveau théorique, les travaux récents mettent l'accent sur les imperfections du marché et s'accordent à reconnaître la pluralité des formes de

[66] Le bilan des programmes d'ajustement a fait l'objet de beaucoup d'études et de travaux de recherche, voir notamment Lance Taylor, *Varieties of Stabilization Experiences. Towards Sensible Macroeconomics in the Third World*, Oxford, WIDER/Clarendon Press, 1991.

[67] Voir notamment PNUD, *Rapport sur le Développement Humain*, New York, PNUD, 1997.

[68] Voir notamment Joseph Stiglitz, *More Instruments and Broader Goals: Moving Toward the Post-Washington Consensus*, Helsinki, WIDER, 1998 ; Joseph Stiglitz, *Towards a New Paradigm for Development: Strategies, Policies and Processes*, Geneva, UNCTAD, 1998.

régulation sociale, et notamment le rôle des institutions et des conventions sociales dans la cohérence des choix individuels dans une économie décentralisée. Du point de vue des stratégies, la critique des PAS s'est accompagnée de l'émergence de nouvelles pratiques et de nouveaux choix de développement. Dès le milieu des années 80, l'UNICEF a mis en avant le concept d'ajustement à visage humain [69]. Par ailleurs, le PNUD a développé la notion de développement humain. La Conférence des Nations unies sur le développement et l'environnement tenue à Rio de Janeiro en 1992 a insisté sur les risques écologiques qui pèsent sur l'humanité, et a montré la nécessité de définir un développement durable pour assurer une croissance économique en harmonie avec l'environnement et permettre aux générations futures d'hériter d'une planète vivable. Ainsi, le développement social et l'environnement deviennent progressivement des préoccupations majeures des débats sur le développement. Ces nouvelles inquiétudes se traduiront par l'avènement d'un nouveau consensus sur le développement qui fera de la lutte contre la pauvreté, le principal objectif des stratégies de développement. Ce nouveau consensus sera renforcé par l'avènement de l'initiative PPTE qui tiendra l'élaboration d'une stratégie participative de lutte contre la pauvreté comme condition à une réduction de la dette pour les pays pauvres. Ce consensus sera entériné par le sommet du Millénium et l'adoption des Objectifs du Millénaire pour le développement. Désormais, la page du consensus de Washington, qui réduisait les stratégies de développement à la stabilisation macroéconomique est tournée, et les nouvelles options font de la lutte contre la pauvreté et de l'amélioration de la gouvernance des économies les fers de lance du développement économique.

Mais, en dépit de ces débats et des remises en cause des choix antérieurs, l'option de la libéralisation commerciale restait intacte. Le consensus sur les effets bénéfiques de l'ouverture des frontières sur la croissance et le développement continuait à dominer la littérature sur le développement économique. Plus particulièrement, la littérature sur le développement en Afrique est encore fortement marquée par l'hypothèse d'une corrélation automatique et positive entre l'ouverture commerciale et

[69] UNICEF, *Adjustment with a Human Face*, Oxford, Oxford University Press, 1987.

la croissance. Des travaux relativement récents sur les raisons de la faiblesse de la croissance des économies africaines au cours des années 90, en dépit des réformes, évoquent les contrôles excessifs sur les échanges extérieurs et le choix de stratégies de développement tournées vers le marché intérieur comme des facteurs explicatifs [70]. Les restrictions face au commerce international en Afrique, qu'elles soient directes par le biais des quotas et des barrières non tarifaires, des tarifs douaniers élevés, des taxes à l'exportation ou de manières indirectes, à travers notamment des politiques de change défavorables aux activités exportatrices, ont fait du continent une des régions les plus fermées à l'économie internationale. Par ailleurs, le décalage entre l'Afrique et le Moyen Orient, la deuxième région la plus restrictive en matière de commerce international, est plus large que celui entre le Moyen Orient et les régions les plus ouvertes comme l'Extrême Orient [71]. D'autres travaux ont cherché à mesurer l'impact de ce manque d'ouverture sur l'extérieur concernant les dynamiques de croissance en Afrique. Ainsi, les restrictions ont coûté à l'Afrique, selon Easterly et Levine, près de 0,4 % de croissance en moyenne par an [72]. Sachs et Warner avancent des estimations plus importantes et suggèrent que la faiblesse de l'ouverture des économies africaines sur l'extérieur s'est traduite par un manque à gagner annuel de croissance de 1,2 % [73]. Ainsi, un consensus fort est établi sur les effets négatifs de la faible ouverture des économies africaines sur les dynamiques de croissance, et par conséquent sur leur développement. De ce point de vue, il ne fait aucun doute qu'une plus grande ouverture sur les échanges extérieurs devait se traduire par une accélération de la croissance et du bien-être économique. Même si le consensus de Washington a commencé à être revisité, l'hypothèse de l'ouverture commerciale a longtemps échappé à la critique, et a continué à exercer une influence forte sur la réflexion et les pratiques de développement.

[70] Voir notamment Paul Collier et Jan Willem Gunning, « Explaining African Economic Performance », in *Journal of Economic Literature*, vol XXXVII, March 1999 ; Paul Collier et Jan Willem Gunning, « Why has Africa Grown Slowly », in *Journal of Economic Perspectives*, vol 13, n° 3, Summer 1999.

[71] David Dollar, « Outward-Oriented Development Economies Really do Grow More rapidly : Evidence from 95 LDCs 1976-85 », in *Economic development and Cultural Change*, n° 40, 1992.

[72] William Easterly et Levine Ross, « Africa's Growth Tragedy: Policies and Ethnic Divisions », in *Quarterly Journal of Ecoconmics*, 112, 4, 1997.

[73] Jeffrey Sachs et Andrew M. Warner, *Natural Resources and Economic Growth*, Development Discussion Paper 517 a, Cambridge, MA, Harvard Institute for International Development, 1995.

Ce n'est que récemment que le consensus sur la relation entre ouverture commerciale et croissance commence à faire l'objet d'importants débats et controverses dans le champ de l'économie du développement. Cette controverse fait suite à l'important article de Rodrik et Rodriguez [74] qui s'attaque aux principaux travaux qui stipulent l'existence d'une forte corrélation positive entre ouverture sur l'extérieur et croissance économique dans les pays en développement. Rodrik et Rodriguez suggèrent que les choix méthodologiques et les séries empiriques utilisées ont exercé une influence prépondérante sur la nature des résultats et particulièrement sur la conclusion d'une relation positive entre ouverture sur l'extérieur et croissance. Ils mettent l'accent sur les limites des méthodes utilisées par les différents auteurs et font l'hypothèse que cette relation n'est pas aussi évidente qu'on le croit durant les dernières années. Au contraire, Rodrik et Rodriguez affirment dans cette importante contribution qu'il est difficile d'affirmer que la libéralisation commerciale entraîne une accélération de la croissance et du développement. Cette contribution a été à l'origine d'une importante controverse dans la mesure où elle s'est attaquée à une question que chacun pensait définitivement réglée. Mais, elle a eu le mérite d'ouvrir le débat sur une des questions les plus importantes de la littérature économique.

En Afrique, la contribution de Rodrik et Rodriguez est venu conforter certaines inquiétudes de la part des décideurs sur l'impact des stratégies de libéralisation commerciale sur les économies du continent. Trois évolutions sont au cœur de ces appréhensions. La première préoccupation est liée à l'impact des réformes sur la compétitivité des économies du continent. À ce propos, force est de constater que la libéralisation commerciale ne s'est pas traduite par l'accélération de la croissance promise et l'amélioration de l'insertion internationale de l'Afrique. Au contraire, on a enregistré une nette marginalisation de l'Afrique dans le commerce international avec une réduction sensible de sa part dans les exportations mondiales passant de 4,1 à 1,6 % des exportations mondiales entre 1980 et 2000. Les importations du continent ont également connu

[74] Dani Rodrik et Francisco Rodriguez, *Trade Policy and Economic Growth : A Skeptic's Guide to the Cross-National Evidence*, Working Paper 7081, OIL, National Bureau of Economic Research, April 1999.

une importante baisse en passant de 3,2 à 1,3 % du total des importations mondiales durant la même période. La marginalisation de l'Afrique dans les échanges internationaux a également touché les courants de matières premières où l'Afrique s'est pourtant trouvée emprisonnée depuis le début des années 80. Ainsi, la part de l'Afrique dans les échanges internationaux de ses produits a fortement diminué, passant de 8 à 4,4 % entre 1980 et 2000 [75]. Ainsi, les réformes économiques et la libéralisation des échanges internationaux ne se sont pas traduites par une amélioration du positionnement international de l'Afrique, et n'ont pas été en mesure de faire face à la tendance de marginalisation croissante des économies africaines.

Un second motif d'inquiétude pour les décideurs africains est lié aux conséquences de la libéralisation commerciale sur les recettes fiscales des pays africains. Il faut rappeler que les recettes budgétaires des pays africains dépendent étroitement des recettes douanières. Entre 1999 et 2001, ces dernières ont représenté près de 34 % des recettes publiques dans les pays les moins avancés (PMA) d'Afrique, ce qui représente près de 19 points de plus que pour la moyenne des pays en développement. Pour le reste des pays africains n'appartenant pas au groupe des PMA, la part des taxes douanières dans les recettes publiques (22 %) est encore plus élevé que la moyenne des pays en développement (15 %). De ce point de vue, la libéralisation des échanges commerciaux devraient se traduire par un important manque à gagner pour les recettes fiscales et pourraient entraîner un accroissement des grands déséquilibres macroéconomiques.

Le troisième motif d'inquiétude en Afrique dans le contexte de libéralisation des échanges est lié au fait que les pays en développement continuent, en dépit de leurs engagements dans le cadre des négociations commerciales multilatérales, à défendre leurs produits sensibles et à protéger leurs marchés. Les pays développés apportent, en particulier, un appui important à leurs agricultures à travers les subventions à l'exportation, la protection des marchés et le soutien interne aux producteurs au moment où les pays en développement, et en particulier les pays africains, ont opéré dans le cadre des PAS d'importantes réductions à toute forme

[75] Voir Arvind Submaramanian et Natalia Tamirisia, *Is Africa Integrated in the Global Economy ?*, IMF Staff Papers, vol 50, n° 3, Washington, IMF, 2003.

d'appui à leur agriculture. Le secteur industriel n'échappe pas lui aussi à cet interventionnisme des pouvoirs publics dans les pays développés à travers notamment les crêtes tarifaires et la progressivité des droits de douanes qui sont surtout appliqués à des produits intensifs en main d'œuvre et exportés par les pays en développement. Ainsi, au moment où les pays en développement ont opéré d'importantes réformes afin d'assurer une plus grande ouverture de leurs économies, la question de l'accès aux marchés des pays développés pose encore d'importantes difficultés et constitue un sujet de préoccupation majeur pour les pays en développement, et notamment les pays africains, dans le cadre des négociations commerciales multilatérales.

Ainsi, les interrogations théoriques émanant des travaux de Rodrik et Rodriguez rejoignent les inquiétudes des décideurs en Afrique pour faire de la question de l'ouverture sur l'extérieur un motif de préoccupation majeur au cours des dernières années. Cette contribution s'inscrit dans ce débat et cherche à apporter à partir de l'expérience du développement en Afrique quelques éléments de réflexion sur les rapports entre libéralisation des échanges, croissance et développement. Certes, cette contribution n'a pas la prétention d'apporter une réponse définitive à un questionnement qui est au cœur de la réflexion économique depuis de longues années. Mais, il nous paraît important d'enrichir ce débat et de l'éclairer à la lumière de l'expérience récente du développement en Afrique. En effet, cette expérience est intéressante à plus d'un titre. D'abord, la plupart des pays africains ont expérimenté durant les années 60 et 70 des stratégies de développement centrées autour du développement du marché intérieur avec une politique commerciale assez restrictive. Ces choix ont été revus à partir des années 80 suite à l'échec de la stratégie d'import-substitution, et les économies africaines se sont orientées vers une plus grande ouverture sur l'extérieur. Il serait ainsi important de s'interroger sur cette relation entre ouverture et croissance suite à la réorientation des choix de développement sur le continent à partir du début des années 80. L'expérience africaine est aussi intéressante, si on la compare à celle des pays du Sud-Est asiatique qui ont connu une forte croissance durant les trois dernières décennies et une insertion plus compétitive dans l'économie internationale en passant d'une insertion basée sur les matières premières à une insertion plus dynamique centrée sur les produits de haute technologie. L'étude comparative montre qu'un grand nombre de pays africains avaient dans les années 60 un niveau de développement similaire et assez proche de celui des pays asiatiques. Or depuis, les trajectoires de ces deux groupes ont été différentes. En effet, si les pays africains continuent à connaître des rythmes de croissance faible et éprouvent les plus grandes difficultés à faire face à leur marginalisation croissante dans l'économie internationale, les pays asiatiques sont devenus en peu de temps de nouvelles puissances économiques et industrielles. À ce niveau, il serait important de comprendre le poids des politiques commerciales dans ces trajectoires différentes et leur contribution dans les performances asiatiques et dans la stagnation de l'Afrique.

Dans ce chapitre, nous faisons l'hypothèse, à la lumière de l'analyse comparative des expériences africaines et asiatiques, que la politique commerciale joue un rôle important dans les performances économiques des pays en développement. Mais, le débat sur cette question ne doit pas se limiter, comme c'est le cas dans la controverse actuelle, à l'examen de choix exclusifs en termes d'ouverture ou de fermeture sur les échanges internationaux. L'expérience asiatique montre que la politique commerciale ne peut se réduire à une alternative entre libéralisation et contrôle excessif du commerce international. Au contraire, ces différents pays ont fait durant les trois dernières décennies un usage dynamique de la politique commerciale pour appuyer leurs choix de développement. Les politiques commerciales des pays asiatiques sont le résultat de combinaisons complexes entre ouverture et fermeture dont la finalité est d'aider les économies à construire leurs avantages compétitifs. Ces remarques nous permettent de faire l'hypothèse de l'existence de deux types de stratégies d'ouverture sur l'extérieur. L'une dynamique et pragmatique qui fait peu référence aux débats théoriques et aux modes intellectuelles dans le champ de la science économique, et dont la principale caractéristique est sa continuelle adaptation aux stratégies de développement et aux besoins changeants des dynamiques de croissance. Ces politiques commerciales dynamiques, qui ont contribué à la forte croissance des économies asiatiques, sont le produit de combinaisons complexes entre ouverture et contrôle, parfois excessif, des relations entre l'économie nationale et l'extérieur. La nature des relations avec l'extérieur n'est, dans les stratégies dynamiques ni définitive ni globale. Au contraire, elle est évolutive dans le temps, diversifiée selon les secteurs et différenciée au sein du même secteur. Par ailleurs, il est possible de parler de politiques commerciales passives dans le cas où le rapport de l'économie nationale à l'international n'a jamais atteint cette dimension stratégique et ne contribue que faiblement à l'objectif de construction de la compétitivité des économies. C'est la perception qui a prédominé dans les économies africaines avec une politique commerciale peu évolutive et surtout appliquée de manière globale et sans discriminations favorisant les comportements rentiers au lieu d'appuyer la croissance et le développement.

En définitive, notre hypothèse dans ce chapitre est que le débat actuel ne doit pas se cantonner à l'examen de la relation entre ouverture et croissance. Il doit, au contraire, aller au-delà de cette controverse en examinant les évolutions concrètes des politiques commerciales et leur adhésion aux stratégies nationales de développement. Ce débat pourrait s'enrichir par l'examen des expériences historiques de développement et l'usage fait de la politique commerciale afin de construire la compétitivité des économies nationales. De ce point de vue, l'analyse de l'expérience des économies africaines et sa comparaison avec les choix de développement en Asie du Sud-Est pourrait apporter des enseignements importants à la controverse actuelle sur la relation entre ouverture et croissance. Plus qu'un choix exclusif, la réflexion future devrait s'orienter vers une recherche sur les combinaisons optimales entre ouverture et contrôle afin de relancer la croissance et consolider la compétitivité des économies en développement.

Ce chapitre sera articulée autour de quatre points. Dans une première section, nous nous intéresserons à l'expérience d'import-substitution et aux politiques commerciales restrictives appliquées par les pays africains tout au long des années 60 et 70. La seconde section sera consacrée à l'examen de l'impact des réformes appliquées en Afrique à partir de la crise des années 80 sur la croissance et l'insertion du continent dans la globalisation. La faiblesse des résultats de ces réformes nous amènera, dans une troisième section, à nous intéresser à la controverse récente sur la relation entre ouverture et croissance suite à la publication de l'article de Rodrik et Rodriguez. Dans la dernière section nous procéderons à une analyse comparative entre les expériences africaines et asiatiques afin de mieux apprécier la place de la politique commerciale et la nature de la combinaison entre ouverture et restriction dans les dynamiques de croissance et la consolidation de la compétitivité des économies en développement.

II. Import-substitution et politiques commerciales restrictives en Afrique

La plupart des pays en développement ont opté à partir des années 50 et, particulièrement dans les années 60 et 70, pour les stratégies d'import-substitution. Ces stratégies se sont fixées pour objectif de produire localement les produits de consommation importés auparavant des pays développés. L'import-substitution était un moyen pour ces pays de lancer leur développement économique et de réduire leur dépendance par rapport aux anciennes métropoles coloniales à travers la diversification de leurs structures productives. Ces stratégies devaient commencer par la production des produits de consommation finale et remonter progressivement vers les produits intermédiaires et les biens de capital. Ces stratégies se sont accompagnées d'une politique commerciale extérieure restrictive et d'une grande protection des activités industrielles naissantes. Ces stratégies devaient ainsi consolider l'indépendance politique fraîchement acquise par certains pays en développement par une plus grande autonomie économique.

Dans la littérature économique, les stratégies d'import-substitution étaient justifiées à l'époque par trois arguments majeurs. Le premier est d'ordre historique et concerne l'expérience des pays qui ont amorcé leur développement au cours du XVIIIe et du XIXe siècle [76]. Particulièrement, les États-Unis, la France et l'Allemagne ont construit leur développement industriel dans un contexte fortement contrôlé, et ont pu tirer profit d'un haut niveau de protectionnisme afin de construire des dynamiques de croissance forte. L'expérience du Japon avec les réformes du Meiji est une illustration des rapports positifs entre développement économique et

[76] Robert E. Baldwin, *Openness and Growth: What's the Empirical Relationship?*, Working Paper 9578, NBER, March 2003.

protection des activités locales [77]. Plus récemment l'expérience d'industrialisation rapide entamée par l'ex-URSS, la Chine et la plupart des ex-pays du bloc socialiste dans les années 30 avait exercé un grand attrait sur les pays en développement. Ainsi, l'argument historique a eu une nette influence dans la littérature économique, et un consensus large avait alors été construit autour des effets positifs d'une stratégie de croissance orientée vers le marché intérieur avec un haut niveau de protection sur le développement.

Les stratégies d'import-substitution trouvaient également leur justification dans l'argument de l'industrie naissante développée par F. List au cours du XIXe siècle, qui a encouragé les décideurs allemands à faire de la protection un moyen privilégié pour accélérer la croissance économique et la construction d'un système économique cohérent [78]. L'argument de l'industrie naissante sera repris par les économistes classiques comme J. Stuart Mill et jouera un rôle important jusqu'à nos jours dans la littérature économique. Cet argument justifie le recours à la protection dans un pays qui se trouve aux premiers stades de développement industriel, afin d'aider les industriels de ces pays à atteindre le niveau de savoir-faire moyen dans l'industrie. De manière beaucoup plus précise, cet argument préconise le recours à un tarif extérieur durant une période transitoire où les prix des produits locaux sont supérieurs à ceux des produits importés. Cette taxe devrait être utilisée pour financer les investissements nécessaires, notamment dans le domaine des ressources humaines, afin d'aider les produits locaux à faire face à la concurrence étrangère. L'argument de l'industrie naissante continue à jouer un rôle important dans les débats sur l'industrialisation tardive dans les pays en développement.

Le troisième argument qui avait justifié à l'époque les recours aux stratégies de développement d'import-substitution est lié à la détérioration des prix des produits de base exportés par les pays en développement depuis la crise des années 30. Cet argument a été mis en exergue par R. Prebish,

[77] Voir sur ces expériences historiques : Michael Clemens et Jeffrey G. Willamson, *A Tariff Growth Paradox? Protection's Impact Around the World 1875-1997*, Working Paper n° 8459, NBER, September 2001 ; Kevin O'Rourke, « Tariffs and Growth in the Late 19th Century », in *Economic Journal*, n° 110, 2000.

[78] Frederick List, *National System of Political Economy*, OIL, 1856.

Secrétaire Éxecutif de la CEPAL et ensuite de la CNUCED, qui a insisté sur le fait que cette tendance n'est pas temporaire et qu'elle s'inscrit dans la dynamique de l'économie internationale et trouve son explication dans la faible élasticité de la demande des produits primaires [79]. Afin de faire face à cette baisse structurelle des cours des produits exportés par les pays en développement, Prebish avait fortement recommandé le recours à l'industrialisation afin de transformer localement les produits exportés auparavant à l'état brut.

Prebish et la CEPAL sont rapidement devenus les pères fondateurs des stratégies d'import-substitution et la plupart des pays en développement en ont fait le cadre de référence de leurs stratégies de développement industriel. Leur mise en place s'est accompagnée d'une stratégie commerciale fortement restrictive et d'une faible ouverture sur l'extérieur. Un système complexe de protection tarifaire et non tarifaire, de contrôle de change et de licences d'importation a été mis en place dans la plupart des pays en développement afin de défendre la production locale. Par ailleurs, la plupart des pays en développement avaient opté pour une politique de taux de change élevé afin de décourager les importations et de favoriser les produits locaux dans la concurrence avec ceux importés. Ces protections avaient alors été tolérées et acceptées comme des mesures spécifiques et différenciées en faveur des pays en développement dans le cadre des règles commerciales multilatérales en vigueur à l'époque au sein du GATT [80]. Ce traitement avait permis aux pays en développement de bénéficier d'exonérations afin de maintenir la protection de leurs activités industrielles naissantes et d'un accès privilégié aux marchés des pays développés. En même temps, les stratégies d'import-substitution se sont traduites par une multiplication des accords d'intégration régionale afin de construire des marchés plus importants et offrir un espace plus important au développement de ces nouvelles activités [81]. Parallèlement aux politiques commerciales restrictives, les stratégies d'import-substitution se sont

[79] Raul Prebish, *The Economic Development of Latin America and its Principal Problems, Lake Success*, New York, United Nations, Department of Economic Affairs, 1950.
[80] Voir Alain Winter, « Trade Policy as Development Policy: Building on Fifty Years Experience », in J. Toye (editors), *Trade and Development. Directions for the 21st Century*, London, Edward Elgar Publishers, 2003.

accompagnées par un large interventionnisme étatique dans différents domaines, notamment en matière de financement à travers le maintien de taux d'intérêt négatifs afin de favoriser les investissements.

À l'image de tout le monde en développement, les économies africaines ont fait de l'import-substitution le cadre de référence de leurs stratégies de développement dans les années 60 et 70. Ces pays ont développé des activités industrielles de biens de consommation finale destinées essentiellement aux nouvelles couches moyennes urbaines. Parmi ces industries, on peut noter la présence d'industries alimentaires comme les minoteries, les boulangeries industrielles, les brasseries ou les industries de transformation de matières premières telles que les huileries, les sucreries, les conserveries de fruits et de légumes ou les usines de traitement de café. Par ailleurs, l'industrie du textile a connu un développement rapide dans la plupart des pays africains. On a également noté la construction dans certains pays de quelques unités sidérurgiques grâce au développement des aciéries électriques de petite dimension. Enfin, on peut également noter le développement d'autres activités industrielles comme la fabrication de petit matériel agricole, d'articles de quincailleries, d'industries de peintures, de vernis et d'ateliers mécaniques et de montage [82].

Les stratégies d'import-substitution ont permis à l'Afrique de connaître un niveau élevé de développement économique à partir de la fin des années 60 et particulièrement dans les années 70. Le taux de croissance annuel moyen du PIB industriel était estimé à 5,5 % entre 1970 et 1980. Ce taux sera négatif entre et 1980 et 1984 (-2,5) et très faible entre 1984 et 1987 (0,4). Par ailleurs, la part des activités manufacturières dans le PIB a augmenté rapidement et, même si l'agriculture continue à dominer les économies africaines, le rôle de l'industrie est en nette progression [83]. La croissance des activités manufacturières a entraîné dans son sillage une augmentation rapide de l'emploi industriel et de sa part dans l'emploi total en Afrique. Ainsi, les stratégies d'import-substitution

---

[81] Charles A. Cooper et B. F. Massell, « Towards a General Theory of Customs Unions for Developing Countries », in *Journal of Political Economy*, n° 73, 1965.

[82] Voir pour une analyse de ces expériences de développement industriel en Afrique : Hakim Ben Hammouda, *Afrique : pour un nouveau contrat de développement*, Paris, L'Harmattan, 1999.

avaient permis aux pays africains d'amorcer un important processus de modernisation de leurs structures économiques archaïques héritées de la colonisation.

Cependant, ces stratégies vont connaître rapidement des limites en Afrique comme ailleurs dans le monde [84]. Plusieurs raisons expliquent l'échec de ces stratégies dès la fin des années 70. La première est liée à la faible articulation interne des activités industrielles. Ainsi, le développement des activités de biens de consommation finale s'est traduit par une croissance rapide des importations des produits intermédiaires et des biens de capitaux ce qui a entraîné un accroissement des déséquilibres commerciaux, et par conséquent, du déficit de la balance des paiements. L'échec des stratégies d'import-susbtitution trouve également une explication dans la faiblesse des marchés intérieurs et leur incapacité à offrir d'importants débouchés pour les nouvelles activités industrielles. En Afrique, le marché intérieur se réduisait à une faible classe moyenne urbaine. Le monde paysan du fait de la déficience de la productivité agricole, et donc de la faiblesse de ses revenus était exclu du nouveau mode de consommation moderne. Ainsi, la faiblesse du marché interne n'a pas permis aux nouvelles entreprises de tirer profit de leurs rendements d'échelle afin d'améliorer leur productivité.

La crise de l'import-substitution trouve aussi son explication dans la réduction des disponibilités de financement pour les pays en développement. À ce niveau, il faut rappeler que ces stratégies avaient pu tirer profit tout au long des années 70 du relèvement des cours de matières premières qui ont permis aux États d'intervenir de manière forte dans l'appui à ces stratégies de développement. Qu'il s'agisse des subventions aux activités industrielles et aux entreprises publiques, des investissements publics ou des coûts de la protection, les pouvoirs publics utilisaient la croissance rapide de leurs recettes d'exportations afin de faire face aux besoins croissants de financement.

Mais, l'argument qui a été le plus souvent utilisé pour expliquer la crise des stratégies d'import-substitution est probablement celui de la faiblesse de la productivité des nouvelles entreprises [85]. Il faut rappeler à ce propos que l'objectif de la protection était d'aider les entreprises des pays en déve-

---

83 OMC, *Rapport sur le commerce mondial 2003*, OMC, Genève, 2003.

84 Voir H. Bruton, « A Reconsideration of Import-Substitution », in *Journal of Economic Literature*, vol 37, n° 2, 1998.

loppement à surmonter le différentiel de productivité qui les séparait avec celles des pays développés. Ceci supposait que ces nouvelles entreprises allaient utiliser les protections érigées par les stratégies d'import-substitution afin d'effectuer les investissements nécessaires pour accroître leur productivité, et améliorer leur compétitivité. Or, la protection n'a que rarement incité les entreprises à investir et à moderniser leurs appareils productifs. Au contraire, on a assisté à l'émergence de comportements rentiers de la part des entreprises qui ont tiré profit de la protection que la faible ouverture sur l'extérieur leur accordait et les stratégies d'import-substitution n'ont que faiblement contribué à l'amélioration de la productivité des entreprises locales et de la compétitivité des économies des pays en développement.

La crise de la dette au début des années 80 est venue annoncer l'échec des stratégies d'import-substitution. Mais, plus que la crise d'une stratégie, il s'agit de la fin du consensus qui était au centre des expériences de développement jusque-là. Les deux idées centrales de ce consensus sur l'importance du marché interne dans la croissance et la faible ouverture sur l'extérieur sont désormais remises en cause. Un nouveau consensus domine alors les débats sur le développement qui met l'accent sur l'ouverture et fait de l'exportation le principal moteur de la croissance.

III. Échec de l'import-substitution et ouverture sur l'extérieur :

La critique du modèle de développement orienté vers le marché intérieur a commencé bien avant la crise des stratégies d'import-substitution dans les pays en développement. Ces critiques ont été favorisées par le fait que certains pays d'Asie mais aussi d'Afrique, comme la Tunisie ou l'Ile Maurice avaient, dès le début des années 70, ouvert leurs économies et orienté une partie de leurs ressources et de leurs investissements vers la promotion des activités exportatrices. Ces pays ont alors enregistré une croissance forte et surtout une progression rapide de la part des exporta-

[85] Voir Alain Winter, *op. cit.*, 2003.

tions dans la formation du PIB. La plupart de ces pays ont connu une forte progression de la production industrielle dans le PIB comme dans les exportations. Ainsi, on commençait déjà à parler de miracle asiatique pour des pays comme le Japon ou la Corée [86]. Les expériences de croissance rapide ont suscité des débats et des controverses sur le rôle de l'exportation et du marché extérieur [87]. Pour certains, la forte croissance en Asie est significative de la pertinence des modèles de croissance orientés vers le marché extérieur [88]. Pour d'autres, au contraire, les stratégies de développement en Asie sont plus complexes et ne doivent pas être perçues comme une illustration du libre-échange. Ces pays ont fait usage d'un large appui à leurs activités exportatrices par le biais de subventions directes ou de régimes de change appropriés [89].

Mais, au-delà de ce débat, les succès asiatiques ont été à l'origine d'une prolifération de travaux sur les coûts et les effets de la protection sur la croissance et le développement. À ce niveau, il faut souligner les importantes études de Ian Little, Tibor Scitovsky et Maurice Scott et Bela Belassa qui ont cherché à mesurer le taux de protection effective dans un grand nombre de pays en développement et d'étudier leur impact sur la croissance économique [90]. Le calcul du taux de protection effective prenait en considération ceux appliqués sur les produits intermédiaires et les matières premières. Ces études ont montré que la protection effective dans les pays en développement est nettement au-dessus de la protection nominale et qu'elle était supérieure pour certains pays à 100 %. Par ailleurs, ces études ont également montré que la plupart des pays en développement exerçaient des discriminations négatives contre le secteur agricole et les

[86] Voir sur l'expérience coréenne dans les années 70 : Charles Frank Jr., Kwang Suk Kim et Larry E. Westphal, *Foreign Trade Regimes and Economic Development in South Korea*, New York, NBER, 1975.

[87] Voir sur ce débat A. Panagariya, *Evaluating the Case for Export Subsidies*, World Bank Working Paper n° 2276, Washington, World Bank, 2000.

[88] Voir notamment Anne O. Krueger, « Trade Policy and Economic Development: How we Learn », in *The American Economic Review*, 87, 1, 1997.

[89] Voir à ce propos Dani Rodrik, « Trade Policy Reform and Institutional Reform », in Bernard Hoekman, Aaditya Mattoo et Philip English, *Development Trade and the WTO*, Washington, The World Bank, 2002.

[90] Voir Ian Little, Tibor Scitovsky et Maurice Scott, *Industry and Trade in Some Developing Countries: A Comparative Study*, Cambridge, Oxford University Press, 1970 ; Bela Belassa (editors), *The Structure of Protection in Developing Countries*, Baltimore, The John Hopkins Press, 1971.

activités exportatrices.

Ces premières recherches sur l'impact du modèle autocentré sur la croissance seront poursuivies et de nombreuses études ont été menées au cours des années 70 sur cette question [91]. Ces travaux ne se limitent pas à l'étude des effets des politiques commerciales stricto-sensu sur la croissance mais les intègre dans un cadre d'analyse plus large en introduisant l'environnement macroéconomique, les politiques de change. La plupart de ces travaux avaient conclu que les stratégies de développement centrées sur le marché interne ne peuvent entraîner une croissance durable dans les pays en développement et que seule l'ouverture de ces économies sur les échanges externes pouvait assurer une relance forte de la croissance. Cette forte corrélation entre croissance et ouverture sur l'extérieur a été mise en exergue de nouveau par Balassa [92]. Anne Krueger a ajouté un argument de taille à cette critique des stratégies de développement autocentrées. En effet, les protections introduites par ces stratégies favorisent les comportements rentiers dans les pays en développement et se traduisent par une faible efficacité des investissements et de la compétitivité des économies [93].

Parallèlement à ces critiques théoriques des stratégies de développement orientées vers le marché interne, d'importants travaux ont été effectués sur les expériences asiatiques dès la fin des années 70 et le début des années 80. Ces expériences ont alors été érigés rapidement comme une illustration de la pertinence des stratégies de promotion des exportations [94]. L'option pour l'ouverture sur l'extérieur dans les stratégies de développement devrait favoriser, selon ces auteurs, une plus grande efficience dans l'allocation des ressources des pays en développement et leur

91 Il est difficile de citer tous les travaux qui ont été effectués durant les années 70 et qui se sont intéressés aux effets bénéfiques de l'ouverture sur la croissance et le développement. On se limitera à indiquer les travaux qui ont exercé une grande influence dans le débat économique de cette époque : Jadish Bhagwati, *Foreign Trade Regimes and Economic Development: Anatomy and Consequences of Exchange Control Regimes*, New York, NBER, 1978 ; Anne Krueger, *Liberalisation Attempts and Consequences*, New York, NBER, 1978.

92 Voir Bela Balassa, « Export and Economic Growth: Further Evidence », in *Journal of Development Economics*, 5, 1978.

93 Anne O. Krueger, « The Political Economy of Rent-Seeking », in *American Economic Review*, n° 64, 1974.

permettre d'accéder plus facilement aux nouvelles technologies et aux biens d'équipement.

Ainsi, au début des années 80, la crise de la dette et l'échec des stratégies d'import-substitution se sont accompagnés par l'émergence d'un nouveau consensus sur l'importance de l'ouverture sur l'extérieur et des exportations dans les stratégies de croissance. C'est ce nouveau consensus qui sera au centre des réformcs appliquées par les pays africains et le monde en développement en général dès le début des années 80 dans le cadre des Programmes d'Ajustement Structurel (PAS).

La plupart des pays africains ont adopté dès le milieu des années 80 avec l'appui des institutions de Bretton Woods des PAS. Ces programmes comportent un double volet. D'abord le volet stabilisation cherche à résorber le déséquilibre à court terme entre l'offre et la demande afin de rétablir les grands équilibres macroéconomiques. Ce volet privilégie une action visant la maîtrise de la demande afin de diminuer les grands déséquilibres. Par ailleurs, ces programmes comportent un volet ajustement dont la finalité est de résorber les déséquilibres sectoriels et relancer la production, en particulier celle des biens exportables afin de rétablir à long terme l'équilibre de la balance des paiements. Dans cette perspective, les réformes de structure vont privilégier une action sur l'offre et sa réorientation dans le cadre des stratégies de promotion des exportations. Ces réformes sont essentiellement d'ordre microéconomique et visent à influencer les arbitrages et les choix d'investissement des firmes en fonction des besoins du marché mondial. Ces nouveaux choix de développement constituent en Afrique une rupture fondamentale avec les stratégies d'import-substitution et cherchent à réorienter les stratégies de croissance vers l'extérieur.

Les politiques commerciales en Afrique ont connu d'importantes transformations dans le cadre des PAS. En effet, on a assisté à une plus grande libéralisation des échanges extérieurs à travers la réduction des barrières non tarifaires et la diminution des tarifs douaniers appliquées sur les

[94] Voir notamment les travaux de Bela Balassa sur les expériences asiatiques dont notamment : Bela Balassa, *The Newly Industrialising Countries in the World Economy*, lieu, Pergamon Press, 1981 ; Bela Balassa (editor), *Development Strategies in Semi-Industrial Economies*, Baltimore, The John Hopkins University Press, 1982.

importations dans un grand nombre de pays. Par ailleurs, on a enregistré de la part des pays africains l'abandon de la fixité des taux de change et de leur forte évaluation par le biais de dévaluations successives afin d'encourager les exportations et d'aider les firmes à construire leur compétitivité. Ainsi, les nouvelles politiques commerciales adoptées par les pays africains s'inscrivent dans le nouveau cadre de développement et cherchent à favoriser une plus grande ouverture des économies afin de relancer les dynamiques de croissance et une insertion compétitive des économies du continent dans le processus de globalisation.

Or, les résultats de ces réformes en Afrique ont été mitigés. Certes, la croissance a connu une reprise dans les années 90 avec des taux annuels moyens de 4 % en 1996, de 2,9 % en 1997 et de 3,3 % en 1998 [95]. Ces résultats sont positifs du fait qu'ils sont supérieurs aux rythmes de croissance démographique et se sont traduits par une augmentation du revenu par habitant. Cependant, la croissance reste fragile et les performances du continent sont en dessous du taux annuel de 7 % nécessaire pour réduire la pauvreté de moitié à l'horizon 2015. Par ailleurs, l'Afrique a pu maintenir durant les années 90 une relative stabilité macroéconomique en dépit des déséquilibres extérieurs et la réduction du flux de ressources externes. Certes, les déficits budgétaires se sont creusés passant de 3,1 % du PIB en 1997 à 4,6 % en 1998. Mais, l'inflation a diminué de 14,6 à 12 % durant la même période.

Cependant, les résultats des réformes ont été en dessous des attentes si on examine les performances sectorielles du continent. Ainsi, le secteur agricole, qui emploie près de la moitié des populations africaines, est passé dans le PIB de 22,3 % en 1980 à 19,4 % en 1997. La performance du secteur industriel n'a pas été meilleure avec une régression de sa part dans le PIB de 39 à 32 % durant la même période. La productivité de ce secteur a également diminué passant de 3,8 % en 1997 à 3,2 % en 1998. Le recul de l'agriculture et les difficultés du secteur industriel se sont traduits par le déclin de la part de l'Afrique dans les courants des

[95] Voir les différents Rapports économiques annuels de la Commission économique des Nations unies pour l'Afrique.

échanges internationaux. Ainsi, cette part dans les échanges mondiaux de matières premières de produits agricoles est passée de 4 à 3,2 % du total entre 1980 et 1994 alors qu'au même moment la part de l'Amérique latine est passée de 4,6 à 7,7 %. Certes, la part des produits manufacturés dans les exportations totales a augmenté en passant de 6,4 à 22 % entre 1980 et 1995. Mais cette progression est du fait que quelques rares pays comme la Tunisie, l'Ile Maurice, l'Égypte et le Maroc ont réussi à diversifier leurs structures industrielles et à négocier une insertion internationale basée sur l'exportation des produits manufacturés. Cette tendance au recul des activités agricoles et manufacturières s'est accompagnée d'une montée en puissance des activités minières et énergétiques. Ainsi, on a enregistré une nette augmentation de la place du continent dans les échanges mondiaux de minerais qui est passée de 6 à 13,5 % du total entre 1980 et 1995. Ces éléments montrent les contours du nouveau type d'insertion internationale du continent dans la globalisation. Il s'agit d'une nouvelle insertion de plus en plus articulée autour des mines et des activités énergétiques. Au même moment, les recettes d'exportations des économies africaines ont baissé du fait de la poursuite de la tendance à la baisse des prix des produits de base. Cette baisse a été de 17 % entre 1997 et 1998 pour l'Afrique.

La réorientation des stratégies de développement en faveur du marché extérieur n'a pas produit les effets escomptés sur le continent africain. L'ouverture des politiques commerciales sur l'extérieur ne s'est pas traduite par une relance des dynamiques de croissance ni par une insertion plus compétitive dans l'économie internationale. Certes, cette conclusion doit être nuancée par la situation politique qui a prévalu sur le continent dans les années 90 avec la multiplication des conflits internes qui ont pesé sur les dynamiques de croissance. Par ailleurs, il faut souligner que les efforts de libéralisation commerciale ne peuvent produire leurs effets dans un contexte caractérisé par la faiblesse des infrastructures dans un grand nombre de pays africains. En effet, les coûts de transport élevés, l'inefficacité des services logistiques du commerce international et la faiblesse des services d'appui ont certainement pesé sur les performances des économies africaines à l'exportation [96]. Il faut noter à ce propos, par exemple, que les coûts de transport dans les pays enclavés augmentent de 200 % par rapport à ceux du port le plus proche. Par ailleurs, les coûts de manutention dans les ports africains sont nettement plus élevés que ceux des pays développés. Ainsi, la faiblesse des infrastructures de transport et la médiocrité des services d'appui et de logistique ont certainement affaibli les performances à l'exportation des pays africains et ont, par conséquent, pesé lourdement sur l'impact des réformes mises en œuvre.

En définitive, il faut noter la faiblesse des résultats des réformes appliquées depuis le début des années 80. Particulièrement en Afrique, la remise en cause des stratégies de l'import-substitution et l'option vers une plus grande ouverture sur l'extérieur ne se sont pas traduites par une forte amélioration de la croissance ni par une insertion internationale plus compétitive dans l'économie internationale. Ces résultats expliquent certainement la nouvelle controverse dans le champ de la réflexion économique autour de l'impact de l'ouverture sur la croissance économique.

IV. Ouverture et croissance au cœur d'une nouvelle controverse

Le débat sur le commerce international et la croissance a connu d'importants développements à partir du milieu des années 90 avec l'apparition des théories de la croissance endogène. Il faut rappeler que dans le modèle classique de croissance et ses prolongements on mettait l'accent sur les facteurs exogènes, et plus particulièrement la croissance démographique et le progrès technique exogène. Ces conceptions ont fait l'objet d'importantes critiques dans les années 80 du fait de leur incapacité à expliquer l'évolution des dynamiques de croissance et la baisse de la productivité en dépit de l'accélération du rythme de changement technique. Ces limites ont été à l'origine d'un important renouvellement des travaux théoriques sur la croissance [97]. Contrairement aux approches traditionnelles, les nouveaux courants mettent l'accent sur le caractère endogène de la croissance. L'analyse de la croissance ne doit pas se limiter à l'accroissement des facteurs de

[96] Voir à ce propos N. Limao et A. J. Venables, « Infrastructure, Geographical Disadvantage, Transport Costs and Trade », in *World Bank Economic Review*, 15, 2001.

production, mais doit prendre en considération d'autres aspects tels que le niveau de capital humain, l'existence de rendements croissants, l'importance des processus d'apprentissage interne et du progrès technique endogène. P. Romer insiste sur le rôle des investissements et intègre l'hypothèse de rendements croissants [98]. Dans d'autres travaux P. Romer examine l'impact de l'innovation technologique et des dépenses en matière de Recherche-Développement sur la croissance économique [99]. De son côté, R. Lucas privilégie l'accumulation du capital humain effectuée par les individus [100]. Ainsi, les nouveaux courants de la croissance endogène ne réduisent plus la croissance à l'augmentation des facteurs de production mais prennent en considération une multiplicité de nouveaux éléments significatifs de la complexité croissante des dynamiques économiques dans les sociétés modernes.

Le renouvellement des travaux sur la croissance a eu une influence sur la réflexion sur le commerce international. Dans le sillage des théories sur la croissance endogène on a enregistré le développement de nouvelles théories de l'échange international. Le point de départ de ces travaux est une critique des théories traditionnelles et leur incapacité à expliquer les nouveaux courants des échanges internationaux, et particulièrement le développement des échanges entre des pays ayant des niveaux technologiques et des dotations factorielles comparables et portant sur des produits similaires [101]. Ces auteurs vont s'intéresser aux effets des rendements croissants sur la spécialisation internationale des pays. Dans les différents modèles, les rendements croissants seront à l'origine d'un effet cumulatif de croissance et de compétitivité en faveur des pays qui mobiliseront plus le capital humain, les connaissances et les résultats de la Recherche-Développement.

---

97 Voir pour une synthèse sur les travaux sur la croissance endogène : Robert J. Barro et X. Sala-i-Martin, *Economic Growth*, New York, McGraw Hill, 1995.

98 P. Romer, « Increasing Returns and Long-Run Growth », in *Journal of Political Economy*, n° 94, 1986.

99 P. Romer, « Endogenous Technological Change », in *Journal of Political Economy*, n° 1990.

100 Robert Lucas, « On the Mechanics of Economic Development », in *Journal of Monetary Economics*, n° 22, 1988.

101 Voir notamment : D. Greenway, « The New Theories of Intra-Industry Trade », in *Bulletin of Economic Research*, April 1987 ; E. Helpman et A. Azin (editors), *International Trade and Trade Policy*, Cambridge, The MIT Press, 1991 ; Gene M. Grossman et Elhanan Helpman, *Innovation and Growth in the Global Economy*, Cambridge, The MIT Press, 1991 ; Paul R. Krugman, *Rethinking International Trade*, Cambridge, The MIT Press, 1991.

Mais, les travaux de la nouvelle théorie de l'échange international seront à l'origine des premiers doutes et questionnements autour du consensus établi sur la relation positive entre croissance et ouverture sur l'international. Ces effets bénéfiques de l'ouverture n'apparaissent pas de manière automatique dans les différents travaux des nouvelles théories du commerce international. En effet, d'autres éléments rentrent en compte pour favoriser cette relation positive dont les politiques nationales des pays en matière de formation du capital humain, le profil des exportations et des importations des pays, l'appui des États aux activités exportatrices, les politiques fiscales… Du coup, ces nouvelles théories véhiculent une version nuancée de l'impact du commercial international sur la croissance et la compétitivité des économies nationales [102]. Certains mettent l'accent sur les interventions des États dans un contexte de concurrence imparfaite afin d'appuyer leurs entreprises nationales [103]. Ainsi, les nouveaux développements théoriques sont à l'origine d'interrogations sur la capacité du libre-échange à assurer une allocation optimale des ressources et à favoriser des dynamiques de croissance forte. C'est pour faire face à ces interrogations naissantes que P. Krugman défend le libre-échange et précise qu'il faut continuer à le soutenir même si c'est une solution de second rang [104]. Les politiques de libre échange sont plus faciles à mettre en œuvre et provoquent moins de distorsions dans le fonctionnement des économies.

Ces interrogations et questionnements sur les effets bénéfiques de la libéralisation commerciale sur la croissance vont se radicaliser avec l'article de Rodrik et Rodriguez [105]. Dans cette importante contribution, les deux auteurs posent d'entrée de jeu la question de savoir si les pays qui ont une plus grande ouverture sur le commerce international ont un niveau de croissance plus fort que les autres. Afin d'apporter des éléments de réponse à cette question, les auteurs se sont intéressés à une série de travaux importants dans l'établissement du consensus qui domine le débat sur le commerce et la croissance. Plus parti-

---

[102] On retrouve ses conclusions notamment chez Robert E. Baldwin, *op. cit.*, 2003.

[103] J. Brander et B. Spencer, « Export Subsidies and International Market Share Rivalry », in *Journal of International Economics*, n° 18, 1985.

[104] Voir Paul Krugman, « The Narrow and Broad Arguments for Free Trade American », in *Economic Review*, n° 2, may 1993.

[105] D. Rodrik et F. Rodrigeuz, *op. cit.*, 1999.

culièrement, les auteurs se sont penchés sur un examen critique de cinq contributions essentielles à ce débat [106]. Le choix de ces contributions a été motivé par le nombre de citations qui en fait des références essentielles dans la théorie économique mais aussi par les innovations méthodologiques que les auteurs ont introduites afin de mesurer les effets de l'ouverture sur la croissance dans les pays en développement.

La première contribution examinée par Rodrik et Rodriguez est celle de Dollar dont l'intérêt réside dans la construction de deux indices nouveaux afin de mesurer le degré d'ouverture des économies sur le commerce international. Le premier est l'index de distorsion du taux de change réel et le second est l'index de variabilité de ces taux de change. Ces deux indices donnent une idée sur l'ouverture d'une économie dans la mesure où celle-ci est le résultat de la combinaison de deux facteurs à savoir le niveau bas du taux de protection pour les biens intermédiaires se traduisant par un taux de change réel favorable aux exportateurs et une faible variabilité du taux de change réel dans le temps afin d'enlever toute incertitude sur les choix des investisseurs. Les indices de distorsion et de variabilité permettent à Dollar de saisir les deux dimensions essentielles de l'ouverture des économies sur l'extérieur. Afin de mesurer la relation entre la croissance et l'ouverture, il effectue une régression économétrique entre la croissance du revenu par tête et les distorsions du taux de change réel et sa variabilité ainsi que le taux d'investissement dans 95 pays entre 1967 et 1985. Ce test lui permet de montrer que le niveau élevé de distorsion et la plus grande variabilité des taux de change sont fortement corrélés à un faible niveau de croissance du revenu par tête. Un résultat qui permet à Dollar d'affirmer que l'ouverture sur l'extérieur a un impact fortement positif sur la croissance et le développement.

Rodrik et Rodriguez se sont attaqués aux fondements méthodologiques de la démonstration en considérant que l'index de distorsion ne constitue

106 Il s'agit des travaux suivants : David Dollar, *Outward-Oriented Developing Economies Really Do Grow More Rapidly: Evidence From 95 LDCs, 1976-1985*, Economic Development and Cultural Change, 1992 ; Jeffrey Sachs et Andrew Warner, *Economic Reform and the Process of Global Integration*, Brookings Papers on Economic Activity, 1, 1995 ; Sebastian Edwards, « Trade Orientation, Distortions and Growth in Developing Countries », in *Journal of Development Economics*, XXXI (3), July 1992 ; Sebastian Edwards, « Openness, Productivity and Growth: What Do We Really Know?, in *Economic Journal*, 35 (1), March 1998 ; Dan Ben-David, « Equalizing Exchange: Trade Liberalization and Income Convergence », in *Quarterly Journal of Economics*, 108 (3), 1993.

pas une mesure rigoureuse des restrictions commerciales. Par ailleurs, ils ont montré que les résultats de la régression ne sont pas assez robustes pour des spécifications alternatives. Particulièrement, ces deux auteurs montrent que, dans certains cas, les distorsions ne sont pas le résultat des politiques commerciales mais plutôt le produit des politiques monétaires ou des politiques de change. Il faut également noter que les coûts de transport, particulièrement dans les pays africains, introduisent d'importantes distorsions dans l'ouverture sur l'extérieur. En conclusion, Rodrik et Rodriguez estiment que si la variabilité des taux de changes est liée de manière significative aux taux de croissance, la démonstration de la liaison entre l'ouverture et la croissance n'a pas été faite dans la contribution de Dollar.

L'article de Sachs et Warner est la seconde contribution à laquelle se sont attaqués Rodrik et Rodriguez. L'intérêt de cet article est d'ordre méthodologique et réside dans la construction d'un nouvel indice pour mesurer l'ouverture sur l'extérieur qui prend en compte cinq critères importants à savoir : les tarifs moyens, les barrières non tarifaires, la nature du régime économique, l'existence d'un monopole étatique sur les principales exportations et l'existence d'un marché noir dans le pays. L'étude de Sachs et Warner a montré que leur index d'ouverture sur l'extérieur est en corrélation, de manière positive avec le taux de croissance du revenu par tête d'habitant. Rodrik et Rodriguez ont repris l'analyse et les estimations de Sachs et Warner, et ont montré que deux critères seulement parmi les cinq donnent leurs significations aux résultats économétriques, à savoir l'existence d'un monopole d'État sur les principales exportations du pays, et d'un autre côté le marché noir des devises étrangères. Mais à ce niveau ils ont expliqué que l'existence et le développement de marchés parallèles pour les devises étrangères est le résultat d'un ensemble de choix politiques et économiques et ne peut s'expliquer seulement par la faiblesse de l'ouverture de l'économie sur l'extérieur. Par ailleurs, la variable de monopole sur les exportations n'a couvert que 29 pays africains qui avaient entrepris des PAS entre la fin des années 80 et le début des années 90 et par conséquent ne peut être généralisé et conduire à un résultat global sur les questions de commerce et de développement. Ainsi, les résultats des travaux de Sachs et Warner ne proviennent pas de variables liées directement à la politique commerciale, mais plutôt de deux variables qui ne peuvent être considérées comme de bonnes estimations des distorsions et des restrictions commerciales.

Rodrik et Rodriguez se sont également intéressés à la contribution d'Edwards qui a cherché à mesurer les relations entre la croissance, mesurée par un taux de croissance de la productivité totale des facteurs de production, et neuf indicateurs différents pour mesurer l'ouverture économique [107]. Les neuf indicateurs de l'ouverture sont : l'indicateur de Sachs-Warner, un indicateur subjectif sur l'ouverture des économies construit par la Banque mondiale dans le Rapport mondial sur le développement de 1987, l'indicateur de Edwards-Leamer construit à partir de moyennes résiduelles sur des régressions sur les flux commerciaux, un indicateur de mesure du marché noir pour les devises étrangères, une moyenne des tarifs à l'importation calculée par Barro et Lee à partir d'une base de données de la CNUCED, un indicateur mesurant la moyenne des barrières non tarifaires construit par Barro et Lee à partir des données de la CNUCED, l'index subjectif de la Fondation Heritage qui donne une mesure des distorsions du commerce international, le ratio du revenu total sur le revenu tiré des taxes sur les exportations et les importations, et enfin l'index de Holger Wolf basé sur les distorsions sur les importations en 1985. Edwards conclut que les résultats économétriques lui permettent d'avancer l'idée d'une forte relation positive entre l'ouverture sur l'extérieur et la croissance de la productivité.

Les résultats d'Edwards seront remis en cause par Rodrik et Rodriguez qui estiment, qu'en dépit de son appel à une plus grande rigueur méthodologique, sa contribution laisse apparaître de grandes limites. Ainsi, ils se sont aperçus que si on passait dans la régression du revenu par tête d'habitant au logarithme, ou si on utilise la méthode de White pour l'hétérosedascité, le nombre d'indicateurs d'ouverture significatifs tombera à cinq dans le premier cas, et à quatre pour l'autre. Rodrik et Rodriguez se penchent alors sur les quatre indicateurs restant et démontrent que chacun d'entre eux pose d'importantes difficultés méthodologiques, et que sa corrélation avec la productivité ne peut être considérée comme une

[107] Dans cette contribution Rodrik et Rodriguez se sont attaqués plutôt à l'article de S. Edwards de 1998.

démonstration de la relation forte entre l'ouverture et la croissance.

Rodrik et Rodriguez examinent d'autres contributions à cet important débat dont celles de Ben-David, de Lee, de Harrison et de Wacziarg [108]. Ils arrivent à la même conclusion et considèrent qu'il est difficile de démontrer à partir de ces travaux l'existence d'une corrélation forte entre l'ouverture sur l'extérieur, la croissance économique et le développement. Une partie des difficultés de ces démonstrations provient des limites méthodologiques des différents indicateurs utilisés dans la littérature économique pour mesurer le degré d'ouverture des économies. Les auteurs récusent ces indicateurs et préfèrent en utiliser d'autres plus simples à construire dont un taux moyen des tarifs appliqués sur les échanges extérieurs, calculé par le ratio des recettes sur les tarifs à l'importation par le volume total des importations, et un second indicateur mesurant les barrières non-tarifaires appliquées par les différents pays. En dépit des limites de ces indicateurs, notamment à prendre en considération les crêtes tarifaires et la progressivité des tarifs, ils constituent des outils pertinents pour mesurer l'ouverture sur l'extérieur, estiment Rodrik et Rodriguez.

Rodrik et Rodriguez mettent l'accent sur le décalage important entre le discours favorable à l'ouverture des économies et à la réorientation des stratégies de développement vers l'extérieur, et les résultats concrets des recherches. D'ailleurs, la multiplication des travaux et des recherches ces dernières années sur cette question est assez significative du doute quant à la solidité des démonstrations effectuées jusque-là. Ils indiquent à ce propos que l'absence d'une démonstration rigoureuse de cette relation entre ouverture et croissance ne signifie pas que les restrictions et les contrôles excessifs sont de nature à favoriser la croissance et le développement économique. Au contraire, l'expérience historique de certains pays a montré qu'il était difficile de construire des dynamiques de croissance fortes et compétitives dans un environnement coupé de l'extérieur.

Mais, la plus importante conclusion de cet examen critique de la littérature réside dans la difficulté reconnue par Rodrik et Rodriguez de

[108] Voir : Ann Harrison, « Openness and Growth: A Time Series, Cross-Country Analysis for Developing Countries », in *Journal of Development Economics*, 48, 1996 ; Jong-Wha Lee, *International Trade, Distortions and Long-Run Economic Growth*, International monetary Staff Papers, 40, 2, 1993 ; Romain Wacziarg, *Measuring the Dynamic Gains From Trade*, Washington, World Bank Working Paper, n° 2001, November 1998.

démontrer de manière convaincante la relation entre le commerce international et la croissance. La difficulté est d'abord d'ordre méthodologique dans la mesure où il est difficile de construire des indicateurs rigoureux et capables de condenser les différents aspects de la politique commerciale. Cette difficulté méthodologique n'est que le reflet d'une difficulté analytique plus importante liée à la forte imbrication des choix de politique commerciale avec d'autres aspects de la politique économique qui rendent difficile l'étude isolée de l'impact de la politique commerciale sur la croissance. Rodrik et Rodriguez considèrent qu'il est futile de poursuivre les recherches sur cette question et qu'il est plus utile d'orienter la réflexion sur le commerce et la croissance dans deux directions. La première concerne l'abandon de l'optique globale sur ce thème pour se diriger vers des aspects plus précis de cette relation complexe entre la politique commerciale et la croissance. Ils évoquent à ce propos quelques préoccupations dont les comparaisons entre pays à faible revenu et pays à revenu élevé, les petites économies et les économies de grande taille, les pays spécialisés dans les produits primaires et ceux dans les produits à forte intensité technologique. D'autres questions sont également pertinentes et peuvent faire l'objet de comparaisons historiques pour analyser les rapports entre croissance et politique commerciale dans les périodes d'expansion du commerce international et celle de sa baisse. On peut également effectuer quelques recherches comparatives pour mesurer le poids relatif de certaines restrictions sur la croissance par rapport à d'autres comme, par exemple, les restrictions sur le capital par rapport à d'autres facteurs de production ou l'impact de l'octroi d'avantages pour les entreprises exportatrices.... Une autre orientation de la recherche future sur la croissance et le commerce, suggèrent Rodrik et Rodriguez, est celle des études micro-économétriques et l'étude des comportements des firmes à l'exportation.

L'examen de ce débat revêt une grande importance pour notre réflexion sur l'impact de la politique commerciale sur la croissance et le développement en Afrique. En effet, il apparaît clairement que des difficultés méthodologiques majeures subsistent pour nous permettre de mener une étude économétrique rigoureuse sur cette question. Afin de contourner cette difficulté, nous avons décidé de nous tourner vers l'étude comparative entre l'Afrique et l'Asie afin de mieux comprendre l'échec africain à la lumière des succès asiatiques. La question est alors de savoir comment les pays d'Asie du Sud-Est ont réussi à faire de leurs politiques commerciales un facteur important dans la construction de leurs dynamiques de croissance et de leur compétitivité dans l'économie internationale, et pourquoi les économies africaines n'ont pas réussi à en faire de même ?

V. Échec africain versus succès asiatique : éléments pour comprendre le rôle de la politique commerciale dans la croissance

Les expériences de développement en Asie du Sud-Est ont fait l'objet d'un important débat dans la littérature sur le développement tout au long des années 90. Ce débat était d'autant plus important qu'au moment où la plupart des pays en développement, et plus particulièrement les pays africains, connaissent une forte dépression de leurs dynamiques de croissances et une forte marginalisation dans l'économie internationale, les pays asiatiques réalisaient des taux de croissance record et réussissaient à améliorer leurs insertions internationales en devenant des exportateurs dynamiques de produits intensifs en nouvelles technologies. Certes, la crise de 1997 avait relativisé les succès asiatiques. Mais, en dépit des difficultés de la fin des années 90, les modèles asiatiques continuaient à exercer un important attrait sur les pays en développement. Des travaux avaient fortement suggéré aux pays africains de tirer les leçons de ces succès asiatiques dans la relance de leurs dynamiques de croissance [109]. Cette étude comparative entre les expériences asiatiques et africaines est nécessaire dans la mesure où elle nous permettra de comprendre les facteurs qui sont derrière ces performances, et plus particulièrement, de mieux analyser la place et le rôle des politiques commerciales dans la construction de la compétitivité des économies asiatiques.

Plusieurs tentatives d'explications ont été apportées pour étudier les

[109] Voir à titre d'exemple P. Harrold, M. Jayawickrama et D. Bhattasali, *Practical Lessons for Africa from East Asia in Industrial and Trade Policies*, Washington, World Bank Discussions Papers, Africa Technical Department Series, 1996.

succès asiatiques. Les premières remontent à la fin des années 70 et ont pris le contre-pied des thèses favorables à l'interventionnisme étatique en faveur des activités d'import-substitution. Pour ces premières analyses, les succès asiatiques trouvent leurs fondements dans une neutralité de l'État vis-à-vis des dynamiques de croissance qui a favorisé les activités exportatrices et une insertion de ces économies dans l'économie internationale selon leurs avantages comparatifs. La neutralité de l'État pouvait prendre plusieurs formes dont l'égalité des taux de change effectifs pour les exportations et les importations [110] ou l'égalité entre le décalage des prix internes des biens fabriqués pour le marché intérieur et leurs prix sur le marché mondial, et celui de l'écart entre les prix internes des produits exportables et leurs prix sur le marché international [111]. Cette neutralité de l'État dans les dynamiques de développement, voire même un biais légèrement favorable aux activités d'exportation, sont à l'origine des succès et des performances des économies asiatiques [112]. Dans cette première génération de travaux sur les succès asiatiques, il faut également mentionner ceux de B. Balassa qui a soutenu que les pays en développement mettent en place dans les premiers stades des stratégies d'import-substitution des produits manufacturés intensifs en main d'œuvre [113]. Or, ces stratégies butent rapidement sur d'importantes contraintes et amènent les pays à réorienter leurs stratégies de développement en opérant une large ouverture sur l'extérieur et optant vers des stratégies de promotion des exportations. Ainsi, dans la première génération de travaux les succès asiatiques trouvent leurs explications dans une large ouverture de leurs économies vers l'extérieur et dans la libéralisation de leurs échanges extérieurs.

Or, cette première génération de travaux a été rapidement remise en

---

[110] Voir notamment à ce propos J. Bhagwati, *Foreign Trade and Economic Development: Anatomy and Consequences of Exchange Control Regimes*, New York, NBER, 1978.

[111] A. Krueger, *Trade and Employment in Developing Countries: Synthesis and Conclusions*, vol. 3, New York, NBER, 1983.

[112] A. Krueger, « Trade Policy as an Input to Development », in *American Economic Review*, May 1980.

[113] Voir : B. Balassa, *The Newly Industrialising Countries in the World Economy*, lieu, Pregamon Press, 1981 ; B. Balassa (editors), *Development Strategies in Semi-Industrial Economies*, Baltimore, The John Hopkins University Press, 1982.

cause par de nouvelles recherches qui ont montré que les succès asiatiques ne résident pas dans une neutralité de l'État vis-à-vis des dynamiques de croissance. Au contraire, les États ont joué un rôle important dans le développement des activités d'exportations et ont nettement favorisé la construction de la compétitivité de leurs activités exportatrices à travers une complexité de mécanismes dont le maintien de taux de change effectifs favorables aux activités exportatrices et l'octroi d'importantes subventions aux entreprises à l'exportation [114]. Par ailleurs, ces travaux ont mis l'accent sur le fait que la lecture des expériences asiatiques ne peut se limiter à l'examen des effets de l'ouverture sur l'extérieur mais doivent être situées dans un contexte plus large des stratégies de développement de ces pays.

Ce débat sur la place de l'ouverture dans les succès des économies asiatiques connaîtra une importante contribution avec la publication d'une étude de la Banque mondiale [115]. Cette étude s'est intéressée à l'expérience de développement de huit pays (Japon, Hong Kong, Taïwan, Singapour, Corée du Sud, Indonésie, Malaisie, Thaïlande) et a indiqué que les stratégies de développement ont commencé par la mise en œuvre de stratégies d'import-substitution. Ensuite, à des moments différents de leurs histoires économiques, ces pays ont réorienté leur développement vers la promotion des exportations (dès la fin des années 50 pour le Japon, la fin des années 60 pour la première génération et le début des années 80 pour la seconde génération de pays). Cette étude a mis l'accent sur les caractéristiques structurelles de ces expériences avec notamment des taux d'investissement élevés et d'importants efforts dans le domaine des ressources humaines et de nouvelles technologies ce qui a entraîné d'importants gains de productivité. Par ailleurs, cette étude a insisté sur une multiplicité d'interventions des États qui ont aidé la construction de la compétitivité de ces économies notamment à travers le maintien de taux

[114] Plusieurs travaux ont cherché dès le début des années 80 à mieux comprendre la complexité des expériences de développement en Asie dont : C. Johnson, « Introduction –The Taïwan Model », in J. Hsiung (editors), *Contemporary Republic of China: The Taïwan Experience*, New York, Praeger Press, 1981 ; C. Johnson, MITI and the Japanese Miracle: the Growth of Industrial Policy 1925-1975, Stanford, Stanford University Press, 1982 ; C. Johnson, « The Industrial Policy Debate Re-Examined », in *California Management Review*, vol. 27, n°1, 1984.

[115] World Bank, *op. cit.*, 1993.

d'intérêt faibles, la protection de certains secteurs naissants ou en déclin, les subventions aux exportations, la mise en place d'institutions pour appuyer les exportations, les mécanismes de crédits à l'exportation…

Cette étude remet en cause l'hypothèse que la libéralisation et les politiques de libre-échange sont à l'origine des succès asiatiques. Elle développe une nouvelle approche en termes de « market friendly » qui met l'accent sur la cœxistence entre l'État et le marché dans les succès asiatiques. Dans cette approche, le marché ne peut jouer à lui seul le rôle de coordination du fait du caractère imparfait de l'information et de la concurrence. De ce point de vue, une intervention régulatrice de l'État devient alors nécessaire afin de corriger ces imperfections. Cette étude a ouvert la voie à de nouvelles analyses sur les expériences de développement des pays asiatiques qui ont permis de mieux comprendre la place et le rôle des institutions dans la régulation de ces économies. J. Stiglitz a été un des premiers à mettre l'accent sur la capacité de ces économies à construire des institutions efficaces qui ont su gérer le processus de développement et lui insuffler la dynamique nécessaire [116]. Il a insisté sur le rôle des États dans les expériences de développement en Asie à travers notamment l'organisation de la concurrence et le développement des institutions afin d'appuyer les activités exportatrices. Stiglitz a étudié également le rôle des institutions financières dans les stratégies de développement en Asie du Sud-Est [117]. Il souligne l'intervention intensive des États dans le fonctionnement des systèmes financiers. Les pouvoirs publics ont ainsi aidé à la création de nouvelles banques et institutions financières spécialisées, ont régulé fortement leur fonctionnement en orientant les crédits vers des secteurs aux dépens d'autres et en les subventionnant fortement. Certains auteurs ont avancé que la gouvernance des marchés par les États est au centre des expériences de développement en Asie [118]. L'interventionnisme étatique est considérée par A. Amsden comme une des caractéristiques des

[116] Joseph Stiglitz, « Some Lessons From the East Asian Miracle », in *The World Bank Research Observer*, vol. 11, n° 2, August 1996.

[117] Joseph Stiglitz et M. Uy, « Financial Markets, Public Policy and the East Asian Miracle », in *The World Bank Research Observer*, vol. 11, n° 2, August 1996.

[118] Voir Robert Wade, *Governing the Market. Economic Theory and the Role of Government in East Asian Industrialization*, Princeton, Princeton University Press, 1999.

expériences de développement tardif dans le Tiers-Monde. Cet interventionnisme se fait particulièrement dans le domaine des nouvelles technologies où les États encouragent les activités d'imitation et d'adaptation des nouvelles technologies comme un moyen d'accès aux techniques les plus récentes [119].

Ainsi, le courant néo-institutionnaliste insiste sur le rôle joué par une pluralité d'institutions, et plus particulièrement les États, dans les réussites asiatiques à travers la prise en charge des imperfections du marché. Stiglitz met l'accent sur six domaines d'intervention des États qui ont joué un rôle de premier ordre dans les dynamiques de croissance en Asie dont la promotion de l'éducation, l'acquisition des nouvelles technologies, l'appui au système financier, le développement des infrastructures, la prévention de l'environnement et la satisfaction des besoins de base dont la santé [120]. L'intérêt de ces auteurs ne s'est pas limité à l'État. En effet, d'autres études ont démontré que les pays asiatiques ont réussi à structurer un tissu complexe d'institutions qui ont permis aux différents agents économiques de répondre aux problèmes de l'information imparfaite et de son asymétrie [121]. Ces travaux ont considéré que, parallèlement aux interventions des États, les pays asiatiques, en dépit de la diversité de leurs expériences, ont construit la stabilité de leurs dynamiques de croissance sur une série d'institutions dont un ordre constitutionnel stable, une bureaucratie organisée et qualifiée, des organismes de négociation et de délibération entre le gouvernement et les milieux d'affaires et des institutions sectorielles dynamiques qui ont accompagné le développement de nouvelles activités industrielles.

Ainsi, les succès asiatiques ne sont pas le résultat d'une réorientation de leurs stratégies de développement vers l'exportation et d'une plus grande ouverture sur l'extérieur. Au contraire, les fortes dynamiques de croissance en Asie et l'amélioration de leur insertion internationale s'expliquent par

119 Voir Alice Amsden, *Asia's Next Giant. South Korea and Late Industrialization*, Oxford, Oxford University Press, 1989.

120 Joseph Stiglitz, « The Role of Government in Development Economics », in M. Bruno et B. Pleskovic, *Annual World Bank Conference on Development Economics 1996*, Washington, World Bank, 1997.

121 Voir notamment T. Cheng, S. Haggard et D. Kang, *Institutions, Economic Policy and Growth in the Republic of Korea and Taïwan Province of China*, Geneva, UNCTAD, 1996.

cette densification de leurs tissus économiques et sociaux à travers un processus de structuration d'une multitude d'institutions, de normes et d'acteurs économiques qui ont accompagné leurs histoires économiques récentes. Donc, on ne peut comprendre le rôle des politiques commerciales qu'en les insérant dans une dynamique plus large et dans les stratégies globales de développement.

Ces travaux ont remis en cause l'idée d'un effet mécanique de l'ouverture sur la croissance. Ils ont mis l'accent sur la multiplicité des acteurs et des institutions qui interviennent dans le processus de développement et sont à l'origine du maintien de dynamiques de croissance fortes et de l'amélioration de la compétitivité des économies et de leur insertion dans l'économie internationale. Ces analyses ont été à l'origine d'un important renouvellement de la réflexion sur les stratégies et les politiques de développement. Plus particulièrement dans le domaine des politiques commerciales, ils ont permis de dépasser les analyses en termes de contrôle ou d'ouverture des économies pour mieux comprendre l'insertion de ces politiques dans les stratégies globales de développement et leurs dynamiques différenciées dans le temps et selon les secteurs.

L'analyse des réussites asiatiques est intéressante à plus d'un titre. Elle permet de montrer la complexité du développement économique et la pluralité des acteurs, des institutions et des réseaux qui y interviennent. La construction d'un tissu dense et touffu d'institutions assure aux dynamiques de croissance les conditions de stabilité et d'approfondissement. Les politiques sectorielles viennent alors renforcer ce tissu et contribuer à sa consolidation. Les politiques industrielles, agricoles ou les politiques macroéconomiques contribuent à ce processus de longue haleine de construction des institutions capables de conduire le développement économique et d'améliorer la compétitivité des économies. Les politiques commerciales n'échappent pas à cette dynamique et s'intègrent par conséquent de manière étroite au processus de montée en puissance de la croissance et de l'amélioration de l'insertion internationale des économies. Ainsi, les politiques commerciales ne peuvent être analysées ni mises en œuvre en dehors des choix et des stratégies de développement. Au contraire, elles sont des éléments incontournables de toute stratégie de développement et viennent par conséquent renforcer ses options et ses choix. La dynamique des politiques commerciales suit par conséquent et doit s'intégrer dans la dynamique et l'évolution des choix globaux de développement. Elle contribue de ce point de vue à l'approfondissement et au renforcement du tissu institutionnel nécessaire au développement [122].

VI. Conclusion

Ce chapitre nous a permis de mettre en exergue le rôle des politiques commerciales dans les stratégies de développement. Afin de pouvoir contribuer de manière efficace à l'effort de développement, les politiques commerciales doivent être dynamiques et éviter d'apporter des appuis constants et linéaires à toute l'économie ou à certains secteurs économiques. Au contraire, elles doivent être évolutives, différenciées selon les secteurs et entre les différents segments au sein d'un même secteur. Donc, le débat ne doit pas à se limiter à ce questionnement stérile, ouverture contre contrôle, mais doit s'orienter vers la recherche de combinaisons optimales entre les différents outils de la politique commerciale et à construire les institutions nécessaires afin d'appuyer le processus de développement économique et d'améliorer la compétitivité des économies nationales. Les réformes récentes des règles du commerce international dans le cadre de l'OMC réduisent certes les marges de liberté des pays en développement, néanmoins elles leur offrent une certaine flexibilité afin de faire usage de la politique commerciale dans le développement. Ce sont ces marges de manœuvre que les pays en développement cherchent à renforcer dans le cadre des négociations internationales et dans le cycle de Doha.

---

122 Voir Dani Rodrik, Trade Policy Reform as Institutional Reform, in Bernard Hoekman, Aaditya Mattoo et Philip English (editors), *Development, Trade and the WTO, a Handbook*, Washington, World Bank, 2002.

CHAPITRE 4
UN SYSTÈME MULTILATÉRAL RESTRICTIF

I. Introduction

Dans le précédent chapitre nous avons mis l'accent sur le rôle et la place des facteurs internes dans la marginalisation des économies africaines dans la globalisation, et plus particulièrement dans les courants d'échanges internationaux. À ce propos, nous avons particulièrement mis l'accent sur le rôle des politiques commerciales et leur échec dans la construction de la compétitivité des économies africaines. Cet échec trouve ses origines dans le caractère statique et peu dynamique de ces politiques commerciales et leur faible intégration dans les stratégies et les dynamiques de développement. Cette hypothèse a été confirmée par une analyse comparative entre les politiques commerciales en Afrique et en Asie. En effet, les succès asiatiques trouvent des éléments d'explication dans l'usage dynamiques des outils de la politique commerciale dans l'objectif de construire la compétitivité des dynamiques de croissance. En Afrique, l'utilisation de ces outils est resté statique, et s'est peu adapté aux besoins et aux différents niveaux de développement des activités économiques et des secteurs industriels.

Cependant, l'explication des échecs africains ne se limite pas aux facteurs internes. Au contraire, elle trouve également son éclaircissement dans les facteurs internationaux, et plus particulièrement dans le caractère restrictif du système commercial multilatéral. En effet, les limitations quant à l'accès aux marchés pour les exportations des pays africains, les droits de douane, voire les pics tarifaires appliqués sur les exportations en provenance de ces pays, la progressivité des droits de douanes sur les produits transformés ont pesé lourd sur les efforts de développement des économies africaines depuis des décennies. Il faut également souligner que la baisse structurelle des cours des matières premières et leur forte instabilité ont eu des effets négatifs sur les stratégies de développement des pays africains. Cette prise de conscience sur l'importance des facteurs internationaux dans le développement est à l'origine du rôle de plus en dynamique joué par les pays africains dans les négociations internationales. En effet, depuis la Conférence ministérielle de Seattle, les pays africains n'ont cessé de multiplier les efforts afin d'ouvrir le système commercial multilatéral et d'en faire un complément nécessaire à leurs efforts de développement. Leur dynamisme, les pressions qu'ils ont exercés depuis quelques années, et l'engagement de la communauté internationale ont été à l'origine du lancement à Doha en novembre 2001 d'un cycle de négociations centré sur le développement. L'objectif de ce cycle est d'ouvrir le système multilatéral et de faire en sorte qu'il réponde aux intérêts et aux préoccupations des pays en développement en général, et des pays africains en particulier. Les pays africains jouent depuis le lancement de ce cycle un rôle dynamique, et contribuent de manière très active à la recherche de consensus autour des principales questions ayant trait au développement. L'objectif visé par ces pays dans le cycle de Doha est double. D'un côté, ils cherchent à créer les conditions nécessaires à l'amélioration de leur place dans les échanges internationaux à travers notamment une plus grande ouverture des marchés agricoles et industriels, ou une réduction de l'appui des pays développés à leurs exportations. D'un autre côté, les pays africains cherchent dans ces négociations à réduire le poids des contraintes multilatérales imposées par le nouveau cadre mis en place par l'OMC. Ainsi, ils cherchent à renforcer le rôle et la place du traitement spécial et différencié, ils s'opposent aux questions Singapour, qui renforcent la main mise des contraintes multilatérales et réduisent par conséquent leurs marges de manœuvre dans la formulation et la mise en œuvre de leurs stratégies et politiques de développement. Cette marge de liberté est devenue aujourd'hui plus connue dans les milieux de développement sous l'appellation de « Policy Space » qui signifie la marge laissée aux pays afin de définir et de formuler leurs politiques nationales dans un contexte de globalisation croissante et de multilatéralisme contraignant. Ainsi, les négociations internationales multilatérales constituent un levier majeur pour le développement car elles permettront aux pays africains d'exiger une plus grande ouverture des marchés pour leurs produits et un commerce mondial plus équitable, et de desserrer la discipline multilatérale.

Dans ce chapitre nous chercherons à montrer cette double préoccupation des pays africains dans les négociations commerciales internationales des six grands dossiers d'importance pour le continent à l'OMC : les négociations agricoles et industrielles, les droits de propriété intellectuelle, la question de la santé, les questions de Singapour, le traitement spécifique et différencié, et le dossier du coton.

II. Les négociations agricoles

L'agriculture occupe une place importante dans les pays en développement, et en particulier en Afrique, pour plusieurs raisons. D'abord, elle représente la principale source d'emploi avec près de 70 % du total dans les PMA, 30 % dans les pays intermédiaires et seulement 3 % dans les pays développés [123]. Parallèlement à l'emploi, l'agriculture continue à jouer un rôle majeur dans les dynamiques de croissance économique dans la plupart de ces pays. De ce fait, elle participe à l'alimentation des populations et à la sécurité alimentaire par le biais des cultures vivrières. En même temps, les cultures d'exportation contribuent de manière forte aux recettes d'ex-

[123] Plusieurs études montrent l'importance du secteur agricole dans les pays en développement et ne Afrique, voir notamment : FAO, *Agriculture Towards 2015*, Rome, FAO, 2000 ; OCDE, *Agricultural Policy Reform: Development and Prospects*, Paris, OCDE, 2000.

portation d'un grand nombre de pays en développement. Enfin dans le contexte des stratégies de lutte contre la pauvreté, l'agriculture occupe un rôle crucial dans la mesure où la majorité des pauvres vivent dans le milieu rural.

L'ensemble de ces raisons explique l'importance accordée par les pays africains au dossier agricole dans le cadre des négociations commerciales internationales. L'amélioration des conditions actuelles des marchés internationaux des produits agricoles et une plus grande prise en compte de leurs préoccupations pourraient contribuer à une meilleure insertion de leurs économies dans la globalisation et à une accélération de la croissance économique. Or, les marchés mondiaux sont fortement faussés par les différentes formes d'appui des pays développés à leurs fermiers. Au moment où les pays africains avaient fortement réduit tout leur appui à leurs paysans pauvres, les aides au Nord n'ont cessé d'augmenter. Une situation qui a eu depuis des décennies des conséquences négatives pour les pays africains. Ainsi dans le nouveau Round de Doha, l'Afrique faisait de la réduction des subventions agricoles un enjeu majeur des négociations.

L'évolution des politiques agricoles depuis quelques décennies

Les pays développés ont connu une importante croissance industrielle après la seconde guerre mondiale. Cette croissance s'est accompagnée d'une forte progression de la productivité et des salaires industriels. Par ailleurs, la croissance de la consommation des produits industriels s'est traduite par un accroissement des activités industrielles et de la demande d'emplois de la part de ce secteur. Ces évolutions ont eu des conséquences négatives sur les autres secteurs de l'économie, et plus particulièrement le secteur agricole, qui a vu ses effectifs diminuer fortement, ainsi que sa production et sa contribution dans le produit national de la plupart des pays développés. Parallèlement à ces effets économiques, la crise agricole a eu des conséquences sociales importantes avec l'accroissement de l'exode vers les villes et le dépeuplement des campagnes. Dans ce contexte, la plupart des pays développés ont mis en place des stratégies d'appui au secteur agricole à travers la protection de leur production nationale de la concurrence étrangère, les aides accordées aux producteurs locaux pour équilibrer la structure des salaires relatifs et les subventions aux exportateurs. Ces différentes formes d'appui ont eu des effets positifs sur la plupart des pays développés. Ainsi, les pays de l'Union européenne sont passé d'une situation d'importateur net de produits agricoles dans les années 50 à la situation d'exportateur dans les années 70. Cette situation était possible car l'Accord général sur les tarifs douaniers et le commerce (GATT) de 1947 accorde facilement des exceptions et laisse faire. Les excédents agricoles vont augmenter rapidement entraînant une réduction des prix sur les marchés internationaux.

Les pays africains nouvellement indépendants vont également user de ce système d'appui. En effet, la plupart de ces pays vont chercher dès la fin des années 60 et dans les années 70 à mettre en place de nouvelles politiques agricoles, et à amorcer leur révolution verte. Il faut rappeler que l'agriculture dans ces pays s'est orientée, du fait des politiques coloniales, vers les cultures d'exportation aux dépends des cultures vivrières. La modernisation de l'agriculture dans les pays africains s'est alors donnée comme objectif d'accroître la productivité agricole et de favoriser le développement des agricultures vivrières afin d'assurer la sécurité alimentaire de ces pays. La stratégie de modernisation agricole exigeait d'importants investissements publics notamment dans le domaine institutionnel avec la création d'un grand nombre d'entreprises spécialisées dans le développement rural, la construction d'infrastructures rurales, l'appui à la recherche agricole et à la vulgarisation des nouvelles technologies agricoles, la mise à la disposition des paysans des sources de financement à des coûts réduits, des semences et des engrais. La modernisation de l'agriculture était considérée comme nécessaire et incontournable pour le décollage des économies africaines. L'accroissement de la productivité agricole devait favoriser une augmentation des revenus des paysans, et par conséquent, l'accroissement des marchés relativement exigus de ces pays. Par ailleurs, le développement agricole devait fournir un débouché pour les industries chimiques et les industries de biens intermédiaires et de biens d'équipement. Enfin, l'accroissement de la production agricole devait fournir les inputs nécessaires aux industries alimentaires et à toutes les activités de première transformation des produits agricoles. Pour l'ensemble de ces raisons, la modernisation agricole était perçue comme un impératif de première nécessité dans les stratégies de développement du fait de ses effets sur le reste de l'économie. Les pouvoirs publics avaient pris en charge l'essentiel des financements nécessaires à cette modernisation. La valorisation des cours de matières premières exportées par ces pays dans les années 70 leur donnaient les moyens de mener à bien cette politique.

Or, dès le début des années 80 on va assister à un changement de contexte. D'abord, on va voir du point de vue des idées à un changement de paradigme avec la remise en cause du consensus keynésien qui a dominé la réflexion économique et les débats sur le développement depuis la fin de la seconde guerre mondiale. Un nouveau contexte intellectuel se met en place qui fait du marché la principale institution de régulation des économies. Ce consensus remet en cause l'interventionnisme étatique dans la mesure où il crée des distorsions qui sont à l'origine de tous les déséquilibres que connaissent les économies développées ou les économies en développement. Par ailleurs, le début des années 80 est également marqué par la crise de la dette que vont connaître la plupart des pays en développement, et en particulier les pays africains. Cette crise sera à l'origine de l'adoption des programmes d'ajustement structurel qui vont chercher à réduire les déficits internes et externes dans les économies africaines. Le rétablissement des équilibres exigeait, selon le consensus de Washington, le désengagement de l'État des activités économiques et à accorder au marché un rôle plus important dans la régulation des activités économiques. Particulièrement dans le secteur agricole, les nouvelles politiques adoptées dans les années 80 se caractérisent par une remise en cause profonde de l'interventionnisme et un pari sur la capacité des acteurs privés à se prendre en charge et à assurer une reprise de la production agricole.

Or, quelques années après, on se rend compte que ces nouveaux choix en matière de développement agricole n'ont pas eu les effets escomptés. Au contraire on a assisté à un accroissement rapide du déficit vivrier dans un grand nombre de pays africains. En 1997, les échanges mondiaux de produits agricoles ont été multipliés par quatre par rapport à la fin des années 70 et ont atteint une valeur globale de près de 460 milliards de $ [124].

124 Voir FAO, *Agriculture, Trade and Food Security: Issues and Options in the Forthcoming WTO Negotiations from the Perspectives of Developing Countries*, Rome, FAO, 1999.

Dans ces échanges, la place des pays en développement s'est détériorée avec un accroissement de leur part dans les importations mondiales qui passe de 28 % en 1974 à 37 % en 1997, et une légère progression dans les exportations qui passent de 30 à 34 % du total durant la même période. Ces évolutions ont été à l'origine d'une détérioration rapide de la balance commerciale alimentaire de ces pays avec un déficit de près de 13 milliards de $ en 1997. En même temps, l'aide alimentaire en faveur des pays importateurs nets a diminué très nettement. Les pays les moins avancés (PMA) ont été touchés de manière forte et l'insécurité alimentaire a progressé de manière spectaculaire dans ces pays. D'un côté, leurs exportations ont diminué de façon significative alors que leurs importations alimentaires représentent une part de plus en plus croissante de leurs balances commerciales, atteignant pour certains d'entre eux près de 20 % du total [125]. Ainsi, certains pays africains commencent à connaître dans les années 80 et 90 une situation de crise agricole profonde et d'urgence alimentaire.

Or, au moment où les pays africains diminuaient de manière radicale leur appui et toutes les formes de soutien à leurs paysans, celles-ci augmentaient de manière forte dans la plupart des pays développés. Ainsi, on estimait en 1997 que les pays de l'OCDE accordaient près de 370 milliards de $ à leurs agriculteurs ce qui correspond à six fois plus les montants accordés à l'aide au développement [126]. Ces subventions n'ont cessé d'augmenter depuis cette date, même si les mesures officielles montrent depuis quelques années une baisse. Cette augmentation a profité à toutes les productions transférées par ces pays dans la catégorie verte. On estime que depuis 1997 la progression des appuis à l'agriculture dans les pays de l'OCDE a progressé de 28 % [127]. La moitié de ces subventions sont du fait des pays de l'Union européenne et du Japon qui y contribue pour près de 39 %. L'appui aux agricultures ne se limite pas à ces pays. Ainsi, les États-Unis ont accordé en 2000 près de 28 milliards de $ à leurs fermiers. Par ailleurs, par la nouvelle loi US Farm Bill de 2002, l'administration américaine s'est engagée à accorder 180 milliards de $ sous forme de subventions sur une période dix ans.

[125] Voir à ce propos : CNUCED, *Trade and Development Report 2002*, Geneva, CNUCED, 2002 ; CNUCED, *The Least Developed Countries Report 2001 and 2002*, Geneva, CNUCED, 2001 and 2002.

[126] Voir PNUD, *Human Development Report 2002*, New York, PNUD, 2002.

[127] Voir PNUD, *Mettre le commerce international au service de tous*, New York, PNUD, 2003.

Ces différents éléments montrent le caractère vicié et inéquitable des marchés mondiaux des produits agricoles. Parallèlement au différentiel de productivité qui leur est favorable, les pays développés ne cessent d'augmenter leur appui à leurs grands fermiers. Cette situation a eu des conséquences négatives non seulement sur les exportations agricoles des pays africains mais également sur leur production et donc sur leur sécurité alimentaire. Les négociations agricoles sont par conséquent au cœur de l'agenda de développement du nouveau Round.

Les enjeux des négociations internationales

Le dossier agricole fait l'objet d'importants débats au sein des instances de l'OMC. Au-delà des propositions concrètes, ce sont des visions différentes de l'agriculture qui s'opposent. Ainsi, l'Union européenne, le Japon et d'autres pays développés avancent l'idée de la multifonctionnalité de l'agriculture qui justifie l'appui que les pouvoirs publics lui accordent depuis de longues années. La multifonctionnalité signifie que le rôle social de ce secteur ne se limite pas à la production mais qu'elle intervient dans d'autres domaines comme la sécurité alimentaire, la protection du patrimoine culturel, la viabilité économique du milieu rural, la défense des paysages, le maintien des populations rurales dans leur village, la prévention des catastrophes naturelles, la diversité biologique et la préservation de l'environnement. Les pays en développement, et en particulier les pays africains, contestent cette perception et considèrent que l'idée de multifonctionnalité ne sert qu'à justifier la croissance rapide des subventions depuis les années 80 dans ces pays. De leur côté, ces pays défendent une autre perception de l'agriculture qui s'articule autour de la sécurité alimentaire et du développement. Ainsi, les pays africains défendent depuis quelques années le principe de l'application de règles multilatérales claires et rigoureuses allant dans le sens d'une réduction substantielle de l'appui aux fermiers des pays développés. Mais, en même temps, ils exigent une certaine flexibilité dans la mise en œuvre de ses règles de manière à leur permettre de continuer à appuyer leurs secteurs agricoles et à assurer leur sécurité alimentaire. Le groupe du Cairns, comprenant une quinzaine de grands exportateurs agricoles, défend une conception totalement différente en mettant l'accent sur le rôle du marché dans la régulation des marchés mondiaux. Pour ces pays, il faut annuler toutes les formes de subvention qui ne font que fausser le rôle du marché et conduisent à une allocation peu efficiente des ressources de la planète.

Ces différentes conceptions vont s'affronter dans les négociations internationales, particulièrement à partir de l'Uruguay Round où les pays africains ont commencé à demander de rompre avec la protection dont jouissait l'agriculture par le passé et d'imposer une plus grande discipline multilatérale. À partir de là trois questions majeures seront au centre des discussions internationales dont l'accès au marché, le soutien interne à la production et les subventions aux exportations.

L'accès au marché

Si les marchés des produits industriels ont connu d'importantes réductions de tarifs, les marchés des produits agricoles continuent à bénéficier d'importantes protections, en particulier dans les pays développés. Ainsi, le taux moyen de droits de douane sur les produits industriels est passé de 40 % à 4 % entre 1945 et 1995 alors que le taux moyen pour les produits agricoles était encore autour de 62 % [128]. Mais, ces taux sont encore plus élevés pour des produits dits sensibles ou stratégiques dans les pays de l'OCDE comme le blé (214 %), l'orge (197 %) et le maïs (154 %). Les négociations de l'Uruguay Round ont cherché à réduire ces protections d'abord en transformant toutes les barrières non tarifaires en barrières tarifaires, et en réduisant ces dernières. Cependant, les pays africains considèrent que ces réductions restent encore faibles et continuent à poser d'importantes barrières pour l'accès aux marchés des pays développés. Par ailleurs, certains droits sur les produits sensibles ont, en dépit de l'engagement de les réduire, augmenté sensiblement ces dernières années.

Les pays africains posent également à ce niveau la question des crêtes tarifaires et la progressivité des droits de douane appliqués par la plupart des pays de l'OCDE. Ce phénomène touche particulièrement ces pays dans la mesure où il est appliqué sur une grande partie de leurs exportations. On estime aujourd'hui que plus de la moitié des crêtes tarifaires

128 Voir PNUD, *op. cit.*, 2003.

sont appliquées sur les produits agricoles, de transformation agricole et de la pêche [129]. Ces crêtes tarifaires dépassent parfois un taux de 100 %. Pour certains produits, ces crêtes sont encore plus importantes avec près de 180 % pour les bananes pour les pays de l'Union européenne et 550 % pour les arachides pour le Japon, et de 132 % pour les États-Unis. Pour d'autres produits comme le sucre, le riz, la viande, les produits laitiers, les légumes et le poisson, les crêtes appliquées par les pays de l'OCDE sont encore plus importantes et varient entre 600 et 900 %.

Parallèlement aux crêtes tarifaires, les pays africains sont confrontés à la progressivité des droits de douane. Ce phénomène pose d'importantes difficultés aux pays qui cherchent à échapper à une insertion internationale basée sur les matières premières, et qui se fixent comme objectif de diversifier leurs structures productives par le biais de la transformation de leurs activités productives. Devant cette progressivité la part des produits transformés dans les exportations des pays en développement est restée relativement faibles et ne dépasse pas les 5 % des exportations des produits alimentaires des PMA et se limite à 17 % pour les exportations totales des pays en développement. Cette progressivité des tarifs douaniers est appliquée par les pays de l'OCDE sur des produits comme le café, le cacao, les oléagineux et les fruits et légumes [130]. En dépit des engagements des pays de l'OCDE de limiter la progressivité des droits, les taux de protection pour les produits de première transformation restent encore élevés et tournent autour de 44 % pour les farines de blé et de 25 % pour les jus d'orange dans les pays européens, de 30 % pour le sucre raffiné au Japon et de 42 % pour le lait aux États-Unis.

Les niveaux de protection tarifaires encore élevés des pays développés, en dépit de leurs engagements de les diminuer lors de l'Uruguay Round, contrastent avec les niveaux des protections des pays africains. Ces derniers ont effectué d'importantes réformes dans le cadre des programmes d'ajustement structurel dès le milieu des années 80 afin d'éliminer les protections non tarifaires et de réduire les taux de protection douaniers.

---

129 Voir OMC et CNUCED, *The Post-Uruguay Round Tariff Environment for Developing Countries: Tariff Peaks and Tariff Escalation*, Geneva, OMC et CNUCED, 1999.

130 Voir Shirotori Miho, *Notes on the Implementation of the Agreement on Agriculture*, Geneva, UNCTAD, 2000.

Dans cette perspective les pays africains exigent dans le cadre des négociations internationales une profonde réduction des tarifs douaniers et demandent un plus grand accès aux marchés pour leurs produits agricoles et de première transformation.

Le soutien interne à la production

Parallèlement aux obstacles non tarifaires et aux tarifs douaniers élevés, les pays africains réclament une réduction sensible des mesures de soutien interne appliquées par les pays développés. Pour saisir l'importance de ces aides, il faut rappeler qu'elles représentent pour les pays de l'OCDE près de 20 % du PIB agricole et pour la moitié d'entre eux plus de 50 %. Parallèlement depuis le milieu des années 80, les pays africains ont fortement diminué toutes les formes d'aide qu'ils accordent à leurs paysans dans le cadre du rétablissement de leurs grands équilibres macroéconomiques. Les aides à la production dans les pays développés viennent s'ajouter au différentiel de productivité qui les sépare des pays africains. Ainsi, l'Afrique se trouve dans une situation concurrentielle défavorable du fait de son retard en matière de modernisation de ses structures agraires mais également du fait des aides à la production dont bénéficient les grandes fermes agro-industrielles des pays développés.

Les différentes formes d'aide à la production permettent aux grands fermiers des pays développés de maintenir des prix bas sur les marchés internationaux. Cette situation est à l'origine d'une forte détérioration des termes de l'échange des pays africains. Par ailleurs, et compte-tenu de la libéralisation de leurs échanges internationaux, les petits paysans dans les pays africains ne peuvent soutenir la concurrence que leur imposent les grandes firmes agro-industrielles et quittent progressivement le monde rural pour venir grossir les grandes métropoles. Ainsi, des pays qui étaient autosuffisants du point de vue alimentaire perdent cette autonomie et deviennent des importateurs nets de produits agricoles.

Dès le cycle de l'Uruguay Round, les pays africains ont fait de la réduction des différentes formes d'appui interne une de leurs grandes priorités afin de défendre leurs petits paysans devant les grandes entreprises agro-industrielles que sont devenues les fermes des pays développés. Cette demande a rencontré l'opposition des pays de l'OCDE qui ont estimé que cette réduction ne peut être que progressive. Ainsi, on a essayé de classer les différentes formes d'aide à la production dans trois catégories [131]. D'abord, la catégorie orange qui regroupe toutes les aides qui ont un effet perturbateur et faussent la production et les prix. Pour cette catégorie de produit, les réductions ont été fixées en moyenne à 20 % pour les pays industriels et 13,3 % pour les pays en développement par rapport à la mesure globale de soutien. On a ensuite la catégorie bleue qui est une exception à l'accord général voulant réduire toutes les subventions et qui a été accordée aux pays de l'Union européenne pour les amener à signer cet accord. Certains spécialistes considèrent que ces aides, liées à la taille des exploitations ou du cheptel et accordées aux exploitations qui s'engagent dans une politique de réduction de la production, ont un effet relativement moins important que la catégorie orange. Il n'empêche que les pays africains exigent la mise en place d'une politique de renoncement à ces aides. Ensuite, vient la catégorie verte qui regroupe toutes les aides ayant des effets perturbateurs marginaux sur les marchés et les prix. Ces aides concernent les subventions accordées sur fond public versées directement aux paysans mais sans intervention sur les prix. Elles permettent aux pouvoirs publics de prendre en considération les questions de l'environnement et la nécessité du maintien de l'équilibre écologique et sociologique du paysage rural dans le monde en développement. À ces trois catégories, il faut également rajouter les formes de protection accordées aux pays en développement dans le cadre du traitement spécial pour les aider à défendre leurs paysans pauvres et à assurer leur sécurité alimentaire.

Les subventions à l'exportation

Parallèlement à l'accès aux marchés et aux aides internes à la production, les pays africains mettent également l'accent sur les subventions accordées par les pays de l'OCDE à leurs exportations agricoles. Ces subventions leur permettent de maintenir des prix relativement bas sur les marchés agricoles et d'exporter leurs excédents agricoles. Les pays africains ont beaucoup souffert de cette tendance baissière des prix des produits agricoles qui non seulement a entraîné une baisse sensible de leurs recettes d'exportation mais également la déstructuration de la production agricole des pays qui ont opté pour une forte libéralisation de leurs échanges agricoles.

131 Voir GATT, *Accord sur l'agriculture*, Genève, GATT, 1994

Les récentes études ont montré que près de 90 % des subventions mondiales aux exportations sont du fait des pays de l'Union européenne [132]. Or, certains considèrent que le montant de ces subventions serait encore plus important si on y introduisait les crédits à l'exportation fréquents aux États-Unis et qui ont les mêmes effets que les subventions sur les marchés internationaux. Ces crédits à taux d'intérêts relativement faibles renforcent la compétitivité des exportateurs américains sur les marchés internationaux. Par ailleurs, le volume de ces crédits ne cesse d'augmenter et a atteint ces dernières années des niveaux relativement élevés. On estime que le programme américain de garantie des crédits à l'exportation a été multiplié par deux en 1998 et était de 5,9 milliards de $.

L'agriculture constitue pour les pays africains un secteur stratégique dans la relance de la croissance et dans la lutte contre la pauvreté. Or, ce secteur, en plus de ses difficultés internes et de la faiblesse de sa productivité, souffre d'une concurrence déloyale sur les marchés internationaux. En effet, en dépit des engagements pris par les pays développés dans le cadre de l'Uruguay Round afin de réduire toutes les formes d'aide et d'appui à ce secteur, l'appui des pouvoirs publics aux grands fermiers des pays développés n'a jamais cessé et a au contraire, selon certaines estimations, connu une importante progression. Du coup, les négociations dans ce secteur revêtent pour les pays africains une importance stratégique.

Vers des négociations favorables au développement

La position des pays africains dans le cadre des négociations internationales sur le dossier agricole tourne autour de deux principes. D'un côté, ils exigent une plus grande ouverture des marchés des pays développés vers leurs produits agricoles et la disparition des formes d'appui les plus perturbatrices du marché. En même temps, l'ensemble de ces pays met en avant la nécessité de défendre leur sécurité alimentaire en exigeant une plus grande flexibilité dans le processus de libéralisation à travers le maintien de

132 Voir PNUD, *op. cit.*, 2003.

certaines formes de protection pour défendre leurs paysans. Ces protections deviennent d'autant plus nécessaires que l'insécurité alimentaire progresse et que la pauvreté est grandissante dans les campagnes. Les exigences des pays africains tournent autour de quatre grandes préoccupations.

L'accès aux marchés

À ce niveau, les pays africains exigent une plus grande ouverture des marchés des pays développés pour leurs produits à travers la réduction des barrières tarifaires. Plus particulièrement, ils demandent la réduction des crêtes tarifaires et l'abandon de la progressivité des droits de douane appliqués à l'encontre de leurs produits agricoles et des produits de transformation.

Le soutien interne à la production

À ce niveau, les pays africains demandent l'élimination des subventions de la catégorie bleue. Pour les aides de la catégorie orange, elles doivent être éliminées progressivement à l'horizon 2015. Enfin, pour celles de la catégorie verte, ces pays, tout en prenant en considération la légitimité des préoccupations des pays développés pour la défense de l'environnement et le maintien du paysage rural, exigent des critères plus rigoureux dans la définition des aides qui doivent rentrer dans cette catégorie. Cette rigueur est nécessaire pour éviter que les aides réprimandées des catégories bleue et orange soient progressivement versées dans cette catégorie.

Les subventions à l'exportation

Les pays africains se prononcent en faveur de l'élimination de ces subventions d'ici 2010.

Un traitement spécifique pour le développement

La prise en compte de la dimension du développement dans le cadre du Doha Round passe pour les pays africains par la mise en place d'un traitement spécifique afin de les aider à mieux définir leurs politiques agricoles et de mieux répondre aux impératifs de leur sécurité alimentaire. Ainsi, ils ont demandé une baisse moins forte de leurs droits de douane sur les produits agricoles, des durées plus longues pour la mise en œuvre ainsi qu'une exemption totale pour les PMA.

Par ailleurs, certains pays africains ont mis l'accent sur le caractère stratégique des politiques agricoles dans le développement qui font que la sécurité alimentaire est une exigence fondamentale dans les droits fondamentaux de la personne humaine. À ce titre, ils ont suggéré la création d'une catégorie spéciale d'aide de développement pour le domaine agricole.

La déclaration de Doha a donné un large écho aux préoccupations des pays africains dans le dossier des négociations agricoles. Ainsi, elle stipule que l'objectif à long terme de ce Round est « d'établir un commerce équitable et axé sur le marché au moyen d'un programme de réforme fondamentale comprenant des règles renforcées et des engagements spécifiques concernant le soutien et la protection afin de remédier aux restrictions et distorsions touchant les marchés agricoles mondiaux et de les prévenir » [133]. Parallèlement à ce manifeste de principe, la déclaration de Doha suggère des orientations pour les négociations agricoles dans ce Round. Elle spécifie que ce Round cherchera à obtenir « des améliorations substantielles de l'accès aux marchés, des réductions de toutes les formes de subventions à l'exportation, en vue de leur retrait progressif, et des réductions substantielles du soutien interne ayant des effets de distorsion des échanges » [134]. Enfin, cette déclaration fait siennes les exigences de traitement spécifique pour les pays africains afin de leur permettre de répondre aux exigences de leur sécurité alimentaire. Elle indique, notamment, « que le traitement spécial et différencié pour les pays en développement fera partie intégrante de tous les éléments des négociations et sera incorporé dans les listes de concessions et d'engagements et selon qu'il sera approprié dans les règles et disciplines à négocier, de manière à être effectif d'un point de vue opérationnel et à permettre aux pays en développement de tenir effectivement compte de leurs besoins de développement, y compris en matière de sécurité alimentaire et de développement rural » [135].

---

133 Voir OMC, *Déclaration de Doha, Programme de Doha pour le Développement*, Genève, OMC, 2003, p.7.

134 OMC, *op. cit.*, 2003, p.7.

135 OMC, *op. cit.*, 2003, p.7.

Certes, certains pays avaient exprimé des critiques vis-à-vis de cette déclaration dans la mesure où elle ne comportait pas d'engagements concrets en ce qui concerne l'accès aux marchés, l'ampleur des réductions des appuis internes ou des subventions à l'exportation. Par ailleurs, elle n'avait pas indiqué d'horizon temporel précis quant à la mise en place des réformes et des réductions comme l'exigeaient les pays en développement. Enfin, elle a passé sous silence la suggestion de ces pays d'introduire une catégorie d'aide au développement afin de leur permettre de protéger leur agriculture et de leur donner une plus grande flexibilité dans la formulation de leurs politiques et choix de développement agricole. Mais, en dépit de ces limites, les pays africains avaient finalement accepté d'adopter ce texte et de considérer qu'il constitue un bon départ pour donner un contenu favorable au développement pour le Doha Round. Par ailleurs, ces pays ont mis l'accent sur l'engagement des membres de l'OMC de faire de la date du 31 mars 2003 une date limite pour la définition des différentes modalités concrètes pour les nouveaux engagements et pour la mise en œuvre des dispositions du traitement spécial et différencié. Un délai qui, comme nous le verrons plus tard, ne sera pas respecté.

III. L'accès au marché pour les produits non agricoles

L'accès au marché pour les produits non agricoles est une question d'une grande importance pour les pays africains car elle est au centre de leur processus de développement et de leur industrialisation. À cet effet, il faut noter que ces pays ont entamé depuis les indépendances, et en particulier dès le début des années 60, un processus de développement industriel basé sur la substitution des importations. L'objectif de cette stratégie de développement était de remplacer les importations de produits de consommation finale par des productions locales. Ces stratégies étaient au cœur des tentatives de modernisation industrielle dans les pays en développement, de la diversification de leurs structures productives et de la rupture de l'insertion rentière basée sur l'exportation des matières premières. Cette stratégie a été renforcée à partir du milieu des années 70 dans certains pays, notamment en Asie du Sud-Est et en Afrique du Nord, par une plus grande ouverture sur les marchés internationaux à travers l'orientation d'une partie de leurs tissus productifs vers la production de produits destinés à l'exportation. Ces pays se sont spécialisés dans les industries à haute intensité de main d'œuvre. Il faut dire que ces pays avaient tiré profit à l'époque de la crise de ces industries dans les pays du Nord et des stratégies de délocalisation opérées vers les pays à faible coût de main d'œuvre. À ce niveau, les faibles coûts du travail devaient rétablir la compétitivité de ces industries qui a souffert de la baisse de leur productivité.

Ces expériences de développement industriel ont connu des fortunes diverses. Certains pays émergents de l'Asie du Sud-Est ont pu maintenir un rythme élevé de croissance et ont été en mesure de construire des secteurs industriels dynamiques et compétitifs sur les marchés mondiaux. Ces dynamiques d'accumulation leur ont permis de devenir de grands exportateurs sur les marchés mondiaux et d'améliorer leur insertion internationale. Or, au même moment, la plupart des pays en développement, dont la majorité des pays africains, vont connaître une grande crise de leur développement industriel. Plusieurs raisons expliquent cette crise dont la forte protection de leurs entreprises dans le cadre des stratégies d'import-substitution qui s'est traduite par une grande inefficacité de leurs investissements. La crise des années 80 et le désengagement de l'État ont entraîné la disparition d'importantes entreprises déficitaires qui vivaient sur les subsides des pouvoirs publics.

Mais, en dépit de cette crise, le développement industriel dans le monde en développement s'est traduit par une forte progression de la participation de ces pays dans le commerce mondial. Entre 1970 et 1999, leurs exportations de marchandises ont connu un rythme de progression annuelle de 12 %, plus élevé que celui du reste du monde (10 %) ce qui leur a permis d'accroître leur part dans le commerce mondial qui est passée de moins du quart à près du tiers [136]. Cette progression s'est aussi accompagnée d'une transformation rapide de la structure de leurs exportations dès le début des années 80 avec une présence plus forte des produits manu-

136 UNCTAD, *Trade and Development Report 2002*, Geneva, UNCTAD, 2002.

facturés aux dépends des produits de base. La part des produits manufacturés est passée entre le milieu des années 70 et la fin des années 90, de 20 % à 70 % du total alors que celle des produits primaires a chuté de 20 à 10 % durant la même période.

Mais, contrairement aux postulats de la croissance transmise qui stipulaient que l'ouverture sur les échanges mondiaux devait s'accompagner d'une forte croissance du revenu et du rattrapage du niveau de développement des pays développés, les pays en développement n'ont pas tiré d'importants avantages de cette forte progression de leur participation dans les courants des échanges mondiaux. Ainsi, la part des revenus tirée par les pays développés des échanges mondiaux a progressé entre 1980 et 1999, de 73 à 77 % du total, au moment où leurs contributions dans les échanges mondiaux de produits manufacturés sont tombées de 80 à 70 % des échanges mondiaux. Les pays en développement, en dépit de la progression rapide de leur contribution dans les échanges mondiaux des produits manufacturés, ont vu leur part dans les revenus mondiaux stagner autour de 20 % [137].

Mais cette évolution cache une grande disparité entre les pays en développement. En effet, les pays de l'Asie de l'Est ont vu leur part dans le revenu mondial des produits manufacturés augmenter leur permettant de se rapprocher des pays développés. Les autres régions du monde, et en particulier les pays africains, n'ont pas connu la même réussite. Au contraire, la libéralisation des échanges s'est traduite par une progression rapide de leurs importations entraînant des pressions supplémentaires sur leurs grands équilibres macroéconomiques. Ainsi, la libéralisation du commerce mondial dans ces économies n'a pas favorisé une progression de leurs exportations de produits manufacturés, et encore moins de leur part dans les revenus mondiaux. Ces évolutions ont été à l'origine d'importantes controverses théoriques sur les rapports entre commerce international et croissance [138]. Cette controverse a eu l'intérêt de montrer

[137] UNCTAD, *op. cit.*, 2000.

[138] Cette controverse a démarré avec une importance contribution de Dani Rodrik et Francisco Rodriguez, *Trade Policy and Economic Growth : A Skeptic's Guide to the Cross National Evidence*, Working paper 7081, National Bureau of Economic Research, April 1999. Voir également à ce propos la réponse

que cette relation entre libéralisation du commerce et croissance n'est pas aussi simple que la théorie standard le laissait entendre dans les années 80. Au contraire, on est en présence d'une relation complexe à multiples facettes. En effet, plusieurs facteurs interviennent dans l'analyse des rapports entre les stratégies de développement et la stratégie commerciale. Parmi ces facteurs, il faut citer la structure d'intégration des pays dans les courants d'échange mondiaux, l'élasticité revenu et l'évolution de l'avantage comparatif. À ce niveau, il est évident que les pays qui ont privilégié une insertion internationale basée sur les produits intensifs en nouvelles technologies ont tiré un meilleur profit que ceux qui sont restés prisonniers d'un commerce international basé sur les produits intensifs en main d'œuvre ou sur les matières premières. Ces pays ont pu tirer profit d'une croissance plus forte de la demande mondiale en produits à forte valeur ajoutée, et ont par conséquent pu utiliser à leur avantage les rendements d'échelle croissants et bénéficier de leurs gains de productivité.

Cependant, la structure de l'insertion internationale et les évolutions récentes des avantages compétitifs ne sont pas les seuls facteurs d'explication des disparités dans les situations des pays en développement vis-à-vis des courants d'échanges des produits manufacturés. À ce niveau, il faut aussi évoquer les politiques d'accès aux marchés pratiquées par les pays développés qui expliquent également la faiblesse des gains tirés par les pays africains dans le commerce mondial des produits manufacturés. Des travaux récents ont montré que ces politiques ont favorisé les produits intensifs en nouvelles technologies qui dominent les exportations des pays développés et sont à la base de leurs avantages compétitifs par rapport aux produits intensifs en main d'œuvre et aux produits primaires exportés par les pays en développement. De ce point de vue, ces pays ont fait de la question de l'accès au marché pour les produits non agricoles une question essentielle dans le nouveau cycle de négociations. Une plus grande ouverture des marchés favoriserait leurs dynamiques de développement industriel et les stratégies de transition et de diversification opérées par un grand nombre d'entre eux pour

de Srinivasan T. N. et Bhagwati J., *Outward-Orientation and Development : Are Revisionnist Right*, Economic Growth Centre Discussion Paper, n°806, New Haven, CT, Yale University, September 1999. Cette controverse a été revisitée récemment dans le Rapport sur le commerce mondial de l'OMC 2003, Genève, OMC, 2003.

construire une insertion dynamique et compétitive dans les échanges mondiaux.

Les enjeux des négociations internationales

Ce dossier dans les négociations internationales concerne les exportations des produits industriels. On le comprend, il s'agit pour les pays africains d'un dossier d'une grande importance dans la mesure où il est au cœur du processus de développement industriel et influencera par conséquent de manière forte les efforts de modernisation et de diversification de leurs structures productives afin d'échapper à l'insertion rentière qui est la leur depuis les indépendances. Certes, ces pays ont pu bénéficier depuis de longues années du système généralisé de préférence qui leur a ouvert les marchés des pays développés. Ainsi, les pays européens ont accordé dans le cadre de la convention de Lomé et de Cotonou des avantages considérables aux exportations industrielles des pays ACP (Afrique, Caraïbes et Pacifique). Par ailleurs, les pays les moins avancés ont joui de l'accès en franchise de la part des quatre grands marchés à savoir : le Canada, les États-Unis, le Japon et l'Union européenne. Enfin, depuis quelques années, certains pays d'Afrique du Nord ont signé des accords de libre-échange avec l'Union européenne qui se sont traduits par une plus grande ouverture de ces marchés vers leurs exportations. Or, ces avantages ont eu peu d'effets sur les exportations des pays africains dont les échanges avec les pays développés sont restés dominés par les produits de rente.

Ces résultats ont amené certains à soutenir l'hypothèse que le véritable problème des pays africains n'est pas lié à l'ouverture des marchés internationaux mais réside dans la faiblesse de l'offre de produits industriels et la déficience de compétitivité de leurs entreprises. Ces pays doivent par conséquent faire des efforts supplémentaires afin d'accroître leur production industrielle et améliorer la compétitivité de leurs exportations. Or, des études récentes ont montré que les courants d'échanges de produits industriels des pays africains continuent à souffrir des barrières à l'entrée imposées par les pays développés particulièrement pour les produits intensifs en main d'œuvre qui dominent les exportations du Tiers-Monde. Le secteur du textile et de l'habillement est assez significatif de ces difficultés avec l'imposition de crêtes tarifaires et la progressivité des droits de douane. A travers, ces barrières à l'accès aux marchés, les pays développés cherchent à défendre les industries en manque de compétitivité qui se trouvent en difficulté avec la montée en puissance de certains pays en développement sur les marchés internationaux. Par ailleurs, les problèmes des règles d'origine pèsent également sur les exportations des pays africains et réduisent fortement par conséquent l'ampleur des facilités qu'ils ont accordées aux exportations en provenance d'Afrique.

Parallèlement à la question de l'accès au marché, les pays africains sont confrontés au renforcement du processus de libéralisation des échanges de produits industriels. La plupart des accords de libre-échange signés ces dernières années comprennent d'importants dispositifs de libéralisation des échanges industriels. Cette libéralisation s'est traduite par la diminution de la protection qu'ils ont érigée depuis des décennies afin de venir en aide à leurs efforts de développement industriel. À ce niveau, il faut souligner que cette protection n'a pas été souvent utilisée de manière efficace et s'est traduite dans un grand nombre de pays par le développement d'activités industrielles peu compétitives et qui n'ont pas résisté à la concurrence extérieure au moment de l'ouverture des frontières. Ainsi, la protection n'a pas servi à construire des appareils industriels dynamiques et a été à l'origine d'une grande dilapidation des ressources publiques accordées sous forme de subventions aux grandes entreprises industrielles ainsi qu'un important manque à gagner pour les consommateurs réduits à se satisfaire par des produits de mauvaise qualité au nom de la défense de l'industrie nationale.

Cependant, il faut souligner que ces protections étaient nécessaires compte-tenu du différentiel de productivité existant entre les industries du Nord et les activités naissantes dans les pays africains. La protection devait théoriquement aider les économies africaines à remonter ce décalage de productivité et les mettre sur la voie d'une industrialisation rapide. D'ailleurs, l'expérience historique a montré que certains pays en développement ont pu tirer profit de cette protection et l'utiliser dans le processus de montée en puissance de leurs dynamiques de développement. Ainsi, les pays asiatiques ont eu un usage pragmatique de la protection afin de favoriser le développement de nouvelles activités. La protection n'était pas définitive et elle a été progressivement réduite dans les secteurs qui sont arrivés à maturité. Ces secteurs ont alors été ouverts à la concurrence nationale et internationale, et la protection s'est déplacée vers de nouveaux secteurs.

Enfin, les pays africains qui ont opéré une ouverture de leurs frontières vis-à-vis des importations ont été confrontés rapidement à une baisse rapide de leurs recettes fiscales. Il faut dire que l'essentiel des recettes budgétaires d'une grande partie des économies africaines provenait de leurs recettes douanières. Cette prédominance trouve son explication dans plusieurs facteurs dont la faiblesse des activités économiques locales, l'efficacité réduite des administrations fiscales et parfois le caractère élevé de l'évasion et de la fraude fiscales. La libéralisation des échanges pose par conséquent d'importantes difficultés pour un grand nombre de pays africains, et pèse de tout son poids sur les grands équilibres macroéconomiques. Certains pays ont cherché à faire face à cette perte de recettes par le biais d'importantes réformes fiscales visant l'accroissement de l'efficacité des administrations fiscales et l'accroissement des recettes internes. Cependant, les effets de ces réformes restent encore limités et beaucoup de pays continuent à souffrir de la forte réduction de leurs recettes budgétaires suite au mouvement de libéralisation de leurs échanges extérieurs.

Ainsi, l'accès aux marchés des pays développés, la poursuite de leur développement industriel et l'accroissement de leurs recettes fiscales constituent les principaux enjeux pour les pays africains dans les négociations sur les droits de douane industriels [139].

L'accès aux marchés

La question de l'accès aux marchés pour les produits industriels est une question essentielle pour les pays africains. Cette question se pose à trois niveaux. Le premier est lié aux tarifs moyens appliquées sur les exportations en provenance de ces pays. À ce niveau, il faut souligner que les tarifs appliqués sur les produits industriels ont connu une forte baisse depuis plusieurs décennies passant d'une moyenne de 15 % dans les années 50 à 4 % au cours de l'Uruguay Round. Cette tendance à la réduction des

[139] Voir PNUD, *op. cit.*, 2003.

tarifs sur les produits industriels a également touché les pays en développement comme l'Inde, le Mexique, le Brésil ou le Chili dont les taux moyens sont passés durant la même période successivement de 71 à 32 %, de 46 à 34 %, de 41 à 27 % et de 35 à 25 %.

Cependant, cette tendance est marquée par une profonde inégalité. Ainsi, par exemple, le taux moyen pondéré appliqué par les pays de l'OCDE sur les exportations des pays en développement dans le cadre de la clause de la nation la plus favorisée (3,4 %) est quatre fois supérieur à celui qu'ils appliquent entre eux. Par ailleurs, les pays développés ont réduit de moitié les tarifs industriels sur les exportations en provenance des pays développés alors que la réduction pour les produits des pays en développement n'a été que du tiers. Ainsi, le taux moyen pondéré appliqué par les pays développés entre eux tourne autour de 3 % alors que celui appliqué pour les importations en provenance des pays en développement se situe autour de 5 %. Ainsi, ces éléments montrent que les tarifs industriels ont connu une forte baisse depuis quelques années. Cette baisse est certes plus marquée dans les pays de l'OCDE que dans les pays en développement dont certains ont continué à appuyer leurs activités industrielles afin de faire face au différentiel de productivité qui les sépare des pays développés. Mais, il faut également noter que la réduction des tarifs sur les produits industriels a profité beaucoup plus aux pays développés qu'aux pays en développement.

Le second aspect de la question de l'accès aux marchés concerne le problème des crêtes tarifaires, des taux supérieurs à 12 %, maintenus par les pays développés. Ces crêtes touchent particulièrement les produits en provenance des pays en développement comme les produits alimentaires, le textile et l'habillement, les chaussures, les articles en cuir et l'électronique grand public. Ces crêtes, qui peuvent atteindre jusqu'à 900 % pour certains produits, sont appliqués sur les produits intensifs en travail pour lesquels les firmes des pays développés éprouvent d'importantes difficultés, et où les pays en développement connaissent une amélioration de leurs avantages compétitifs [140]. Certes, les pays développés ont accordé des avantages et des préférences tarifaires, notamment pour les pays les moins avancés. Cependant, ces préférences excluent certains produits intensifs en travail qui sont touchés par les crêtes tarifaires. Ainsi, selon une étude de la Banque mondiale, 11 % des exportations de ces pays vers les quatre grands marchés mondiaux (États-Unis, Canada, Union européenne et Japon) sont exposés aux crêtes tarifaires au moment où elles ne représentent que 4 % du total de leurs importations [141].

Le troisième aspect de la question de l'accès aux marchés est lié à la progressivité des droits de douane. Comme pour les crêtes tarifaires, la progressivité touche fortement les exportations des pays en développement, particulièrement ceux intensifs en travail. Ainsi, par exemple, les tarifs douaniers sur les chaussures en caoutchouc appliqués par le Japon peuvent atteindre jusqu'à 260 %. Cette progressivité constitue un obstacle de taille à la diversification des structures productives des pays africains. Elle se traduit dans la plupart des cas par des pressions fortes sur les salaires afin que les exportateurs africains puissent dégager une marge bénéficiaire.

Ainsi, en dépit des baisses des tarifs appliquées sur les produits industriels, les exportations des pays africains, et celles des pays en développement en général, continuent à souffrir d'importants obstacles pour l'accès aux marchés des pays développés. L'inégalité dans la réduction des tarifs, leur progressivité et les crêtes tarifaires pèsent lourdement sur la compétitivité des produits des pays africains et sont par conséquent au centre des négociations internationales au sein de l'OMC.

Le droit au développement industriel

Les pays africains ont construit leur développement industriel dans les années 60 et 70 dans un environnement particulièrement protégé à travers notamment des barrières non tarifaires et les tarifs élevés appliqués sur les importations des produits industriels. Certes, ces protections ont constitué dans certains pays des rentes pour les activités industrielles destinées au

---

[140] Voir Erich Supper, « The Post-Uruguay Round Tariff Environment for Developing Country Exports: Tariffs Peaks and Tariffs Escalation », in UNCTAD, *Positive Agenda and Future Trade Negociations*, Geneva, UNCTAD, 2000.

[141] Voir B. Hoekman, Ng Francis et Marcello Ollarreaga, *Eliminating Excessive Tariffs on Exports of Least Developed Countries*, Policy Research Working Paper 2064, Washington, World Bank, 2001.

marché intérieur qui se sont peu souciées de leur compétitivité. Or, dans d'autres pays, ces protections, nécessaires au développement des activités naissantes, ont permis une accélération du développement industriel et ont favorisé leur insertion dynamique dans l'économie internationale. Or, la crise du début des années 80, a entraîné un désengagement de l'État et une plus grande libéralisation des échanges extérieurs dans un grand nombre de pays africains. Dans le domaine industriel, l'ouverture des frontières a été à l'origine d'une concurrence accrue de la part des produits importés, et a entraîné la disparition de certains segments des activités industrielles nationales incapables de soutenir la nouvelle donne concurrentielle. Ainsi, même si la réduction des tarifs industriels a été moins marquée dans les pays africains que dans celles des pays de l'OCDE, la libéralisation des échanges extérieurs pose des difficultés importantes aux activités locales et se trouve à l'origine d'une grave crise industrielle.

Cette crise est à l'origine de l'intérêt accordé par les pays africains aux négociations internationales dans le domaine industriel. Ils ont cherché dans le cadre du nouveau Round de négociations à faire reconnaître leur spécificité et à se donner quelques marges de manœuvre afin de poursuivre l'effort de développement industriel qu'ils ont entamé après les indépendances.

Faire face à la baisse des recettes douanières

La libéralisation des échanges de produits industriels dans un grand nombre de pays africains s'est traduite par une baisse de leurs recettes douanières, et par conséquent des recettes budgétaires. Il faut dire que l'essentiel des revenus budgétaires de certains pays proviennent des taxes appliquées sur leurs importations. En effet, entre 1999 et 2001, la part des revenus sur les importations représentait près de 34 % des revenus gouvernementaux dans les PMA en Afrique, et 22 % pour les autres pays africains alors que cette part n'est que de 15 % en moyenne pour les pays en développement. Ces éléments montrent l'importance de la libéralisation des échanges extérieurs pour les pays africains et les pressions qu'elles vont exercer sur les grands équilibres macroéconomiques. Certes, la plupart des pays africains ont accompagné la réduction des tarifs extérieurs par des réformes fiscales à travers le renforcement de l'administration fiscale afin d'accroître les revenus locaux qui devraient faire face au manque à gagner suite à l'ouverture des frontières. Mais, ces réformes fiscales n'ont pas encore produit les effets escomptés dans un grand de pays qui font face à une détérioration de leurs équilibres budgétaires du fait de la forte réduction de leurs recettes douanières.

Les revendications des pays africains

Dans les négociations internationales sur les produits industriels, les revendications des pays africains tournent autour de deux principes. Le premier est lié à une plus grande ouverture des marchés des pays développés à travers une réduction des tarifs industriels appliqués par les pays développés, et surtout l'abandon des crêtes tarifaires et de la progressivité des droits. Ces mesures doivent favoriser l'effort de diversification des structures productives entamé par les économies africaines. Par ailleurs, ces pays cherchent dans le cadre des négociations internationales à maintenir leur marge de liberté et certaines protections pour poursuivre leurs efforts en matière de développement industriel. Ainsi, l'ouverture des marchés des pays développés ne devrait pas être accompagnée d'une réciprocité complète de la part des pays africains. Cette revendication cherche à couper court aux tentatives de libéralisation totale des échanges des produits industriels exigées par les pays développés dans le cadre des accords de libre-échange proposés aux pays en développement en général.

Les préoccupations des pays africains ont trouvé un écho dans la déclaration de Doha. Ainsi, sur la question de l'accès aux marchés, cette déclaration invite les pays membres « à réduire ou, selon qu'il sera approprié, à éliminer les droits de douane, y compris à réduire ou éliminer les crêtes tarifaires, les droits élevés et la progressivité des droits, ainsi que les obstacles non tarifaires, en particulier pour les produits dont l'exportation présente un intérêt pour les pays en développement » [142]. Par ailleurs, la déclaration a pris en considération les revendications des pays en développement de maintenir une protection afin de poursuivre leur développement industriel. Ainsi, elle souligne que « les négociations tiendront pleinement compte des besoins et des intérêts spéciaux des pays en

[142] OMC, *op. cit.*, 2003, p. 9.

développement et pays les moins avancés participants, y compris au moyen d'une réciprocité qui ne soit pas totale pour ce qui est des engagements de réduction » [143].

IV. Les droits de propriété intellectuelle et la santé publique

L'introduction de l'accord sur les droits de propriété intellectuelle dans le système commercial multilatéral a fait l'objet depuis de nombreuses années d'importantes controverses. Il faut rappeler que les efforts pour réglementer les droits de propriétés ne sont pas récents et remontent à la fin du XIXe siècle. En effet, la première convention internationale sur la propriété intellectuelle a été signée à Paris en 1883 entre 14 pays qui se sont engagés à l'époque à mettre en place une série de règles afin d'assurer une plus grande protection des brevets et des inventions. Cette convention est devenue au fil du temps la référence en matière de droit de propriété intellectuelle.

Mais, dès la fin des années 60, les pays en développement vont commencer à contester le caractère restrictif de cette convention et ont appelé à la réviser afin de faciliter leur accès aux nouvelles technologies. Dans les années 70, la question du transfert des technologies et la maîtrise des nouvelles technologies seront au cœur des négociations sur le nouvel ordre économique international. En même temps, ces pays se sont dotés de législations nationales plus flexibles en matière de propriété intellectuelle. Les revendications des pays en développement et l'évolution de leurs législations nationales en la matière ont été à l'origine d'importantes tensions sur la scène internationale, et plus particulièrement avec les firmes transnationales (FTN) qui poussaient leurs pays d'origine à adopter des attitudes plus fermes et à imposer de nouvelles législations plus restrictives dans ce domaine. Dans ce contexte, les États-Unis ont cherché à introduire les questions de propriété intellectuelle dans les négociations

143 OMC, *op. cit.*, 2003, p. 9.

commerciales multilatérales dès le Tokyo Round de l'Accord Général sur les Tarifs Douaniers et le Commerce de 1978 à travers la proposition sur les contrefaçons.

Cependant, cette initiative a été rejetée par les pays en développement qui considéraient que ces questions ne doivent pas faire partie de l'Accord du GATT et qu'elles doivent continuer à être examinées dans le cadre de l'OMPI. Or, les États-Unis sont revenus à la charge en soumettant une nouvelle proposition en 1982. Par ailleurs, de manière unilatérale et devant le refus des pays en développement d'entamer des négociations sur des textes considérés très restrictifs et peu favorables à leurs intérêts, les États-Unis vont adopter en 1984 le *US Trade and Tariff Act* qui va conditionner clairement l'octroi de préférences tarifaires aux pays en développement à l'existence d'une législation nationale favorable aux droits de propriété intellectuelle. La législation américaine ne cessera alors d'évoluer et de se renforcer afin d'assurer une plus grande protection des droits des grandes firmes détentrices des brevets d'invention. En 1988, l'administration américaine met en place l'*Omnibus Trade and Competitveness Act* qui renforce le caractère restrictif de leurs législations en matière de brevet et donne le droit au Directeur du Commerce International de fixer de manière unilatérale les pays qui doivent améliorer leurs législations nationales en matière de brevets et de droits de propriété faute de quoi ils se verraient limiter l'accès de leurs exportations sur le marché américain [144].

Les différentes pressions des États-Unis, de l'Europe et d'autres pays développés ont finalement abouti à l'introduction en 1990 d'une proposition dans le cadre du GATT qui chercherait à renforcer les droits de protection de la propriété intellectuelle. Les négociations sont à l'origine de l'adoption d'un accord en décembre 1993 qui a cherché à établir des normes minimales de respect des droits de propriété intellectuelle appliqués à toutes les technologies dont les produits et les procédés de fabrication, les dessins industriels, les circuits intégrés et les brevets. Cet

144 Voir pour une étude de l'évolution historique des accords sur la propriété intellectuelle : P. Roffe, « The Political Economy of Intellectual Property Rights. A Historical Perspective », in J. Foudez, M. Footer et J. Norton (editors), *Governance, Development and Globalization*, Warwick, University of Warwick, 2000.

accord précise également les procédures administratives et civiles à suivre en cas de non-respect de ces droits. L'accord accorde également des périodes transitoires pour sa mise en œuvre et reconnaît les avantages spécifiques pour les pays en développement et surtout pour les pays les moins avancés.

Or, cet accord a fait l'objet d'importantes critiques de la part des pays en développement compte-tenu de son caractère restrictif pour l'accès aux nouvelles technologies notamment dans le domaine de la santé avec l'accélération des épidémies comme le VIH/SIDA. Depuis cette date, les pays africains n'ont cessé d'exiger une révision de cet accord et une plus grande flexibilité dans l'application des accords de protection de la propriété intellectuelle. La Déclaration de Doha a donné écho aux revendications des pays en développement, et en particulier à celles des pays africains dans le domaine de la santé publique, en invitant à réviser cet accord de manière à concilier le droit à la protection des brevets d'un côté, et les impératifs du développement et de santé publique de l'autre côté. Ainsi, les négociations ouvertes dans le cadre du Doha Round sont importantes du point de vue du développement dans la mesure où elles cherchent à réduire le caractère asymétrique de l'accord de 1993 et à opérer les ouvertures nécessaires afin que les pays africains puissent tirer profit des résultats de la recherche dans le domaine de la santé et dans les autres secteurs de la technologie.

Les enjeux des négociations internationales

Les enjeux de cet accord sur la propriété intellectuelle peuvent être mieux perçus à travers l'examen de la situation mondiale en matière de création des technologies. Il faut noter à ce niveau que les pays de l'OCDE concentrent près de 86 % des demandes totales de brevets déposés en 1998 dans le monde. La part des pays de l'OCDE dans la demande mondiale de brevets vient renforcer les inégalités mondiales dans la répartition du potentiel technologique et l'accès limité des pays africains à ce potentiel. Ces inégalités se traduisent par des recettes d'exportation élevées pour les pays développés qui représentent près de 97 % des recettes totales des taxes et de droits de douanes payés. Ainsi, d'importantes inquiétudes ont commencé à se manifester derrière l'application de cet accord sur les droits de propriété intellectuelle. Pour certains, cet accord ne ferait que perpétuer l'inégalité technologique en limitant l'accès par les pays africains aux nouvelles technologies. Par ailleurs, cet accord pourrait également entraîner une hausse des coûts d'importation des technologies pour les pays pauvres et en limiterait l'accès aux populations pauvres dans le domaine des soins de santé.

Les enjeux de l'accord sur la propriété intellectuelle et son caractère asymétrique s'observent dans les domaines de la santé, de la technologie et de la sécurité alimentaire et des ressources biologiques et traditionnelles. Au niveau de la santé, le nouvel accord entraînerait une forte augmentation des prix des médicaments qui se situeraient, selon certaines études, entre 12 et 68 % [145]. Or, les prix des médicaments génériques sont nettement moins importants et la différence est estimée à près de 25 %. Cette différence entre les prix des médicaments génériques et ceux brevetés est encore plus marquée pour les traitements anti-rétroviraux pour le VIH/SIDA allant de 12 000 $ à moins de 100 $ pour certains traitements produits au Brésil ou en Inde. Ce niveau de prix se traduirait par un accès limité des plus pauvres aux traitements et aux médicaments. Dans certains pays africains, l'espérance de vie à la naissance a nettement diminué ces dernières années du fait de l'effet dévastateur des épidémies. Les effets du nouvel accord ne se limitent pas au niveau des coûts des médicaments mais se prolongent dans la limitation de la production de versions génériques pour les pays en développement qui ont réussi à structurer une industrie pharmaceutique en portant la période d'attente préalable à mettre le brevet dans le domaine public à vingt ans. Enfin, le nouvel accord perpétue l'avance technologique des pays développés dans le domaine de la santé en leur procurant des ressources plus importantes pour financer la recherche pharmaceutique et surtout son orientation vers les maladies sévissant dans les pays développés. Ainsi, deux nouveaux traitements seulement ont été mis au point contre la tuberculose durant le dernier quart de siècle et les dépenses allouées au paludisme n'ont pas dépassé 100 millions de $ [146]. Les évolutions récentes dans le domaine de la santé et la marginalisation crois-

145 Arvind Subramanian et Jayashree Watal, « Can TRIPS Agreement Serve as an Enforcement Device for Developing Countries in the WTO », in *Journal of International Economic Law*, n° 3, 2000.

sante des pays africains expliquent leurs inquiétudes face à l'accord sur la propriété intellectuelle.

Les inquiétudes de l'Afrique face au nouvel accord ne se limitent pas à la santé mais concernent également leur accès aux nouvelles technologies. Ces inquiétudes sont d'autant plus importantes que leurs dépenses en matière de recherche sont faibles et ne dépassent pas en moyenne 0,9 % de leurs revenus alors que les pays développés lui consacrent près de 2,4 % de leur PIB. Le nouvel accord accroît les coûts d'acquisition des nouvelles technologies et limite les efforts des pays en développement en matière d'imitation et d'adaptation de ces technologies. Pour saisir l'importance de ces limites, il faut rappeler que les expériences de développement rapide durant le dernier quart de siècle en Asie du Sud-Est étaient basées essentiellement sur les efforts fournis par ces pays en matière d'imitation des technologies importés sur le marché international [147]. Ainsi, la marge de manœuvre des pays en développement se trouve de plus en plus limitée en matière d'accès aux nouvelles technologies et le savoir des grandes firmes est de plus en plus protégé. Une limitation qui se prolonge également pour le matériel éducatif ou l'usage des logiciels informatiques. Ainsi, la dépendance technologique que dénonçaient les pays en développement dans les années 70 et qui se trouvait au centre de la revendication d'un nouvel ordre économique est renforcé aujourd'hui par les nouvelles protections introduites dans le cadre du nouvel accord sur la propriété intellectuelle.

Enfin, l'accord sur la propriété intellectuelle soulève des inquiétudes dans les pays africains dans la mesure où il donne la latitude aux pays membres d'exclure de la brevetabilité les plantes et les animaux ainsi que les processus qui rentrent dans leur production. Par cette exclusion, l'accord ne reconnaît pas les efforts fournis par des générations entières de paysans en Afrique et dans le monde en développement en général afin de produire de nouvelles variétés de plantes ou afin d'accroître le rendement agricole. À ce niveau, les pays développés ont exigé une plus grande protection du secteur biologique qui s'est développé depuis quelques années afin de pouvoir dégager les ressources nécessaires au financement

---

146 Voir PNUD, *op. cit.*, 2003.

147 Voir Alice Amsden, *Asia's Next Giant. South Korea and Late Industrialization*, Oxford, Oxford University Press, 1989.

des activités de recherche. Ces options montrent que l'accord sur la propriété intellectuelle semble accorder plus d'importance aux connaissances détenues par les individus ou les firmes privées par rapport à l'accumulation de connaissances depuis de longues années par les paysans pauvres ou les communautés paysannes dans les pays du Tiers-Monde.

En définitive, l'accord sur la propriété intellectuelle est à l'origine d'une grande inquiétude pour les pays africains dans la mesure où il vient réduire la marge de manœuvre dans l'accès à la santé et perpétuer leur dépendance technologique. Cette inquiétude explique l'importance que ces pays ont accordé à la révision de cet accord dans les négociations commerciales internationales. D'ailleurs, le consensus sur le lancement d'un nouveau Round de négociations à Doha n'a été possible que contre l'engagement des pays développés à revoir les dispositions contraignantes de cet accord.

Les revendications des pays africains

Les revendications des pays en développement, et particulièrement celle des pays africains, ont porté de manière prioritaire sur la question de la santé et cherchaient à réviser l'accord sur la propriété intellectuelle dans un sens plus favorable à l'accès aux médicaments afin de faire face aux épidémies du VIH/SIDA, du paludisme et de la tuberculose. Ces revendications ont été exprimées avec force lors de la Conférence ministérielle de Doha où le consensus sur le lancement d'un nouveau Round de négociations n'a été rendu possible que suite à l'accord des pays développés de favoriser un accord rapide sur l'accès à la santé. Ainsi, la déclaration de Doha soulignait clairement la nécessité « de la mise en œuvre et de l'interprétation de l'accord sur les aspects des droits de propriété intellectuelle qui touchent au commerce d'une manière favorable à la santé publique, en promouvant à la fois l'accès aux médicaments existants et la recherche-développement concernant de nouveaux médicaments » [148]. La déclaration générale de Doha sera complétée par une déclaration spécifique sur la santé et la propriété intellectuelle. Cette déclaration spécifique s'inscrit dans la ligne générale et précise que « l'accord sur les droits de propriété intellectuelle n'em-

[148] OMC , *op. cit.*, 2003, p. 9.

pêche pas et ne devrait pas empêcher les membres de prendre des mesures pour protéger la santé publique. En conséquence, tout en réitérant notre attachement à l'accord sur les ADPIC, nous affirmons que ledit accord peut et devrait être interprété et mis en œuvre d'une manière qui appuie le droit des membres de l'OMC de protéger la santé publique et, en particulier, de promouvoir l'accès de tous aux médicaments » [149]. Mais, plus important encore, cette déclaration introduit la notion de situations d'urgence qui doit amener les pays en développement à agir rapidement sans respecter de manière rigoureuse les prescriptions de l'accord sur les droits de propriété intellectuelle. Ainsi, elle indique que « chaque membre a le droit de déterminer ce qui constitue une situation d'urgence nationale ou d'autres circonstances d'extrême urgence, étant entendu que les crises dans le domaine de la santé publique, y compris celles qui sont liées au VIH/sida, à la tuberculose, au paludisme et à d'autres épidémies, peuvent représenter une situation d'urgence nationale ou d'autres situations d'extrême urgence » [150]. En même temps, la déclaration s'est intéressée à la situation des pays africains dont les capacités de l'industrie pharmaceutique sont faibles. En effet, sous les pressions de ces pays, l'idée qu'ils puissent importer des médicaments génériques d'autres pays en développement a commencé à faire son chemin. Il faut rappeler que les grands laboratoires pharmaceutiques étaient fortement opposés à l'idée d'un commerce international de produits génériques. Sous les pressions des pays africains et de la société civile internationale, la déclaration de Doha, sans ouvrir définitivement la porte à cette question, s'est montrée plus flexible. Ainsi, elle précise « que les pays membres ayant des capacités de fabrication insuffisantes ou n'en disposant pas dans le secteur pharmaceutique pourraient avoir des difficultés à recourir de manière effective aux licences obligatoires dans le cadre de l'accord sur les ADPIC. Nous donnons pour instruction de trouver une solution rapide à ce problème et de faire rapport au Conseil Général avant la fin de 2002 » [151].

La Conférence de Doha a constitué un moment important dans l'histoire récente de l'accord sur la propriété intellectuelle. En effet, même si la question de l'accès à la technologie et au savoir est restée marginale,

[149] OMC, *op. cit.*, 2003, p.28.
[150] OMC, *op. cit.*, 2003, p. 29.
[151] OMC, *op. cit.*, 2003, p. 29.

les avancées dans le domaine de la santé ont ouvert la voie à une importante révision de l'Accord. Ainsi, la déclaration de Doha a entrouvert une brèche dans l'intransigeance passée de cet accord et reconnaît désormais que le droit à la santé prime sur celui de la protection des brevets.

V. Le traitement spécifique et différencié

L'apparition des pays en développement sur la scène internationale a été à l'origine des débats autour du traitement qu'on devrait leur réserver dans le système commercial multilatéral. L'écart de développement entre les pays membres du GATT était à l'origine d'une prise de conscience de la difficulté d'appliquer de manière universelle les règles du système multilatéral. Au contraire, on se rendait compte que les pays nouvellement indépendants ne pouvaient pas s'engager dans un processus de libéralisation et d'une plus grande ouverture de leurs échanges au risque de voir l'écart qui les séparait des pays développés se creuser. Les pays membres du GATT commençaient à intégrer l'idée d'accorder des exceptions aux pays en développement, et en particulier aux pays africains, afin de les aider à relancer leurs dynamiques de croissance et à diversifier leurs économies. Ainsi, débutait le traitement spécifique et différencié accordé aux pays en développement dans le système commercial multilatéral. Ce traitement tournait autour des exceptions à la règle de réciprocité qui étaient au centre des rapports entre les pays membres du GATT. Ces exceptions seront renforcées suite aux revendications des pays en développement pour un nouvel ordre économique international tout au long des années 70. Ces exceptions offraient des marges de liberté à ces pays afin de leur permettre de construire leurs dynamiques de croissance et la compétitivité de leurs économies à l'abri de la concurrence des produits en provenance des pays développés.

Or, la crise du début des années 80 a été à l'origine d'une remise en cause des exceptions accordées aux pays en développement. L'analyse des causes de ces échecs mettait l'accent sur les comportements rentiers qui se sont développés dans un grand nombre de pays en développement du fait de l'absence d'une véritable concurrence. Ainsi, au lieu de favoriser les investissements et l'amélioration de la compétitivité des économies, les protections mises en place dans le cadre des stratégies d'import-substitution se sont traduites par le développement de comportements rentiers et peu favorables à une prise de risque nécessaire au développement et au changement. Ces analyses ont largement influencé les réformes inscrites dans le cadre du consensus de Washington qui ont mis l'accent sur la nécessité d'une plus grande ouverture des économies en développement sur l'extérieur. D'un côté, il fallait assurer une réduction des barrières tarifaires et non tarifaires afin de relancer les échanges extérieurs de ces économies. D'un autre côté, les stratégies de croissance orientées vers le marché interne sont abandonnées au profit des stratégies de promotion des exportations. Ainsi, un nouveau consensus est progressivement mis en place qui remet en cause le traitement spécifique accordé aux pays en développement. Ce nouveau consensus va influencer largement les négociations de l'Uruguay Round entamées au début des années 80 qui vont chercher à réduire le principe du traitement spécifique et différencié.

Or, les réformes appliquées par les pays en développement et le renforcement de l'ouverture sur l'extérieur n'ont pas procuré les résultats attendus. La croissance est restée faible et fragile, particulièrement en Afrique. Par ailleurs, la marginalisation dans le commerce international s'est poursuivie et l'insertion des économies africaines est restée dominée par les produits primaires. Il est aussi apparu que les entreprises africaines rencontrent les plus grandes difficultés à faire face à la concurrence qui leur est imposé du fait de la plus grande ouverture de leurs frontières. Ces résultats ont amené les pays africains à appeler dans le cadre des négociations internationales à renforcer le traitement spécifique et différencié afin de leur permettre de consolider leurs dynamiques de croissance et de mieux tirer profit du commerce international. À ce niveau, les revendications des pays africains ont trouvé un écho lors de la Conférence ministérielle de Doha.

Naissance et évolution de la question du traitement spécifique et différencié

L'un des objectifs de l'accord du GATT lors de sa signature en 1947 était de renforcer la croissance et le bien-être dans les pays membres par le biais des relations commerciales internationales. En dépit du fait que parmi les pays signataires à l'époque figurait dix pays en développement, cet accord avait mis sur le même pied d'égalité tous les États membres du point de vue des droits comme des obligations. Certes, cet accord reconnaissait le droit pour les pays qui rencontrent des déficits accrus de leurs balances de paiement à imposer des restrictions face à leurs échanges extérieurs. Mais, ces principes n'étaient nullement spécifiques aux pays en développement et s'appliquaient à tous les pays membres.

Avec l'accroissement du nombre de pays en développement, le besoin s'est fait sentir sur la nécessité de leur accorder quelques avantages spécifiques afin de favoriser leurs processus de développement et de protéger leurs industries naissantes de la concurrence des pays développés. Ainsi, en 1965 un nouveau chapitre a été rajouté à l'accord du GATT connu sous l'intitulé de « Commerce et développement » qui accordait des préférences non réciproques aux pays en développement à travers une plus grande ouverture des marchés à leurs exportations et la réduction des barrières non tarifaires. Par ailleurs, les pays développés se sont engagés à accorder une plus grande assistance financière et technique aux pays en développement afin de les aider à améliorer la qualité de leurs exportations et à les diversifier. Cependant, ces nouveaux principes étaient laissés au bon vouloir des pays développés et n'avaient aucun caractère obligatoire.

Ces avancées vont ouvrir la voie au principe d'un traitement spécifique en faveur des pays en développement afin de les aider à mieux s'intégrer dans les échanges internationaux et à faire du commerce international un levier important de leur croissance et de leurs efforts de développement. L'ouverture du système commercial multilatéral sur les pays en développement sera renforcée par la proposition de la Conférence générale de la CNUCED en 1968 d'un système de préférences généralisées afin de favoriser les exportations en provenance des pays en développement. Ce système repose sur le fait que les pays développés doivent accorder de manière non-réciproque à des pays en développement et de manière bilatérale des avantages spécifiques sur les réductions de tarifs douaniers. Mais ce sont les pays développés qui décident des produits qui vont bénéficier de cette réduction ainsi que des règles d'origine. Or, cette nouvelle initiative est restée très sélective et les pays en développement n'ont tiré qu'un profit limité de cette décision. Ainsi, ce système a exclu de son champ d'application les produits agricoles ainsi que le textile et l'habillement qui représentent l'essentiel des exportations des pays en développement. Par ailleurs, la préférence a été donnée aux produits primaires et aux produits ayant connu une première transformation confinant les pays du Tiers-Monde dans l'insertion rentière qui était la leur dans la période coloniale et ne favorisait pas la diversification de leurs structures productives.

C'est avec les négociations du Tokyo Round que le principe du traitement spécifique et différencié pour les pays en développement sera reconnu et introduit officiellement en 1979 dans les nouvelles règles du système commercial multilatéral. Ce texte comporte deux dimensions : la clause d'habilitation qui reconnaît le principe d'un traitement préférentiel pour les pays en développement et la clause évolutive qui stipule que ces préférences doivent progressivement prendre fin avec l'avancée de ces pays et laisser place aux règles normales du commerce international [152]. La mise en place de ce principe est le résultat de la montée en force des pays en développement et de leur exigence d'une réforme du système économique mondial afin de réduire les inégalités et d'accroître leur marge de liberté et de manœuvre. Ce système a renforcé l'ensemble des dispositions et des mesures du système de préférences généralisées et les a élargies aux obstacles non tarifaires qui contribuent à la fermeture des marchés des pays développés devant les exportations en provenance du monde en développement. Ces dispositions se retrouvent dans les principaux accords internationaux comme celui de l'agriculture, des produits industriels, de la propriété intellectuelle ou des services.

Or, l'ensemble de ces dispositions et les préférences accordées aux pays en développement seront remis en cause dès le début des années 80 avec la crise du développement et le retour en force des idées et des politiques néo-libérales. Ces thèses estimaient que, contrairement aux idées dominantes dans les années 70, les avantages accordés aux pays en développement ne les ont pas aidés à construire leur compétitivité et à améliorer leur insertion internationale. Au contraire, ces avantages ont été à l'origine du développement de comportements rentiers et de l'absence de prise de risque de la part des

[152] Voir Catherine Colard-Fabregoule, *L'essentiel de l'organisation mondiale du commerce*, Paris, Gualino Editeur, 2002.

entreprises publiques et privés. Le nouveau consensus en vogue encourageait une plus grande ouverture des frontières et une libéralisation des économies. Ces nouvelles idées seront à l'origine des réformes introduites par la plupart des pays en développement dans les années 80 et l'orientation de leurs dynamiques de croissance vers la promotion des exportations. Au niveau des négociations multilatérales, on assistera à une marginalisation du principe du traitement spécifique et différencié, et à une volonté de normalisation des règles du commerce international. Cette tendance se manifestera de manière prononcée dans l'Uruguay Round où ce principe se réduira à la portion congrue. Ainsi, d'un système accordant une plus grande flexibilité pour les pays en développement afin de les aider à se protéger de la concurrence accrue des produits des pays développés et de leur donner les moyens de diversifier leurs économies, le principe du traitement spécifique et différencié se limitera dorénavant à la mise en place de périodes transitoires pour les dérogations aux règles universelles du commerce multilatéral.

Mais, le milieu des années 90 constituera un tournant majeur dans l'histoire de la réflexion et des politiques de développement. En effet, les pays en développement commencent à exprimer certaines inquiétudes et des interrogations quant aux résultats des stratégies de libéralisation commerciale et des réformes mises en œuvre tout au long des années 80. Ces stratégies n'ont pas été en mesure de favoriser une relance forte de la croissance et une meilleure insertion internationale. Plus particulièrement en Afrique, la croissance est restée faible et fragile en dépit des réformes appliquées par la plupart des pays africains dans le cadre des programmes d'ajustement structurel. Par ailleurs, ces pays ont connu une réduction rapide de leurs ressources budgétaires du fait de la baisse de leurs tarifs douaniers qui constituent pour la plupart d'entre eux l'essentiel de leurs recettes fiscales. On a aussi observé les difficultés rencontrées par les entreprises en Afrique pour faire face à une concurrence de plus en plus forte du fait de l'ouverture de leurs frontières. Dans ce contexte et pour faire face aux difficultés croissantes, les pays africains ont appelé à un renforcement des préférences et ont fait du traitement spécifique et différencié un enjeu majeur des négociations internationales lancées à Doha.

Les enjeux des négociations internationales

Même si la question du traitement spécifique et différencié a été occultée par d'autres sujets plus brûlants comme ceux des négociations agricoles, de la propriété intellectuelle et de la santé publique ou de la question du coton, elle demeure une question cruciale pour l'avenir du développement. Au-delà de ses dispositions spécifiques, l'acceptation de ce principe dans les règles commerciales multilatérales accorde aux pays africains une plus grande flexibilité et une marge importante dans la définition de leurs stratégies de développement et dans la mise en œuvre des dispositifs institutionnels afin d'appuyer les dynamiques de croissance et les stratégies de diversification de leurs structures productives. La consolidation de ce principe permet de renforcer la politique commerciale et donne aux pays africains la possibilité d'utiliser ses différents outils, notamment les tarifs douaniers, les politiques de taux de change voire même les subventions pour les exportations afin de construire leur développement industriel et la compétitivité de leurs entreprises.

Aujourd'hui, les dispositions de l'OMC limitent l'usage de ce principe à des périodes de transition plus longues ou à certaines dispositions pour s'écarter des dispositions générales. À ce niveau, il faut indiquer que ces périodes transitoires ont toutes expirées et un grand nombre de pays africains seront confrontés à une concurrence plus forte suite à une plus grande ouverture de leurs frontières. D'un autre côté, les possibilités de s'écarter des dispositions sont de plus en plus limitées aux pays les moins avancés. Ainsi, il apparaît évident que le principe du traitement spécifique et différencié est marginalisé et que les marges de liberté qui sont données par les accords du Tokyo Round se sont réduites au fil des années.

Les pays africains cherchent à renforcer ce principe et à en faire un outil au service de l'inventivité de leurs stratégies de développement économique et de la spécificité et de la particularité de leurs situations concrètes qui exigent des réponses singulières. Le temps n'est plus aux réponses universelles et uniques dans le domaine du développement. Il est au contraire urgent de laisser libre cours à notre imagination et à notre créativité afin de suggérer de nouvelles politiques et des stratégies capables de répondre aux défis concrets et parfois inattendus des économies.

Les revendications des pays africains

Les pays africains ont relevé depuis quelques années la marginalisation croissante de ce principe dans les négociations internationales. Ils insistent sur l'importance d'achever les négociations sur cette question dans des délais bien définis afin qu'ils puissent en tirer profit. Ils soulignent l'importance de reconnaître de manière forte ce principe et de lui donner une plus grande importance dans les négociations multilatérales. Enfin, ils relèvent que les négociations sur les éléments sectoriels du traitement spécifique et différencié ne doivent pas occulter la reconnaissance du caractère général de ce principe et le rôle qu'il joue dans la définition des stratégies de développement. Ces revendications ont trouvé un écho dans la déclaration de Doha qui a indiqué que « les dispositions relatives au traitement spécifique et différencié font partie intégrante des accords de l'OMC » [153]. Les pays membres ont noté également dans cette déclaration « les préoccupations exprimées au sujet de leur fonctionnement pour ce qui est de remédier aux contraintes spécifiques auxquelles se heurtent les pays en développement, en particulier les pays les moins avancés » [154]. Afin de faire face aux inquiétudes des pays africains et pour les rassurer quant à l'avenir de ces dispositions, la déclaration de Doha a clairement souligné « que toutes les dispositions relatives au traitement spécial et différencié seront réexaminées en vue de les renforcer et de les rendre plus précises, plus effectives et plus opérationnelles » [155]. Ainsi, à l'image de toutes les questions d'intérêt pour les pays africains, la Déclaration de Doha a donné des assurances quant à la prise en compte de leurs préoccupations par le biais notamment d'un renforcement du traitement spécifique et différencié.

VI. Les questions de Singapour

En 1996 lors de la Conférence Ministérielle de l'OMC de Singapour, les pays membres de l'OMC ont décidé la mise en place d'un groupe de

[153] OMC, *op. cit.*, 2003, p. 22.
[154] OMC, *op. cit.*, 2003, p. 22.
[155] OMC, *op. cit.*, 2003, p. 23.

travail sur les questions de l'investissement, de la concurrence, de la transparence des marchés publics et de la facilitation du commerce. Depuis cette date ce qu'il est convenu désormais d'appeler les questions de Singapour sont au centre des controverses et d'une forte opposition entre les pays développés et les pays en développement. En effet, ce dossier a failli être à l'origine de l'échec de la Conférence ministérielle de Doha et a été au centre de l'impasse des négociations à Cancùn. En effet, si les pays développés estiment que l'ouverture de négociations sur ces questions est de nature à renforcer le multilatéralisme et la croissance du commerce international, les pays en développement, dont les pays africains, sont fortement opposés à ces négociations et considèrent que les initiatives et les projets ne feront que renforcer la discipline multilatérale et réduirait leurs marges de liberté dans la définition de leurs politiques et stratégies de développement nationales. Dans cette section, nous reprendrons successivement les différents dossiers pour en souligner les enjeux pour les pays africains.

La question de l'investissement

Depuis toujours la question de la protection des investissements à l'étranger de leurs firmes nationales est au centre des préoccupations des pays développés. Les puissances coloniales au cours du XIXe siècle ont cherché à élaborer des codes favorables à leurs entreprises qui les protégeaient des tentations interventionnistes ou de contrôle des pays d'accueil. Mais, les pays d'accueil, et plus tard les pays en développement, ont toujours contesté ces codes et ont toujours voulu imposer leurs législations nationales aux entreprises étrangères. Par ailleurs, ils ont enjoint les entreprises étrangères et les investissements directs étrangers (IDE) à s'inscrire dans leurs politiques et stratégies de développement en leur imposant certaines obligations comme un recours aux produits locaux, des résultats précis en matière d'exportation ou de transfert de technologie et une réglementation restrictive pour le transfert de leurs profits. Ces divergences entre les exigences des pays d'origine et les revendications des pays d'accueil font naître des controverses sans fin et des difficultés sur la mise en place d'une législation internationale consensuelle dans le domaine des investissements.

Face à la difficulté de définir des règles acceptées par tous, les pays développés ont opté tout au long du XXe siècle pour des politiques bilatérales afin de protéger les intérêts de leurs investisseurs à l'étranger. Ces politiques mettaient l'accent sur les principes de l'indemnisation adéquate des biens expropriés, le traitement non discriminatoire des firmes étrangères dans les pays d'accueil, la libéralisation des procédures de transfert des profits et la mise en place de mécanismes rigides en matière de règlement des différends. Mais, ces politiques ont été contestées par les pays en développement particulièrement au cours des années 70 avec les revendications d'un nouvel ordre économique international [156]. Les pressions de ces pays seront à l'origine de l'adoption par l'Assemblée Générale des Nations unies en 1974 de la Charte des droits et devoirs économiques des États qui reconnaît clairement le principe de la souveraineté des États et leur donne le droit de soumettre les entreprises étrangères à leurs réglementations nationales. Ces principes seront repris par le projet de Code de conduite des firmes transnationales élaboré par le centre des Nations unies sur les sociétés transnationales.

Cependant, ces principes et ces projets de règles ne seront pas reconnus par les pays développés qui ont continué à réclamer une législation internationale orientée vers la protection des investisseurs à l'étranger. L'élaboration de cette réglementation était pour ces pays du ressort du GATT dans la mesure où elle avait un impact réel sur le commerce international. Ainsi, de nouvelles règles ont pu être introduites autour de ce qu'on appelle « les mesures concernant l'investissement liées au commerce des marchandises » (MIC). Ces nouvelles mesures tout en reconnaissant les obligations de résultat pour les IDE, interdisaient les pratiques non-conformes aux règles du GATT. Mais, la question de l'investissement connaîtra une évolution décisive avec le retentissant différend qui a opposé en 1982 le Canada aux États-Unis et qui a poussé à ces derniers à introduire la question de l'investissement dans le cadre des négociations

156 Voir sur l'évolution du débat sur les questions de l'investissement : Ganesan Arumugamangalam, *Strategic Options Available to Developing Countries With Regard to a Multilateral Agreement on Investment*, Working Document n° 134, Geneva, UNCTAD, 1998 ; Gibbs Murray et Mina Mashayekhi, *Uruguay Round Negotiations and Investment: Lessons for the Future*, Geneva, UNCTAD, 1998.

commerciales multilatérales à travers la constitution d'un groupe de travail spécial chargé de l'examen de cette question. Cette question sera aussi au centre des négociations de l'Uruguay Round où les pays développés, et à leur tête les États-Unis, ont cherché à dépasser les MIC et à élaborer un régime général sur les investissements afin d'appuyer les activités des firmes transnationales dans le cadre de la globalisation croissante de l'économie.

L'OCDE a également engagé un processus de négociations entre les pays membres afin d'établir un accord multilatéral sur les investissements (AMI). Le projet discuté au sein de cette institution avait un caractère global et cherchait à aller au-delà des IDE pour englober toutes les autres formes d'investissements dont les investissements de portefeuille qui commençaient à prendre de l'ampleur avec la globalisation financière. Ce projet ne se limitait pas par conséquent aux investissements corporels, et voulait se prolonger aux aspects incorporels, dont les aspects liés à la propriété intellectuelle. Ce projet avait des similitudes avec les revendications exprimées par les pays développés au sein du GATT, et visait à défendre les intérêts des firmes transnationales et à assurer la sécurité des investissements par rapport à la volonté de contrôle, ou aux obligations de résultats des pays en développement. Or, ces tentatives ont échoué compte-tenu des divergences entre les pays membres et face aux pressions des pays en développement et de la société civile internationale. Du coup, ce projet a été abandonné et le choix s'est porté sur l'OMC afin d'élaborer un accord multilatéral sur les investissements. Ainsi la Conférence ministérielle de Singapour a décidé, sous les pressions des pays développés, la mise en place d'un groupe de travail sur les investissements.

Mais, les pays en développement ont exprimé depuis la fin de la Conférence de Singapour d'importantes inquiétudes quant à la volonté des pays développés d'élaborer un accord multilatéral sur les investissements. Plusieurs raisons expliquent ces craintes. La première est liée à la capacité de cet accord à accroître le volume des investissements reçus par les pays en développement. Pour les partisans, la conclusion d'un accord multilatéral sur les investissements devrait favoriser les flux de capitaux vers les pays en développement dans la mesure où il enlèverait l'incertitude et procurerait une plus grande sécurité pour les investisseurs étrangers.

Cependant, il faut noter qu'un grand nombre de pays en développement ont adopté dans les années 80 des législations et des codes accordant d'importants avantages pour les firmes étrangères notamment dans le domaine fiscal ou en matière de rapatriement des profits. Or, ces législations n'ont exercé qu'un effet limité sur les investisseurs étrangers qui ont continué à privilégier les pays disposant de grands marchés internes ou réalisant des taux de croissance élevés. L'inquiétude des pays en développement vis-à-vis d'un accord multilatéral sur les investissements s'explique également par les résultats limités de ces investissements sur le processus de développement. Certes, d'importants travaux avaient mis l'accent sur les effets des IDE sur les dynamiques de croissance en favorisant le transfert des nouvelles technologies et par le biais des effets d'entraînement sur la productivité et l'emploi. Or, des travaux récents ont montré que les IDE peuvent entraîner dans certains cas un tassement de la productivité dans les entreprises locales [157]. Par ailleurs, la question du transfert de technologie est depuis de nombreuses années au centre des préoccupations des pays en développement compte-tenu des difficultés rencontrées dans leurs efforts vers une véritable maîtrise des technologies importées.

Mais, les inquiétudes des pays en développement s'expliquent aussi par la volonté des pays développés de réduire leur marge de liberté et surtout l'intervention des pouvoirs publics en matière de régulation des IDE. La réduction de la capacité de décision des pays récepteurs proviendra de l'application du principe de la nation la plus favorisée qui obligerait ces pays à accorder les mêmes avantages aux investisseurs étrangers qu'à leurs investisseurs nationaux. Or, l'expérience des pays asiatiques a montré que leur réussite s'explique entre autres par la capacité de leurs pouvoirs publics à exercer un certain contrôle sur les IDE afin de les intégrer dans leurs stratégies de développement [158]. Ainsi, par exemple certains secteurs d'importance pour les dynamiques de croissance ont été longtemps interdits aux investisseurs étrangers afin de favoriser la constitution de capacités locales. Par ailleurs, une réglementation stricte a été imposée devant les IDE, et particulièrement face aux investissements de portefeuille afin de

157 Voir notamment Gordon Hanson, *Should Countries Promote Foreign Direct Investment?*, G 24 Discussion Paper n° 9, Geneva, UNCTAD, 2001.

prévenir leur grande volatilité.

En définitive, l'établissement d'un accord multilatéral sur les investissements est au cœur d'une grande controverse. D'un côté, les pays développés estiment que cet accord ne pourrait que favoriser les flux d'investissements entre pays en assurant une plus grande sécurité pour les firmes transnationales et contribuerait ainsi à une relance de la croissance économique et du bien-être. Mais, de l'autre côté, les pays en développement sont réservés sur cette question dans la mesure où cet accord ne ferait que renforcer l'asymétrie des relations économiques internationales et ne ferait, à cause de son caractère contraignant, que renforcer le pouvoir des investisseurs étrangers vis-à-vis des pays d'accueil. Enfin l'exigence de résultat par rapport aux IDE que les pays en développement n'ont cessé de réclamer sera marginalisée par un accord se réclamant du principe de la nation la plus favorisée.

La question de la concurrence

Parallèlement aux investissements, la Conférence ministérielle de l'OMC à Singapour a également décidé la mise en place d'un groupe de travail sur les politiques de concurrence dans les pays membres. Les politiques de la concurrence regroupent les règles, les mécanismes et les institutions qui limitent les pratiques commerciales restrictives et cherchent à maintenir et à défendre un niveau de concurrence nécessaire au bien-être économique et social et à une allocation efficiente des ressources. Ces politiques s'opposent à la formation de monopoles et au développement de pratiques commerciales déloyales qui cherchent à défendre les positions acquises sur les marchés et à empêcher d'autres entreprises d'y accéder.

Le débat sur les politiques de la concurrence dans le contexte multilatéral n'est pas nouveau. Ces politiques ont toujours été liées à celles de l'investissement. En effet, le code de conduite sur les sociétés transnationales élaboré sous les auspices des Nations unies à la fin des années 70 comprenait des dispositions sur les politiques de concurrence qui cherchaient à limiter les pratiques déloyales de ces firmes. Cependant, cet

[158] Voir Alice Amsden, *op. cit.*, 1989.

accord a rencontré de fortes résistances de la part des pays développés qui voyaient d'un mauvais œil le caractère contraignant de certaines dispositions suggérées par les pays en développement.

De nos jours les positions sur les politiques de la concurrence ont beaucoup changé et ce sont les pays développés qui militent en faveur de ces politiques alors que les pays en développement expriment les plus grandes craintes vis-à-vis de ces politiques [159]. Ces divergences s'expliquent par le nouveau contenu donné aux politiques de la concurrence au sein de l'OMC. Il apparaît de plus en plus que l'objectif visé est l'ouverture croissante des marchés et l'accroissement des marges de liberté des grandes firmes transnationales au sein des espaces nationaux encore soumis aux règles et aux législations nationales. Ainsi, derrière les grandes empoignades au sein de l'OMC deux questions se profilent à l'horizon. La première est liée à l'utilité de la définition d'une politique de la concurrence et son impact sur les dynamiques de croissance et le développement. La seconde est relative à l'existence d'un modèle universel en matière de concurrence que tous les pays doivent mettre en œuvre.

Les stratégies de développement mises en œuvre dans un grand nombre de pays en développement dans les années 60 et 70 n'accordaient qu'un intérêt limité aux politiques de la concurrence. Jusqu'en 1990 seulement 16 pays en développement disposaient de véritables stratégies en la matière [160]. Il faut dire que les stratégies d'import-susbtitution ne favorisaient pas les comportements concurrentiels et cherchaient à protéger les efforts de développement industriel de la concurrence étrangère à travers l'application d'importantes protections en faveur des industries naissantes. Ces choix ont contribué à l'émergence de comportements rentiers dans un grand nombre de pays en développement et n'ont pas favorisé la compétitivité de ces économies. Par ailleurs, les expériences réussies des pays asiatiques depuis le milieu des années 70 ont montré l'importance et le rôle joués par les politiques de concur-

159 Voir notamment sur cette question : Peter Holmes, « Trade, Competition and the WTO », in Bernard Hoekman, Aaditya Mattoo et Philip English (editors), *Development, Trade and the WTO. A Handbook*, Washington, World Bank, 2002.

160 Voir PNUD, *op. cit.*, 2003.

rence dans l'émergence et la structuration d'appareils productifs compétitifs.

L'intervention de l'État a joué un rôle important dans la régulation des dynamiques de croissance notamment par l'action sur les systèmes de prix et la concurrence. Or, si cette action a été à l'origine de l'émergence de comportements rentiers dans la plupart des pays sous-développés, elle a permis, dans les pays asiatiques, le développement d'une dynamique de diversification des appareils productifs par le biais d'internalisations successives de segments productifs en amont. Le maintien et l'organisation par l'État d'une concurrence, en dépit de la concentration de la production, ont conduit les groupes industriels en Asie à adopter un comportement dynamique en matière d'investissement cherchant à accroître la productivité et à maîtriser de nouveaux secteurs productifs [161].

Les expériences de développement dans les pays du Sud-Est asiatique ont été caractérisées par l'émergence de grands groupes industriels et financiers qui ont joué un rôle structurant dans les expériences de développement dans la région. Au Japon, l'administration américaine a envisagé à la fin de la guerre la suppression des zaïbatsu et la promulgation d'une loi antitrust. Cependant, cette réforme n'a jamais été effectuée et certains conseillers américains en sont venu à considérer que le maintien de ces grands groupes pourrait jouer un rôle fondamental dans la reconstruction de l'économie japonaise et la relance de la croissance [162] Le modèle japonais de concentration des entreprises a été adopté dans un grand nombre de pays sous-développés et notamment dans les pays du Sud-Est asiatique [163]. Cette concentration permet aux entreprises de disposer des moyens financiers nécessaires à leur développement. D'autre part, leurs grandes tailles leur permettent de bénéficier d'importants effets d'échelle.

En dépit des tendances communes à la concentration dans les pays asiatiques, des différences persistent dans la structure et l'organisation des grands groupes. En effet, au Japon, les kieretsu n'appartiennent pas à de grandes familles comme dans les autres pays asiatiques, mais sont composés d'un grand nombre de firmes ayant des prises de participation croisées dans leurs capitaux de manière à assurer une certaine cohérence entre leurs acti-

[161] Voir Hakim Ben Hammouda, *L'économie politique du post-ajustement*, Paris, Karthala, 1999.

[162] Voir Jacques Hersh, *The USA and the Rise of East Asia Since 1945*, London, The Mac Millan Press, 1993.

[163] Voir S. Yasuoka (Editors), *Family Business in the Era of Industrial Growth: its Ownership and Management*, Tokyo, University of Tokyo Press, 1984.

vités. Par ailleurs, ces groupes ont des liens privilégiés avec les banques dont la plupart sont actionnaires dans les différentes entreprises. En Corée, les différents grands groupes appartiennent à des familles qui gardent un contrôle sur les firmes. Par ailleurs, les groupes ne disposent pas de banques dans leurs réseaux car l'essentiel du système bancaire est contrôlé par l'État. En dépit de ces spécificités, les groupes en Asie ont des liens privilégiés avec le système financier qui leur permet d'envisager des investissements à long terme et d'opter plus facilement pour des politiques de part de marché que pour des politiques de rentabilité immédiate.

Mais, parallèlement à cette concentration, les États ont joué un rôle important dans l'organisation et l'encouragement de la concurrence entre les firmes en Asie. Ainsi, au Japon, le MITI et la Fair Trade Commission ont stimulé la compétition entre les groupes. Plus particulièrement, cette concurrence est encouragée quand les industries atteignent la maturité. Par contre, le MITI décourage la concurrence pour les industries nouvelles ou lorsque la perte de compétitivité exige une rationalisation des activités industrielles. Cette logique guide également les pouvoirs publics japonais dans la gestion de la concurrence internationale. En effet, les entreprises japonaises ne sont pas protégées de manière systématique contre la concurrence étrangère. Au contraire, cette concurrence est encouragée dans les secteurs où les firmes ont acquis un niveau de compétence technique et de savoir-faire important.

En Corée, les pouvoirs publics encouragent également la concurrence entre les grands groupes. Mais, cette concurrence ne passe pas par les prix et privilégie plutôt d'autres facteurs comme l'accès à de meilleures technologies à l'étranger afin d'opérer une différenciation du produit [164]. La concurrence entre les groupes en Corée s'opère également sur le marché du travail à travers les luttes que se livrent les firmes afin d'avoir le personnel technique et administratif le plus qualifié. Enfin, ces entreprises se concurrencent dans les domaines de la rapidité des livraisons et la qualité du service après-vente.

La capacité des pays asiatiques à concilier coopération et concurrence leur a permis de favoriser l'émergence de comportements dynamiques de la part des

---

[164] Voir Alice Amsden et A. Singh, « Concurrence dirigée et efficacité dynamique en Asie : Japon, Corée du Sud et Taïwan », in *Revue Tiers-Monde*, tome XXXV, n° 139, juillet-septembre 1994.

grands groupes industriels et financiers. Ces groupes cherchent à maîtriser les nouvelles technologies et à améliorer leurs positions compétitives au lieu de se cantonner dans la gestion de leurs avantages acquis comme dans la plupart des pays en développement. Cette logique a permis à ces économies d'accélérer l'investissement et la croissance, et d'améliorer leur insertion dans l'économie internationale. Les pouvoirs publics peuvent imposer leurs choix et leurs directives par l'usage de méthodes plus discrétionnaires comme l'arme fiscale.

La coopération entre l'État et les grands groupes est encouragée et institutionnalisée dans les pays asiatiques à travers les conseils consultatifs regroupant les hommes d'affaires et les représentants des grands groupes et ceux des pouvoirs publics. Ces conseils sont structurés au niveau sectoriel et cherchent à articuler une stratégie cohérente pour favoriser le développement d'un secteur particulier et à résoudre les problèmes d'information. Ces conseils mis en place au Japon, ont été également développés en Corée du Sud et à Taïwan. Dans ce pays on peut citer comme exemples l'Industrial Development Consultative Committe, l'Overall Manufacturing Committe, la Chemical Industries Committe ou le Machinery Industries Committe. En Corée, on a également noté la formation de conseils de délibération sectoriels ayant pour objectif la définition de stratégies de développement sectoriels entre le gouvernement et les grands groupes industriels. Par ailleurs, les hommes d'affaires disposent d'organisations syndicales plus ou moins autonomes vis-à-vis de l'État qui leur permettent également d'intervenir et d'agir sur les choix de développement des pouvoirs publics.

Cependant, cet équilibre que les pouvoirs publics ont pu structurer dans les années 70 et 80 a été rompu avec l'ouverture croissante des économies asiatiques à la globalisation. Cette ouverture a mis en difficulté un grand nombre de groupes asiatiques, notamment lors de la crise de 1997. Par ailleurs, les groupes les plus performants ont saisi cette occasion pour se libérer du contrôle de l'État et de sa politique d'organisation de la concurrence.

Ces éléments autour de l'expérience des pays asiatiques en matière de concurrence montrent la diversité des politiques et des stratégies nationales dans ce domaine. Par ailleurs, au-delà de cette diversité, les politiques de concurrence ne sont pas définitives et elles évoluent dans le temps et selon les besoins des économies nationales. Ainsi, par exemple, même si la lutte contre les monopoles est une constante dans la politique américaine de la concurrence, l'administration américaine n'a pas toujours montré la même ardeur dans sa lutte contre les grands monopoles.

Les pays en développement, et particulièrement les pays africains, doivent retenir les enseignements de l'histoire récente des politiques de la concurrence dans les pays développés. D'abord, la définition d'une politique de la concurrence est nécessaire afin d'accompagner les stratégies de développement et renforcer les stratégies d'investissement et d'innovation des groupes privés locaux. Elle doit chercher à limiter les comportements monopolistiques et à empêcher les comportements rentiers ou les abus. Cette politique de la concurrence se justifie également par la multiplication des fusions-acquisitions au niveau international entre les grands groupes privés qui peuvent constituer un danger pour les économies sous-développées [165]. La politique de la concurrence est aussi nécessaire afin de réglementer la présence de l'investissement étranger au niveau national et d'éviter que sa présence ne se traduise par l'éviction des entreprises nationales.

Cependant, en dépit de l'intérêt d'une politique de concurrence, les pays en développement ont exprimé leurs craintes dans le groupe de travail mis en place sur cette question au sein de l'OMC. Ces préoccupations concernent d'abord l'intérêt de la définition d'un cadre rigide et unique dans lequel doivent s'inscrire les politiques de concurrence des différents pays. À ce niveau, les pays en développement ont souligné la diversité et la variété des expériences nationales dans ce domaine qui montrent qu'on ne peut pas ériger un modèle unique mis en œuvre par l'ensemble des pays. Les pays africains doivent de ce point de vue garder leur marge de liberté dans la définition de politiques de concurrence adaptées à leurs niveaux de développement et doivent également être en mesure de leur apporter les changements afin de répondre à l'évolution des contraintes des dynamiques de croissance. La seconde préoccupation des pays en développement concerne la définition de ce cadre général de la concurrence au sein de l'OMC qui risque d'accroître les contraintes multilatérales qui leur sont imposées.

---

165 Voir à ce propos A. Singh et R. Dhumale, *Competition Policy, Development and Developing Countries*, Working paper n°7, Geneva, South Center, 1999.

Ainsi, les pays en développement, tout en reconnaissant l'intérêt de la définition d'une politique nationale de la concurrence qui pourrait jouer un rôle important dans leurs dynamiques de croissance, refusent l'idée d'un cadre unique et rigide au sein de l'OMC pour définir ces politiques. Au contraire, ils cherchent à maintenir et à renforcer leurs marges de liberté dans la définition des institutions et des normes qui doivent régir le développement et réduire par conséquent le poids des contraintes multilatérales qui pèsent sur leurs choix politiques et économiques.

La question de la transparence des marchés publics

La transparence des marchés publics fait partie des questions introduites lors de la Conférence ministérielle de l'OMC à Singapour. Il faut rappeler que cette question n'est pas récente dans les négociations multilatérales. En effet, durant les négociations du Tokyo Round, les pays développés avaient introduit un mécanisme stipulant l'imposition aux administrations publiques des règles du traitement national et de la transparence dans leurs achats. Ces dispositions ont été modifiées lors de l'Uruguay Round mais sans pour autant être obligatoires. En effet, cet accord sur les marchés publics est resté plurilatéral et fait partie de la liste positive lors de la création de l'OMC à Marrakech. Jusque-là, la transparence des marchés publiques incluait dans les dispositions de l'accord les questions relatives aux spécifications techniques, les procédures d'appels d'offre, la qualification des fournisseurs, l'invitation à soumissionner, les procédures de sélection, les délais, les obligations de documentation, la publication des adjudications et les raisons du rejet des offres. Ce n'est qu'à Singapour que les pays membres ont décidé de les intégrer dans les engagements multilatéraux et un groupe de travail spécial a été créé à cette fin. Depuis cette Conférence, la question de la transparence des marchés publics sera, comme l'ensemble des questions de Singapour, au cœur d'une opposition sourde entre les pays développés qui souhaitent leur inclusion rapide dans les règles de l'OMC et les pays en développement qui leur sont opposés.

L'intérêt accordé par les pays développés à la transparence des marchés publics s'explique par l'importance grandissante de ces marchés dans l'économie mondiale notamment dans le domaine des infrastructures, les services d'éducation, de santé ou les équipements militaires. En effet, les marchés publics représentent aujourd'hui entre 10 et 20 % du PIB [166]. La valeur de ces marchés, en dehors des commandes militaires, est estimée à près de 1500 milliards de $. Dans les pays en développement, les marchés publics représentent entre 9 et 13 % du PIB. Ces données indiquent l'importance accrue des marchés publics et le fait qu'ils constituent une opportunité majeure pour les grandes firmes des pays développés qui cherchent à en tirer d'importants profits. De ce point de vue, le véritable enjeu de ces négociations est de rendre ces marchés accessibles aux firmes des pays développés. La transparence des marchés publics obligerait les gouvernements à divulguer les informations et les conditions de passation des contrats afin d'assurer aux firmes étrangères la possibilité d'y prendre part et de pouvoir également glaner quelques contrats juteux. En même temps que la transparence, les pays développés cherchent à introduire le principe du traitement national dans la discipline multilatérale afin de mettre sur le même pied d'égalité les grandes firmes étrangères et les firmes locales.

Les pays africains ne sont pas totalement opposés à la transparence des marchés publics. Au contraire, ils y voient un moyen d'accroître l'efficacité des procédures et des normes régissant le fonctionnement de ces marchés et de réduire la corruption et la mauvaise gestion qui y sont liées. Par ailleurs, cette transparence donnerait également à certains pays en développement qui ont construit des capacités de production notamment dans le domaine des infrastructuresles moyens d'exporter leur savoir-faire. Les pays en développement disposent à ce niveau d'importants avantages comparatifs du fait que ces travaux sont intensifs en main d'œuvre dont le coût est plus faible que dans les pays développés. Les exportations de travaux d'infrastructure ont eu un impact positif certain sur les pays exportateurs non seulement en termes de recettes financières mais également économiques dans la mesure où elles ont contribué à l'accroissement de la compétitivité des entreprises nationales. À ce niveau, il faut citer les exportations japonaises d'infrastructure durant la guerre de Corée au profit de l'armée américaine et celles des entreprises coréennes lors de la guerre du

166 Voir PNUD, *op. cit.*, 2003.

Vietnam qui ont contribué aux dynamiques de croissance dans ces deux économies et ont participé à la structuration de la compétitivité des grands groupes industriels coréens et japonais.

Cependant, en dépit de l'intérêt de la transparence des marchés publics, les pays africains et les pays en développement en général y sont opposés. Tout d'abord inscrire ces marchés dans le cadre des règles multilatérales de l'OMC risquerait d'imposer des règles rigides aux pays en développement et pourrait se traduire par d'importants coûts pour leur mise en œuvre. Par ailleurs, l'introduction de cette question dans la logique multilatérale ouvrirait les marchés publics à la concurrence internationale et pourrait entraîner une compétition accrue pour les firmes nationales dont la compétitivité est moindre que celle des grandes firmes. Enfin, les marchés publics ont été utilisés historiquement par les pays développés afin d'aider les firmes locales à progresser et à construire la cohérence des tissus industriels locaux. En effet, les travaux d'infrastructure font appel à d'importants secteurs économiques et ont un effet d'entraînement important sur le reste de l'économie en matière de croissance, de compétitivité et d'emploi. Dans cette perspective, les marchés publics ont toujours constitué un levier important pour les économies nationales qui ont toujours cherché à les protéger.

En définitive, la transparence des marchés publics joue un rôle important dans le renforcement de l'efficacité du processus de développement et dans la satisfaction des besoins de développement. Cependant, l'introduction de cette question dans la discipline multilatérale de l'OMC ne pourrait que renforcer les contraintes multilatérales et réduire la marge de liberté et d'innovation institutionnelle des pays en développement.

La question de la facilitation du commerce

La question de la facilitation du commerce n'est pas traditionnellement discutée au sein du GATT. Certes, l'accord de 1947 évoquait les principes de facilitation du commerce et avait invité les États membres à les respecter. Mais, cette question n'était pas traitée au sein du GATT et les différentes institutions comme l'Organisation mondiale des douanes, la CNUCED et la Commission économique des Nations unies pour l'Europe ont pris en charge différents aspects de la facilitation du commerce. Ce n'est que lors de la Conférence ministérielle de 1996 que l'OMC, sous les pressions des pays développés, avait décidé de constituer un groupe de travail sur la facilitation du commerce. Les pays développés expliquaient leurs demandes par la forte progression des échanges internationaux qui exigent une mise à niveau des normes et des procédures en matière de commerce international. Par ailleurs, ils indiquaient que la facilitation du commerce entraîne d'importants coûts de transactions qui vont parfois jusqu'à annihiler les bénéfices de la libéralisation des échanges mondiaux et de la réduction des tarifs douaniers.

Au sein de l'OMC, la facilitation du commerce est définie comme les efforts de simplification et d'harmonisation des procédures commerciales internationales. Il s'agit particulièrement des activités, des pratiques et des formalités liées à la collecte, à la présentation, à la communication et au traitement des données nécessaires à la circulation des biens au-delà des frontières nationales. La facilitation du commerce couvre ainsi un important éventail d'activités dont les infrastructures de transport, les services d'assurance, les procédures douanières, les modalités de paiement et autres services financiers.

Les pays africains accordent une importance cruciale à la question de facilitation du commerce dans la mesure où ils sont les plus élevés au monde en Afrique et ne favorisent pas la compétitivité des entreprises locales [167]. Par ailleurs, la faiblesse des échanges intra-régionaux s'explique en partie par la faiblesse des infrastructures et la complexité des procédures de facilitation du commerce entre les pays africains. De ce point de vue, l'amélioration des conditions et des procédures d'échanges de biens ne peut que renforcer la compétitivité des économies africaines. Cependant, ces pays se sont opposés à l'introduction de cette question au sein du programme de Doha. Ce refus s'expliquait d'abord par leur volonté de préserver leurs marges de manœuvre dans le rythme des réformes à entreprendre en les maintenant en dehors de la discipline multilatérale. Par ailleurs, les pays africains sont

[167] Voir à ce propos la chapitre consacré à la question de facilitation du commerce dans le rapport économique 2003 de la CEA, *Rapport économique 2003*, Addis-Ababa, CEA, 2004.

également inquiets du coût des réformes à introduire du fait de la fragilité de leurs équilibres budgétaires. À ce niveau différentes estimations avaient été avancées pour apprécier le coût financier de ces réformes sans que l'on puisse disposer de prévisions plus sûres et des moyens de les financer par les pays africains.

Ainsi, les questions de Singapour sont à l'origine d'importantes inquiétudes de la part des pays africains. Ces pays ne nient pas l'importance de ces réformes notamment dans le domaine de la concurrence, de la transparence des marchés publics ou de la facilitation du commerce dans le renforcement de l'efficacité du processus de développement et l'amélioration de leur compétitivité. Cependant, ces inquiétudes s'expliquent d'abord par le coût financier des réformes à entreprendre qui risque de peser plus lourdement sur leurs équilibres financiers. Mais, les craintes des pays africains s'expliquent aussi par la capacité de ces nouvelles questions à réduire leurs marges de liberté en renforçant la discipline multilatérale. Ces réformes se traduiraient par la réduction de l'espace de liberté pour les pays africains en matière de formulation des politiques. Ainsi, souhaitent-ils introduire de manière autonome ces réformes afin d'en maîtriser le rythme ainsi que le contenu.

Les revendications des pays africains

Les questions de Singapour ont été au centre d'une importante controverse dès leur introduction dans l'ordre du jour de l'OMC en 1996. Ils ont failli être à l'origine de la faillite de la Conférence de Doha car les positions des pays développés et du monde en développement étaient trop éloignées. Cependant, un consensus a été trouvé en dernière minute qui a permis l'adoption de la Déclaration de Doha et le lancement d'un nouveau cycle négociations. Ce consensus était basé sur deux principes. D'abord, les pays membres de l'OMC avaient décidé de poursuivre le processus de clarification sur ces questions jusqu'à la cinquième Conférence ministérielle de Cancùn. Ainsi, pour la politique de concurrence par exemple, la Déclaration de Doha soulignait que « jusqu'à la cinquième session, la suite des travaux du Groupe de travail de l'interaction du commerce et de la politique de la concurrence sera centrée sur la clarification de ce qui suit : principes fondamentaux, y compris transparence, non-discrimination et équité au plan de la procédure, et dispositions relatives aux ententes injustifiables ; modalités d'une coopération volontaire ; et soutien en faveur du renforcement progressif des institutions chargées de la concurrence dans les pays en développement au moyen du renforcement des capacités » [168]. Le processus de clarification n'était pas propre à la politique de la concurrence mais devait se mettre en place pour les autres questions.

Le second principe du consensus de Doha concerne le lancement des négociations sur les questions de Singapour. À ce niveau, les pays en développement ont pu obtenir que les négociations ne puissent être lancées qu'en cas d'un consensus explicite entre les pays membres. Ainsi, la déclaration de Doha précisait concernant les questions liées à l'investissement et au commerce que « reconnaissant les arguments en faveur d'un cadre multilatéral destiné à assurer des conditions transparentes, stables et prévisibles pour l'investissement transfrontière à long terme, en particulier l'investissement étranger direct, qui contribuera à l'expansion du commerce, et la nécessité d'une assistance technique et d'un renforcement des capacités accrus dans ce domaine (...), nous convenons que des négociations auront lieu après la cinquième session de la Conférence Ministérielle sur la base d'une décision, par consensus explicite, à cette session sur les modalités des négociations » [169]. La condition de l'existence d'un consensus explicite n'est pas propre aux politiques de l'investissement mais s'étend à l'ensemble des questions de Singapour.

Le processus de clarification entamé après la Conférence de Doha n'a pas réussi à rassurer les pays africains et les pays en développement en général, ni à réduire leurs craintes. Du coup, ils ont fortement exigé la poursuite du processus de clarification avant d'ouvrir de véritables négociations sur les questions de Singapour. Le désaccord sur ces questions a contribué à l'échec de la Conférence Ministérielle de Cancùn. Mais, après des négociations difficiles, les pays en développement ont accepté d'inclure la question de la facilitation du commerce après l'accord de juillet 2004 à Genève.

---

[168] OMC, *op. cit.*, 2003, p. 12.

[169] OMC, *op. cit.*, 2003, p. 10.

VII. Le dossier du coton

La question du coton est devenue rapidement le dossier symbolique de ce Round de négociations et de la capacité des pays développés à prendre en charge les préoccupations des pays africains et à donner un véritable contenu favorable au développement dans les négociations internationales. L'affaire du coton a commencé lorsque le Bénin a transmis en avril 2003 une initiative au nom de quatre pays africains (Mali, Tchad, Burkina Faso et Bénin) au président du Comité sur l'agriculture. Dans cette soumission, les pays africains exigeaient un arrêt des subventions au coton dans les pays développés qui sont à l'origine d'une chute importante des prix depuis plusieurs années. En même temps, ils demandaient des mesures transitoires afin de faire face à la baisse de leurs recettes d'exportations.

Afin de comprendre l'importance de cette question pour les pays africains, il faut rappeler le poids du coton dans ces économies. À ce niveau, il faut souligner que ce produit représente près de 40 % des recettes d'exportation du Bénin et du Burkina Faso et 30 % de celles du Tchad et du Mali [170]. Par ailleurs, le coton représente de 5 à 10 % du PIB de ces économies et fait vivre près de 9 millions de personnes. Or, ces pays ont été frappés de plein fouet depuis quelques années par la chute brutale des cours mondiaux de ce produit. Cette baisse s'explique largement par la distorsion du marché mondial du coton.

La production mondiale du coton est passée de 10 à 20 millions de tonnes entre 1960 et 2001. Si les États-Unis et la Chine produisent chacun près de 20 % de la production mondiale, les pays en développement représentent près des trois quarts de la production mondiale. Parmi ces pays, il faut souligner l'Inde, le Pakistan, l'Ouzbékistan mais aussi les pays africains. La hausse de la production s'est accompagnée d'une chute des cours mondiaux qui ont diminué de moitié par rapport à leur niveau de 1960. Cette chute des cours trouve une partie de son explication dans l'appui

---

170 John Baffes, *Cotton and Developing Countries: a Case Study in Policy Incoherence, Trade Note*, Washington, World Bank, September 2003.

accordé par les pays développés à leurs producteurs. En effet, un grand nombre de pays développés accordent un appui interne important à leurs fermiers. Ainsi, aux États-Unis l'appui interne aux producteurs a été estimé à 3,7 milliards de $ durant la campagne 2001/2002. Ces chiffres sont régulièrement comparés à l'aide américaine et représentent trois fois le montant de l'aide accordée par les États-Unis à l'Afrique [171]. Les prix internes du coton sont 91 % plus élevés que les prix mondiaux. Les États-Unis ne sont pas le seul pays à accorder un appui à leurs producteurs de coton. L'Europe octroie également un soutien interne aux producteurs espagnols et grecs où les prix internes ont été successivement 184 % et 144 % fois supérieurs aux prix mondiaux. La Grèce et l'Espagne qui ne représentent que 2,5 % de la production mondiale ont été à l'origine de près de 16 % des subventions mondiales en 2001/02. Durant cette campagne, les subventions cumulées des États-Unis, de l'Espagne et de la Grèce sont estimées à 4,5 milliards de $.

Cet appui interne à la production s'est traduit par une baisse des cours mondiaux et un important manque à gagner pour les pays africains estimées à 250 millions de $ [172]. Ces pertes sont plus importantes que l'aide américaine accordée à ces pays. Ainsi, par exemple, le Mali a reçu une aide américaine de 37 millions de $ en 2001 au moment où la baisse des recettes d'exportation du fait de la chute des cours est estimée à 43 millions de $ [173]. Cette baisse des cours a eu des effets directs sur la pauvreté dans les pays africains. Ainsi, au Bénin on a estimé que la baisse des prix entre 2000 et 2002 a eu pour effet une réduction de près de 7 % du revenu par tête d'habitant dans le milieu rural [174]. Un grand nombre de pays a essayé de faire face à cette chute des prix en apportant un soutien interne à leurs producteurs. Ainsi, on a estimé les aides internes accordées par des pays comme la Turquie, le Brésil, le Mexique, l'Égypte et l'Inde à 0,5 million de dollars durant la campagne 2001/02. Or, les pays africains

[171] John Baffes, *op. cit.*, 2003.

[172] Voir O. Badiane, D. Ghura et P. Masson, *Cotton Sector Strategies in West and Central Africa*, Policy Research Working Paper, n° 2867, Washington, World Bank, July 2002.

[173] Voir Oxfam, *Cultivating Poverty: the Impact of US Cotton Subsidies on Africa*, Briefing paper n° 30, London, Oxfam, 2002.

[174] Voir Nicholas Daniel et Lisa Daniels, *Impact of Global Cotton Market on Rural Poverty in Benin*, Washington, International Food Policy Research Institute, 2002.

ne pouvaient apporter aucune aide à leurs producteurs du fait de la fragilité de leurs équilibres budgétaires et de leur engagement à réduire leurs déficits macroéconomiques dans le cadre des programmes d'ajustement structurels. Cette incapacité à faire face à la chute des cours explique l'initiative des pays africains devant l'OMC en 2003.

L'initiative des quatre pays africains comportait une proposition générale concernant les mesures à prendre en faveur du coton et une autre plus immédiate relative à des mesures compensatoires dans la période de transition pour faire face à la crise actuelle. La première proposition suggérait de faire du coton un produit spécial, une notion qui venait d'être introduite par le texte du président des sessions spéciales du Comité de l'agriculture. En effet, le texte Harbinson reconnaît le principe de produits spéciaux pour les pays africains du fait du rôle qu'ils peuvent jouer dans la sécurité alimentaire ou le développement rural. Les pays africains dans leur initiative ont cherché à inclure le coton dans la liste des produits spéciaux. Plus particulièrement, l'initiative des quatre voulaient amener l'ensemble des pays membres de l'OMC à prendre des décisions d'urgence lors de la Conférence ministérielle de Cancùn afin de réduire de manière substantielle et accélérée les subventions aux producteurs et à l'exportation des produits cotonniers. Par ailleurs, les pays à l'origine de l'initiative exigeaient que les pays membres prennent un engagement pour un calendrier précis pour l'arrêt de toutes les formes d'appui au coton. En même temps et compte-tenu du fait que la suppression des subventions ne serait pas immédiate et prendrait du temps, les pays africains exigeaient la mise en place de mécanismes de compensation financière afin de leur permettre de suppléer les pertes du fait de cette baisse des cours du coton.

Le dossier du coton deviendra après l'initiative des pays africains le dossier emblématique des négociations du cycle de Doha. Il cristallisera toutes les oppositions et toutes les luttes entre les pays membres de l'OMC. Il sera aussi au cœur de cette tension entre les engagements pris à Doha en faveur du développement et cette incapacité des pays membres à faire les concessions nécessaires afin de traduire l'esprit de Doha en actes concrets.

En définitive, les pays africains ont cherché à traduire les engagements de Doha en propositions concrètes en matière de négociation internationale. Les objectifs de ces pays étaient doubles. D'un côté, ils cherchaient à améliorer leur positionnement international et leur insertion dans l'économie internationale à travers une plus grande ouverture des marchés des pays développés et la réduction de leurs appuis à leurs producteurs nationaux. Mais, d'un autre côté, les pays africains se fixaient également comme objectif le desserrement de la discipline multilatérale afin de leur permettre de développer et de mettre en œuvre des choix nationaux en matière de développement. Ces priorités vont rencontrer tout au long de la première année de négociations à Genève de fortes oppositions de la part des pays développés préoccupés par la défense de leurs intérêts nationaux et de leurs positions acquises.

PARTIE III

L' AFRIQUE ET LA MARGINALISATION
ÉLÉMENTS POUR UNE ALTERNATIVE

INTRODUCTION

La première partie de cet ouvrage a été consacrée à l'analyse des grandes caractéristiques de la globalisation et du système commercial international. Cette analyse nous a permis de mettre en perspective la grande marginalisation des économies africaines et leur enfermement dans une insertion rentière héritée de la période coloniale. En effet, les stratégies de diversification des structures productives mises en œuvre à l'aube des indépendances n'ont pas été en mesure de favoriser une modernisation compétitive de leurs structures économiques. La seconde partie de cet ouvrage a cherché à formuler des éléments d'explication à ces tendances. Nous avons alors suggéré que l'explication était double. D'un côté et au niveau interne, les politiques commerciales adoptées par les pays africains n'ont pas contribué aux efforts de diversification des pays africains. Il s'agissait dans la plupart des pays de politiques commerciales statiques qui étaient appliquées sans prendre en considération les besoins et les réalités concrètes des dynamiques de croissance. Une analyse comparative avec les expériences des pays asiatiques nous a permis de mettre en exergue cette limite des politiques commerciales dans les pays africains. Mais, d'un autre côté, notre analyse nous a également permis de mettre en évidence le caractère restrictif du système commercial multilatéral et les contraintes lourdes qu'il a fait peser sur le développement de l'Afrique. Une situation qui a été à l'origine du rôle de plus en plus dynamique joué par les pays africains dans le domaine des négociations internationales avec un double objectif de renforcer l'ouverture des marchés internationaux pour les pays africains et de desserrer la contrainte multilatérale afin de leur permettre de poursuivre leurs efforts de développement.

Cette troisième partie s'inscrit dans la continuité des deux premières et se fixe comme objectif d'esquisser quelques éléments de réponse afin de faire face à la crise des économies africaines. De ce point de vue, cette réponse doit se situer à un double niveaux. Le premier est d'ordre interne et concerne la réforme des politiques commerciales afin de favoriser la mise en place de choix plus dynamiques et capables d'appuyer les dynamiques de croissance et la volonté des pays africains d'assurer une insertion compétitive dans l'économie internationale. Le second niveau est lié aux réformes nécessaires à opérer dans le système commercial multilatéral afin qu'il puisse contribuer aux efforts de développement entrepris par les pays africains. À ce niveau, nous essayerons de faire le point sur l'évolution des négociations internationales depuis la Conférence ministérielle de Doha afin de mesurer la capacité de la communauté internationale à traduire en actes son engagement en faveur du développement. Mais, nous chercherons également dans cette partie à identifier les conditions nécessaires afin que le système commercial multilatéral devienne favorable au développement.

Cette partie est composée de trois chapitres. Le premier est un carnet relatant le voyage à la Conférence ministérielle à Cancùn qui s'est soldée par un échec. Ce chapitre s'inscrit dans la démarche générale adoptée dans cet ouvrage qui cherche à mêler analyse rigoureuse, impressions et émotions afin de rendre compte de l'atmosphère générale des négociations internationales et de mieux comprendre leurs dynamiques. Le second chapitre fait le point sur l'évolution des négociations internationales depuis la Conférence ministérielle de Doha. Il nous permettra de saisir la difficulté de traduire les engagements en faveur du développement pris lors de cette Conférence en propositions concrètes. Le troisième chapitre se propose d'esquisser des éléments de réponse et d'alternative aux difficultés des économies africaines tant au niveau national qu'au niveau du système commercial multilatéral. Il s'agit pour nous d'ébaucher des éléments afin que le commerce joue un rôle dynamique dans le développement.

CHAPITRE 5
CARNET DE VOYAGE À CANCÙN

Dès notre arrivée à l'aéroport de Cancùn le 8 septembre 2004, on sentait que la petite ville balnéaire allait vivre un évènement important. Des banderoles souhaitaient la bienvenue aux différentes délégations qui commençaient à arriver pour prendre part à la cinquième Conférence des ministres de l'OMC qui devait avoir lieu du 10 au 14 septembre. Dans les bus menant les participants à leurs hôtels, les échanges avaient déjà commencé. Cette conférence avait-elle des chances d'aboutir ou serait-elle un nouvel échec comme celle de Seattle ? Des petits groupes se formaient dans les différents hôtels de luxe qui accueillaient les participants au bord de ces piscines gigantesques ou dans les bars feutrés où ils poursuivaient leurs échanges et leurs pronostics sur les chances de réussite de cette rencontre. Il faut dire que cette cinquième Conférence de l'OMC était un évènement important. Depuis l'échec de Seattle, cette organisation est devenue le centre des débats et des échanges sur la globalisation. Pour certains il s'agit du diable en personne dans la mesure où elle cherche à renforcer une globalisation rejetée par tous car elle ne fait que renforcer les déséquilibres et les inégalités entre les pays du Sud et du Nord, et même au sein des pays développés. De ce point de vue, rien de bon ne pourrait provenir de cette organisation ! Les mouvements de la société civile avaient fait de cette institution une cible privilégiée de leur lutte contre la globalisation. Pour d'autres, au contraire, l'OMC, créée à la fin des négociations commerciales multilatérales de l'Uruguay Round à Marrakech en 1994, est une institution nécessaire à une plus grande régulation du commerce international. Elle apporterait un peu plus d'organisation dans un ordre international chaotique, et elle aiderait les pays du Tiers-Monde dans l'établissement de règles claires et transparentes pour le commerce mondial. Elle devait renouveler un multilatéralisme mis à mal ces dernières années par la volonté de puissance des grands pays et leur désir d'établir leur hégémonie sur l'ordre mondial.

Cette conférence revêt une importance particulière car elle intervient aussi deux ans après l'ouverture des nouvelles négociations internationales de Doha débutées en novembre 2001. Ces négociations, ou ce qu'il est convenu d'appeler aujourd'hui le Doha Round, sont les premières lancées depuis la création de l'OMC et se sont fixées comme objectif de prendre en considération les intérêts et les préoccupations des pays du Tiers-Monde. Un consensus est né avant la réunion de Doha pour faire des prochaines négociations un Round en faveur du développement. La Conférence de Doha avait dans sa déclaration finale donnée des indications claires et précises afin de parvenir à des résultats favorables au développement à la fin de ce cycle. Les préoccupations des pays en développement concernaient essentiellement le domaine agricole et la réduction des subventions accordées par les pays développés à leurs paysans, l'accord sur la propriété intellectuelle et la possibilité pour eux d'accéder aux traitements génériques pour certains fléaux et épidémies comme le VIH/sida, le paludisme et la tuberculose, l'ouverture des marchés des pays développés pour les produits manufacturés ainsi que le traitement spécial et différencié que ces pays devaient avoir afin de procéder à une libéralisation progressive de leurs économies et favoriser leurs dynamiques de croissance et la compétitivité de leurs activités industrielles.

Ces questions étaient au centre des discussions et des débats dans le centre de Conférences et dans tous les autres lieux de rencontre des participants. Toute la question alors était de savoir si cette conférence réussirait à établir un nouveau consensus favorable à la poursuite de la libéralisation du commerce mondial et favoriser une plus grande intégration des pays du

Tiers-Monde dans la globalisation. L'échec de cette conférence serait alors perçu comme la fin du multilatéralisme dans le commerce international, et favoriserait un retour vers des accords bilatéraux ou régionaux en sonnant le glas d'un ordre international ouvert à sa marge.

Sur la route vers Cancùn

Les jours précédant notre départ se sont caractérisés par une intense activité. Il fallait préparer un document sur notre appréciation de l'avancement des négociations ainsi que nos suggestions et nos recommandations pour la réussite de cette Conférence. Dans nos institutions, la rédaction d'un papier n'est que la première étape dans le processus de publication d'un document. Après la rédaction, il faut soumettre le papier à une série d'évaluations, les fameux peer review, pour apprécier la qualité du document et la pertinence des positions qui y sont défendues. Ensuite, il faut passer à la traduction de ce document dans les différentes langues de travail des Nations unies. Puis, le travail de réécriture ou de correction du texte est entrepris par des spécialistes de la communication et permet de transformer un document scientifique parfois ardu en un texte moins technique et plus accessible à la majorité. Enfin, la dernière étape est celle de l'édition.

Alors qu'on pensait tous que le travail était terminé, il a fallu le reprendre de nouveau le premier texte que nous avions finalisé car le 13 août 2003 Américains et Européens ont rendu public une nouvelle proposition sur la réduction de leurs subventions agricoles et de l'appui qu'ils donnent à leurs fermiers. Quelques jours plus tard, les Américains ont décidé d'accepter la proposition d'accord sur la santé publique permettant aux pays pauvres d'accéder aux médicaments génériques pour les fléaux comme le sida, la tuberculose et le paludisme. L'évolution des positions américaines et européennes étaient nécessaires pour assurer à cette Conférence des chances de réussite. Il faut dire que les pays en développement ont commencé à exprimer leur agacement ainsi que leurs inquiétudes devant les faibles progrès réalisés par les négociations. Pour ces pays, le contenu de développement du Doha Round était entrain de disparaître devant le refus des pays développés de faire des concessions en leur faveur pour leur permettre de tirer profit de la globalisation. Certains pays avaient même exprimé leur intention de ne pas prendre part à cette Conférence si des progrès notables n'avaient pas été enregistrés. Les concessions, bien que tardives, des grandes puissances étaient nécessaires pour montrer leurs bonnes dispositions pour la réussite de cette Conférence.

Du coup, tout le travail était à refaire. De nouveau, des réunions ont été organisées pour évaluer les nouvelles propositions américaines et européennes par rapport aux revendications des pays africains. Une nouvelle mouture du texte est produite. De nouvelles évaluations. Traduction, correction et impression...Le nouveau texte est finalement disponible quelques heures seulement avant que nous prenions l'avion à destination de Cancùn. Tout de même avant le départ, nouvelles réunions avec nos chargés de communication qui ont organisé un évènement autour de la publication de notre texte intitulé « Le cycle de Doha et le développement de l'Afrique : des mots aux actes ». Une conférence de presse, quelques déclarations et interviews à différentes radios et télévisions internationales. Et voilà, tout est fin prêt pour que nous entamions le long voyage qui doit nous conduire à Cancùn.

Mais, en dépit de toute cette effervescence et les préparatifs intenses pour cette Conférence, je n'ai pas oublié de chercher le fameux discours prononcé par l'ancien président français François Mitterrand à Cancùn le 20 octobre 1981 lors d'un sommet Nord-Sud tenu au Mexique. Dès que j'ai su que la Conférence de l'OMC devait avoir lieu à Cancùn, j'ai automatiquement pensé à ce discours. Je voulais impérativement retrouver ce texte devenu une référence pour ceux qui avaient entrepris des études sur le développement dans les années 80. Un texte intéressant d'un président fraîchement élu et dans lequel il a exprimé sa solidarité avec les pays du Sud pour améliorer leurs situations dans l'économie internationale. Un texte naïf d'un président qui n'a pas encore découvert la raison d'État, diraient certains. D'autres voyaient dans ce discours la preuve d'un engagement sincère et un peu trop angélique d'un président qui finira par s'éloigner de cette volonté de rupture avec l'ordre impérial, pour inscrire son action dans les pratiques traditionnelles de la coopération internationale. Il n'empêche que ce texte a exercé pour plusieurs années une influence notable sur la réflexion en matière de développement. Il est devenu une référence pour la pensée sur une nouvelle éthique du développement et des politiques de développement alternatif.

Les recherches sur Internet pour retrouver ce texte ont été vaines. Du coup, je me suis rappelé qu'après le décès de l'ancien président un institut a été crée en son nom et dans le Conseil d'administration duquel siégeait sa fille Mazarine. Une nouvelle recherche sur Internet m'a permis de trouver les coordonnées de cet Institut. Un petit coup de fil à une charmante documentaliste et quelques jours après le texte était dans ma boîte aux lettres. J'ai pris le soin de mettre ce texte dans mon bagage à main. Et dès que j'étais confortablement installé dans l'avion, j'ai commencé à le lire. Un beau discours où l'espoir de liberté et le rêve d'un monde capable d'intégrer sa marge étaient encore vivaces. Ainsi, dit-il devant les représentants des pays du Sud présents à ce sommet « chaque nation est, en un sens, son propre monde : il n'y a pas de grands ou de petits pays, mais des pays également souverains et chacun mérite un égal respect ». Ces mots ont du susciter un espoir énorme auprès des pays du Sud. Entendre le président d'un des plus grands pays de la planète leur reconnaître leur droit à l'autonomie et à l'indépendance. Voilà, enfin, leurs combats et leurs luttes reconnues. Leurs sacrifices, leurs larmes n'ont pas été vains. Leurs émotions ont été certainement à son comble lorsqu'ils ont entendu le président français leur dire « à tous, la France dit : courage la liberté vaincra. Et si elle le dit depuis le Mexique, c'est qu'ici ces mots possèdent tout leur sens. Quand la championne des droits du citoyen donne la main au champion des droits des peuples, qui peut penser que ce geste n'est pas aussi un geste d'amitié à l'égard de tous les autres peuples du monde, et en particulier du monde américain ? Et si j'en appelle à la liberté pour les peuples qui souffrent de l'espérer encore ; je refuse tout autant des sinistres contre-façons de la liberté, il n'est de liberté que par l'avènement de la démocratie ». J'aurai aimé regarder ces visages du Sud, voir leurs sourires en entendant le président français reconnaître leur droit au développement et à une vie digne. J'aurai aimé également voir ces lueurs d'espoir dans leurs regards, des lueurs qui nous projettent loin dans les peines des paysans d'Afrique, des travailleurs sans terre de l'Amérique latine, ou de ces millions de personnes en Asie qui ont fait de la rue leur seul lieu de résidence. Ce discours redonnait espoir à toute cette marge du monde et de la modernité. Enfin, ceux d'en haut reconnaissent leurs souffrances et leurs peines. Enfin, peuvent-ils penser à un autre monde où ils mangeront à leur faim, où on leur donnera une terre qu'ils exploiteront et où ils pourront aller à l'école et rêver de l'avenir !

Ce discours a donc marqué le début des années 80. Il faut dire également que ce discours et le sommet Nord-Sud où il a été prononcé venaient consacrer une décennie de luttes pour les pays en voie de développement pour construire un nouvel ordre économique international. Ces pays sortis fraîchement de la colonisation avaient entamé depuis le début des années 60 des expériences de modernisation afin de renforcer leur liberté chèrement acquise par une indépendance économique. Il fallait diversifier les économies et réduire leur dépendance par rapport aux matières premières et aux cultures de rente imposées par les métropoles coloniales du temps où les vastes territoires des colonies n'étaient que des réservoirs de matières premières. Mais dès la fin des années 60, les pays du Tiers-Monde, où la différenciation n'était pas aussi importante qu'aujourd'hui et les intérêts étaient par conséquent plus proches, se sont rendus compte de la difficulté de cette entreprise de modernisation si l'ordre international ne changeait pas. Il faut dire que les prix des matières premières ne cessaient de baisser, le financement et l'aide internationale étaient limitées et les grandes firmes internationales rechignaient à transférer leurs technologies. Du coup, la revendication d'un nouvel ordre international devenait de plus en plus nécessaire pour corriger les tendances inégalitaires de l'économie mondiale. Une alliance large des pays en développement s'est alors formée et le groupe des 77 a fait de cette revendication son cheval de bataille au sein des instances onusiennes. Dans ce cadre général, on trouvait des revendications concrètes autour de la valorisation des cours de matières premières exportés par ces pays, de l'accès au financement international pour appuyer le développement, d'une plus grande disponibilité des nouvelles technologies et d'une réglementation plus stricte des activités des grandes firmes multinationales dans les pays du Tiers-Monde. Ces revendications se sont accompagnées d'une forte mobilisation des pays en développement et d'actions spectaculaires comme l'embargo décidé par les pays de l'OPEP sur leurs exportations vers les pays développés. Cette mobilisation a permis aux pays du Tiers-Monde de réaliser quelques succès, en dépit de la résistance des pays du Nord, avec une augmentation rapide des cours de matières premières et un accroissement des flux financiers à destination du Sud.

Mais, ce discours sonnait également la fin d'un cycle dans les rapports Nord-Sud. Il faut dire que le début des années 80 a été caractérisé par la crise du consensus keynésien et de l'interventionnisme étatique qui l'a accompagné depuis la fin de la seconde guerre mondiale et par un retour en force du libéralisme et du marché. Ces idées avaient été portées à l'époque par R. Reagan et M. Thatcher fraîchement arrivés au pouvoir aux États-Unis et en Grande-Bretagne. Quelques mois après ce sommet de Cancùn, le pays organisateur annoncera au cours du mois d'août 1982 sa cessation de paiement. La crise mexicaine était annonciatrice d'une crise plus large, celle de la dette du Tiers-Monde. Très rapidement le FMI et la Banque mondiale vont s'ériger en pompiers d'un système financier international au bord de la faillite compte-tenu du niveau d'engagement des grandes banques internationales dans les pays en développement. Le consensus de Washington va s'ériger en dogme de développement et les politiques économiques des pays du Tiers-Monde vont faire de la lutte contre les déficits et du remboursement de la dette leurs priorités. Les grands projets de développement seront alors abandonnés et une logique de gestion de la crise se mettra en place. Les logiques de croissance et d'investissement laisseront alors la place à une logique financière qui fait de la défense des intérêts des créanciers sa principale obsession. On apprécie aujourd'hui mieux les résultats des programmes d'ajustement structurel défendus à l'époque bec et ongles par les grands organismes internationaux. Explosion de la pauvreté, accroissement de la dette, crise agricole, chute de la production industrielle, chômage et accroissement sans précédent de la précarité sont les résultats les plus immédiats de ces programmes.

Mais, la crise de la dette a été à l'origine de la rupture de la solidarité active des pays du Tiers-Monde des années 70 où chaque pays s'est embourbé dans les négociations interminables avec les grands organismes internationaux afin d'alléger ses contraintes de paiement externe. Du coup, tous les pays du Tiers-Monde se sont engagés dans un effort d'accroissement de leurs exportations de matières premières entraînant une forte croissance de l'offre mondiale et un retour en force de la détérioration structurelle des cours. Les grands syndicats de producteurs comme l'OPEP ou l'association des producteurs de café ont été marginalisés, et les pays développés importateurs ont repris le rôle hégémonique qui était le leur dans les années 60 sur les marchés mondiaux de matières premières. Mais, plus que la crise économique, la crise de la dette a remis en cause les espoirs de modernisation dans les pays du Sud, et les rêves d'un nouvel ordre économique international ouvert à sa marge ont été renvoyés aux calendes grecques.

La lecture du discours de Mitterrand à Cancùn m'a permis de revisiter ce passé récent. Et les questions n'ont cessé de fuser. La nouvelle Conférence de Cancùn permettra t-elle un retour aux idées généreuses exprimées à l'époque par le président français devant les pays du Sud ? L'espérance créée par ce discours sera-t-elle revivifiée par la Conférence de l'OMC ? Cette dernière sonnera t-elle le glas d'une globalisation inégalitaire et donnera t-elle à la marche de notre monde un contenu nouveau et plus solidaire ? Ou au contraire renforcera t-elle les tendances en cours dans l'économie mondiale ? Cette Conférence mettra t-elle fin aux espoirs crées à Doha et à la volonté d'ouvrir le commerce aux pays en développement ? Cette Conférence sera-t-elle en mesure de répondre à la détresse et aux drames en provenance du Sud ? Cette Conférence pourra t-elle contribuer à cette volonté affichée par tous pour lutter contre la pauvreté, et aux engagements de la communauté internationale de la réduire de moitié d'ici 2015 ?

J'étais absorbé dans mes pensées et mes interrogations lorsque mon collègue qui était assis à mes côtés m'a signalé la présence de la charmante hôtesse de l'air qui me demandait depuis un moment de sortir ma tablette pour nous servir le dîner. Je l'ai sorti sans conviction et à la vue du dîner qui nous a été servis, je n'ai pas pu m'empêcher de joindre mon collègue dans un grand éclat de rire. Un rire qui a laissé l'hôtesse stupéfaite. Il faut dire que dans nos longues missions et voyages, nous prenions souvent le temps de comparer les services des différentes compagnies aériennes. Un moyen parfois de remplir nos longues heures d'attente où le désir d'échanges sérieux est sacrifié devant la lassitude et la fatigue. Dans nos conversations, nous avons établi un classement dans lequel la compagnie qui nous transportait ce soir, et dont je tairai le nom de peur des représailles de son charmant personnel, et que nous utilisions souvent pour nos vols longs courriers, ne figuraient pas à une bonne place. Un des critères de notre classement est lié à la qualité de la nourriture servie à bord. Malheureusement, cette compagnie d'un grand pays développé nous appliquait les normes de diététique en cours dans cette aire. Du coup, leurs repas sont généralement légers pour ne pas dire déficients pour des gens, comme nous, qui n'avions que peu faire des normes de diététique des pays qui souffrent de l'obésité, et considérions qu'il était nécessaire de manger à notre faim. En matière culinaire, comme dans beaucoup d'autres d'ailleurs, nous avions opté depuis longtemps pour l'immédiat par rapport au long terme. Dans ce domaine, nous n'avons jamais été modernes et nous nous sommes inscrits dans la post-modernité, avant même que les philosophes occidentaux comme Jean-François Lyotard ne l'ait découverte, en privilégiant le moment, l'instantanéité et nos plaisirs immédiats par rapport aux grandes théories et aux grands récits comme ceux de la médecine et de la diététique. Il nous était difficile d'expliquer à notre charmante hôtesse les raisons de notre éclat de rire. Chacun d'entre nous avait préparé ses propres stratégies de survie ! Certains mangeaient avant de prendre l'avion, d'autres s'armaient de sandwichs, et les plus attentifs à leur ligne et à leur diététique se bardaient de kilos de fruits.

Après ces quelques échanges on essaye de s'adonner au sommeil car les six heures de vol que nous sommes entrain d'effectuer ne sont rien devant les douze heures qui nous attendent d'Europe vers le Mexique !

Arrivée à Cancùn

Nous sommes arrivés à Cancùn le 8 septembre en milieu d'après-midi. L'avion que nous avons pris à Mexico à destination de cette petite ville balnéaire était plein de groupes de touristes venus prendre quelques jours de vacances. Ma belle voisine américaine venait de Washington passer quelques jours à Cancùn. Elle m'avait expliqué que cette ville balnéaire était la destination la moins chère pour les touristes américains et qu'on pouvait venir passer une semaine pour près de 300 $ tout frais compris. Elle m'a expliqué qu'elle se rendait une à deux fois par an dans cette ville. Elle m'a longtemps parlé de tout le bien qu'elle en pense, ainsi que de ses installations touristiques. Bien évidemment lors de la discussion, elle m'a demandé d'où je venais. Je lui ai répondu que j'étais tunisien et que dans mon pays on avait également développé le tourisme et qu'on disposait d'hôtels de luxe où on pouvait passer des vacances à un prix raisonnable. Je me voyais déjà courir sur les plages fines de Djerba la main dans la main avec ma charmante voisine. Lorsqu'elle m'a demandé où se trouvait la Tunisie, j'ai compris que ma jolie voisine ne risquait pas d'aller si loin pour passer ses vacances.

Au bout de deux heures de vol de Mexico, nous sommes finalement arrivés à Cancùn. Un petit aéroport en pleine rénovation. Les formalités de police et de douane étaient facilitées dès que j'ai montré ma fiche de participation à la conférence de l'OMC. Ma voisine pris congé et elle est allée retrouver son groupe pris en charge par des guides assez accueillants. Je me suis dirigé avec mes collègues vers le représentant de l'hôtel où nous devions séjourner. Après une rapide vérification, notre interlocuteur nous a confirmé notre réservation et nous a dirigé vers une voiture privée qui nous attendait et qui nous a emmené vers notre hôtel. J'étais surpris par la rapidité avec laquelle les choses se sont passées. J'assiste depuis quelques années à des conférences ou à des séminaires un peu partout dans le monde. Et, cette première rencontre est le moment que je crains le plus car après des voyages exténuants, on n'a qu'une envie : retrouver rapidement son hôtel et prendre une bonne douche. Or, on est souvent confronté à de mauvaises surprises qui me rendent nerveux et parfois désagréable. On peut vous dire très gentiment que votre nom ne figure pas sur la liste en dépit du fait que vous avez passé les derniers jours avant votre départ à confirmer votre réservation. On peut aussi vous dire que finalement l'hôtel où vous avez réservé est complet et qu'on vous suggère un autre hôtel qui est souvent plus cher ou plus éloigné du centre de conférences. On peut aussi vous dire, sans rougir, que le prix de la chambre a été multiplié par deux du fait de la forte demande. Or, mon arrivée à Cancùn s'est globalement bien passée. On nous attendait à l'aéroport et nos hôtes nous avaient pris en charge jusqu'à l'hôtel où on nous a donné nos chambres en quelques minutes. J'étais impressionné par la qualité et le professionnalisme de l'accueil d'autant plus que la ville devait accueillir des milliers de participants à cette conférence. J'étais d'autant plus surpris que le tourisme de conférence est souvent plus complexe que le tourisme traditionnel des vacanciers. En effet, si ces derniers sont prêts à accepter quelques désagréments, après tout ils sont en vacances, les participants à des conférences sont nettement plus exigeants. D'abord, il faut satisfaire les besoins des hautes personnalités, qu'on appelle les VIP, lors de leurs courts séjours. Ils veulent avoir de belles chambres, organiser des réunions et consulter leurs collègues. Ils souhaitent parfois visiter en peu de temps les principaux sites touristiques. Ils veulent également faire du shopping. Il ne faut pas oublier non plus de les maintenir en communication avec leurs bureaux en mettant à leur disposition tous les moyens de communication, les cellulaires, les connections Internet, fax....Tout ça pour deux ou parfois trois jours au plus !

À la sortie du parking de l'aéroport, notre voiture a pris la destination de la zone touristique. Et très rapidement, j'ai réalisé ce que ma belle voisine dans l'avion essayait de m'expliquer tout le long du vol. Un nombre impressionnant d'hôtels appartenant aux grandes chaînes les plus luxueuses au monde. De l'aéroport à l'hôtel où on devait descendre, j'en avais compté au moins une vingtaine, se défiant en termes de gigantisme et d'architecture. Certains avaient épousé le style mexicain traditionnel. D'autres avaient opté pour une architecture minimaliste et postmoderne. Tous se situant bien évidemment au bord de l'eau. J'ai pris ma chambre et je suis descendu rapidement voir la mer. Et là le choc avec cette belle eau turquoise ! Dieu sait si nous avons de belles plages en Tunisie. Mais, là j'étais impressionné ! Une mer belle qui s'étend vers l'horizon et des plages de sable fin. De quoi me faire oublier le long voyage que je viens d'effectuer !

Dans l'après-midi, je suis descendu avec des collègues visiter la ville où ce qu'il en reste ! Car elle a été transformée d'après ce que nous a expliqué notre guide depuis une quinzaine d'années en un grand site balnéaire pour touristes enrichis en provenance des États-Unis et du Canada. On ne pouvait pas en douter tant l'essentiel des inscriptions, les indications jusqu'à la publicité étaient en anglais. Et, puis tout au long de la route d'impressionnants restaurants où on peut manger toutes les cuisines du monde. Notre guide nous a expliqué que la ville de Cancùn recevait près de 3 millions de touristes par an et que toute l'économie de la ville est désormais orientée vers le tourisme. Un endroit paradisiaque ! Tout est propre ! Les routes sont larges. Les gens sont polis et s'empressent de vous donner une multitude d'informations dès que vous vous arrêtez pour demander un renseignement. Dommage que je ne puisse profiter amplement de ce petit paradis sur terre. Il faut dire que je me suis posé comme règle depuis longtemps de suivre de manière méticuleuse les réunions auxquelles je suis invité. J'espère trouver le temps entre deux réunions d'aller apprécier cette mer céleste. Et puis, je me connais depuis le temps que je voyage et que j'ai l'opportunité de visiter ce type d'endroit. De Zanzibar en Tanzanie à Mombassa au Kenya, je finis rapidement par me lasser de ses endroits divins. Trop propres, trop organisés et inhumains à mon goût. J'ai rapidement envie de retrouver le désordre, l'agitation et les bruits des villes qui ont échappé à la volonté de normalisation et d'ordre des tours operators mondiaux. J'ai envie de quitter ce monde artificiel pour retrouver la vraie vie !

Mardi 9 septembre

Réveil assez matinal du fait du décalage horaire. J'ai toujours du mal à assumer les décalages et je me réveille souvent au milieu de la nuit ce qui correspond aux heures normales auxquelles je me réveille dans mon lieu de résidence habituel. Mes collègues m'ont toujours conseillé de prendre des médicaments et autres substances qui aident à supporter ces décalages et ces échanges fréquents de réseaux horaires. Mais, je me suis toujours refusé de m'adonner à ses traitements et je préfère lutter par des moyens naturels en essayant de me mettre rapidement au rythme de la ville d'arrivée, ce qui donne parfois des journées longues de plus vingt heures ou au contraire relativement courtes.

Après le réveil j'ai pris un grand petit déjeuner avec mes collègues. Ces petits déjeuners assez fournis sont un élément important dans la stratégie que je déploie lors des grandes réunions car on ne sait jamais l'heure à laquelle je me mettrai à table dans la journée. Après quelques échanges on s'adonne à la lecture de la presse internationale pour nous informer des derniers développements des négociations internationales et des affaires du monde. Le *Herald Tribune*, le *Financial Times* et le *New York Times* sont rapidement passés en revue avec quelques gorgées de café. Les nouvelles sont plutôt inquiétantes. Les pays du groupe des cairns, un groupe parmi les grands producteurs agricoles, montent au front. Ces pays viennent de rendre publique une déclaration dans laquelle ils annoncent leur intention de quitter la Conférence si des progrès substantiels ne sont pas réalisés en matière de réduction des appuis accordés par les pays européens et les États-Unis à leurs agricultures. On retrouve le même son de cloche de la part du Groupe des 21, un groupe de pays en développement qui vient de se former à Genève. Nous commentons ces déclarations avec quelques ministres africains du commerce présents dans le restaurant autour du petit déjeuner.

Nous décidons avec certains collègues de nous diriger vers le centre de conférences situé en ville. À l'arrivée, nous passons par des mesures de sécurité renforcées autour et dans l'établissement. La Conférence commence officiellement le lendemain. Cette journée est généralement réservée aux consultations entre les différents groupes de pays afin de finaliser leurs positions avant d'attaquer les grandes négociations. Je me décide à prendre part à certaines réunions dont celles des pays les moins avancés pour me rendre compte de leurs dernières positions. Mais, la plus importante réunion pour moi est celle du groupe des pays africains. La réunion a lieu en début d'après-midi. Quelques minutes avant la réunion, nous sommes informés que le directeur général de l'OMC, Mr. Suppachai, a décidé de venir faire une communication à l'attention des ministres africains au début de leur réunion. Les ministres africains et leurs ambassadeurs à Genève en charge des négociations internationales considèrent que la décision du directeur général de l'OMC est assez significative du rôle de plus en plus important que jouent les pays africains dans ces négociations. Il faut rappeler que leur exaspération lors de la Conférence de Seattle a beaucoup pesé sur l'échec de cette réunion. Avant, le début de la Conférence, je prends le temps de saluer quelques ministres africains du commerce et de leur souhaiter la bienvenue. Nous échangeons également quelques propos sur la position de l'Afrique par rapport à certains dossiers en négociation et d'importance pour nos pays.

Le ministre mauricien du commerce, président du groupe africain, annonce le début de la réunion et donne la parole au directeur général de l'OMC qui vient juste de nous rejoindre à la tribune. Dr.Suppachai arrive en tenue décontractée et accompagné par quelques conseillers. Il prend la parole et met l'accent sur son engagement pour faire du cycle des négociations commerciales entamées à Doha un Round favorable au développement. Il insiste sur son engagement en faveur des intérêts de l'Afrique et espère que cette Conférence pourra déboucher sur des décisions favorables aux pays africains. En même temps, il invite les pays africains à accepter quelques compromis car l'enjeu le plus important de cette réunion, explique t-il, est de redonner un nouveau souffle au multilatéralisme dans les échanges mondiaux et d'éviter un échec qui ouvrirait la voie à l'hégémonisme et à la volonté de certains pays de passer par des accords bilatéraux pour éviter toutes les formes d'engagement multilatéral. Après quelques échanges avec les ministres présents, le directeur général quitte la salle et le président invite tous les observateurs à faire de même pour laisser les pays africains finaliser entre eux les positions qu'ils vont défendre le lendemain lors des négociations.

La réunion est alors l'occasion d'un échange important sur les principales préoccupations des pays africains. Les participants mettent l'accent sur quatre questions importantes pour la prise en compte de leurs intérêts dans ces négociations. La première concerne l'agriculture et l'appui accordé par les pays développés à ce secteur stratégique. Cette question est depuis Seattle au cœur des différends commerciaux entre les pays du Nord et du Sud. Quelques éléments de repères historiques sont nécessaires pour comprendre ces divergences. Les pays développés ont apporté depuis la fin de la seconde guerre mondiale un appui sans précédent à leurs paysans, un appui nécessaire pour accroître la productivité agricole et pour assurer leur autonomie alimentaire. Ces appuis sont de trois ordres : l'appui direct aux producteurs, le soutien aux exportations agricoles et les barrières mises en place pour limiter les importations de produits alimentaires. Cet appui a été rendu nécessaire dans les années 60 et 70 pour maintenir les revenus des paysans devant la croissance rapide des revenus industriels et devant la vague de migration des campagnes vers les villes. Il était alors nécessaire de maintenir les populations dans les campagnes. Ces politiques d'appui ont été appliqués dans la plupart des pays développés comme les États-Unis, les différents pays européens et le Japon. Ces politiques se sont traduites par une hausse de la productivité agricole et par une augmentation rapide de la production mondiale des produits agricoles. La surproduction mondiale a entraîné une baisse structurelle des prix des produits agricoles sur les marchés mondiaux et par la formation de surplus importants.

Les pays en développement ne sont pas restés en reste, et ont également appliqué les mêmes politiques de soutien à l'agriculture. Or, dès le début des années 80, ils seront confrontés à une importante crise et à l'augmentation de leurs déficits macroéconomiques. Les stratégies d'ajustement structurel appliquées avaient préconisé une baisse de l'intervention des finances publiques dans l'économie, et se sont traduites par un désengagement de l'État de l'agriculture. Cette situation s'est traduite par une crise agricole sans précédent dans la plupart des pays du Tiers-Monde qui ne pouvaient pas poursuivre leurs politiques d'appui à leurs agricultures. Or, au moment où les institutions internationales comme le FMI et la Banque mondiale exigeaient la baisse de l'appui des États du Tiers-Monde à leurs agricultures, les pays du Nord ne faisaient qu'accroître leurs aides qui ont atteint en 2002 près de 300 milliards de $. Ces aides n'ont fait qu'accroître la compétitivité des fermiers du Nord et ont appauvri encore plus les agriculteurs du Sud. Ainsi, ces pays ont fait de la baisse des subventions agricoles du Nord un de leurs principaux chevaux de bataille dans les négociations commerciales internationales depuis plusieurs années. Mais, cette revendication a rencontré l'opposition des principaux pays développés où les lobbys paysans exercent une influence forte sur les responsables politiques de différents bords. À Doha, les pays développés se sont engagés à diminuer leurs appuis à leurs agriculteurs et les différents pays membres de l'OMC se sont fixés la date du 31 mars 2003 pour arriver à un accord. Or, peu de progrès a été réalisé sur ce dossier, et on commençait à penser que la conférence de Cancùn allait vers un échec patent du fait du refus des pays de l'Union européenne et des États-Unis de procéder à un changement majeur de leurs politiques sur ce dossier. Cependant, quelques jours avant le début de la réunion et au mois d'août 2003, l'Europe et les États-Unis avaient adopté un texte les engageant sur une réduction de leurs appuis à leurs fermiers. Mais, ce texte est resté vague, avaient éstimé les pays africains, et n'a pas fait de propositions claires sur les délais ou les montants de ces réductions.

La seconde question d'intérêt pour les pays en développement concerne les accords de propriété intellectuelle et la santé publique. À ce niveau, il faut indiquer que les pays en développement ont connu ces dernières années le développement d'importantes épidémies comme le VIH/sida, le paludisme et la tuberculose. Cette progression n'est pas sans lien avec la crise économique qui sévit dans le Tiers-Monde et la détérioration des conditions de vie des populations. Or, les efforts de recherche dans les laboratoires des pays développés ont permis de développer des traitements pour ces épidémies notamment la trithérapie pour le sida. Or, ces traitements ont des prix relativement élevés et sont par conséquent peu accessibles pour les populations pauvres des pays du Sud. En même temps, certains pays du Tiers-Monde comme l'Inde et le Brésil ont développé des traitements génériques pour traiter ces grandes épidémies. Or, les règlements de propriété intellectuelle interdisent à ces pays de produire les médicaments génériques et défendent les droits de propriété intellectuelle. Cette question se retrouve donc au cœur des divergences et des conflits opposant les pays du Nord et ceux du Sud. Les pays du Nord, et particulièrement les États-Unis d'où viennent les plus grands laboratoires pharmaceutiques, considèrent que le paiement des droits de propriété est important car il permet de financer la recherche pour découvrir de nouveaux remèdes aux épidémies. Les pays du Sud reconnaissent l'importance des efforts de recherche des grands laboratoires mais estiment en même temps que les grandes épidémies méritent un traitement d'urgence qui doit aller au-delà des règlements pour prendre en considération les angoisses des populations pauvres et leur droit à la vie. Les pays du Sud ont fait depuis plusieurs années de leur accès aux médicaments une priorité dans leurs négociations internationales. La déclaration de la Conférence de Doha a donné raison aux pays en développement et a invité la communauté internationale à parvenir à un accord avant la fin de l'année 2002. Or, encore une fois ce délai sera dépassé sans que la communauté internationale ne parvienne à convaincre certains pays, et à leur tête les États-Unis, d'accepter la proposition formulée par l'OMC. Ce refus a eu l'effet d'une bombe dans le monde entier et a failli remettre en cause les préparations de la Conférence de Cancùn. Des pressions importantes ont été exercées et ont amené finalement l'administration américaine à accepter quelques semaines avant le début de la Conférence de Cancùn l'accord proposé. Cet accord permet aux pays pauvres d'importer des médicaments génériques pour faire face aux épidémies qui ravagent leurs pays. Cet accord a apaisé les pays du Sud.

La troisième question soulevée par les pays en développement lors de cette Conférence est relative à l'accès de leurs produits industriels aux marchés des pays développés. Les pays du Sud exigent depuis quelques années une diminution des droits de douane appliqués à leurs exportations industrielles. Ces pays s'inquiètent particulièrement du fait que ces droits de douane augmentent rapidement sur les produits manufacturés des pays du Sud et ne les encouragent pas par conséquent à diversifier leurs structures productives. En même temps, les pays développés exercent des pressions fortes sur les pays du Sud pour diminuer leurs droits de douane devant leurs importations. Ces exigences ont des conséquences cruciales à double titre sur les pays du Sud. D'un côté, une plus grande ouverture des frontières du monde en développement sur les échanges internationaux de produits industriels va diminuer fortement leurs recettes fiscales et accroître ainsi leurs difficultés macroéconomiques. D'un autre côté, cette ouverture risque de poser des problèmes importants pour la compétitivité des industries des pays du Sud et pourrait réduire à néant leurs efforts de diversification industrielle. Pour ces raisons, les pays en développement accordent à cette question une importance particulière dans cette Conférence.

La quatrième et dernière question que les pays africains ont décidé de défendre lors de cette réunion est relative au traitement spécifique et différencié. Il faut entendre par-là l'ensemble des dispositions qui seront mises en œuvre pour les aider à défendre leurs activités économiques dans un contexte de libéralisation des échanges internationaux. À ce niveau, les pays en développement veulent que la communauté internationale reconnaisse leurs niveaux de développement et leur donne la possibilité, notamment dans les domaines agricole et industriel, à pouvoir continuer de jouir de certaines protections vis-à-vis des pays développés.

Les échanges et les discussions entre les ministres du commerce des pays africains leur ont permis en cette fin d'après-midi de définir leurs priorités de négociations dans cette Conférence. Ces pays ont alors reconnu les avancées sur les questions de propriété intellectuelle et ont décidé de faire du dossier agricole, de l'accès aux marchés des produits industriels et du traitement différentiel et spécifique, leurs priorités dans les négociations.

Après, cette dure journée de discussions, quelques téquilas bien frappées étaient indispensables et les ambiances joyeuses des bars aux alentours du centre de Conférence nous ont permis de continuer les échanges et de faire des conjectures sur les attitudes des différents groupes pour les prochains jours !

Mercredi 10 septembre

La cérémonie d'ouverture devait avoir lieu à dix heures du matin. On avait prévu de partir de notre hôtel vers neuf heures. À six heures du matin, le téléphone sonne dans ma chambre d'hôtel. Un de mes collègues m'informe que les portes de la salle de Conférence seront fermées à huit heures du matin pour des questions de sécurité. Il faut dire que depuis notre arrivée on a pu se rendre compte des mesures de sécurité prises par les autorités mexicaines. Une présence forte mais également discrète. De la fenêtre de ma chambre d'hôtel, on pouvait apercevoir deux imposantes unités de la marine mexicaine qui sillonnaient au large des côtes mexicaines. Le centre de Conférences a été entouré de barrières et par des forces de sécurité omniprésentes. Mais, partout on a pu se rendre compte que les services de sécurité étaient, certes fermes, mais également retenus. La veille un délégué africain qui n'a pas voulu respecter certaines consignes a été conduit manu militari par les éléments de sécurité.

Donc on a changé nos plans. Réveil rapide et petit déjeuner précipité avant de prendre un des bus conduisant les participants des différents hôtels de la ville vers le centre de conférences. Arrivé devant le centre, il fallait se mettre dans une des longues files d'attente devant l'entrée pour passer les différents contrôles de sécurité. La grande salle centrale du centre où devait avoir lieu la cérémonie d'ouverture grouillait de monde. On estimait le nombre de participants à cette Conférence à près de 5000 personnes. Les différentes délégations étaient disposées avec beaucoup d'ordre. De petits groupes se formaient ici et là. Les discussions vont bon train sur l'issue de cette Conférence. Sera-t-elle en mesure de répondre aux attentes des pays en développement ? Les pays développés accèderont-ils aux exigences des pays africains ? Les pays développés feront-ils un geste sur la question du coton et répondront-ils aux attentes des paysans pauvres du Burkina Faso, du Mali, du Bénin et du Tchad ? Les questions et les interrogations étaient sur toutes les lèvres. Mais, personne ne pouvait donner de réponses claires et chacun allait de ses supputations et pronostics !

Vers 10h30, le président Vincente Fox, président du Mexique, entra dans la salle et la cérémonie d'ouverture commença. Rubens Ricupero, secrétaire général de la Conférence des Nations unies pour le Commerce et le Développement à l'époque, est le premier à intervenir pour délivrer le message de Koffi Annan le secrétaire général des Nations unies. Il met l'accent sur l'importance pour cette conférence d'aboutir à des résultats favorables aux pays en développement. Il était important de donner espoir aux paysans pauvres et de permettre aux pays en développement de tirer profit de la globalisation. Ensuite, vient le tour de Mr. Suppachaï, le directeur général à l'époque de l'OMC. Mais, tout d'un coup près d'une centaine de personnes se mettent debout au fond de la grande salle de réunion. Il s'agit de militants d'ONG opposées à l'OMC. Ils brandissaient des pancartes sur lesquelles on pouvait lire « l'OMC obsolète », « Non à la globalisation », « Il faut changer le monde ». Ils avaient mis des sparadraps sur leurs bouches probablement pour symboliser le fait que les citoyens n'ont pas droit à la parole. Toutes les caméras, les photographes et les journalistes avaient déserté la tribune officielle pour se concentrer sur ces jeunes qui ont pu déjouer tous les services de sécurité pour exprimer leur contestation lors de cette cérémonie d'ouverture. Et puis, un échange silencieux va les opposer au directeur général de l'OMC. Au moment, où il insistait sur le rôle de son organisation pour assurer un développement équilibré des échanges mondiaux, ils brandissaient encore plus haut leurs pancartes disant « l'OMC est obsolète ». Lorsqu'il expliquait son espoir de voir les pays du Tiers-Monde tirer profit de l'économie mondiale, ils montaient loin dans le ciel leurs slogans « Non à la globalisation ». Quand le directeur général expliquait à force d'arguments rationnels les progrès en cours dans notre monde, ils montraient leurs affiches invitant à changer le monde ! Peu de monde suivait le discours du directeur général et tous les yeux étaient tournés vers ces jeunes si motivés ! Certains, admiratifs, avaient un petit sourire au coin car ces manifestants leur rappelaient leur jeunesse et leurs luttes d'antan pour changer le monde. D'autres plus agacés ne comprenaient pas que les services de sécurité aient pu laisser ces rêveurs pénétrer dans le saint des saints. Le discours du directeur général se termine dans la confusion ! Comme un signe sur les difficultés qui attendent les participants à cette Conférence.

Puis vint le tour du ministre des Affaires étrangères du Mexique et président de la Conférence Luis Debrez. Agacé. Avec un visage tendu, il se dirige vers les micros pour délivrer son message. Là, un changement de décor dans la salle ! Tout d'un coup, la centaine de militants décident d'un seul geste d'enlever les masques qu'ils avaient sur la bouche et commencent à scander « Shame on you» [Honte sur vous]. Les propos du ministre se perdent dans les slogans des manifestants. Les forces de sécurité commencent à pousser dans le calme les manifestants vers la porte de sortie. Ils ne réussissent pas à les faire évacuer la salle que vers la fin du discours du ministre des Affaires étrangères. D'ailleurs, ils ne montrent pas une grande résistance pour sortir de la salle. Leur mission est accomplie et ils ont réussi pendant un long moment à détourner l'attention de la presse internationale pour faire passer leur message sur la critique de la globalisation et la remise en cause de l'OMC.

Enfin, c'est Vincente Fox, président de la République et tombeur du Parti révolutionnaire institutionnel au pouvoir depuis près d'un siècle, de prendre la parole. Il arrive dans une chemise blanche à manche courte et s'adresse aux participants. Sa tenue a lancé la mode vestimentaire qui sera en vigueur tout au long de la Conférence. Tout de suite après la séance d'ouverture, les délégués vont se débarrasser de leurs costumes sombres et de leurs cravates pour prendre des tenues plus décontractées. La chaleur moite qui règne à ce moment de l'année se marie difficilement avec les tenues officielles. Dans son discours, le président mexicain met l'accent sur le contenu de développement de ces négociations et la nécessité d'envoyer un message favorable aux pays en développement. L'ouverture du commerce international aux produits des pays en développement était nécessaire, selon le président mexicain, et il souligne l'importance de poursuivre la construction des règles multilatérales pour les échanges internationaux.

La cérémonie d'ouverture prend fin après le discours du président de la république. Les différents discours de cette cérémonie avaient insisté sur la question du développement. Des discours prémonitoires vu les difficultés que vont rencontrer les pays en développement dans cette Conférence et le refus des pays développés de faire des concessions notables sur différents dossiers comme celui de l'agriculture, du coton ou des tarifs industriels. Les questionnements et les interrogations sur la capacité de cette Conférence à donner un contenu concret aux promesses faites à Doha étaient au centre des discussions dans les couloirs du centre de conférences après cette cérémonie. Mais, les échanges portaient également sur le coup d'éclat des ONG et leur capacité à pénétrer dans la salle lors de la cérémonie d'ouverture en dépit des différentes mesures de sécurité et la présence forte des services de sécurité et des forces de police. Chacun allait de son hypothèse et de son explication. Puis les groupes se dispersèrent et le centre de Conférences se vida.

Les passes d'arme vont commencer dans l'après-midi. Et elles démarrent par des démarches plutôt habituelles dans les conflits qui sont celles de neutraliser certains et d'éviter de livrer bataille à tous. Dans l'après-midi, le groupe africain est sollicité par les représentants des grandes puissances commerciales mondiales. Et le ballet commence par Robert Zœllick, le représentant américain au commerce de l'époque. Il vient rappeler aux délégués africains toutes les initiatives prises par l'administration américaine pour aider l'Afrique, dont notamment l'ouverture des frontières pour les produits africains et l'accroissement de l'aide américaine au continent. Après son intervention, quelques questions et l'échange se passe entre gens de bonne compagnie jusqu'au moment où un délégué africain lui pose la question qui fâche sur l'intention de l'administration américaine sur le coton. Là, le représentant américain, tout en gardant son calme, montre un signe d'agacement. Il a tenté d'expliquer que les subventions américaines à leurs grands producteurs de coton ne sont pas la seule explication de la chute des prix mondiaux et des difficultés que connaissent les pays africains. Il fallait situer cette question dans un contexte plus large en prenant en considération l'évolution de l'industrie textile, l'émergence des produits de substitution comme les fibres synthétiques et bien d'autres questions. Un délégué égyptien avait commenté cette analyse américaine, dans leur humour typique, qu'il ne restait plus qu'à lier la question du coton africain à la paix mondiale pour critiquer la volonté américaine de noyer cette question dans des considérations beaucoup plus larges. Et, puis avant de quitter la salle, R. Zœllick prend le temps de parler du Groupe des 21 en indiquant aux pays africains que leurs intérêts sont bien éloignés de ceux de ce groupe.

Quelques minutes après, c'est au tour de Pascal Lamy, commissaire européen au commerce de l'époque, de rencontrer le groupe africain. Même discours ou presque ! Rappel des liens historiques entre l'Europe et les pays africains et de toutes les initiatives prises par les quinze en faveur des pays africains. Même message sur le G 21, son hétérogénéité et l'éloignement de ses intérêts par rapport à ceux des pays africains. Et, puis il affirme la volonté de l'Europe de prendre des mesures concrètes pour aider les exportations des pays africains à pénétrer sur les différents marchés des pays de l'Union. Le commissaire renchérit en disant que l'Europe n'a pas de problèmes avec l'Afrique et que l'essentiel de ces difficultés est lié aux grands pays en développement comme l'Inde, la Chine ou le Pakistan qui rechignent à ouvrir leurs marchés. Dans la salle, des mines plutôt circonspectes et réservées à l'écoute des propos du commissaire. Il s'en suit quelques échanges plutôt mesurés et polis.

Le commissaire doit quitter la salle car sa réunion avec le groupe arabe commence dans quelques instants. C'est au tour de la ministre japonaise des Affaires étrangères de dialoguer avec les délégués africains. Elle vient accompagnée d'une armada de journalistes, de photographes et de cameramans des télévisions japonaises. Mon voisin me demande avec humour si la ministre n'était pas en compagne électorale. Elle tient les mêmes propos aux délégués africains sur l'appui de son gouvernement à l'Afrique. Un appui qui sera renforcé bien évidemment à condition que l'Afrique soit attentive aux préoccupations de son gouvernement lors des réunions internationales. Voilà qui est dit ! Les délégués africains écoutent et à la fin du discours, les questions fusent. Elle sont plus embarrassantes que celles posées à ses prédécesseurs. Tout d'un coup, les caméras s'arrêtent de filmer et les crépitements des flashs sont plus espacés. La ministre cherche auprès de ses collaborateurs des éléments de réponse aux questions que les délégués ne cessent de multiplier. Et, puis la délégation japonaise prend congé des délégués africains pour poursuivre le marathon de rencontres avec les autres groupes.

À la sortie de la réunion, je me suis arrêté devant le tableau lumineux qui annonce les différentes réunions qui avaient lieu au centre des conférences. Je me suis rendu compte que les représentants des grands pays avaient prévu des réunions avec tous les groupes. Ils devaient aller probablement prêcher la bonne parole auprès des représentants des autres régions du monde : le groupe arabe, le groupe des pays Afrique-Caraïbes-Pacifique, le groupe des pays les moins avancés, et celui du G 21 qui commence à monter et qui devient la cible des tirs croisés des critiques des pays développés. J'aurais bien aimé les suivre dans leurs rencontres et analyser les différences de leurs propos dans les réunions avec les différents groupes. C'est l'âme du chercheur qui parle ! Mais, toutes les réunions étaient fermées. Toujours est-il que le message suite aux différentes réunions avec le groupe africain est clair. Il fallait rassurer le groupe africain et lui signifier que les divergences entre l'Afrique et le monde développé sont minimes. N'ont-ils pas aidé le continent depuis les indépendances ? Ne sont-ils pas entrain de promettre un renforcement de cette coopération ? Par ailleurs, la cible est désignée de manière on ne peut plus claire ! C'est le G 21, ce groupe de pays en développement conduit par le Brésil et comprenant de grands pays dont l'Inde, le Pakistan, la Chine, l'Égypte, l'Afrique du Sud et d'autres pays d'Amérique centrale. C'est la force montante de l'OMC que les pays du Nord vont chercher à contrer en priorité.

Le décor est planté. Les échanges peuvent commencer. L'après-midi de cette première journée est consacrée, après quelques mots de bienvenue et de vœux de succès à la Conférence par les organisations internationales, à l'examen du cas du coton. Les quatre pays d'Afrique de l'Ouest et d'Afrique centrale (Mali, Burkina Faso, Bénin et Tchad) qui avaient soumis une proposition de négociations auprès du Comité de l'agriculture de l'OMC vont prendre successivement la parole à la tribune. Des interventions bien accueillies par la plupart des délégations présentes dans la salle qui ont permis de mieux comprendre le drame des pays africains producteurs de coton. Les différents ministres qui ont pris la parole ont expliqué que le cours mondial de ce produit a connu son niveau historique le plus bas en 2002. Cette chute des prix trouve son explication dans plusieurs facteurs dont la concurrence des fibres synthétiques, la récession que connaît l'économie mondiale depuis quelques années et la croissance rapide de la production liée à des conditions climatiques plus favorables. Mais, la chute s'explique aussi par les subventions massives accordées par les pays développés, essentiellement les États-Unis et l'Union européenne, à leurs producteurs. Les subventions accordées par les américains et l'Europe pour les producteurs espagnols et grecs sont de l'ordre de 4,5 milliards de $ par an ce qui représente l'équivalent des trois quarts des valeurs des exportations mondiales.

Or, si le coton a une place marginale dans les économies des États-Unis et des pays européens producteurs, il occupe un rôle central dans l'activité des pays africains. Ainsi, la chute des cours a eu des conséquences dramatiques sur les pays africains et explique l'appauvrissement sans précédent des populations locales. Cette situation remet en cause les efforts et les discours de la communauté internationale en faveur de la lutte contre la pauvreté. Dans ce contexte ces pays ont entrepris une démarche auprès de l'OMC pour faire face à la détérioration de leurs recettes d'exportation. Les africains demandent la disparition des subventions dans les pays développés et la mise en place d'un mécanisme de compensation financière afin de les aider à faire face à cette baisse des cours. Les ministres étaient accompagnés de représentants d'associations paysannes dans leurs pays qui avaient déposé des pétitions signés par des centaines de milliers de paysans exigeant l'arrêt des subventions et souhaitant qu'on leur permette de continuer à exercer leur activité et à vivre de ce qui était jusqu'à peu considéré comme l'or blanc dans les campagnes maliennes, burkinabés ou tchadiennes.

Les interventions des ministres africains ont été convaincantes et ont suscité la sympathie et l'estime des différentes délégations présentes dans la salle. Cette session était bien suivie au vu du nombre de délégués, de journalistes et de caméras présents dans la salle. Plus d'un avait fait de la question du coton l'emblème de cette Conférence. Ils voulaient tester la capacité de résistance des pays africains sur le coton. Mais, ils voulaient également éprouver l'engagement des pays développés en faveur du développement sur ce dossier. Une situation que les délégués des pays développés mettront du temps à comprendre. Le coton sera alors le symbole de cette Conférence. Les ONG présentes ne s'y sont pas trompés en mettant l'accent dans leur mobilisation et dans les manifestations sur le coton.

Plusieurs délégations, dont celles de pays développés comme le Canada, avaient pris la parole pour apporter leur soutien à la demande des pays africains et inviter les États-Unis et l'Europe à répondre à leurs demandes et à être à l'écoute de la détresse des paysans africains. Les représentants américains et européens avaient pris la parole faisant des propositions mais évitant d'aborder les demandes concrètes des pays africains de réduction des subventions et de la compensation financière. Des échanges qui ont donné le ton de cette Conférence : un désespoir et une détresse d'un côté et des réponses déficientes et peu ambitieuses de l'autre. Un discours de sourd semblait s'instaurer dès le départ et qui n'augurait rien de bon pour la suite de la conférence.

La séance se terminait en début de soirée et laissait la place à d'autres sessions. Plusieurs groupes se formaient à la sortie et dans les couloirs pour pronostiquer sur les évolutions probables des négociations sur ce dossier. Tous reconnaissaient la légitimité des demandes africaines. Pour certains, les États-Unis et l'Europe ne pouvaient pas ne pas faire de concessions sur ce dossier. Il en va de leur crédibilité et du sérieux de leur engagement en faveur du développement. Ils étaient persuadés que ces pays feraient de nouvelles annonces au fur et à mesure que les négociations avançaient. Pour d'autres, le dossier des subventions du coton est très sensible aux États-Unis et le lobby cotonnier très puissant dans le congrès, par conséquent il leur paraissait peu probable que la délégation américaine fasse des concessions sur cette question. Il fallait attendre la suite !

À la sortie du centre de conférences, je rencontre un de mes vieux amis, Taoufik, qui anime une des associations de la société civile les plus dynamiques et qui est considéré comme un des piliers de ce qu'il est convenu aujourd'hui d'appeler l'internationale citoyenne. Je prends congé de mes collègues et je me laisse guider pár Taoufik pour sortir de la ville artificielle et retrouver la ville en dehors du ghetto touristique. Nous prenons place à la terrasse de l'un des restaurants et commençons à déguster quelques tequilas lorsque nous sommes rejoints par près d'une dizaine d'amis et de collègues de Taoufik ! Pardon, camarades comme ils aiment à s'appeler ! Ils sont venus de partout ! De Beyrouth, de Dakar, d'Accra, de Copenhague, de Paris et de Washington. Ils sont jeunes et les filles sont d'une beauté à vous couper le souffle. Tout de suite une ambiance chaleureuse s'est établie qui dénote de celle plus formelle qui règne dans le centre des conférences. Ils commencent à raconter leurs aventures. Les plus anciens d'entre eux se sont rencontrés à Seattle. Depuis, au fur et à mesure des conférences et des protestations, leur nombre a augmenté. Ils ont également évoqué les divergences et les contradictions qui les opposent entre ceux qui privilégient l'action violente et ceux comme eux qui mettent l'accent sur la réflexion et la recherche d'alternatives. Ils étaient contents de la performance de leurs camarades dans la cérémonie d'ouverture. Ils pensent qu'il est nécessaire d'allier réflexion et action spectaculaire non violente, ont-ils insisté, pour mieux faire connaître leurs propositions et leurs alternatives. Au fur et à mesure que la nuit avançait, leurs mots se perdaient dans la fumée et les airs de tango qui se faisaient entendre de la boite de nuit voisine commençaient à couvrir nos échanges. Restaient tout de même leurs sourires, leur générosité et leurs espoirs de construire un monde plus juste et ouvert à tous. À un moment, ils ont pris congé pour aller travailler sur le journal quotidien qu'ils ont décidé de mettre en place pour suivre les travaux de la Conférence.

Jeudi 11 septembre

Réveil à l'aube, comme d'habitude. Je rallume la télé et reste stupéfait devant l'annonce du suicide d'un militant coréen protestant contre la globalisation et dénoncant l'OMC. La télévision montre sa photo. Il est jeune et les traits de son visage sont lisses et gracieux et ne laissent pas présager d'un acte aussi désespéré. On voit également ses camarades silencieux et l'air grave probablement sous le choc de la nouvelle. L'un d'eux donne quelques éléments sur le parcours de ce jeune militant. Il s'agit d'un paysan qui milite dans un syndicat très actif en Corée. Il a connu des difficultés suite aux réformes du commerce extérieur coréen et à la libéralisation des importations des produits agricoles après la crise de 1997. On nous explique qu'il n'en est pas à sa première tentative de suicide et qu'il a fait une grève de la faim lors du mois de juillet 2003 devant le siège de l'OMC à Genève. Un des dirigeants de la Confédération paysanne à laquelle appartenait le défunt explique qu'il n'était pas surpris par le geste de son camarade et que le sacrifice de soi, ou le Hara Kiri, était une composante importante de la culture coréenne et qu'il exprime le degré suprême de l'engagement. Mais, je ne crois pas un mot de ce discours. D'abord, ces actes m'horrifient et je ne peux ni comprendre, encore moins expliquer, qu'on puisse se donner la mort surtout lorsqu'on dit que notre combat est pour la vie. Lutter pour la vie à travers la mort reste pour moi une énigme que je n'arrive pas à comprendre. Par ailleurs, dire que le sacrifice de soi est partie prenante d'une civilisation particulière verse dans cette construction développée depuis deux siècles par les orientalistes basée sur un orient imaginaire barbare, violent et peu respectueux de la dignité humaine. Je persiste à croire que la violence n'est pas constitutive d'une civilisation particulière car je reste profondément convaincu que l'essence du genre humain est l'humanisme, la paix et la tolérance. La violence de ce point de vue s'inscrit au cœur des dynamiques politiques et des luttes pour l'exercice du pouvoir et de l'autorité. Le politique et l'exercice de la violence pour asseoir le contrôle sont universels et ne sont pas propres à une civilisation particulière.

J'avale le petit déjeuner et je me dirige rapidement vers le centre de conférences où les mesures de sécurité sont toujours aussi strictes. Les délégués sont sous le choc après l'annonce du suicide du jeune coréen. Le président de la Conférence a publié un message de condoléances à destination de la délégation coréenne. Les commentaires vont bon train. Mais, les paroles et les regards sont marqués par un grand malaise et un trouble que les échanges sur l'avancement des négociations ne sauraient cacher !

Après la réunion quotidienne du groupe africain, nous nous dirigeons avec quelques délégués vers l'une des petites cafétérias du centre de conférences. Elle jouxtait le lieu réservé aux ONG dans le centre officiel. Certains se dirigeaient vers l'une des tables de présentation et prenaient le journal quotidien *Passerelles* que publiait un collectif d'ONG sous la responsabilité d'une association africaine, ENDA-Tiers-Monde, active sur les questions du commerce et le développement, et d'un organisme installé à Genève, l'ICTSD, qui travaille depuis plusieurs années sur le commerce et le développement durable. Ce journal en a surpris plus d'un lors de cette

Conférence. D'abord, il donnait tous les jours le point sur l'état d'avancement des négociations. Certains délégués avaient d'ailleurs dits, faisant allusion à la qualité de ce journal, qu'ils n'avaient pas besoin de venir au centre et qu'ils pouvaient suivre le déroulement des négociations de leurs hôtels en lisant *Passerelles.* Mais, les compte-rendus de ce journal étaient tellement précis du point de vue technique qu'ils rendraient jaloux le meilleur chercheur sur les questions du commerce international. Ensuite, ce journal est produit en anglais et traduit tous les jours en français, en espagnol, en allemand, en portugais et en russe. Une performance qui laisse pantois surtout lorsqu'on sait que ces organisations ont généralement des moyens limités. Mais, cette publication démontre la force de l'engagement et sa capacité à défier toutes les contraintes.

Autour du café, s'engage la discussion sur le rôle et la place des ONG et de l'internationale citoyenne dans les négociations commerciales internationales. Certains délégués et experts ne retenaient que les aspects violents de leurs actions. Le suicide du jeune coréen et les échauffourées avec les forces de l'ordre depuis deux jours étaient là pour le rappeler à ceux qui en doutaient encore. D'autres remettaient en cause le caractère démagogique de ces organisations et l'absence d'analyse et de recherche sérieuse pour fonder leurs propositions. D'autres, au contraire, insistaient sur le rôle joué par ces organisations dans les changements intervenus depuis Seattle dans les positions des pays développés sur les questions du développement. Ils mentionnaient également que la présence des ONG en provenance de tous les pays dans les grandes réunions internationales amenaient les délégués des pays en développement, qui d'habitude étaient prêts à s'aligner sur les positions des pays développés, à être plus attentifs de peur d'être dénoncé auprès de leurs opinions publiques. Mais, d'une manière générale l'avènement de ces institutions et la place de plus en plus grande qu'elles prennent sur la scène internationale sont assez significatifs de la nouvelle ère que nous traversons. La démocratie, le pluralisme et l'ouverture sur l'Autre sont de plus en plus des signes de notre temps. Les manifestations d'autoritarisme et la volonté d'hégémonie, ne sont que les expressions d'arrière garde d'un ordre politique défunt. Il est naturel dans ce nouvel ordre démocratique que les différentes expressions citoyennes prennent leur place. Il faut d'ailleurs souligner que ces institutions sont de plus en plus impliquées dans les activités de recherche et veulent à donner un contenu scientifique à leurs propositions. « Passerelles » est assez significative de cette évolution.

Sinon, la Conférence s'installe dans la torpeur et tout le monde attend des nouvelles. Les pronostics vont bon train sur les évolutions des positions des uns et des autres. Mais, tous s'accordent à dire que la proposition de Déclaration finale suggérée par le directeur général de l'OMC et le président du conseil général n'est pas satisfaisante et qu'elle ne peut par conséquent être la base d'un accord. Des rumeurs sur la possibilité de la publication d'un nouveau projet de déclaration commencent à circuler.

Vendredi 12 septembre

Arrivée matinale au centre des conférences pour assister à la réunion quotidienne du groupe africain. Il faut dire que cette initiative a été importante dans la mesure où elle a soudé ce groupe et lui a permis de conserver une solidarité de tous les instants. Au cours de ces réunions, les délégués des pays africains étudient les dernières évolutions, font des suggestions et surtout donnent un mandat clair à leurs négociateurs. Beaucoup d'autres pays et blocs régionaux ont envié le groupe d'africain pour ses méthodes de travail et la transparence qu'il a su imposer en son sein.

Mais, la journée allait être celle des longs couteaux, avait prédit la veille un des participants. Et les faits lui ont donné raison. Depuis, la veille le G 21 qui devenait la plus importante force d'opposition aux pays développés faisait l'objet d'un tir croisé de critiques. Les assauts fusaient de partout ! Ces attaques étaient d'autant plus vigoureuses que ce groupe avait entamé la veille des négociations avec le groupe africain, les pays les moins avancés et d'autres groupes pour construire une alliance plus large. Ces discussions sont allées assez loin avec le groupe africain et certains pays avaient décidé de se joindre à ce groupe. Par ailleurs, un comité de liaison a été mis en place afin de contribuer au rapprochement de leurs revendications et à aplanir les quelques divergences qui existent entre eux. Et les rangs du G 21 n'ont pas cessé de s'agrandir de jour en jour. Les derniers comptages officiels parlent d'un G 33.

Alors, le G 21 est devenu la cible de toutes les attaques. Certains représentants des pays développés raillaient la volonté de ce groupe de revenir aux années 70 et de refaire l'unité du Tiers-Monde alors que les pays sont tellement différenciés aujourd'hui. D'autres considèrent que des pays comme le Brésil ou l'Inde n'ont pas le droit de parler au nom du Tiers-Monde. Certains mettaient l'accent sur la présence de certains membres du G 21, comme l'Afrique du Sud ou l'Argentine, dans le très libéral groupe des cairns regroupant les plus gros exportateurs de céréales. D'autres faisaient remarquer que les africains devaient faire attention au groupe du G 21 car leurs industries et leurs exportations agricoles pouvaient avoir un effet aussi dévastateur que celles des pays du Nord. Tous les coups étaient permis et ils n'étaient pas discrets. Pressions, critiques, tout a été utilisé pour critiquer cette alliance. Le Brésil, coordinateur et cheville ouvrière de cette alliance, a fait l'objet d'attaques et de critiques très vives au point que le ministre des Affaires étrangères qui conduisait la délégation brésilienne a éprouvé la nécessité de publier un communiqué pour dénoncer cette campagne. Dans un langage peu diplomatique mais qui en dit beaucoup sur l'âpreté des batailles qui se déroulent dans les coulisses, le communiqué du gouvernement brésilien indiquait « nous sommes entrain d'arriver aux derniers jours de la conférence. À ce niveau, il est plus important que nous concentrions nos efforts dans les négociations que de diriger nos énergies pour attaquer des pays ou des groupes de pays. Le Brésil est engagé dans un travail afin de parvenir au succès de cette conférence et à la prise en compte du contenu de développement de la Conférence de Doha et notamment dans le domaine de l'agriculture à travers une réforme des échanges internationaux des produits agricoles. Cette position est aussi celle du G 21 que nous avons l'honneur de coordonner ».

Après réflexion, le groupe africain se décide à privilégier une alliance avec le groupe des pays ACP (Afrique-Pacifique-Caraïbes) et des PMA (les pays les moins avancés). Une alliance qui lui paraît être à sa dimension. Ce rapprochement a été scellé par un texte commun que défendront les représentants des trois groupes lors des négociations. Il s'agit de l'alliance la plus large en nombre de pays dans la mesure où elle comporte près de 145 pays. Ainsi, à partir de ce jour là les trois groupes se réunissent ensemble et cherchent de plus en plus à coordonner leurs positions. Par ailleurs, certains pays africains, comme le Nigeria, ont décidé, tout en continuant à faire partie du groupe africain, à rejoindre le G 21. Ces alliances vont désormais marquer l'histoire future de l'OMC et vont beaucoup peser sur les négociations futures.

Samedi 13 septembre

C'est aujourd'hui que les véritables négociations et marchandages vont commencer, selon certains habitués de ces grandes messes. Tout le monde commence à évoquer les *green rooms*, ces fameuses chambres de négociations fermées auxquelles on n'accède que sur invitation du directeur général ou du président de la Conférence. Des rumeurs circulent sur la participation de tel ou tel pays à ces négociations fermées. D'ailleurs, celui qui assiste pour la première fois à ces négociations sera surpris par leur déroulement. Car en fait, il n'y pas de négociations ouvertes. Plusieurs réunions ont eu lieu et une multitude de présentations sont organisées. Mais, de négociations point, ou presque ! Car les véritables négociations ont eu lieu dans ces « salles vertes ». Mais, le problème est que tout le monde n'est pas convié à ces discussions. Le nombre des pays participants à ces négociations varie d'une conférence à l'autre, mais pas plus d'une vingtaine de pays prennent part à ces échanges. Il y a d'abord les grandes puissances économiques qui sont bien évidemment conviées à ces réunions quasi-secrètes. Et puis, il y a ceux que le président considère comme des faiseurs d'opinions c'est-à-dire capables d'influencer le groupe de pays auxquels ils appartiennent. Ainsi, on a su que l'Égypte, l'Afrique du Sud et le Kenya, côté africain, ont été conviés à ces négociations. Les autres pays passent leur temps dans les couloirs ou dans les salles de conférence dans l'attente des évolutions de négociations auxquelles ils ne sont pas conviés. Cette totale opacité a amené les pays en développement et certaines ONG à exiger une plus grande transparence dans le déroulement des négociations au sein de l'OMC.

La question qui se pose alors pour les participants est de savoir comment faire entendre sa voix là où se déroulent les véritables négociations. Une question que la nouvelle alliance ACP-Afrique-PMA s'est posée rapidement. Ces pays savaient que certains parmi eux prenaient part aux processus des *green rooms*. Alors, il fallait savoir si ces pays pouvaient prendre le temps, même s'ils ne les représentent pas officiellement, d'exprimer les points de vue de l'alliance plus connue depuis sous l'appellation de G 90. Certains pays avaient répondu par la négative en exigeant que les portes des *green rooms* soient ouvertes aux représentants officiels de l'alliance, qui auraient eu pour mandat de défendre, non pas leurs positions individuelles, mais les recommandations collectives du groupe. Une négociation est alors ouverte avec le président de la conférence qui finalement accepte d'accueillir les représentants de l'alliance des G 90 dans le processus du *green room*.

Enfin l'information d'un nouveau projet de déclaration ministérielle est confirmée. Le texte devait être disponible en fin de matinée. Finalement, il n'est mis en circulation qu'en milieu d'après-midi. Il faut dire que ce projet était disponible, selon un des participants à la *green room*, depuis la veille mais il a fallu passer toute la matinée en négociation entre les grands pays pour pouvoir parvenir à un texte consensuel entre-eux.

L'attente est longue. Elle l'est d'autant plus qu'il n'y a pas grand-chose à faire. Tous les délégués tuent le temps en attendant l'arrivée de la nouvelle déclaration. Mais, la lassitude et la fatigue commencent à prendre le pas sur la bonne humeur et le dynamisme des premiers jours. Heureusement que j'ai croisé Aminata Traoré, ancienne ministre malienne de la culture et figure de proue du mouvement anti-globalisation en Afrique. On passe quelques temps ensemble discutant des ouvrages qu'elle a publiés, dont le *Viol de l'imaginaire*, et qui ont eu un large écho. Elle me parle également de son prochain ouvrage et des recherches qu'elle est entrain d'effectuer pour le finir.

Finalement, le nouveau projet de déclaration est rendu public en milieu d'après-midi. Et brusquement tous les experts se mettent à courir dans tous les sens. Les uns pour récupérer d'autres exemplaires afin de les mettre à la disposition de leurs collègues, d'autres cherchent à rejoindre les petits groupes de délégués qui ont commencé à se former dans les différents bureaux du centre de conférences pour étudier la nouvelle proposition.

Le groupe africain décide de se réunir finalement en début de soirée pour ouvrir le débat sur ce projet. Les échanges ne durent pas longtemps et les délégués considèrent que cette nouvelle proposition est en dessous des attentes sur le dossier de l'agriculture, de l'accès aux marchés pour les produits non agricoles, les questions de Singapour et le contenu du développement. Pire certains considèrent que la proposition sur le coton est une gifle pour l'Afrique. Des délégués ont exprimé leurs regrets de ne pas avoir joint dès le départ le G 21 pour mettre plus de pressions sur les pays développés. La consigne et le mandat donnés aux négociateurs qui doivent prendre part le lendemain matin aux chambres vertes est une fin de non recevoir à cette nouvelle proposition. Mais, ces échanges sont marqués par la faible capacité de réponse des pays africains. Ils ne sont pas en mesure de formuler des propositions alternatives. Il faut dire que si on regarde la composition des délégations, on pouvait se rendre compte des différences entre les pays. Alors, que la délégation américaine comprenaient près de 200 délégués venant de différents domaines dont celui de la recherche, et la délégation canadienne comptait près de 100 participants, la plupart des délégations africaines ne comprenaient pas plus d'une dizaine de délégués. Une différence de taille qui est assez significative de la faiblesse de la capacité de propositions des pays africains en la comparant à celle des pays développés.

À la sortie de la réunion, dans les bus qui ramenaient les délégués à leurs hôtels et dans les restaurants une seule question était sur toute les lèvres : l'Afrique est-elle prête à l'épreuve de force qui doit se dérouler le lendemain ? Les rumeurs les plus folles couraient sur les défaillances de certains pays qui auraient négocié un traitement spécifique avec un des grands pays. D'autres spéculaient sur les coups de téléphone qui ne tarderaient pas à venir des capitales pour donner de nouvelles consignes de vote à leurs délégués. Des doutes étaient exprimés ici et là sur la capacité des pays africains à tenir tête aux grands pays !

C'est sur ces doutes que les uns et les autres se sont séparés pour une courte nuit !

Dimanche 14 septembre

Réveil matinal avec une grande excitation car la journée s'annonçait cruciale. Elle le sera d'autant plus que les mexicains avaient avertis dès la veille qu'elle sera la dernière et qu'ils ne joueront pas la prolongation. Une façon de mettre une pression supplémentaire sur les délégués.

Mais, paradoxalement ce qui était annoncé comme la journée la plus longue de la Conférence sera la plus courte. Les négociations dans les salles vertes ont commencé très tôt le matin. Autour de midi, on donne aux représentants des différentes délégations le temps d'aller consulter leurs groupes sur l'état d'avancement des négociations. Le groupe africain se réunit rapidement. Les représentants dans les salles vertes font le point. Les négociations ont commencé par les questions de Singapour et les pays développés font des pressions sur les pays en développement pour qu'ils acceptent d'ouvrir les négociations sur ces questions. Par contre aucune concession sur les questions d'intérêt pour les pays africains, dont le dossier symbolique du coton ! La messe était dite ! Les représentants du G 90, en dépit de l'insistance de certains grands pays d'accepter ces propositions, sont chargés de revenir dans la salle verte pour exprimer le refus de l'alliance. À 14h20, le président de la Conférence prend acte de ce refus et annonce la fin de la Conférence. À 14h30, le ministre kenyan est le premier à quitter la salle de négociations pour annoncer, à la surprise générale, la fin de la Conférence et son échec dans l'adoption d'un nouveau programme de travail.

Plus tard dans l'après-midi, cet échec est confirmé par un communiqué laconique qui annonce que « tous les participants ont travaillé intensément et de manière constructive pour progresser comme il est requis dans le cadre des mandats de Doha. De fait, nous avons accompli des progrès considérables. Toutefois, il reste encore du travail à faire dans certains domaines clefs pour nous permettre d'avancer vers la conclusion des négociations de manière à nous acquitter des engagements que nous avons pris à Doha ».

Lundi 15 septembre, le départ de Cancùn

Que retenir de Cancùn ? Une question qu'ont ne peut s'empêcher de poser après ce rendez-vous encore manqué entre l'Afrique et la communauté internationale en quittant la petite station balnéaire et en se dirigeant vers l'aéroport ! Il faut dire que ces occasions ratées n'ont pas cessé de se multiplier ces dernières années laissant une grande amertume auprès des dirigeants du continent et enfonçant les populations encore plus dans la détresse et la pauvreté ! Encore, un rendez-vous manqué, avait soupiré un délégué du Burkina Faso qui avait espéré, à l'image de tous les Africains, une avancée rapide des négociations sur le coton tellement la présentation des quatre pays africains (le Mali, le Burkina Faso, le Bénin et le Tchad) lors de la première session avait suscité sympathie et compréhension.

Certes, depuis la fin du siècle passé, la communauté internationale s'est finalement rendue compte que l'Afrique est sortie exténuée de deux décennies d'ajustement. La sauvegarde des grands équilibres macroéconomiques, les privatisations et la libéralisation ont été érigées, depuis l'éclatement de la crise de la dette, en maître mots du développement sur le continent. Ces stratégies ont été à l'origine d'un éclatement de la pauvreté et n'ont pas été en mesure de réduire le fléau de la dette.

Il fallait rompre ce cycle et redonner à l'Afrique une nouvelle espérance, s'est empressée de dire la communauté internationale. Alors de conférences en rencontres, et de séminaires en réunions, c'est le même leitmotiv qui revient, le développement comme si on avait découvert un mot magique ! Une nouvelle initiative pour réduire la dette a été lancée et la lutte contre la pauvreté est devenue la préoccupation majeure de tous les bailleurs de fonds internationaux. Et pourtant, en dépit des bonnes intentions, le décalage n'a jamais été aussi grand entre promesses et réalisations !

En quittant le centre des conférences après l'annonce de l'échec de la réunion, un diplomate d'un pays occidental expliquait à son collègue que l'Afrique, qui s'est opposée jusqu'au dernier moment à l'ouverture de négociations sur les questions de Singapour, et les ONG, doivent être contents de ce revers. Je n'ai pas pu m'empêcher de réagir, même si ses propos ne m'étaient pas adressés, et de lui dire que l'Afrique est probablement la plus grande perdante de cet état des choses depuis des décennies.

Alors, que retenir de Cancùn ? C'est probablement la surdité de certains devant la détresse et le désespoir qui proviennent de nos villes et de nos campagnes. Une surdité qui rendra les espoirs de changement plus difficiles !

CHAPITRE 6
LE DOHA ROUND ET L'OUVERTURE DU SYSTÈME MULTILATÉRAL

I. Introduction

La Conférence de Doha a été un moment important dans l'histoire des négociations multilatérales. En effet, elle vient concrétiser le rêve et l'espérance des pays en développement de voir le droit au développement consacré dans un Round de négociations et l'ensemble de la communauté multilatérale reconnaît désormais l'importance de rééquilibrer les relations commerciales internationales et la nécessité de prendre en considération les intérêts des pays en développement. Cette reconnaissance fait suite à l'échec de Seattle et à la montée de la contestation de la globalisation et du rôle de l'OMC. Il devenait par conséquent urgent de répondre aux préoccupations des pays en développement et de favoriser une prise en compte du développement dans le nouveau Round de négociations. La Déclaration de Doha va consacrer l'engagement de la communauté internationale à favoriser une plus grande ouverture du système commercial multilatéral en faveur des pays en développement. Or, en dépit de cet engagement, les négociations qui vont suivre vont connaître d'importantes difficultés à traduire les promesses de Doha en positions concrètes en faveur du développement. L'objectif de ce chapitre est d'examiner à travers les grands moments du cycle de négociations ce décalage entre l'engagement politique solennel de Doha et la réalité quotidienne des négociations. Après Doha, les négociateurs se sont retrouvés à Genève et le déroulement des négociations a souligné les difficultés de parvenir à des compromis prenant en considération les intérêts des pays en développement. Ces difficultés ont été à l'origine de l'échec de Cancùn. Mais, après cet échec, les négociations ont repris pour parvenir à un accord en juillet 2004 qui a permis de fixer un cadre général afin d'entamer les négociations sur les modalités.

II. La Conférence de Doha : un espoir pour le développement

La Conférence de Doha a été à l'origine d'une grande espérance de la part des pays africains sur la prise en compte de leurs intérêts dans les négociations commerciales internationales. Le nouveau Round de négociations s'est fixé comme impératif de répondre aux préoccupations des pays en développement, et africains en particulier, et a été largement considéré comme un cycle de négociations en faveur du développement. Plusieurs facteurs expliquent l'orientation favorable au développement prise par cette Conférence. D'abord, il faut souligner que cette Conférence s'est tenue deux ans après le retentissant échec de Seattle. Cette faillite a eu des conséquences importantes sur l'OMC et sur les négociations commerciales internationales en général. Pour l'OMC, il était nécessaire de dépasser l'échec de Seattle et de parvenir à lancer un nouveau cycle de négociations. Ceci l'était d'autant plus qu'elle est devenue la cible de critiques venant de tous les côtés. Certaines grandes puissances économiques voyaient d'un mauvais œil l'interventionnisme et l'activisme de l'OMC afin d'établir des règles régissant le commerce international. Ces pays préféraient les accords bilatéraux ou régionaux aux règles multilatérales plus contraignantes. Ce point de vue était également partagé par les grandes firmes multinationales qui voulaient continuer à agir avec la liberté que leur assurait la globalisation et continuer à échapper aux règles nationales qui réduisaient leurs marges d'action.

L'OMC était par ailleurs au centre des critiques des ONG et de cette internationale citoyenne qui remettaient en cause la libéralisation du commerce que cherchait à réguler cette institution. Cette libéralisation allait imposer, soutenaient les ONG, une logique marchande qui allait dominer le monde. Par ailleurs, tous les biens, dont les biens sociaux comme l'éducation et la santé, ne seront plus que des marchandises échangées sur les grands marchés et sans aucune attention à la satisfaction des besoins fondamentaux des populations. Dans ce contexte hostile, l'OMC devait sortir de sa torpeur, après l'échec de Seattle, et lancer un nouveau cycle de négociations afin de contribuer à la construction des règles et des normes nécessaires à une plus grande régulation du commerce international. Le lancement d'un nouveau Round était également important dans la mesure où il contribuait du point de vue de l'ordre international à réduire les desseins hégémoniques de certains et permettre l'avènement d'un monde multipolaire régi par les principes du multilatéralisme.

La mobilisation des pays en développement a également joué un rôle important dans la décision de faire du Doha Round un cycle favorable au développement. Il faut rappeler que ces pays se sont opposés à Seattle au lancement d'un cycle de négociations qui ne prenait pas en compte leurs préoccupations et ont contribué par conséquent à l'échec de cette Conférence. Mais, Seattle a été un moment important dans la renaissance du monde en développement après les décennies 80 et 90 dominés par les préoccupations d'ajustement et des grands équilibres macroéconomiques. Depuis le milieu des années 90, les pays en développement exigeaient de la part de la communauté internationale une plus grande prise en compte de la dimension développement. Ces exigences étaient d'autant plus importantes que cette décennie a été marquée par une explosion de la pauvreté dans la plupart des pays du Tiers-Monde. Ces pays réclamaient un renouveau dans la prise en compte de la dimension développement et le lancement de nouvelles initiatives, notamment dans le domaine de l'aide et de la dette. Le commerce international faisait également partie des préoccupations des pays en développement qui se sont rendus compte que les engagements pris par les pays développés en faveur de la libéralisation de leurs échanges à Marrakech en 1994 lors de la finalisation du cycle de l'Uruguay Round et la création de l'OMC n'ont pas été suivi dans les faits. Ces pays continuaient à accorder d'importantes subventions à leurs producteurs, à appuyer leurs exportateurs et à défendre leurs marchés. Ainsi, au sein de l'OMC, les pays en développement se sont mobilisés pour exiger des pays développés de respecter leurs engagements et de faire en sorte que le commerce international puisse contribuer à la croissance et à la lutte contre la pauvreté dans leurs pays.

La conjoncture mondiale a également pesé dans le lancement de ce nouveau cycle mondial à Doha. Il faut rappeler qu'à cette période l'économie mondiale rentrait dans une forte récession économique. La décennie de forte croissance économique que l'économie américaine avait connue tout au long des années 90 et qui avait tiré dans son sillage la croissance mondiale s'était terminé. Les États-Unis, le Japon et l'Europe connaissaient un ralentissement sans précédent de la croissance et une augmentation rapide du chômage. L'éclatement de la bulle financière dans le domaine des nouvelles technologies a joué un rôle important dans le ralentissement de la croissance. Mais, en dépit des mesures de politique économique et du relâchement de la politique monétaire, la croissance tardait à repartir. Certains analystes commençaient à évoquer le spectre de la déflation suite à la forte baisse des activités économiques, à la chute des prix et à la croissance rapide du chômage. Dans ce contexte de récession mondiale, il était urgent de relancer la croissance et la plupart des observateurs estimaient qu'une reprise du commerce mondial pouvait contribuer à une forte reprise des activités économiques. De ce point de vue, on estimait que le lancement d'un nouveau cycle de négociation à l'OMC pouvait donner confiance aux différents acteurs économiques et aider à une reprise du commerce international et de la croissance économique.

Mais, un autre facteur a joué un rôle majeur dans l'intérêt accordé par l'OMC aux questions du développement dans le nouveau Round. En effet, cette conférence s'est déroulée moins de deux mois après les attaques du 11-septembre. Cet évènement a marqué la communauté internationale qui a commencé à faire de la lutte contre le terrorisme une de ses principales préoccupations. Mais, au-delà de cette lutte, deux questions centrales commençaient à émerger dans les débats internationaux. La première est liée à la lutte contre la pauvreté considérée par beaucoup comme l'origine du terrorisme. Il fallait donner une espérance aux pays en développement et les aider à lutter contre la pauvreté afin de diminuer le risque terroriste. Par ailleurs, ces attaques ont permis également à la communauté internationale de mesurer l'importance des dangers globaux et les inquiétudes qu'ils font peser même sur les plus grandes puissances mondiales. Ces dangers, avait-on estimé, exigent une réponse coordonnée de la part de la communauté internationale et les pays ne peuvent par conséquent répondre de manière individuelle à ces risques. Ainsi, les attaques du 11-septembre ont fortement contribué au renforcement du multilatéralisme dans le monde. Ainsi, la Conférence de Doha sera marquée par la montée en force de l'idée multilatérale et des préoccupations de la lutte contre la pauvreté. Ces inquiétudes pèseront de tout leurs poids sur le déroulement de la Conférence et seront à l'origine de l'accord obtenu à l'arraché pour le lancement d'un nouveau Round de négociations axé sur le développement.

L'ensemble de ces évènements est à l'origine de ce nouvel esprit introduit dans les négociations commerciales internationales et dans cette volonté de faire du développement une dimension centrale. L'esprit de Doha favorable au développement s'observe dans le cadre général d'orientation du nouveau Round et dans les principes et les directions fixées pour les négociations. Ainsi, dès son préambule, la Déclaration ministérielle de Doha précise « Nous sommes résolus, compte tenu en particulier du ralentissement économique mondial, à poursuivre le processus de réforme et de libéralisation des politiques commerciales, faisant ainsi en sorte que le système joue pleinement son rôle pour ce qui est de favoriser la reprise, la croissance et le développement » [175]. De manière plus précise, cette déclaration met l'accent sur le rôle primordial que peut jouer le commerce international dans le développement. Ainsi, elle indique que « le commerce international peut jouer un rôle majeur dans la promotion du développement économique et la réduction de la pauvreté. Nous recon-

[175] Voir OMC, *Déclarations de Doha, Programme de Doha pour le Développement*, Genève, OMC, 2003, p. 2.

naissons la nécessité pour toutes nos populations de tirer parti des possibilités accrues et des gains de bien-être que le système commercial multilatéral génère. La majorité des membres de l'OMC sont des pays en développement. Nous visons à mettre leurs besoins et leurs intérêts au centre du programme de travail adopté dans la présente déclaration » [176]. Ces propos sont clairs sur l'engagement des pays membres de l'OMC à faire du cycle du Doha, un cycle favorable au développement. Dans cette perspective, les pays développés s'accordent à favoriser un meilleur accès au marché, à définir des règles plus équilibrées et à donner une plus grande assistance technique au monde en développement afin de pouvoir tirer un plus grand profit des opportunités ouvertes par le commerce international. Par ailleurs, la déclaration de Doha accorde une attention particulière dans son programme pour le développement aux pays les plus vulnérables. Ainsi, indique-t-elle « nous reconnaissons la vulnérabilité particulière des pays les moins avancés et les difficultés structurelles spéciales qu'ils rencontrent dans l'économie mondiale. Nous sommes déterminés à remédier à la marginalisation des pays les moins avancés dans le commerce international et à améliorer leur participation effective au système commercial multilatéral » [177]. Les pays membres de l'OMC se sont engagés dans cette déclaration à favoriser une intégration dynamique et fructueuse de ces pays dans l'économie mondiale.

Parallèlement à cet engagement en faveur du développement, la déclaration de Doha met l'accent sur le multilatéralisme qui doit régir le commerce international. Ainsi, les pays membres de cette institution soulignent clairement leur « attachement à l'OMC en tant qu'enceinte unique pour l'élaboration de règles commerciales et la libéralisation des échanges au niveau mondial » [178]. Cet engagement est d'autant plus important que certaines puissances économiques cherchent à échapper à cette discipline multilatérale pour développer des accords bilatéraux ou régionaux qui leur donnent une plus grande flexibilité dans la conduite de leurs politiques commerciales. L'OMC a voulu couper court à ces tentations en cherchant à devenir le lieu par excellence d'élaboration des règles multilatérales du

[176] OMC, *op. cit.*, 2003, p. 2.
[177] OMC, *op. cit.*, 2003, p. 3.
[178] OMC, *op. cit.*, 2003, p. 3.

commerce international. Les pays membres de l'organisation réaffirment encore cet engagement en indiquant dans la déclaration de Doha « nous sommes convaincus que les objectifs consistant à maintenir et à préserver un système commercial multilatéral ouvert et non discriminatoire, et à œuvrer en faveur de la protection de l'environnement et de la promotion du développement durable peuvent et doivent se renforcer mutuellement » [179].

Ainsi, développement et multilatéralisme sont les principaux axes du nouveau Round de négociations et de l'esprit de Doha. Mais, cet esprit s'observe également dans les orientations et les principes directeurs définis lors de cette Conférence pour la conduite des négociations.

III. Réaliser les promesses de Doha

À la fin de la Conférence de Doha en 2001, les ministres du commerce des pays membres de l'OMC avaient donné mandat à leurs négociateurs à Genève de poursuivre les négociations afin de donner un contenu concret à la Déclaration de Doha et de renforcer l'intégration des pays en développement dans les échanges mondiaux. Ces négociations devaient avoir lieu tout au long de l'année 2002 et 2003 avant que la Conférence ministérielle ne se réunisse de nouveau à Cancùn en septembre 2003 afin de faire le point sur l'état d'avancement des échanges et prendre les décisions nécessaires afin que ce Round de négociations puisse prendre fin en décembre 2005. Mais, c'était sans compter sur la force des intérêts acquis et la capacité des pays membres à faire de la défense de leurs intérêts nationaux le centre de leur participation aux négociations multilatérales. Les engagements pris à Doha vont par conséquent buter sur la volonté des pays membres, et particulièrement les pays développés à défendre leurs positions hégémoniques dans la globalisation. De l'autre côté, les pays africains, et les pays en développement en général, faisaient de la concrétisation des engagements pris à Doha, et notamment la prise en compte de

[179] OMC, *op. cit.*, 2003, p. 4.

la dimension développement, la condition d'une conclusion de ce Round de négociations. Cette opposition sera au centre du processus de négociations qui a commencé au siège de l'OMC à Genève après la Conférence de Doha.

Cette opposition et les divergences qui sont apparues entre les pays développés et avec les pays en développement seront à l'origine du piétinement des négociations et des faibles progrès réalisés. Le maigre état d'avancement des négociations à l'OMC se traduira par une forte inquiétude de la part des pays africains. L'impression qui prédominait à l'époque auprès des négociateurs africains est que certains pays cherchaient à vider la Déclaration de Doha de son contenu favorable au développement. L'incapacité des pays membres à respecter les engagements pris lors de la Conférence de Doha et à opérer les changements nécessaires à une meilleure insertion des pays africains s'observe dans les faibles progrès réalisés avant la Conférence de Cancùn et dans le caractère déséquilibré du texte qui sera proposé pour cette Conférence. Ces éléments constitueront les ingrédients qui seront à l'origine de l'échec de la Conférence ministérielle de l'OMC à Cancùn.

Des progrès faibles à Genève…

La première caractéristique des négociations entamées après Doha est la faiblesse des progrès réalisés dans les domaines clefs pour les pays africains [180]. Comme pour retenir les leçons de ces échecs passés, l'OMC a décidé d'aborder le nouveau cycle (2002-2004) de manière progressive et de se concentrer sur des dossiers particuliers. Un moyen d'éviter de se perdre dans différents dossiers et surtout de construire des accords entre ses 144 pays membres sur les dossiers censés être moins ardus. Ainsi, l'année 2002 fût consacrée au dossier de la propriété intellectuelle et à celui sur l'accès aux médicaments. Les pays en développement avaient fait de ce dossier un cheval de bataille compte-tenu des coûts élevés d'accès aux médicaments surtout pour certaines épidémies comme le VIH/sida, la

[180] Voir à ce propos: Commission économique des Nations unies pour l'Afrique, *Le cycle de Doha et le développement de l'Afrique*, Position Paper, Addis-Ababa, CEA, septembre 2003.

malaria ou la tuberculose. Ils pensaient que la bataille était gagnée tant la déclaration de Doha leur était favorable. Le volet de cette déclaration sur les droits de propriété intellectuelle et les médicaments était très clair en stipulant que « l'accord sur la propriété intellectuelle peut et doit être interprété et appliqué dans un sens qui favorise le droit des pays membres de l'OMC à protéger leur santé publique et, en particulier, à promouvoir l'accès aux médicaments nécessaires » ! Mais c'était méconnaître la volonté de certains pays à défendre leurs intérêts et surtout ceux de leurs laboratoires pharmaceutiques ! Les négociations se sont enlisées tout au long de l'année 2002 pour finalement arriver à un constat d'échec en décembre 2002.

Que s'est-il passé exactement ? Les négociations avaient porté sur les moyens de faciliter l'accès des pays pauvres aux médicaments à travers l'utilisation notamment des médicaments génériques. Il fallait réduire le poids et la protection accordés par les licences aux laboratoires et donner la possibilité aux pays en développement de produire les médicaments génériques sans payer de redevances. Ainsi, les malades et les patients deviennent plus importants que les brevets, et la santé publique échappe à la logique marchande. Or, ces négociations ont rencontré l'opposition des États-Unis et d'autres pays développés sur deux questions. La première est liée au droit des pays qui produisent les médicaments génériques à les exporter vers d'autres pays pauvres qui ne les produisent pas. La seconde est liée au champ d'application de cette exonération de paiement. Les américains cherchent à réduire ce champ et à en exclure des maladies plus répandues comme le diabète, l'asthme ou l'hypertension. Il faut dire que les études ont montré que la multiplication des médicaments génériques entraînerait des pertes importantes estimées à 50 milliards de $ à l'horizon 2007 pour les grands laboratoires. Les seules pertes pour les laboratoires américains Merck et Pfiser sont estimées à près de 18 milliards de $. Ainsi, l'accord préparé au sein du Comité sur la Propriété intellectuelle n'a pas été signé avant la date du 31 décembre 2002 fixée par la Conférence de Doha suite à l'opposition des États-Unis.

Cet échec a fait l'effet d'une bombe ! Le directeur général de l'OMC à l'époque, le thaïlandais Supachai Panitchpakdi a parlé « d'un discrédit collectif sur ce qui est davantage une question humanitaire qu'une pure question commerciale ». Les États-Unis ont certes cherché à se rattraper en annonçant le 21 décembre 2002 un moratoire des plaintes devant l'OMC contre les pays en développement qui violeraient les règles sur l'exportation des médicaments. Mais, le mal est fait, et le représentant du Vatican dans ces négociations n'a pas hésité à fustiger les pays riches qui ne respectent pas les promesses qu'ils ont données aux pays pauvres !

Le non-respect des dates fixées pour la finalisation des négociations n'est pas propre aux questions de propriété intellectuelle mais s'est étendu à d'autres dossiers plus complexes comme celui du dossier agricole. En effet, la date du 31 mars 2003 fixée pour la finalisation des négociations sur les modalités pour la question agricole n'a pas été respectée. Pour le dossier de l'accès aux marchés des produits non-agricoles, les pays membres de l'OMC n'ont pas pu parvenir à un accord sur les modalités avant la date fixée du 31 mai 2003. De même la date du 31 juillet 2002 fixée pour traduire les mesures en matière de traitement spécifique et différentié en dispositions obligatoires n'a pu être respectée par les négociateurs.

Plusieurs raisons expliquent la faiblesse des progrès réalisés par les négociateurs à Genève. La première est liée probablement à la surcharge du programme de travail fixé par les négociateurs qui se sont rendus rapidement compte du caractère ambitieux du programme de travail fixé par la Conférence de Doha et de la complexité des questions à l'ordre du jour. Ces questions sont aussi particulièrement litigieuses et demandent des délais de négociations plus étendus. Par ailleurs, il faut aussi souligner les intérêts contradictoires et divergents entre les grandes puissances commerciales comme l'Europe, les États-Unis, le Japon et le Canada sur des questions cruciales comme l'agriculture, les questions de Singapour ou les produits industriels. Ainsi, par exemple, les pays européens et le Japon se montraient peu enclins à opérer des réformes ambitieuses exigées par les pays du groupe des Cairns sur le dossier agricole. Il faut souligner aussi la faiblesse de l'expertise des pays pauvres sur les questions complexes au programme des négociations multilatérales et leur incapacité à saisir de manière précise l'impact des nouvelles propositions sur leurs économies.

Mais, il faut surtout souligner la frilosité des pays développés à traduire leurs engagements à Doha en faveur du développement, en propositions concrètes afin de corriger les déséquilibres du processus de globalisation, et de favoriser une insertion compétitive des économies africaines dans les échanges internationaux.

Les progrès limités des négociations à Genève ont suscité de profondes inquiétudes de la part des pays africains. Ainsi, lors de leur réunion à l'Ile Maurice en juin 2003, les ministres africains du commerce ont exprimé « leur profonde déception face au manque de progrès durant le cycle en cours des négociations commerciales multilatérales, comme en témoigne le non respect du délai sur des questions et des négociations qui revêtent une importance pour les pays africains. Le plus grave étant l'absence de progrès sur les négociations agricoles, sur les droits de propriété intellectuelle et la santé publique, le traitement spécial et différencié et les questions et préoccupations liées à la mise en œuvre » [181]. Mais, parallèlement aux faibles progrès réalisés, les pays africains soulèvent la question de la transparence des négociations et la nécessité de leur permettre de mieux participer afin d'exprimer leurs préoccupations. Cette question sera soulevée par d'autres pays membres qui ont remis en cause le principe de la chambre verte comme cadre de négociations et ont exigé la mise en place d'un processus plus ouvert et transparent. Les ministres africains réunis à l'Île Maurice ont souligné cette question et ont exprimé leurs préoccupations face « à l'absence de transparence, et le caractère non inclusif dans les négociations de l'OMC et dans le processus de prise de décision » [182]. « Nous demandons, ont-ils exigé, que des mesures soient prises pour assurer la participation effective de nos pays dans le processus avant, pendant et après la Cinquième Conférence ministérielle de l'OMC » [183].

Ainsi, le processus de négociations du Doha Round paraît être engagé

[181] Voir Commission économique des Nations unies pour l'Afrique et l'Union africaine, Rapport de la réunion de réflexion de haut niveau destinée aux négociateurs commerciaux africains, préparatoire à la Cinquième Conférence ministérielle de l'OMC, Addis-Ababa, juillet 2003.

[182] Voir CEA et UA, *op. cit.*, 2003.

[183] Voir CEA et UA, *op. cit.*, 2003.

dans une dynamique incertaine. En dépit de cette incertitude et du peu de progrès réalisés par les négociateurs, l'OMC publiera en juillet un texte de négociations qui devra être soumis à la Conférence ministérielle de Cancùn.

Un texte déséquilibré pour Cancùn

Le premier projet de Déclaration pour la cinquième Conférence ministérielle de l'OMC prévue à Cancùn a été rendu public le 18 juillet 2003 par l'ambassadeur Carlos Perez del Castillo, président à l'époque du Conseil général. Ce texte a suscité rapidement de fortes oppositions de la part des pays africains. En effet, ce texte reprend des propositions des groupes de travail sur lesquelles les négociateurs africains avaient exprimé d'importantes réserves. D'une manière générale, ce projet de déclaration est perçu comme un texte déséquilibré privilégiant les intérêts des grandes puissances commerciales sur les grands dossiers de ce Round de négociations.

Le premier sujet de contestation concerne le dossier agricole. À ce niveau, le projet de Déclaration reprend les grandes lignes du rapport de Stuart Harbinson, le président de la session spéciale sur l'agriculture. Or, ce texte est considéré par les pays en développement et particulièrement les pays africains en deçà des engagements pris par les pays de l'OCDE lors de la Conférence de Doha dans le sens d'une réduction substantielle des différentes formes de soutien à leurs agricultures. Plus précisément, ce texte reste vague sur les réductions envisagées et ne permet pas de mesurer l'ampleur des réformes envisagées. Pour la question centrale de l'accès aux marchés, la proposition de Harbinson suggère l'application d'une formule linéaire de réduction appliquée dans des bandes différentes. Cette formule ne permet pas de réduire fortement les barrières tarifaires, et ne s'attaque pas non plus aux pics tarifaires rencontrés par les exportations des pays africains à destination des marchés des pays développés. Par ailleurs, même si la notion de produits stratégiques pour les pays en développement est mentionné, sa définition manque de précision et de clarté. Enfin, les questions de traitement spécifique et différentié pour les pays en développement ne sont pas prises en considération de manière satisfaisante, particulièrement celles concernant les mécanismes spéciaux de sauvegarde, la compensation des pays importateurs nets de produits agricoles et la question de l'érosion des préférences des pays africains du fait de la libéralisation des échanges.

La proposition de négociation sur les échanges de produits industriels a également fait l'objet d'importantes contestations de la part des pays africains. Il faut rappeler à ce niveau que le projet de déclaration a retenu la proposition formulée par le président du Groupe de négociations sur l'accès aux marchés des produits non agricoles. Cette proposition suggérait d'abord que chaque taux serait converti sous forme de pourcentage et que 95 % des lignes tarifaires et 95 % des importations seraient consolidés. Cette proposition suggérait également que les droits de douane seraient supprimés dans des secteurs particuliers comme l'électronique et les articles électriques, les produits de la pêche, les textiles, les vêtements, les chaussures, les articles de cuir et quelques autres secteurs intensifs en main d'œuvre, et par conséquent d'intérêt pour les pays en développement. Cette proposition suggérait également un approfondissement de la libéralisation des échanges des produits industriels de manière bilatérale par le biais des présentations d'offres et de demandes. Mais, l'élément le plus important de cette proposition concerne la formule suggérée pour la réduction des tarifs douaniers. À ce niveau, elle propose l'usage d'une formule suisse dont le cœfficient maximal serait égal au droit moyen national de chaque pays membre multiplié par un cœfficient B à définir.

Cette proposition a fait l'objet de plusieurs études qui ont cherché à mesurer son impact sur les pays en développement [184]. Ces différentes études ont montré que les pays en développement réduiront de manière plus forte leurs droits de douane consolidés du fait que leurs tarifs étaient plus élevés et que la formule non-linéaire a pour effet d'opérer des réductions plus prononcées sur les tarifs forts. Cette baisse se traduit par une croissance plus marquée des importations des pays en développement que celles des pays développés. Par ailleurs, cette proposition se traduit par une

[184] Voir à ce propos notamment : Joseph François, Hans van Meijl and Frank van Tongeren, *Economic Implications of Trade Liberalization Under the Doha Round*, CEPII n° 20, Paris, December 2003 ; Mohamed Hédi Bchir, Lionel Fontagné and Sébastien Jean, *Market Access in Non-Agricultural Goods: What is at Stake in the Development Round?*, Paris, CEPII, May 2004 ; Santiago Fernandez de Cordoba, Sam Laird and David Vanzetti, *Development Opportunities and Challenges in the WTO Negotiations on Industrial Tariffs*, Geneva, UNCTAD, May 2004.

forte baisse des recettes douanières qui constituent pour beaucoup de pays en développement l'essentiel des recettes fiscales et pourrait par conséquent renforcer les déséquilibres macroéconomiques. Enfin, cette proposition invite les pays en développement à prendre des engagements plus marqués en matière de consolidation des tarifs.

Pour les questions de propriété intellectuelle, et en dépit de la forte indignation suscitée par le refus américain d'accepter l'accord proposé en décembre 2002, le texte ne suggérait pas de nouvelles propositions. La partie américaine campait sur ses positions et considérait que le texte proposé par le président du Comité sur les droits de propriété intellectuelle pouvait porter atteinte aux droits de brevets. Les pays africains ont exprimé leur désarroi devant l'impossibilité de parvenir rapidement à un accord sur cette question qui dépasse l'aspect commercial pour toucher le droit à la santé et à la vie face aux pandémies qui dévastent le continent. Ces pays considèrent que le veto sur ce texte constitue un recul et un abandon des engagements pris par la communauté internationale à Doha. Ainsi, le règlement de cette question est perçu par les pays africains comme une condition préalable à la poursuite des négociations sur le Doha Round.

Le projet de Déclaration paraît également déséquilibré sur les questions de Singapour. Il faut rappeler que ces questions étaient au centre d'une grande controverse entre les pays développés et les pays en développement lors de la Conférence de Doha. Les pays en développement n'ont accepté le texte de Doha que suite à la mention que les négociations ne seraient pas lancées en l'absence d'un consensus explicite entre les pays membres. Or, le projet de Déclaration suggérait l'ouverture de négociations sur ces questions lors de la Conférence de Cancùn. Cette position reflète celle des pays développés et ne prend pas en considération les vues des pays africains et des pays en développement en général qui souhaitaient la poursuite des clarifications sur des questions aussi complexes. Les pays en développement étaient également persuadés que l'ouverture de négociations sur ces questions allait renforcer la contrainte multilatérale et réduire leur marge de liberté en matière de formulation de leurs stratégies nationales. Mais, au moment où ils exigeaient des pays africains et du monde en développement en général de renforcer leurs engagements, les pays développés n'ont pas tenu les promesses qu'ils avaient formulées lors de l'Uruguay Round ainsi que celles contenues dans la Déclaration de Doha. Ainsi, les pays africains suggéraient une poursuite du travail de clarification sur les questions de Singapour afin de mieux saisir leur impact sur leurs économies.

Le coton est un autre sujet de préoccupation pour les pays africains suite au projet de Déclaration pour Cancùn. Dans leur initiative sur le coton, les pays africains avaient demandé l'examen express de cette question afin d'arrêter toutes les formes d'appui aux producteurs des pays de l'OCDE et la mise en place d'un mécanisme de compensation durant la période transitoire. Or, le projet de Déclaration suggérait l'inclusion de la question du coton dans les négociations générales sur le secteur agricole. Cette proposition a rencontré le refus des pays africains dans la mesure où elle se traduirait par d'importants retards compte-tenu de la complexité des négociations agricoles. Ainsi, cette proposition était perçue par les pays africains comme significative de l'absence d'une volonté réelle de la part des pays développés de traduire en actes leurs engagements en faveur du développement.

Enfin, la question du traitement spécifique et différencié, pourtant essentielle pour les pays africains, n'a eu qu'une place marginale dans le projet de Déclaration. Les pays africains avaient mis l'accent sur leur incapacité à convaincre les pays membres de l'OMC de traduire leurs engagements en actes et de leur faire bénéficier d'un traitement spécial afin de les aider à construire leurs dynamiques de croissance et à favoriser leur insertion dynamique dans le processus de globalisation.

Ainsi, tous les ingrédients pour l'échec de la Conférence de Cancùn étaient réunis. Le programme des négociations mis en place lors de la Conférence de Doha a connu d'importants retards, en particulier sur les questions essentielles pour les pays africains comme l'agriculture, l'accès au marché pour les produits non-agricoles, la santé et les droits de propriété intellectuelle, le dossier du coton et le traitement spécifique et différencié pour les pays en développement. Par ailleurs, il faut également mentionner le caractère déséquilibré du projet de Déclaration qui reprenait en grande partie les analyses et les positions des pays développés, et ignorait les préoccupations des pays africains. Tout se passait donc, du point de vue des pays africains, comme si les grands pays cherchaient à travers un texte déséquilibré, un processus complexe et des négociations peu transparentes, à renier les engagements en faveur du développement qu'ils ont pris lors de la Conférence de Doha.

VI. Les désillusions de Cancùn

La publication du projet de Déclaration et les positions critiques exprimées par les pays africains et les pays en développement en général ont été à l'origine d'une importante mobilisation afin de sauver Cancùn de l'échec et de favoriser une relance du Doha Round. Ainsi, on va assister au cours des deux mois séparant la publication du projet de Déclaration et la tenue de la Conférence en septembre 2003 à une grande effervescence et à un grand ballet diplomatique afin de réunir les conditions de réussite pour la Conférence. Par ailleurs, l'Union européenne et les Américains ont formulé de nouvelles propositions sur le dossier agricole quelques jours avant la tenue de la Conférence. Mais, trop peu et trop tard avaient estimé les pays en développement revigorés par l'apparition de nouvelles alliances comme le G 20 et le G 90 qui feront front commun et pèseront de tout leur poids dans le déroulement des négociations. Le nouveau projet de Déclaration publié à Cancùn sera la goutte d'eau qui fera déborder le vase et la Conférence ministérielle de Cancùn sera un échec !

Qui sauvera Cancùn ?

Les pays membres de l'OMC ont multiplié les consultations afin de faire sortir les négociations de l'impasse et réunir les conditions de succès à la Conférence de Cancùn. Ainsi, une première mini-ministérielle a été organisée les 21 et 22 juin 2003 à Charm el-Cheikh en Égypte réunissant 31 ministres du commerce. Lors de cette première rencontre les pays membres de l'OMC ont exprimé leurs préoccupations devant les faibles progrès des négociations. À ce niveau, les ministres des pays en développement ont considéré qu'une relance des négociations exige de nouvelles concessions de la part des pays développés sur le dossier agricole et les droits de propriété intellectuelle et la santé. Sur le dossier agricole, les pays africains estimaient que les propositions formulées dans le projet de document manquaient de précision et d'ambition, et qu'il était nécessaire pour les pays développés et particulièrement l'Union européenne de s'attaquer aux trois piliers d'appui au secteur agricole. Ces pays ont également mis l'accent sur l'accès aux médicaments comme un préalable à tout accord sur les modalités dans le Doha Round.

Une nouvelle mini-ministérielle sera aussi organisée du 28 au 30 juillet à Montréal afin d'essayer de rapprocher les positions au sein des pays membres de l'OMC et de réunir les conditions à un consensus à Cancùn. Lors de cette mini-ministérielle, les représentants des pays en développement avaient réitéré leurs griefs vis-à-vis des pays développés et avaient exigé de formuler de nouvelles propositions notamment sur le dossier agricole à travers une réduction des subventions aux exportations et de l'appui interne. Les pays africains avaient insisté sur le fait que le refus des pays de l'OCDE d'énoncer de nouvelles propositions risque de remettre en cause l'ensemble du processus entamé lors de la Conférence de Doha et les engagements pris en faveur du développement.

Ainsi, quelques mois avant la tenue de la Conférence de Doha, la situation paraît bloquée. D'un côté, les pays en développement cherchaient à donner un contenu concret aux engagements pris en faveur du développement par l'ensemble des pays membres de l'OMC lors de la Conférence de Doha. De l'autre côté, les pays développés semblent peu enclins à opérer les réformes nécessaires et surtout à y inclure le niveau d'ambition nécessaire. Mais, le véritable problème réside dans le fait que le projet de Déclaration rendu public par le Secrétariat de l'OMC reprend largement les positions des pays développés. Ce projet de texte était considéré par la plupart des pays en développement comme manquant d'ambition et déséquilibré. Ces pays pensaient également que ce projet était un reniement de la part des pays développés de leurs engagements de faire de ce Round, un cycle en faveur du développement, et ne conduirait la Conférence de Cancùn qu'à l'échec. Il était donc nécessaire de sauver Cancùn ! C'est l'objectif que se sont assignées les différentes mini-ministérielles tenues en Égypte et au Canada. Mais, les réunions et les consultations entre les pays membres ont montré l'ampleur de l'écart entre les différentes positions. Les pays en développement et les mouvements de la société civile avaient clairement indiqué que les négociations se trouvaient dans une impasse du fait de la responsabilité des pays développés et que Cancùn allait vers un échec annoncé.

Peut-on encore sauver Cancùn ? L'Union européenne et les américains le croyaient en formulant de nouvelles propositions sur la question agricole quelques jours avant la tenue de la Conférence.

Les propositions américaines et européennes avant Cancùn : trop peu et trop tard !

Pour sortir les négociations de l'impasse, l'Union européenne et les États-Unis ont formulé de nouvelles propositions sur le dossier agricole le 13 août 2003. Ces nouvelles propositions suggèrent que les pays membres de l'OMC doivent réduire toutes les formes de subvention qui faussent les règles du marché et ont d'importants effets de distorsion. Elles indiquent également que les pays développés peuvent garder la possibilité de recourir à des mesures d'appui qui ont un effet de distorsion limité. Cette déclaration conjointe appelait, suite à la Déclaration de Doha, à un renforcement de l'accès au marché en suggérant une nouvelle formule mixte [*Blended formula*] qui se situe entre la formule de l'Uruguay Round et la formule suisse. Pour ce qui est des subventions à l'exportation, l'Union européenne et les États-Unis s'engageaient dans cette déclaration à éliminer, durant une période à déterminer, les subventions sur les produits d'importance pour les pays en développement.

Ces nouvelles propositions n'ont pas permis de dépasser la crise qui commence à pointer à l'horizon. Les pays africains ont été les premiers à exprimer leur insatisfaction face à ces nouvelles propositions. Ce désaccord s'explique d'abord par le manque de précision dans la nouvelle proposition dans la mesure où elle ne dispose pas de chiffres précis. L'absence de propositions chiffrées rendait difficile la mesure de l'impact de ces nouvelles offres sur les pays africains. Par ailleurs, les pays africains ont également souligné le manque d'ambition dans la nouvelle proposition et le fait qu'elle reste encore nettement en dessous des engagements pris par les pays développés lors de la Conférence de Doha. Par ailleurs, les pays africains ont mentionné que la proposition originale, et particulièrement la formule d'accès au marché (Formule Harbinson) avait un contenu spécifique et différentié en faveur des pays en développement plus prononcé. Dans la nouvelle proposition, ce traitement se limite à des réductions tarifaires moins prononcées et à des délais de libéralisation plus longs. Par ailleurs, sur la question de l'appui interne, la nouvelle proposition de l'UE et des États-Unis est également en dessous des attentes des pays africains et l'usage de la boîte verte n'a toujours pas fait l'objet d'une réglementation rigoureuse afin d'empêcher son utilisation par les pays développés pour maintenir un niveau élevé d'appui à leurs producteurs.

Ainsi, en dépit des nouvelles propositions formulées sur le dossier agricole par l'Union européenne et les États-Unis, le processus de consultation préalable à la Conférence de Cancùn n'est pas sorti de l'impasse. Ces nouvelles offres ont été jugées par les pays en développement en dessous de leurs attentes et des engagements de la Déclaration de Doha. La Conférence de Cancùn se dirigeait alors directement vers l'échec. Il faut également souligner que les États-Unis vont finalement lever leur veto sur la décision du Comité de négociations pour les droits de propriété intellectuelle et la santé publique, et ont rejoint le consensus qui s'est formé afin de favoriser l'accès aux médicaments génériques pour faire face aux grandes épidémies comme le VIH/sida, la tuberculose ou la malaria. Ainsi, le Conseil général a adopté le 30 août 2003 à l'unanimité la déclaration sur les droits de propriété intellectuelle et la santé publique. Il s'agit là d'une importante victoire pour les pays en développement et les pays africains en particulier qui ont fait de l'accès aux médicaments et du droit à la santé l'une de leurs principales préoccupations lors de ce Round de négociations. Mais, en dépit de ces acquis, les pays africains estimaient que le projet de Déclaration était encore fortement déséquilibré en faveur des pays développés. Les dernières concessions accordées par les États-Unis et l'UE sur le dossier agricole étaient jugées trop faibles et tardives. Ainsi, un large consensus commence à se former au sein des pays en développement autour du rejet du projet de Déclaration de Cancùn. D'ailleurs, de larges coalitions de pays en développement vont se former rapidement afin d'exiger une plus grande prise en compte de leurs intérêts dans le Doha Round.

De nouvelles alliances

Les pays en développement ont toujours joué un rôle dans les négociations commerciales internationales. Cette implication s'explique par la conviction de la part de ces pays du rôle que le commerce international pourrait jouer dans leurs stratégies de développement et dans la diversification de leurs structures productives. Les pays en développement ont toujours privilégié des stratégies d'alliance compte-tenu de leurs faibles poids dans les échanges internationaux. Le groupe des 77, créé en 1964 à la première conférence de la CNUCED par les pays en développement qui étaient 77 à l'époque, était l'une des premières formes d'alliances entre ces pays. Ce groupe a incarné l'énorme élan de solidarité entre les pays du Sud à cette époque, qui au-delà de la revalorisation des prix de matières premières, commençaient à exiger la reconstruction d'un nouvel ordre international plus égalitaire et plus juste. La réforme de l'ordre international était considérée par ces pays comme un préalable à leur développement, et cette revendication était au cœur des demandes des pays en développement dans les années 70.

Or, cet élan de solidarité a été brisé par la crise de la dette. Les pays du Tiers-Monde se trouvaient dès le début des années 80 dans l'obligation de négocier de manière isolée l'aménagement de leurs conditions d'endettement. C'est le sauve-qui-peut général qui prévaut. Fortement endettés, les pays du Tiers-Monde cherchent, faute de pouvoir définir une stratégie globale pour résoudre la crise de la dette, à accroître leurs exportations de matières premières pour faire face à leurs engagements. Dans ce contexte, l'accroissement de l'offre internationale des matières premières entraînera irrémédiablement des tendances baissières longues des cours. L'affaiblissement du poids des pays du Tiers-Monde entraînera l'éclatement et la marginalisation des plus importantes organisations et regroupements des exportateurs de matières premières, et la marginalisation de ces pays dans les relations internationales.

Mais, le contexte a beaucoup évolué depuis. En effet, depuis la crise de l'Asie du Sud-Est on a enregistré un changement majeur dans la stratégie des pays du Tiers-Monde. Ces pays vont se rendre à l'évidence que leur conduite des années 80 ne les a pas aidés ni individuellement, et encore moins collectivement, à améliorer leur insertion internationale. Au contraire, la globalisation de l'économie a fragilisé leurs positions et les a soumise à l'incertitude et à la logique chaotique des mouvements de capitaux. Dans ce contexte, on a assisté à la renaissance d'une certaine solidarité entre les pays du Tiers-Monde. La conférence de Seattle de l'OMC a constitué un moment important de ce mouvement de solidarité où les pays en développement ont pesé de tout leur poids lors de cette Conférence. Ils refusaient ainsi la position marginale dans laquelle les vouaient l'OMC et les pays développés. Mais, la renaissance du Tiers-Monde et les prémices de la nouvelle unité diffèrent largement de la mobilisation de ces pays dans les années 70. Les revendications de ces pays se veulent aujourd'hui moins globales, plus ponctuelles et touchent des préoccupations concrètes et précises. Parallèlement à la revendication d'une place plus importante dans les discussions sur la gouvernance de la globalisation, les pays en développement ont effectué d'importants pas sur la voie de la coopération et de l'intégration régionale. Certes, ce nouveau mouvement ne reprend pas les relents « révolutionnaires » des années 70 mais les réformes qu'il cherche à introduire et les alliances régionales qu'il est en train de construire risquent bien de changer la face du XXIe siècle.

Cette recherche d'alliance et cet élan de solidarité vont s'exprimer de nouveau à la veille de la Conférence de l'OMC avec l'émergence de deux groupes qui joueront un rôle majeur à Cancùn. Le premier groupe est le G20 composé du Brésil, de l'Inde, de la Chine, de l'Afrique du Sud, de l'Argentine, de Cuba, de l'Égypte, du Nigéria, du Mexique, du Pakistan, de l'Indonésie, du Venezuela, de la Thaïlande, du Chili, du Guatemala, de la Bolivie, du Costa Rica, des Philippines, de l'Équateur et du Paraguay. D'autres pays comme la Colombie et le Pérou se sont retirés de ce groupement après en avoir fait partie lors de son lancement. D'autres pays ont rejoint ce groupe après sa formation. Ce groupe s'est formé au mois d'août 2003 en réaction aux propositions agricoles des États-Unis et de l'Union européenne. Le G 20 a exigé une libéralisation plus ambitieuse des échanges agricoles, notamment en s'attaquant aux trois piliers du dossier agricole. Mais, les préoccupations de cette alliance ne se limitent pas au dossier agricole mais prennent en charge également d'autres revendications des pays en développement afin de réformer le système commercial multilatéral et de faciliter l'insertion des pays en développement dans le mouvement de globalisation. Ces préoccupations sont affirmées par Celso Amorim, Ministre Brésilien des affaires étrangères et un des principaux animateurs du G 20, qui avait déclaré lors de son discours à Cancùn que « l'objectif du G 20 était de rapprocher le système commercial multilatéral des besoins et des aspirations des pays marginaux qui n'ont pas eu l'occasion de bénéficier des fruits de leurs efforts et qu'il était grand temps que cet état de fait change ». Cette alliance va jouer dès son apparition un rôle majeur à Cancùn et dans le processus de négociation multilatérale. Il faut dire que ce groupe est composé des plus importants pays en développement en Afrique, en Asie et en Amérique latine. Ces pays représentent 55 % de la population mondiale et près de 70 % de la production agricole. Après Cancùn, le G 20 continuera à se réunir de manière régulière et participera de manière active dans les négociations internationales afin de faire aboutir les engagements pris à Doha.

Parallèlement au G 20, le début du mois de septembre 2003 verra à Cancùn et quelques heures avant le début de la Conférence ministérielle la naissance d'une nouvelle alliance le G 90 suite à l'appel de l'Union africaine et de l'Ile Maurice qui présidait à l'époque la Conférence des Ministres Africains du commerce. Cette alliance regroupe les pays africains, les pays ACP (Afrique, Caraïbes et Pacifique) et les PMA (les pays les moins avancés). Cette alliance a essayé dans sa plate-forme, élaborée lors de la première rencontre de ce groupe à Cancùn, de mettre l'accent sur les engagements pris lors de la Conférence de Doha en faveur du développement dans les différents sujets de négociation. Cette alliance deviendra rapidement un acteur majeur au sein de l'OMC du fait qu'elle regroupe le plus important nombre de pays membres. Elle a également joui d'un important élan de solidarité au niveau international dans la mesure où elle regroupe la plupart des pays qui ont été marginalisés depuis de longues années dans le processus de globalisation et qui sont confrontés à l'accroissement rapide de la pauvreté, de la faim et des épidémies. L'action de cette alliance ne s'est pas limitée à la Conférence de Cancùn mais elle s'est poursuivie bien au-delà en cherchant à s'assurer une présence forte dans les négociations et une prise en compte des préoccupations de développement.

En définitive, ces alliances vont jouer un rôle majeur dans la défense des intérêts des pays africains, et des pays en développement en général, dans les négociations multilatérales et vont leur permettre de résister à la volonté des pays développés d'imposer un projet de Déclaration en retrait par rapport aux engagements favorables au développement pris lors de la Conférence de Doha.

Un échec annoncé à Cancùn

Avant la Conférence ministérielle de l'OMC à Cancùn, les positions paraissent très éloignées et cette réunion semblait être vouée à un échec annoncé. Les négociations entamées quelques jours avant le début de cette réunion n'ont pas permis de rapprocher les points de vue. En effet, le décalage entre les engagements pris lors de la Conférence de Doha en faveur du développement et les propositions concrètes dans les négociations, particulièrement celles formulées par les pays développés, est encore important. Le projet de Déclaration a été revu par le Secrétariat de l'OMC avant le début de la Conférence. Par ailleurs, au cours de la Conférence un nouveau projet de Déclaration a été également proposé afin d'introduire de nouvelles propositions capables de prendre en considération certaines propositions apparues lors des consultations préalables entre les différents groupes. Mais, rien n'y fait ! Le fossé séparant les uns et les autres restait important !

Dans cette partie, on passera en revue les propositions formulées dans le projet de Déclaration ministérielle de Cancùn d'importance pour les pays africains. Cet examen nous permettra de mesurer le décalage entre les engagements pris à Doha et les attentes des pays africains d'un côté, et les offres contenues dans le projet de Déclaration de l'autre. Le premier sujet d'importance pour les pays africains est celui du dossier agricole. À ce niveau, le premier sujet de négociation concerne l'accès au marché où le nouveau projet de déclaration propose une formule mixte (Blended formula) suggérée par l'Union européenne et les États-Unis. Cette formule est un mélange des formules de l'Uruguay Round (linéaire) pour les tarifs faibles, de la formule suisse (non-linéaire) pour les tarifs élevés, un libre-échange total pour les très faibles tarifs. Par ailleurs, le texte retient qu'il est nécessaire de réaliser un niveau minimal de réduction pour l'ensemble des produits agricoles. Cette proposition contient également un traitement spécifique et différencié pour les pays en développement en incluant des réductions tarifaires moins marquées et des périodes de mise en œuvre plus longues. Par ailleurs, le projet de Déclaration concède pour les pays en développement la catégorie de produits spéciaux qui sont exempts de toute réduction tarifaire. Ces produits sont désignés par les pays compte-tenu de leur contribution dans leur sécurité alimentaire. Enfin, ce projet de Déclaration inclue également une ouverture totale et sans restrictions des marchés des pays développés pour les Pays les Moins Avancés.

Cette formule mixte a fait l'objet d'importantes critiques de la part des pays en développement. En effet, elle apparaît d'abord complexe et difficile à mettre en œuvre. Or, les formules d'accès au marché doivent être simples et faciles à appliquer. Par ailleurs l'objectif d'une formule d'accès aux marchés est d'assurer une harmonisation des différentes lignes tarifaires afin de faciliter les échanges commerciaux. Or, cette formule mixte offre une grande flexibilité qui pourrait se traduire par l'effet inverse en maintenant des lignes tarifaires à des niveaux plus élevés. À ce niveau, les crêtes tarifaires et la progressivité des droits de douane peuvent être maintenues du fait de la flexibilité offerte par cette formule. Par ailleurs, cette formule mixte a été également critiquée dans la mesure où elle permet aux pays développés qui ont une dispersion tarifaire marquée d'utiliser la flexibilité que leur offre cette formule pour défendre leurs tarifs les plus élevés. À ce niveau, ils n'appliqueront la formule suisse que pour leurs lignes tarifaires les plus faibles. Par contre, les pays en développement où la dispersion tarifaire est moins poussée et où les tarifs sont uniformes à un niveau élevé ne pourront pas jouir de cette flexibilité. Du coup, l'application de cette formule se traduira par des baisses plus importantes pour les pays en développement que pour les pays développés. Ainsi, la proposition de la formule d'accès au marché tourne le dos aux engagements de Doha d'offrir une plus grande ouverture des marchés des pays développés aux exportations des pays africains et en même temps de permettre à ses pays de maintenir certaines protections afin de leur permettre de poursuivre leurs objectifs en matière de sécurité alimentaire et de lutte contre la pauvreté.

Pour ce qui est des subventions à l'exportation, le nouveau projet de Déclaration indique qu'il est nécessaire de les réduire mais sans mentionner de délai ni d'indications sur le niveau de la réduction. Par ailleurs, l'offre de réduction de ces subventions ne mentionne que les produits d'importance pour les pays en développement. Ces propositions ont été jugées insatisfaisantes par les pays en développement qui exigeaient des engagements plus fermes en matière de réduction de ces subventions dont la conséquence immédiate est la baisse des cours des produits agricoles sur les marchés mondiaux. L'insatisfaction des pays en développement sur le dossier agricole touche également l'appui interne aux producteurs. À ce niveau, le projet de Déclaration suggère la révision du critère de la boîte verte afin de réduire les aides ayant des effets de distorsion sur les prix. Par ailleurs, ce projet a proposé la réduction des aides au titre de la boîte bleue en appliquant une formule linéaire. Or, ces propositions sont nettement en dessous des exigences des pays en développement, notamment la fixation d'une limite pour la boîte verte et l'élimination des aides ayant l'effet de distorsion le plus élevé et contenues dans la boîte bleue.

Les pays en développement ont également exprimé leurs préoccupations vis-à-vis des propositions en matière d'accès au marché pour les produits industriels contenues dans le projet de Déclaration de Cancùn. À ce niveau, il faut mentionner que la principale préoccupation est liée à la formule d'accès au marché qui doit poursuivre le processus de réduction des tarifs entamés depuis de longues années, et particulièrement ceux appliqués sur les produits intensifs en travail, mais en même temps permettre aux pays en développement de protéger leur développement industriel en disposant d'une certaine protection de leurs activités industrielles. Le projet de Déclaration à Cancùn a repris dans ses différentes versions la proposition du président du Comité en suggérant une formule de réduction non-linéaire appliquée ligne par ligne. Ce projet proposait aussi des réductions tarifaires pour des secteurs d'intérêt pour les pays en développement ainsi que la poursuite du processus de réduction par le biais de la procédure d'offre et de demande. Il faut souligner que cette proposition, contrairement à d'autres parties de la Déclaration, n'a pas fait l'objet d'importantes modifications. Or, dès le début les pays en développement avaient exprimé d'importantes réserves sur la formule ainsi que sur d'autres parties du texte. La principale critique est que la formule non-linéaire les amènera à opérer des réductions plus importantes. Ce résultat est contraire à l'esprit de Doha qui suggérait le principe « moins que la réciprocité totale ». Par ailleurs, ces pays considéraient que l'accélération du rythme de libéralisation allait avoir une incidence négative sur leurs équilibres macroéconomiques du fait de la dépendance de leurs recettes douanières de leurs recettes fiscales. Par ailleurs, cette ouverture prononcée des frontières pourrait se traduire par un renforcement de la concurrence subie par les entreprises locales vis-à-vis des produits importés. Ainsi, tant sur l'aspect fiscal qu'industriel, cette libéralisation accrue des échanges entraînera d'importants coûts d'ajustement pour les pays en développement.

Les questions de Singapour ont constitué un autre sujet de préoccupation pour les pays en développement à Cancùn. Ces pays ont rapidement exprimé leur refus à la volonté des pays développés d'entamer des négociations sur les quatre questions de Singapour (facilitation du commerce, la transparence dans les achats publics, l'investissement et la concurrence). Ils estimaient que le travail de clarification devait se poursuivre afin de leur permettre de mieux comprendre l'impact de ces réformes sur leurs économies. Devant ce refus, le second projet de Déclaration à Cancùn suggérait l'ouverture des négociations sur deux questions (la facilitation du commerce et la transparence dans les achats publics) et la poursuite du travail de clarification sur les autres questions (investissement et concurrence). Cette nouvelle proposition a reçu une fin de non-recevoir de la part des pays en développement.

Les questions de l'agriculture et des produits industriels ont été importantes dans les négociations lors de la Conférence de Cancùn. Mais, c'est probablement l'initiative sur le coton qui a suscité toute l'attention des participants à cette Conférence. Il faut dire que cette initiative a attiré la sympathie d'un grand nombre de pays membres de l'OMC, des représentants de la société civile et de nombreuses institutions internationales. Cette question est devenue rapidement le symbole de cette Conférence et un test pour la capacité des pays développés et de l'OMC en général à respecter leurs engagements en matière de développement. Les demandes des pays en développement tournaient autour de la fin des subventions accordées par les pays développés à leurs producteurs et la mise en place d'un mécanisme de compensation financière dans la période transitoire. Or, les pays développés, et particulièrement ceux qui sont impliqués dans l'appui au secteur cotonnier, vont refuser ces demandes. Pire, ils ont demandé l'insertion de l'initiative coton dans les négociations sur l'agriculture. Cette proposition a été fermement dénoncée par les pays en développement et particulièrement ceux qui sont à l'origine de l'initiative avec l'appui des autres pays africains. Ces pays considéraient que cette proposition n'avait comme objectif que de prolonger indéfiniment les débats alors que la gravité de la situation exige une réponse rapide. L'absence de progrès sur cette question vouait la Conférence de Cancùn à un échec annoncé et renforçait le sentiment des pays en développement de l'absence de volonté de traduire les engagements de Doha en mesures concrètes en faveur des pays en développement.

Ainsi, Cancùn n'a pas été en mesure de réduire l'abîme séparant les pays en développement et les pays développés dans le domaine des négociations multilatérales. Plusieurs raisons ont été avancées pour expliquer cet échec dont le délai imparti aux négociations, ou le processus de prise de décision au sein de l'OMC, comme la décision des autorités mexicaines de mettre fin à la Conférence avant d'avoir usé toutes les possibilités de compromis. Certes, ces raisons ont contribué et ont pesé de tout leurs poids dans l'échec de cette Conférence. Mais, c'est surtout la divergence des point de vue entre les pays en développement et le monde développé qui est au cœur de cet échec. Par conséquent l'OMC et l'ensemble des négociations multilatérales vont se mettre à douter. Certains représentants des pays développés n'avaient pas hésité à annoncer à la fin de la Conférence de vouloir privilégier les négociations bilatérales, et abandonner l'approche multilatérale. Ces déclarations ont renforcé l'inquiétude des pays en développement quant à l'évolution future de leurs relations avec les pays développés. En effet, ils étaient soucieux de l'option faite par les pays développés en faveur des négociations bilatérales dans la meure où il leur sera difficile d'opposer la même résistance que dans l'OMC. Par ailleurs, l'abandon du multilatéralisme signifie la perte de l'espérance de construire un monde multipolaire capable de prendre en charge les préoccupations et les intérêts des parties les plus faibles, et d'assurer un développement harmonieux et égalitaire. Ainsi, l'échec de Cancùn allait annoncer l'ouverture d'une période de turbulence et surtout de déception de la part des pays en développement qui espéraient pouvoir engranger des bénéfices pour le développement de ces négociations, et des engagements pris en faveur du développement lors de la Conférence de Doha.

V. L'après Cancùn entre espoir et résignation

L'échec de la Conférence de Cancùn a jeté la communauté internationale dans le doute sur l'avenir des relations internationales, et particulièrement des négociations multilatérales. Un doute et une incertitude qui vont durer quelques mois avant que les négociations ne reprennent au courant du mois d'avril 2004 suite aux nouvelles propositions européennes sur le dossier agricole et sur les questions de Singapour. Ces nouvelles avancées vont permettre la conclusion de l'accord de juillet qui a pu lancer les négociations sur les modalités. Mais, cet accord constitue pour les pays africains un compromis qui est encore loin d'avoir satisfait leurs demandes et leurs exigences. Le décalage encore persistant entre les engagements en faveur du développement et la réalité des négociations devrait nous amener à réfléchir sur les conditions qui devraient faire du commerce et des échanges multilatéraux un véritable outil de développement.

Les incertitudes de l'après Cancùn

La Conférence ministérielle de Cancùn s'est soldée sur un échec et les participants n'ont pu qu'adopter un bref communiqué de presse qui en dit beaucoup sur l'ampleur des divergences lors de la réunion. Ce communiqué adopté à la clôture de la Conférence, le 14 septembre 2003, invitait les fonctionnaires et les représentants des pays membres auprès de l'OMC à « continuer à travailler sur les questions en suspens avec un sens de l'urgence et une motivation renouvelés et en tenant pleinement compte de toutes les vues que nous avons exprimées au cours de cette conférence ». En dépit des difficultés et des divergences apparues lors de cette Conférence, le communiqué maintient le calendrier des négociations adopté à Doha et fixe la fin de l'année 2005 comme horizon pour conclure ce Round. À ce niveau, la Conférence a invité dans son communiqué le Conseil Général à se réunir le 15 décembre 2003 et lui a donné comme objectif « de prendre toutes les mesures nécessaires à ce stade pour nous permettre d'avancer vers une conclusion des négociations positive et dans les délais ».

En dépit du déterminisme et de la volonté affichée par les participants à cette Conférence de régler les divergences apparues lors des négociations afin de conclure le cycle dans les délais fixés, il apparaît clairement que la faillite de Cancùn a été une importante onde de choc qui va peser de tout son poids des mois durant sur les pays membres de l'OMC et hanter les esprits des négociateurs à Genève et dans les capitales. Il était évident que cette institution ainsi que les négociations multilatérales allait passer par une grande période de doute et de questionnements. Un doute d'autant plus important que l'OMC était devenue la cible privilégiée des institutions de la société civile et de l'internationale citoyenne altermondialiste et que cet échec arrive peu de temps après celui de Seattle.

Ainsi, l'après-Cancùn sera caractérisé par les doutes, les scepticismes et une certaine méfiance entre les pays membres de l'OMC. Une ère d'incertitudes et de turbulences était désormais ouverte dans les négociations multilatérales. La première incertitude concerne l'avenir de l'OMC. Il faut dire que cette institution s'est trouvée rapidement au milieu des feux croisés et la cible privilégiée des critiques. Il y a avait tout d'abord les critiques des institutions de la société civile qui trouvaient dans l'OMC l'incarnation du processus de globalisation et de l'aggravation des inégalités entre les pays qu'il a généré et surtout d'une plus grande marginalisation des pays en développement. Par ailleurs, cette internationale citoyenne, de plus en plus influente dans le débat public international, remettait en cause l'interventionnisme marqué de l'institution par le biais de la discipline multilatérale dans la définition des choix de politiques économiques, et particulièrement de la politique commerciale dans les pays en développement. L'OMC était également critiqué par les pays en développement, et notamment les pays africains, qui lui reprochaient son manque de transparence dans la formulation de ses choix et de ses décisions et le poids considérable des pays développés dans ses instances. Mais, même les pays développés n'ont pas épargné cette institution de leurs critiques. En effet, un certain nombre de grandes puissances commerciales qui se trouvaient à leur aise dans les négociations bilatérales, ne voient pas toujours d'un bon œil la discipline multilatérale que l'institution cherche à leur imposer. Ainsi, l'OMC était au milieu du gué et son avenir ne se présentait pas sous les meilleurs auspices. L'échec de Cancùn a été pour certains l'occasion d'enfoncer le clou. Ainsi, certains représentants des pays développés ont clairement indiqué à la fin de la réunion qu'il était nécessaire de revoir les modes de fonctionnement et les procédures de l'OMC. Les pays en développement et en particulier les pays africains appuyait leurs critiques sur le manque de transparence au sein de l'OMC et particulièrement le recours aux « chambres vertes » desquelles ils sont exclus. La société civile de son côté mettait l'accent sur l'incapacité de cette institution de prendre en charge les préoccupations des pays en développement. Ainsi, après Cancùn, plus que jamais l'OMC était sous les feux de la rampe et son avenir suscitait d'importantes interrogations.

L'avenir du multilatéralisme suscitait également beaucoup de questionnements et de controverses après l'échec de Cancùn. Il faut rappeler que le début du siècle n'a pas été favorable à l'idée multilatérale notamment avec les hésitations et les tergiversations de nombreux pays développés pour ratifier la déclaration de Kyoto sur la limitation de l'émission de gaz afin de réduire l'effet de serre. Mais, plus que cette hésitation, il semble que la communauté internationale éprouve des difficultés à mettre en œuvre les déclarations émanant des grandes Conférences internationales organisées sous l'égide des Nations unies. En effet, si un consensus émergeait sur l'importance d'une gestion commune des défis globaux de la planète, il s'avère que la mise en œuvre de ces accords et la construction de biens publics mondiaux rencontre les plus grandes difficultés dans sa mise en œuvre. Cependant, les évènements du 11 septembre et la montée du terrorisme avaient favorisé un renouveau de la solidarité internationale et du multilatéralisme. Or, ce renouveau s'est très rapidement heurté à la montée des intérêts nationaux et au refus des pays de céder une part de leur souveraineté. Ainsi, l'idée multilatérale rencontrait les plus grandes difficultés à faire son chemin et à devenir le moyen de gérer les désordres du monde. À ce niveau, l'échec de Cancùn a été également perçu comme une nouvelle preuve, s'il en fallait, sur les difficultés à construire une gouvernance multilatérale et partagée des relations économiques internationales. Cette impression a été confirmée à la fin de la Conférence lorsque les grands pays développés ont déclaré donner la priorité à leurs relations commerciales bilatérales au profit des relations multilatérales.

Une autre interrogation dans l'après-Cancùn est liée à l'avenir des coalitions qui se sont formées avant cette Conférence notamment le G 20 et le G 90. Ces questionnements concernaient beaucoup plus le G 20 que le G 90 qui regroupe des pays ayant des intérêts et des préoccupations relativement proches. Or, le G 20 est composé de pays dont les intérêts sont parfois contradictoires, notamment dans le domaine agricole. En effet, ce groupe comporte des pays exportateurs de produits agricoles qui sont membres du Groupe des Cairns, et qui ont appelé depuis de longues années à une plus grande libéralisation des échanges agricoles ainsi qu'à une ouverture plus poussée des marchés. Mais, en même temps, des pays comme l'Inde, Cuba, le Pakistan, le Nigeria ou le Venezuela dont les agricultures connaissent d'importantes difficultés et qui militent pour une plus grande protection de leurs marchés nationaux devant les exportations en provenance des pays développés, font partie de ce regroupement. Ainsi, les intérêts paraissent relativement éloignés sur une question aussi stratégique pour les pays membres de ce groupe. Du coup, on se posait des questions sur la capacité du G 20 à maintenir une alliance politique forte malgré la divergence des préoccupations économiques.

L'échec de la Conférence de Cancùn a été également à l'origine d'importantes interrogations sur la capacité des négociations internationales de prendre en considération les intérêts des pays en développement et d'améliorer leur insertion dans l'économie internationale. Il faut rappeler à ce propos que le processus de globalisation a fait l'objet d'importantes critiques sur son caractère inégal et sa tendance à renforcer la marginalisation des pays en développement. À ce niveau, certains, notamment parmi les mouvements de la société civile, suggéraient que ces tendances à l'exclusion sont naturelles et constitutives du mouvement de globalisation. Mais, beaucoup refusaient de se résigner à cette analyse et estimaient qu'il était possible de corriger ces tendances et ouvrir plus la globalisation aux pays en développement. Au niveau commercial, on pensait que les négociations multilatérales et l'engagement de Doha en faveur des pays en développement pouvait ouvrir les marchés mondiaux pour leurs exportations et favoriser leur plus grande insertion dans les échanges mondiaux. Or, l'échec de Cancùn a jeté le doute sur la capacité des négociations et des décisions politiques qui peuvent en résulter à corriger les tendances naturelles de la globalisation et de la logique marchande qui la prédomine.

Ainsi, l'échec de la Conférence ministérielle de l'OMC à Cancùn a été à l'origine d'interrogations et d'inquiétudes quant à la capacité de la communauté internationale à construire un monde multipolaire et ouvert à sa marge. Plusieurs observateurs ont été jusqu'à suggérer la fin du multilatéralisme suite à l'échec de cette conférence. Ces craintes ont été renforcées après la tenue de la réunion du Conseil Général de l'OMC les 15 et 16 décembre 2003 comme il avait été décidé à Cancùn. Mais, cette réunion n'a pas été en mesure d'enregistrer de réels progrès dans les négociations et les participants n'ont fait que confirmer l'ampleur de l'impasse qui était à l'origine de l'échec de la Conférence.

Or, ces craintes et ces appréhensions d'une faillite du système multilatéral ont exercé de fortes pressions sur les pays membres de l'OMC afin de sortir de l'impasse de Cancùn et de chercher de nouvelles convergences afin d'entamer les négociations sur les modalités. Les pays en développement mesuraient l'importance de privilégier la démarche multilatérale même si elle reste imparfaite et se trouve dans l'incapacité, dans l'état actuel des négociations, de prendre en charge leurs préoccupations. Par ailleurs, les pays développés, même s'ils se sont engagés à renforcer leurs relations commerciales bilatérales avec les autres pays, se résignaient à l'idée de l'importance de la définition de règles multilatérales et d'une institution comme l'OMC capable de gérer les conflits et les difficultés qui peuvent émerger de ces échanges. Ceci est d'autant plus important que les dernières années ont été marquées par la recrudescence des conflits commerciaux entre les pays développés et par conséquent l'existence d'un organe de règlement des conflits est devenue nécessaire dans la gouvernance commerciale mondiale.

L'ensemble de ces développements a pesé de tout son poids dans le rapprochement des points de vue et la création des conditions nécessaires à l'émergence d'un consensus sur des questions au cœur de l'impasse de Cancùn comme le coton ou le dossier des négociations agricoles.

La guerre du coton n'aura pas lieu !

La question du coton a été au cœur des négociations depuis le lancement de l'initiative des quatre pays africains devant l'OMC. Elle est devenue une question symbolique et un réel examen pour le système multilatéral à traduire en actes les engagements en faveur du développement pris lors de la Conférence de Doha.

Par ailleurs, l'incapacité des pays membres de l'OMC à répondre aux revendications des pays africains sur ce dossier a joué un rôle non négligeable dans l'échec de la Conférence et dans le refus des pays africains des différents textes présentés à Cancùn.

Durant les mois qui suivront Cancùn, la question du coton sera au centre des efforts de recherche de consensus par la communauté internationale. Ce consensus va se dessiner progressivement autour de trois idées majeures. La première concerne la distinction entre le volet commercial et le volet développement de ce dossier. La seconde est liée à l'inclusion du coton dans les négociations sur le dossier agricole tout en lui accordant l'intérêt qu'il faut afin d'aboutir rapidement à une solution acceptable pour les pays africains. Enfin, la dernière est relative au rejet de la demande de compensation formulée par les pays africains dans leur requête à l'OMC.

Ces différentes questions seront évoquées lors de la rencontre organisée par l'OMC du 23 au 25 mai 2004 à Cotonou au Bénin sur la question du coton. Cette réunion était essentiellement centrée autour des questions du développement afin d'étudier les possibilités de renforcement de l'assistance financière des bailleurs de fonds et des donateurs accordée à ce secteur et en même temps aider les pays africains à transformer le coton localement à travers le développement de leur industrie textile et à échapper au modèle de rente qui se limite à l'exportation du coton sous forme de matière première. Mais, cette proposition fait apparaître un certain scepticisme dans la mesure où l'industrie textile connaît d'importantes difficultés dans les pays africains qui se sont spécialisés dans cette industrie du fait du démantèlement de l'accord multifibre et de l'accession de la Chine à l'OMC.

Par ailleurs cette Conférence a confirmé l'orientation vers l'abandon de la revendication de la compensation financière. L'argument est que le système commercial multilatéral n'a pas prévu ce type de provisions et que l'OMC n'a pas, dans ses prérogatives, des systèmes de compensation financière. Mais, plus fondamentalement certains pays développés estiment que cette compensation pourrait créer un précédent dans les relations commerciales multilatérales. Ce précédent pourrait être utilisé par d'autres pays pour exiger des compensations pour d'autres produits fortement subventionnés par les pays développés.

Pour ce qui est du volet commercial, enfin, un consensus semble se dégager autour de la nécessité d'intégrer le coton dans le dossier agricole. Les pays développés sont opposés à l'idée de mener des négociations sectorielles sur cette question. Mais, en même temps, ils ont formulé des assurances pour les pays africains afin que cette question soit traitée de manière expéditive, et pour que toutes les formes d'appui aux producteurs dans les pays développés soient éliminées rapidement.

La rencontre de Cotonou constitue une étape importante vers la formulation d'un consensus sur la question du coton. Il faut remarquer que ce consensus ne prend pas en compte l'ensemble des préoccupations des pays africains notamment sur la compensation financière et leur refus d'intégrer le coton dans les négociations sur l'agriculture. Ce consensus semble relativement proche de celui proposé à Cancùn par les pays développés. Cependant, l'ébauche de ce consensus s'est accompagnée par d'importantes évolutions sur d'autres dossiers sensibles pour les pays africains comme celui des négociations agricoles. Cela explique probablement pourquoi ce qui n'était pas possible à Cancùn l'est devenu quelques mois plus tard.

De nouvelles avancées dans les négociations agricoles ?

C'est probablement le dossier agricole qui a connu les développements les plus importants en 2004. On le sait le blocage de ces négociations a joué un rôle majeur dans l'impasse de Cancùn et l'échec de la Conférence ministérielle. En effet, les propositions formulées par l'Union européenne et les États-Unis quelques jours avant le début de la Conférence de Cancùn ont été jugées insuffisantes par les participants. D'un côté, les pays du Groupe des cairns exigeaient une plus grande libéralisation de ce secteur et une plus grande diminution de toutes les formes de subvention afin de rétablir les règles de fonctionnement du marché dans ce secteur. D'un autre côté, les pays africains, et les membres du G 90 et du G 20 considéraient que la nouvelle proposition n'a pas suffisamment pris en considération leurs intérêts et leurs préoccupations. À partir de là, il était évident que les progrès des négociations du cycle de Doha allaient largement dépendre des avancées réalisées dans le dossier agricole.

À ce niveau, la première proposition est venue de la part de l'Union européenne dans une lettre des Commissaires européens du Commerce et de l'Agriculture rendue publique le 9 mai 2004. Dans cette lettre ils indiquaient l'engagement de l'Union européenne à procéder à l'élimination de toutes les subventions. Cet engagement touchait les trois piliers des négociations agricoles. Sur le volet des subventions aux exportations, l'offre européenne est venue renforcer les propositions formulées à Cancùn où les pays européens étaient disposés à éliminer les subventions aux exportations pour les produits importants pour les pays en développement. La nouvelle proposition européenne s'étend à l'ensemble de ses exportations. Cependant, les commissaires européens soulignent que cette proposition est conditionnée à « un parallélisme complet » sur les autres formes de soutien aux exportations accordées par les autres pays, notamment les crédits aux exportations, l'aide alimentaire et l'appui apporté par certains pays aux entreprises commerciales d'État.

Par ailleurs, les propositions européennes s'intéressent également à la question du soutien interne de la politique agricole. À ce niveau, elles indiquent la volonté européenne de poursuivre la réforme de la politique agricole commune ainsi qu'un renforcement de ses efforts afin de réduire de manière substantielle toutes les formes de subvention ayant des effets de distorsion sur le fonctionnement de marché. La nouvelle proposition européenne s'est également attaquée à la question lancinante de transfert entre les boîtes opéré par les pays développés en s'engageant à définir de nouvelles règles qui limitent la tentation de faire passer les appuis interdits dans les catégories tolérées. Enfin, la nouvelle proposition européenne s'est intéressée à la question de l'accès au marché en suggérant une formule mixte capable d'opérer des réductions fortes et de favoriser une plus grande ouverture des marchés européens face aux exportations agricoles.

Parallèlement à ses propositions générales, la nouvelle initiative de l'Union européenne suggère de faire un effort spécial pour les pays pauvres. À ce niveau, elle propose un renforcement du traitement spécial et différentié pour les pays du G 90 notamment en leur donnant la possibilité de maintenir un niveau de protection de leurs marchés et en améliorant leur accès aux marchés européens. Cette lettre mentionne aussi la question de l'érosion des préférences accordées aux pays pauvres et la nécessité de les maintenir. Parallèlement aux propositions sur le dossier agricole, l'Union européenne s'est engagée à montrer une plus grande flexibilité sur les questions de Singapour.

En dépit de l'opposition ouverte de la France, les nouvelles propositions européennes ont été à l'origine d'une nouvelle dynamique dans les pourparlers et du dégel des négociations multilatérales. Ainsi, les nouvelles offres européennes ont été accueillies favorablement lors la mini-ministérielle organisée à Paris les 13 et 14 mai 2004. La délégation américaine s'est engagée lors de cette réunion à appliquer la réciprocité en éliminant leurs aides aux exportations agricoles. Or, si un accord semble se dégager sur les subventions agricoles, les négociations doivent se poursuivre sur les deux autres piliers, notamment l'accès au marché et le soutien interne, afin de parvenir à une relance des négociations internationales.

La Déclaration de Kigali adoptée par la Conférence des ministres africains du Commerce en mai 2003 a pris acte des progrès enregistrés sur le dossier agricole. En effet, cette déclaration indique que « les récentes discussions à l'OMC sur les négociations agricoles ont porté sur les délais d'un éventuel accord sur un cadre et par la suite sur les modalités concernant les négociations agricoles. Les deux grandes puissances, les États-Unis d'Amérique et l'Union européenne, ont fait part de leur intention d'accélérer l'achèvement des travaux sur le cadre d'ici juillet 2004. Tous les membres de l'OMC reconnaissent que les négociations sur l'agriculture sont la clef pour sortir le programme de travail de Doha de l'impasse ».

En définitive, il semble que les nouvelles propositions européennes ont eu un effet positif et ont permis de sortir le Doha Round de l'impasse de Cancùn. Certes, des divergences persistent sur de nombreux dossiers. Cependant, il faut noter qu'un consensus commence à prendre forme sur des questions aussi importantes que les subventions agricoles, les questions de Singapour ou le dossier du coton. Ces convergences vont faciliter la poursuite des négociations et surtout l'émergence d'un accord entre les pays membres de l'OMC en juillet sur les négociations concernant les modalités.

Le consensus de juillet : les négociations de Doha entre promesses et ambiguïté

L'ensemble des discussions et des échanges qui ont eu lieu dès le début de l'année 2004 ont ouvert la voie à l'élaboration d'un consensus afin d'ouvrir les négociations sur les modalités. Cet accord cadre sera adopté à la fin du mois de juillet par les pays membres de l'OMC. Une première version a été transmise par le Secrétariat le 16 juillet 2003. Cette proposition a fait l'objet d'importantes négociations et à la publication d'une seconde proposition avant qu'un accord ne puisse avoir lieu le 1er août. Ce nouvel accord a ouvert de nouvelles voies et a permis d'importantes avancées. Cependant, il faut noter également que beaucoup d'ambiguïtés et d'équivoques persistent dans cet accord ce qui suppose que la phase des négociations sur les modalités sera importante afin de clarifier l'ensemble de ces questions et de s'assurer que les promesses en faveur du développement faites à Doha soient traduites en de propositions concrètes.

Les progrès sur le dossier agricole ont été déterminants dans l'adoption de l'accord de juillet. La sortie de l'impasse de Cancùn a été favorisée par les avancées réalisées sur les questions agricoles. Pour ce qui est du soutien interne à la production, l'accord suggère une formule de réduction dite « étagée » [tiered formula] pour réduire les mesures de soutien ayant des effets de distorsion dont la mesure globale de soutien, le niveau de minimis et les versements dans le cadre de la boîte bleue. Cette formule cherche à opérer des réductions plus fortes pour les pays ayant les niveaux d'appui les plus élevés afin de produire une plus grande harmonisation des différentes formes de soutien. Mais, le développement le plus important concerne probablement les exportations des produits agricoles où l'ensemble des pays membres a pris l'engagement de mettre fin à toutes les formes d'aide et de subventions. L'accord a également mentionné la nécessité de fixer une date limite à la fin de toutes les formes d'appui dont les subventions à l'exportation, les crédits à l'exportation, les programmes d'assurance, l'aide alimentaire utilisée par certains pays comme moyen d'écouler leurs excédents agricoles ainsi que les monopoles d'exportation des entreprises publiques.

L'accord de juillet formule également une série de propositions pour l'accès aux marchés et suggère une formule « étagée » pour réduire les droits de douane sur les produits agricoles. Cette formule implique la définition de différents groupes de tarifs selon leurs niveaux. Au sein de chacun des groupes, une formule précise serait appliquée. Le texte précise que la détermination des groupes ainsi que la nature de la formule à appliquer dans chaque groupe devront être discutées lors des négociations sur les modalités. Par ailleurs, il faut indiquer que cet accord donne aux pays développés la possibilité de disposer de certaines exemptions en matière de réduction tarifaire pour les produits considérés comme sensibles. Ainsi, les pays développés peuvent désigner une liste de produits pour lesquels ils sont autorisés à maintenir des droits de douane élevés comme le riz pour le Japon, le lait, le sucre, la viande bovine et les céréales pour l'Europe.

L'annexe sur les négociations agricoles contenu dans l'accord de juillet comporte également des dispositions spécifiques en faveur des pays en développement. Parallèlement à l'exemption faite aux PMA de tout engagement en matière de réduction tarifaire, le texte d'accord a cherché à consolider le traitement spécifique et différencié en faveur des pays en développement dans le but de favoriser le développement rural et la sécurité alimentaire. Ainsi, ces pays sont également invités à désigner une liste de produits spéciaux pour lesquels ils bénéficieront d'un traitement spécifique. La détermination des critères de définition de ces produits a été renvoyée à la discussion sur les modalités. Par ailleurs, cet accord prend en compte une revendication des pays en développement sur l'introduction d'un mécanisme de sauvegarde spéciale afin de les aider à protéger leurs marchés intérieurs en instituant des droits de douane supplémentaires en cas d'accroissement massif de leurs importations en provenance des pays développés.

Ainsi, le projet d'accord a apporté des avancées importantes dans le domaine agricole. Cependant, il comporte encore des ambiguïtés qui suscitent des inquiétudes et des interrogations de la part des pays en développement, et particulièrement les pays africains. À ce niveau, si l'élimination des subventions à l'exportation constitue un progrès majeur, le texte reste vague sur les délais et ne fixe pas de date limite pour cette élimination. Par ailleurs, l'introduction des produits sensibles par les pays développés pour ce qui est de l'accès au marché n'est pas sans soulever des craintes de la part des pays en développement. En effet, une étude récente de la CEA a montré que l'introduction de ces produits risque d'annihiler les effets bénéfiques de la libéralisation dans la mesure où les pays développés peuvent y mettre les produits les plus protégés [185]. Par ailleurs, les pays africains ont également exprimé certaines craintes suite à la suggestion de la création d'une nouvelle boîte bleue qui pourrait se traduire par la poursuite des

185 CEA, *L' impact de l' accord de Juillet dans l' agriculture sur les pays africains*, Addis-Ababa, CEA, octobre 2004.

mesures d'appui.

Pour le coton, le nouvel accord s'inscrit dans la dynamique des négociations et propose l'inclusion de cette question dans le dossier agricole. Cependant, les pays membres de l'OMC ont pris l'engagement de traiter le dossier du coton de manière prioritaire et expéditive afin de répondre aux préoccupations des pays africains. Cependant, il faut aussi noter que l'accord reconnaît le caractère spécifique du coton dans les négociations agricoles et fait référence à la notion de produit spécial suggérée par l'initiative des pays africains. Par ailleurs, cette nouvelle proposition prévoit également la mise en place d'un Sous-Comité sur le coton qui suivra les négociations sur ce dossier. En dépit de ces avancées, les pays africains relèvent le caractère vague et l'absence de délais précis pour les engagements pris sur la fin des subventions américaines et européennes à leurs producteurs. Ces inquiétudes sont d'autant plus importantes que les engagements pris par les institutions internationales et les pays développés afin de prendre en charge le volet développement du dossier agricole n'ont pas été suivis d'effets.

Une autre question importante au centre du nouvel accord signé en juillet dernier est celle de l'accès aux marchés pour les produits non agricoles. À ce niveau, il faut indiquer que le texte de Cancùn (Texte de Derbez) est resté comme la base des discussions menées après Cancùn. Les pays africains ont refusé cette proposition de négociations qu'ils ont déjà rejetée à Cancùn et ont exigé de nouvelles idées sur ce dossier. Finalement, ce projet connaîtra des modifications avant qu'il ne soit considéré comme le document de travail pour les négociations sur les modalités. La plus importante modification concerne l'introduction d'un nouveau paragraphe dans l'introduction qui suggère que des négociations supplémentaires doivent avoir lieu afin de parvenir à un accord sur des questions comme la formule pour l'accès aux marchés, les préférences et la flexibilité dans l'application des engagements pris par les pays en développement. Cependant, il faut également indiquer les ambiguïtés de ce texte. Si on prend par exemple la formule à appliquer pour la réduction des tarifs, l'introduction de ce texte indique qu'elle reste à négocier alors que le corps du texte précise qu'il s'agit d'une formule non linéaire.

Les questions de Singapour ont été également au centre de l'impasse de Cancùn et les consultations entreprises après cette réunion convergeait vers l'introduction seulement de la facilitation du commerce dans le programme de Doha. Cette convergence a été avalisée par le texte de Juillet. Par ailleurs, le document indique qu'il est nécessaire d'accorder une assistance technique pour l'ensemble des pays en développement sur cette question. Enfin, le texte renouvelle les engagements des pays membres de l'OMC à s'attaquer aux questions de développement. Or, les pays africains restent sceptiques compte-tenu de la faiblesse des progrès réalisés sur ce dossier.

Le consensus de juillet à été en mesure d'ouvrir des perspectives nouvelles aux négociations commerciales après l'échec de Cancùn. Cet accord a été rendu possible du fait des progrès réalisés sur des dossiers d'importance pour les pays en développement comme l'agriculture, la question du développement, l'accès aux marchés des produits non agricoles et les questions de Singapour. Sur l'ensemble de ces dossiers, les pays développés ont été en mesure de formuler de nouvelles propositions et de répondre aux attentes des pays en développement. Mais, en même temps, ce texte comporte des ambiguïtés et exige beaucoup de clarifications afin de s'assurer que les avancées se concrétisent dans les négociations par des décisions favorables aux pays africains. À partir de là, il apparaît clairement que les négociations sur les modalités seront importantes et doivent traduire les engagements pris en faveur du développement dans des engagements concrets en faveur des pays africains et du développement.

CHAPITRE 7
RENOUVELER LE COMMERCE POUR LE DÉVELOPPEMENT

I. Introduction

Notre analyse nous a montré tout au long de cet ouvrage que le commerce a été certainement un aspect oublié du développement africain. En effet, qu'il s'agisse de sa dimension internationale ou de son aspect national, le commerce n'a pas contribué de manière dynamique au développement du continent. Ainsi, les politiques commerciales en Afrique ont été longtemps statiques et n'ont pas été intégrées dans la mise en place d'une stratégie de développement compétitive. Par ailleurs, le système commercial multilatéral a été pendant de longues décennies sourd aux revendications des pays africains et n'a pas permis par conséquent aux pays africains de tirer profit de leur ouverture aux échanges internationaux. Ces évolutions ont été à l'origine d'une remise en cause du rôle du commerce dans le développement. Certains n'ont pas hésité d'affirmer que la libéralisation et l'ouverture commerciale n'ont fait qu'accentuer la dépendance et l'extraversion des économies africaines.

Or, depuis quelques années on assiste à un renouvellement de la réflexion sur le rôle du commerce dans le développement. En effet, les expériences asiatiques ont montré la place de choix qu'une politique commerciale stratégique et énergique pourrait jouer dans le développement de stratégies de croissance fortes et dynamiques. Par ailleurs, les négociations commerciales multilatérales ont été l'occasion pour les pays en développement depuis l'échec de Seattle d'exiger une plus grande ouverture de l'ordre commercial international à leurs intérêts et d'en faire un complément nécessaire à leurs stratégies de développement.

Dans cette perspective, ce chapitre s'est fixé comme objectif d'esquisser des éléments afin de renouveler la réflexion sur le commerce dans les stratégies de développement en Afrique. Nous faisons l'hypothèse que ce renouvellement passe par l'adoption de politiques commerciales stratégiques et dynamiques au niveau national et par une réforme du système commercial multilatéral afin d'améliorer l'insertion internationale de ces pays, et de leur laisser les marges de liberté nécessaires à la formulation et à la mise en œuvre de leurs stratégies de développement nationale.

Après cette section introductive, la seconde section se chargera d'identifier les éléments nécessaires à la définition d'une politique commerciale stratégique. À ce niveau, nous opterons pour une analyse comparative des expériences asiatiques et africaines afin de faire ressortir les éléments incontournables de ces stratégies. Dans cette section, nous examinerons également les possibilités laissées ouvertes à ces politiques dans le nouveau contexte de la libéralisation des échanges commerciaux avec l'avènement de l'Organisation mondiale du commerce (OMC) et nous formulerons quelques recommandations pour les décideurs en Afrique afin d'assurer une contribution dynamique des politiques commerciales dans les stratégies de développement des économies africaines. La troisième section examinera la dimension internationale de cette problématique en cherchant à identifier les réformes nécessaires à mettre en œuvre afin d'orienter le système commercial multilatéral en faveur du développement.

II. Des politiques commerciales dynamiques

Inscrire le commerce dans une vision globale du développement

L'analyse des expériences asiatiques montre que le commerce a joué un rôle important dans les stratégies de développement. Mais, cette étude fait également ressortir que la politique commerciale est étroitement liée à une vision globale du développement. Ainsi, la politique commerciale devenait un outil privilégié dans une conception stratégique du développement et de l'évolution future des économies. Or, un des problèmes majeurs des économies africaines durant les quatre dernières décennies de développement est l'absence de conceptions à long terme et de représentations stratégiques du futur [186]. C'est probablement cette carence et ce manque qui expliquent la place marginale des politiques commerciales dans le développement des pays africains.

Ainsi, la plus grande différence de ce point de vue entre les pays africains et les pays asiatiques ne réside pas dans une plus ou moins grande ouverture sur le marché international mais plutôt dans la dynamique de développement et leur capacité à formuler des visions à moyen et long termes afin d'appuyer le processus de croissance depuis le milieu des années 60. En effet, si les pays asiatiques sont porteurs d'une vision du futur qui leur a permis d'opérer les changements nécessaires afin de faire face aux contraintes des stratégies de croissance, la plupart des pays africains se sont inscrits de manière passive dans une stratégie d'import-substitution jusqu'à son essoufflement à la fin des années 70 et l'avènement de la crise de la dette. La vision stratégique du développement en Asie du Sud-Est a permis aux pouvoirs publics d'opérer les arbitrages nécessaires en matière d'investissements, de financements, de subventions ou d'appuis institutionnels à des secteurs par rapport à d'autres. La vision stratégique du développement en Asie s'observe à

186 Voir à ce propos les travaux de Futurs Africains dont : A. Sall, *Afrique 2025. Quels futures possibles pour l'Afrique au Sud du Sahara ?*, Paris, Éditions Karthala, Futurs Africains 2003.

trois niveaux [187]. Le premier concerne le choix des secteurs d'orientation de l'investissement public ou privé. Les pays asiatiques ont entamé leur processus de développement avec des stratégies d'import-substitution des biens de consommation finale. Cette stratégie a progressivement évolué vers la mise en place d'activités exportatrices de biens intensifs en travail. Ensuite, on a enregistré le développement d'activités d'import-substitution pour les biens intermédiaires et les biens d'équipement. La maîtrise de ces activités a amené ces pays à les orienter vers l'exportation et à devenir par conséquent exportateurs de biens intensifs en nouvelles technologies. Ces évolutions sont venues répondre dans les pays asiatiques aux contraintes des dynamiques de croissance et à l'essoufflement des secteurs. Les pays africains n'ont pas été en mesure d'opérer les changements nécessaires et l'essentiel de leur potentiel productif et d'investissement a été orienté vers les stratégies d'import-substitution de biens de consommation finale, sans qu'ils soient en mesure d'opérer ni l'ouverture nécessaire ni les remontées de filières dans les productions destinées au marché interne.

La vision stratégique s'observe également dans les pays asiatiques dans cette volonté de construire les dynamiques de croissance autour d'une articulation entre les marchés internes et l'insertion internationale. Depuis la fin des années 60, l'option de l'ouverture sur l'extérieur et la promotion des exportations sont présentes dans les dynamiques de développement. Mais, cette ouverture maîtrisée répond au double besoin d'importation des biens d'équipements et des nouvelles technologies nécessaires à la poursuite des dynamiques de croissance et au souci de l'exportation afin de maintenir à long terme l'équilibre de la balance des paiements. Or, la plupart des économies africaines ont opté dans les années 60 et 70 exclusivement pour le marché interne, et l'ouverture forcée des années 80 n'a pas été en mesure d'apporter les gains espérés du fait de la faiblesse du potentiel productif.

[187] Voir sur ces questions : H. Ben Hammouda, *L'économie politique du post-ajustement*, Paris, Karthala, 1999.

Le troisième niveau de perception de la vision stratégique en œuvre dans les pays asiatiques est relatif à l'appui des pouvoirs publics aux dynamiques de croissance. Certes, comme toutes les études l'ont montré, cet appui a été important et constant [188], mais il ne s'est pas dirigé de manière passive à l'ensemble des secteurs économiques. Au contraire, il a été sélectif et s'est orienté vers des secteurs spécifiques. Ainsi, si au début de l'expérience de développement, l'appui des pouvoirs publics a profité aux secteurs de biens de consommation finale, il s'est progressivement détaché de ces secteurs pour se concentrer sur de nouvelles activités comme les secteurs intensifs en travail, ou plus tard vers les biens intensifs en nouvelles technologies. L'expérience africaine est de ce point de vue différente dans la mesure où l'appui des pouvoirs publics a été constant et invariant en s'orientant essentiellement vers les secteurs de biens de consommation finale dans le cadre des stratégies d'import-substitution sans se soucier des comportements rentiers qui ont commencé à se développer dans la plupart des pays.

La dimension stratégique dans la formulation et la mise en œuvre des stratégies de développement a été à l'origine de dynamiques de croissance différentes. Une étude comparative des dynamiques de croissance dans les pays asiatiques et les pays africains durant les trois dernières décennies nous permet de faire ressortir quatre éléments majeurs expliquant les trajectoires différentes de ces économies. À ce niveau, il faut souligner le caractère fort des dynamiques de croissance, la place de l'agriculture dans la croissance, le rôle de l'industrie dans le développement et la contribution des nouvelles technologies.

La première différence entre pays africains et asiatiques réside dans la fragilité de la croissance des uns et les performances chez les autres. Selon les estimations de la Banque mondiale, les huit pays asiatiques (Japon, Corée du Sud, Taïwan, Hong Kong, Singapour, Malaisie, Thaïlande et Indonésie) ont connu durant la période 1965-1990 les plus hauts niveaux de croissance au monde [189]. Alors que le monde connaissait une grave

[188] Voir notamment World Bank, *op. cit.*,1993 ; Alice Amsden, *op. cit.*, 1989 et Robert Wade, *op. cit.*, 1990.

[189] World Bank, *The East Asian Miracle. Economic Growth and Public Policy*, Oxford, Oxford University Press, 1993.

récession dans les années 80 avec la montée du monétarisme et les politiques déflationnistes, les pays asiatiques ont continué leurs dynamiques de croissance avec des taux annuels moyens de 8,1 % en Corée, 7,6 % à Taïwan, 6,7 % à Hong Kong, 7,3 % à Singapour, 7,5 % en Thaïlande et 6,6 % en Malaisie durant la période allant de 1979 et 1992. En Afrique, si la croissance a été maintenue à des niveaux relativement élevés dans les années 70, ces efforts se sont nettement affaiblis lors de la crise des années 80.

Il faut aussi noter que la croissance s'est accompagnée de taux d'investissement élevés dans la plupart des pays asiatiques dépassant une moyenne annuelle de 20 % du PIB entre 1960 et 1990 [190]. Cependant, si la croissance était extensive et tirée par les investissements physiques en Indonésie, en Malaisie et à Singapour, elle était plus intensive et dépendait étroitement de la croissance de la productivité au Japon, en Corée du Sud, à Hong Kong, à Taïwan et en Thaïlande. Cette croissance s'est accompagnée par ailleurs d'un effort important en matière d'éducation et de recherche. L'expérience africaine est différente dans la mesure où même lorsque les taux d'investissement étaient élevés dans les années 70, ils n'ont jamais atteints ceux des pays asiatiques. Ces taux d'investissements connaîtront dans les années 80 une forte baisse suite à la chute des investissements publics. Cette chute a eu un impact d'autant plus négatif sur la croissance que celle-ci est restée longtemps extensive et étroitement liée à l'accumulation physique plutôt qu'à la croissance de la productivité.

Ainsi, il apparaît clairement que la grande différence entre les économies asiatiques et africaines réside dans la capacité des premiers à maintenir sur une longue période des taux de croissance fort et un niveau d'investissement élevé lié à d'importants gains de productivité. Au contraire, les économies africaines n'ont pas été en mesure de maintenir des dynamiques de croissance fortes et l'effort d'investissement est resté fragile.

Parallèlement à la place de la croissance, les différences de trajectoires entre les pays d'Asie du Sud-Est et d'Afrique résident dans le rôle joué par la modernisation agricole dans les dynamiques de développement. À ce niveau, il faut souligner la place de l'agriculture dans les expériences asia-

[190] J. M. Page, « The East Asian Miracle: an Introduction », in *World Development*, vol. 22, n° 4, 1994.

tiques dès la fin de la seconde guerre mondiale. Sous les pressions américaines, le Japon, la Corée et Taïwan ont opéré de profondes réformes agraires qui se sont rapidement traduites par une forte progression de la production agricole. Ainsi, en Corée par exemple, la valeur ajoutée agricole a augmenté à un niveau plus élevé qu'au Brésil, en Argentine et même aux États-Unis avec des taux annuels de 10,3 % entre 1968 et 1979 [191]. Parallèlement à cette forte croissance de la production, on a enregistré une forte hausse des rendements agricoles avec des taux moyens de 3,1 % pour le blé, de 33,6 % pour le soja, de 4,6 % pour le riz en Corée entre 1965 et 1979 permettant de libérer une grande partie de la population rurale pour l'industrie et diminuant la part de l'emploi agricole dans l'emploi total.

En Afrique, au contraire, la crise agricole a été au centre de l'échec des expériences de développement. Plusieurs politiques de modernisation agricole ont été tentées sur le continent : une politique basée sur l'interventionnisme étatique dans les années 60 et 70, une politique plus libérale à partir des années 80 avec le désengagement de l'État, et une plus grande marge de manœuvre laissée aux acteurs privés. Or, ces stratégies n'ont pas été en mesure de moderniser les agricultures africaines. L'archaïsme des structures agraires s'est traduit par une forte dépendance alimentaire d'un grand nombre de pays africains. Par ailleurs, la faiblesse des revenus agricoles a constitué une limite importante aux stratégies d'import-substitution mises en place par la plupart des pays africains dans les années 60 et 70.

Ainsi, la croissance agricole a joué un rôle déterminant dans les expériences de développement asiatiques car elle a favorisé l'autosuffisance alimentaire de ces pays, et a réduit par conséquent les déséquilibres liés aux importations de produits alimentaires. Par ailleurs, cette croissance a été à l'origine du développement des revenus ruraux et donc de la demande adressée au secteur industriel. Or, en Afrique, l'échec des expériences de modernisation agricole a lourdement pesé sur les dynamiques de croissance entraînant un accroissement de la dépendance alimentaire des pays africains, l'appauvrissement du monde rural et l'accroissement des migrations vers les villes en dépit d'un important chômage urbain.

---

[191] C. N. Kim, H. Hajiwara et T. Watanabe, « A Consideration on the Compressed Process of Agricultural Development in the Republic of Korea », in *The Developing Economies*, June 1984.

Parallèlement aux dynamiques de croissance, à la modernisation agricole, il faut également mentionner le rôle du développement industriel dans les trajectoires différentes des pays asiatiques et africains. En Afrique, parallèlement aux échecs des tentatives de modernisation agricole, les tentatives de développement industriel ont connu d'importantes limites. Certes, la croissance industrielle a été forte dans les années 70 et les pays africains ont été en mesure de développer quelques secteurs industriels. Or, la crise des années 80 a remis en cause cet effort et les stratégies de développement industriel n'ont pas réussi à doter les économies africaines de tissus industriels cohérents et compétitifs. Or, l'expérience asiatique est tout autre dans la mesure où le développement industriel a joué un rôle majeur dans les dynamiques de croissance de ces économies. Il faut tout d'abord souligner que la plupart des pays du Sud-Est asiatique ont connu une forte progression de l'emploi manufacturier qui est passé de 15,4 à 24,1 % de l'emploi total au Japon, de 7 à 26,9 % en Corée, de 12 à 32 % à Taïwan et de 19 à 29,5 % à Singapour entre 1950 et 1990 [192]. La croissance de la production industrielle a été à l'origine d'une transformation rapide des structures d'exportation avec la montée des exportations manufacturières aux dépends des exportations traditionnelles. Ainsi, entre 1967 et 1993 la part des exportations industrielles dans les exportations totales est passée de 93,4 à 96,8 % au Japon, de 67,3 à 93,7 % en Corée, de 21 à 78 % pour Singapour, de 3,7 à 50,5 % en Indonésie de 12,6 à 65,5 pour la Thaïlande et de 24,9 à 68,4 % pour la Malaisie [193].

Mais, plus important encore que les rythmes, il faut surtout mettre en exergue les logiques du développement industriel en Asie. La première, contrairement aux recommandations des débats théoriques et des choix exclusifs marché intérieur/extérieur, est liée à cet effort de trouver des équilibres entre l'import-substitution et la promotion des exportations. Ainsi, le Japon et les nouveaux pays industriels de la première génération (Corée du Sud, Singapour, Taïwan et Hong Kong) ont opté dès la fin de la guerre pour des stratégies de développement orientées vers les marchés intérieurs. Ces stratégies ont été renforcées dans les années 60 par des poli-

192 World Bank, *op. cit.*, 1993.

193 CNUCED, *Trade and Development Report 1996*, Geneva, CNUCED, 1996.

tiques de promotion des exportations, notamment les activités textiles, afin de faire face aux déficits externes liés à l'importation des biens d'équipement et des biens intermédiaires. Le schéma de développement industriel de ces pays a connu d'importantes modifications dans les années 70 avec le développement des activités de biens d'équipement, les industries électriques et électroniques, la pétrochimie et la sidérurgie. Ces activités étaient tournées essentiellement vers le marché intérieur et constituaient une étape nouvelle dans la substitution des importations. Au début des années 80, la stratégie de développement industriel va connaître l'émergence d'une nouvelle logique de promotion des exportations orientée vers les produits intensifs en nouvelle technologie comme les machines-outils, les automobiles, les semi-conducteurs, les ordinateurs, les télécommunications, la robotique et les biotechnologies [194]. Ces stratégies permettent aux économies du Sud-Est asiatique de maintenir et de développer leurs avantages compétitifs.

La logique de développement industriel dans les pays du Sud-Est asiatique a été également caractérisée par l'adoption d'une stratégie de remontée de filières de l'aval vers l'amont, et en internalisant par vagues successives les secteurs de biens intermédiaires jusqu'aux biens d'équipement. Cette stratégie permet de construire les rapports entre marché interne et exportations. En effet, si les segments de la production en aval sont orientés vers les exportations, les segments intermédiaires sont orientés vers le marché intérieur. Progressivement, la promotion des exportations, au fur et à mesure de l'évolution des avantages comparatifs des économies, touchera les segments intermédiaires et les secteurs des biens d'équipement [195].

Ainsi, le développement industriel a joué un rôle majeur dans les évolutions différenciées des dynamiques de développement en Afrique et en Asie. Mais, plus que le rythme du développement industriel, il faut souligner sa logique et surtout ces efforts d'articulation interne/externe qui ont permis aux économies asiatiques de gérer les contraintes du développement industriel et d'en faire un important levier pour la croissance et le développement.

---

[194] Voir Mario Lanzarotti, *La Corée du Sud : une sortie du sous-développement*, Paris, PUF/IEDES, 1992.
[195] Hakim Ben Hammouda, *op. cit.*, 1999.

Il faut enfin souligner le poids des stratégies en matière de nouvelles technologies pour comprendre les différences dans les dynamiques de développement entre les pays asiatiques et africains. À ce niveau, la plus grande préoccupation des pays en développement concerne les moyens de maîtriser les nouvelles technologies et d'en faire un élément dynamique dans les stratégies de croissance. À ce propos, il est possible de distinguer deux grandes stratégies d'importation et de maîtrise des nouvelles technologies. D'abord, en Afrique les différents pays ont opté pour des stratégies de transfert de technologies clés en main afin de diminuer les risques techniques. Or, ces stratégies ont été à l'origine d'un renforcement de la dépendance technique de ces pays, notamment à travers les contrats de maintenance technique. Face à cette stratégie basée sur le recours à l'extérieur, les pays asiatiques ont développé des stratégies de maîtrise locale des nouvelles technologies. En effet, si les expériences d'industrialisation des premiers pays capitalistes au XVIIIe siècle étaient basées sur l'invention et celles des puissances industrielles du XIXe siècle sur l'innovation, les pays asiatiques ont cherché, comme les pays africains, à accéder aux nouvelles technologies par le biais de l'importation [196]. Cependant, cette importation était renforcée par un important effort local d'apprentissage, d'adaptation et d'imitation des technologies importées [197]. Par ailleurs, l'effort de maîtrise des nouvelles technologies et les dynamiques d'apprentissage ont été à l'origine du développement rapide des capacités scientifiques et techniques dans les différents pays du Sud-Est asiatique.

Ainsi, cette analyse comparative a permis de montrer les trajectoires différenciées des pays asiatiques et africains. Si les premiers ont réussi à structurer des dynamiques de croissance fortes et compétitives, les seconds connaissent, en dépit de toutes les réformes appliquées au cours des années 80 et 90, une croissance fragile et une marginalisation dans l'économie internationale. Nous avons pu démontrer le rôle de la modernisation agricole, du développement industriel et des nouvelles technologies dans les succès asiatiques. Ainsi, la dimension stratégique dans les stratégies de développement semble être un élément essentiel dans les expériences de développement. La politique commerciale dynamique vient alors s'inscrire dans cette vision stratégique pour favoriser sa montée en puissance et lui permettre de construire sa compétitivité.

---

196 OECD, *Reviews of National Science and Technology Policy: Korea*, Paris, OECD, 1996.

197 Alice Amsden, « Third World Industrialization: "global fordism" or a new model? », in *The New Left Review*, n° 182, 1990.

Éléments pour une politique commerciale dynamique

Les politiques commerciales s'inscrivent généralement dans les stratégies globales de développement. Le caractère stratégique de ces visions dans les pays du Sud-Est asiatique a imprégné leurs politiques commerciales alors qu'elles sont restées passives en Afrique à l'image des choix de développement dans la plupart des pays du continent. Ainsi, l'usage des différents outils des politiques commerciales dont les protections tarifaires et non tarifaires, les subventions et les crédits à l'exportation et les politiques de change ont répondu aux priorités et aux choix de développement. L'utilisation de ces outils s'est faite en Asie du Sud-Est de manière dynamique afin de faire face aux contraintes et aux difficultés des dynamiques de croissance alors qu'en Afrique elle s'est limitée à un maniement indifférent et sans perspective stratégique. Ces éléments nous permettent de mieux préciser le contenu des politiques commerciales dans les dynamiques de développement. Ces politiques ne peuvent être examinées en soi et leur étude ou leur mise en œuvre doivent faire référence au contexte global des stratégies de développement. Ainsi, les politiques commerciales dynamiques sont celles qui s'intègrent le mieux à des stratégies de développement actives et cherchent à appuyer les dynamiques de croissance et à améliorer la compétitivité des économies. Ces stratégies ne sont pas le produit d'un choix exclusif entre ouverture ou contrôle excessif. Au contraire, elles sont le résultat d'une quête incessante des combinaisons optimales entre ces deux alternatives afin de consolider le développement.

De ce point de vue, la réflexion doit s'orienter vers l'identification des différents arrangements entre ouverture et contrôle et l'étude de leur impact sur la croissance. Cette réflexion devrait s'inspirer des expériences historiques de développement. Plutôt que cet interminable débat sur ouverture versus contrôle, notre contribution cherchera, en se basant sur l'analyse comparative des expériences asiatiques et africaines, à déterminer les principales caractéristiques des politiques commerciales dynamiques. À ce niveau, il nous paraît important de relever trois caractéristiques essentielles. La première est l'évolution dans le temps de la politique commerciale qui ne peut se figer dans un choix exclusif ouverture versus contrôle. L'expérience de la Corée du Sud a montré que le recours à une stratégie de substitution des importations dans les années 60 s'est traduit par l'adoption d'une politique commerciale restrictive afin de défendre les productions nationales vis-à-vis des importations. Cependant, le développement des activités exportatrices dès la fin des années 60 a entraîné l'ouverture de certains secteurs économiques sur l'extérieur. Mais ce qui nous paraît encore plus important concerne le choix du moment [*timing*] de l'ouverture ou du contrôle des frontières. Les études effectuées sur les expériences asiatiques nous donnent quelques indications à ce propos [198]. À cet effet, il semble que le développement des nouvelles industries se traduise par des politiques commerciales restrictives afin de les aider à construire leur compétitivité ce qui correspond à un usage de l'argument de l'industrie naissante. En même temps, une grande ouverture est appliquée à destination des importations de biens d'équipement, des biens intermédiaires et des nouvelles technologies nécessaires au développement de ces nouvelles activités. Par ailleurs, ces pays optent pour une grande libéralisation de leurs échanges pour les produits où les industries qui sont arrivées à maturité. Cette ouverture est nécessaire car elle introduit la concurrence nécessaire à l'amélioration de la compétitivité de leurs entreprises et permet d'éviter les comportements rentiers. Ainsi, les politiques commerciales dynamiques cherchent à déterminer les moments opportuns [le *timing*] pour ouvrir leurs économies sur l'extérieur ou exercer certains contrôles afin d'appuyer les dynamiques de croissance et de construire la compétitivité des économies.

La seconde caractéristique des politiques commerciales est leur caractère diversifié selon les secteurs. Ce caractère les différencie des politiques commerciales appliquées dans les pays africains tout au long des années 70 et qui ont été appliquées de manière indifférenciée à tous les secteurs économiques sans distinction. Les expériences japonaises et coréennes ont montré que les secteurs qui ont bénéficié des mesures de protection dans les années 60 et 70 ne sont pas les mêmes que ceux des années 80. Ainsi, les secteurs de consommation finale ont bénéficié en Corée du Sud d'importantes protections dans les années 60 [199]. Ces mesures ont été négligées dans

[198] Voir A. Amsden, *op. cit.*, 1989 et R. Wade, *op. cit.*,1990.

[199] Voir A. Amsden, *op. cit.*, 1989 et R. Wade, *op. cit.*,1990.

les années 70 pour être orientées vers d'autres secteurs. En même temps, les secteurs de biens d'équipement et de biens intermédiaires ont pu bénéficier de ces politiques commerciales restrictives. Ainsi, l'ouverture ou le contrôle ne s'appliquent pas dans une politique commerciale dynamique de manière linéaire à l'ensemble des secteurs économiques. Au contraire, il s'agit d'options stratégiques qui sont mises en œuvre dans des secteurs spécifiques à des moments particuliers de leur développement. Ainsi, la question fondamentale n'est pas tant l'ouverture ou le contrôle mais plutôt l'ordre et les séquences de ces options dans les différents secteurs de l'économie. En d'autres termes, il s'agit de déterminer les moments d'ouverture et de fermeture qui peuvent différer d'un secteur à un autre.

La dernière caractéristique des politiques commerciales concerne leur caractère différenciée non seulement entre secteurs mais également au sein du même secteur. À ce niveau, le développement du secteur électronique en Corée est assez significatif des usages différenciés des outils de la politique commerciale au sein du même secteur. Les débuts de l'industrie électronique remontent aux années 60 avec le développement de quelques unités d'assemblage pour le marché local. Ces unités jouissaient à l'époque d'une grande protection avec l'application de droits de douane prohibitifs devant les importations. Mais, dès la fin des années 60 et le début des années 70, la stratégie coréenne va changer et tirer profit des stratégies de délocalisation de l'électronique grand public des entreprises japonaises et américaines. Ainsi, on enregistre le développement d'activités exportatrices dans ce domaine et une plus grande ouverture de l'économie vers les importations de composants, de biens d'équipements et d'autres biens intermédiaires et leur réexportation. Mais, dès le milieu des années 70, la Corée et Taiwan mettent en place de nouvelles stratégies dans ce domaine visant la production de composants électroniques localement et leur intégration dans les produits informatiques et les ordinateurs. Ce changement de choix stratégique s'est également accompagné d'une évolution de la politique commerciale appliquée à ce secteur où on a noté le développement d'une politique de plus grande ouverture pour les produits de consommation finale et des options plus restrictives dans le domaine des composants et les autres biens intermédiaires. Ainsi, les politiques commerciales dynamiques s'appliquent de manière différenciée aux différents segments d'un secteur économique donné [200]. Il s'agit alors de déterminer les séquences d'ouverture ou de contrôle à mettre en œuvre pour appuyer les dynamiques internes aux différents secteurs.

En définitive, la politique commerciale a joué un rôle important dans la mise en œuvre des choix et des stratégies de développement. Comme nous l'avons montré plus qu'un choix exclusif en faveur de l'ouverture ou du contrôle, les politiques commerciales dynamiques s'intègrent de manière étroite dans les stratégies de développement. Elles appuient le dynamisme des choix de développement à travers leurs caractères évolutifs dans le temps, diversifiés selon les secteurs, et différenciés au sein du même secteur.

Or, si les politiques commerciales ont appuyé les dynamiques de croissance et de développement, il s'agit de savoir aujourd'hui si on peut continuer à utiliser ces outils dans un contexte de libéralisation croissante de l'économie internationale dans le cadre de l'OMC. En d'autres termes, il s'agit de savoir si finalement la politique commerciale n'est pas définitivement morte et ses outils enterrés avec la libéralisation commerciale ?

L'OMC et la possibilité d'une politique commerciale pour le développement

L'usage des politiques commerciales et plus particulièrement de ces outils afin de protéger le développement économique n'est pas récent. En effet, des recherches récentes ont montré que les pays les plus développés aujourd'hui n'ont pas hésité tout au long de leur histoire à faire appel aux tarifs protecteurs ou aux limitations des importations afin d'appuyer leurs industries naissantes [201]. En Grande-Bretagne, les politiques commerciales restrictives ont été mises en œuvre dès le XVe siècle afin d'appuyer l'industrie de la laine qui était alors exportée sous forme brute en Hollande et

[200] Voir Alice Amsden, *The Rise of the Rest: Late Industrialization Outside the North Atlantic Region*, New York, Oxford Press University, 2001.

[201] Voir notamment Ha-Joon Chang, *Kicking Away the Ladder. Development Strategy in Historical Perspectives*, London, Anthem Press, 2002.

transformée par les unités manufacturières de ce pays. À cette époque d'importantes taxes douanières ont été imposées sur les exportations de laine brute afin d'obliger les producteurs à la transformer localement et des tarifs prohibitifs ont été également appliqués sur les importations de produits finis. Ces politiques commerciales restrictives continuaient à être appliquées jusqu'à l'abrogation des lois sur le blé en 1846 que les historiens considèrent comme le véritable tournant libre-échangiste de la Grande-Bretagne. Ainsi, la compétitivité des industries britanniques a largement profité des politiques commerciales restrictives et l'ouverture sur l'extérieur n'a été mise en œuvre qu'avec l'émergence de ce pays comme la nation la plus développée au monde au milieu du XIXe siècle.

Les États-Unis ont également usé de politiques commerciales et de la défense de leurs activités naissantes afin de construire leur compétitivité [202]. Ainsi, entre 1830 et la fin de la seconde guerre mondiale, les États-Unis ont appliqué les droits de douanes les plus élevés au monde sur les importations de produits industriels. À ces protections tarifaires, il faut rajouter les coûts de transport qui étaient fortement élevés jusqu'à la fin du XIXe siècle et qui accordaient par conséquent aux activités industrielles américaines les niveaux de protection les plus élevés au monde. En 1930, on estimait les tarifs moyens appliqués par les États-Unis sur les importations de produits industriels à près de 48 %. Ce n'est qu'après la fin de la guerre, que les États-Unis, devenus la première puissance économique mondiale, vont opérer une plus grande ouverture de leurs échanges extérieurs. Les autres pays aujourd'hui développés comme l'Allemagne ou la France ont utilisé les différents outils de la politique commerciale dont les droits de douane, les subventions aux exportations pour appuyer leurs dynamiques de développement industriel et combler leur retard par rapport à la Grande-Bretagne [203]. Le Japon a également suivi la voie ouverte par les autres pays développés dès les premières années de la révolution des Meiji en 1868 et a fait des politiques commerciales restrictives le moyen d'accompagner l'effort de modernisation de ses structures économiques [204].

---

202 Ha-Joon Chang, *op. cit.*, 2002.

203 Paul Bairoch, *Mythes et paradoxes de l'histoire économique*, Paris, La Découverte, 1995.

204 Ian Buruma, *Inventing Japan : From Empire to Economic Miracle 1853-1964*, London, Weidenfel Press, 2003.

Les expériences récentes de développement en Asie du Sud-Est ont montré que ces pays n'ont pas échappé à la règle. Parallèlement aux protections accordées aux activités locales, ces pays ont accordé d'importantes subventions directes et indirectes à leurs activités exportatrices [205]. Ces politiques ont aidé les entreprises de ces pays à renforcer leur compétitivité dans des secteurs nouveaux comme l'industrie électronique, la construction navale ou les semi-conducteurs.

Ainsi, la politique commerciale a pu jouer, contrairement aux expériences de la plupart des pays africains, un rôle dynamique dans le processus de développement et dans l'amélioration de la compétitivité des économies en développement. Or, la question qui se pose aujourd'hui est de savoir si les pays en développement peuvent continuer à jouir des mêmes libertés qu'ils ont pu en avoir par le passé pour mettre à contribution la politique commerciale dans la construction de leurs stratégies de développement. Cette question est d'autant plus importante que les réformes entreprises depuis l'Uruguay Round réduisent l'usage des outils de la politique commerciale, et par conséquent laisse une marge limitée pour les pays en développement. Certains se demandent d'ailleurs si l'avènement de l'OMC ne signifie t-il pas finalement la fin des politiques commerciales nationales. Il faut dire que les négociations de l'Uruguay Round ont réussi à imposer une plus grande libéralisation des échanges commerciaux. Ainsi, parallèlement à la baisse des tarifs douaniers, à la réduction de la progressivité des tarifs et des crêtes tarifaires, ces négociations ont également imposé la transformation des barrières non tarifaires en tarifs et leur réduction. Ce cycle de négociations a amené aussi les pays à s'engager à diminuer toutes les formes de subvention, hors des produits agricoles, accordées aux exportations. Ainsi, l'OMC, issue de ce cycle de négociations commerciales, s'est donnée pour objectif d'opérer une plus grande ouverture des marchés mondiaux et de limiter par conséquent toutes les barrières aux échanges.

205 Voir à ce propos : Alice Amsden, *op. cit.*, 1989 ; Gerald K. Helleiner, « Introduction », in Gerald Helleiner (editors), *Trade Policy and Industrialization in Turbulent Times: New Perspectives*, New York, Routledge, 1994 Robert Wade, *op. cit.*, 1990.

Or, ces réformes ne signifient pas la fin des politiques commerciales nationales et certains auteurs estiment que les nouvelles règles de l'OMC offrent encore une certaine flexibilité que les pays en développement pourraient utiliser pour renforcer leurs stratégies de développement et améliorer leur compétitivité [206]. D'abord, il faut noter que ces nouvelles règles accordent un traitement spécifique et différencié pour les pays en développement et particulièrement pour les pays les moins avancés qui les dispensent de l'application de certaines règles ou leur accordent des périodes transitoires plus importantes. Mais, particulièrement, les nouvelles dispositions permettent aux pays en développement de se protéger notamment lorsque les importations posent d'importantes difficultés à leurs balances de paiements ou à leurs industries locales. Dans ce contexte, les pays en développement peuvent opérer une hausse de leurs tarifs douaniers afin de faire face aux problèmes macroéconomiques ou à la concurrence accrue des importations. Ces possibilités laissées ouvertes ont été utilisées par certains pays comme le Mexique qui a fait passer ces tarifs douaniers de 20 à 35 % en 1995 dans le secteur des textiles et de l'habillement afin de faire face à un accroissement rapide des importations [207].

Parallèlement aux protections douanières, les nouvelles règles de l'OMC, en dépit de leur caractère restrictif laissent une marge de liberté pour les pays en développement en ce qui concerne l'appui aux activités exportatrices. Ainsi, l'accord sur les subventions et les mesures compensatoires qui constituent un prolongement du code du Cycle de Tokyo sur les subventions définit trois catégories de subventions : celles qui sont prohibées, celles qui peuvent donner lieu à une action et celles dont l'usage est libre [208]. Les subventions prohibées sont celles qui sont liées à des résultats concrets en matière d'exportation ou d'utilisation de produits locaux dans la fabrication de produits exportés. Cependant, les nouvelles règles laissent la porte ouverte pour d'autres types de subventions dont celles utilisées pour financer les activités de recherche ou d'aide aux régions défavorisées.

205 Voir notamment Alice Amsden, « Industrialization Under New WTO Law », in John Toye (editor), *Trade and Development. Directions for the 21st Century*, Edward Elgar, Chltenham 2003.

207 Voir OECD, *Trade Policies Liberalization in Mexico*, Paris, OECD, 1996.

208 Voir à ce propos PNUD, *Mettre le commerce international au service de tous*, London, Earthscan Publications, 2003.

En définitive, les nouvelles règles de l'OMC réduisent la marge de manœuvre des pays en développement pour utiliser les politiques commerciales dans la construction de leurs dynamiques de développement et l'amélioration de leur compétitivité. Mais, une certaine flexibilité persiste, et les pays en développement peuvent en faire usage. Certes, certains travaux ont mis l'accent sur les difficultés des pays en développement d'utiliser cette flexibilité, mais les expériences de pays comme la Thaïlande montre que ces marges de manœuvre peuvent être mises en faveur des stratégies de développement, et contribuer ainsi à l'effort de modernisation des économies et d'amélioration de leur insertion internationale [209]. Mais, l'usage et la mise en œuvre de politiques commerciales dynamiques exigent également une réforme profonde du système commercial multilatéral afin de mieux prendre en considération les intérêts des pays en développement.

III. Un système commercial multilatéral en faveur du développement

La globalisation est devenue depuis quelques années un phénomène marquant de notre monde. En effet, on a assisté depuis quelques décennies à un développement rapide des échanges internationaux, des mouvements de capitaux et des flux financiers entre pays. Par ailleurs, la rationalité des décisions et des logiques économiques a tendance à dépasser le cadre national et à s'inscrire dans un cadre global. Enfin, on a également assisté à une montée progressive en puissance des institutions globales comme le FMI, la Banque mondiale ou l'OMC et de la discipline multilatérale qui devient une contrainte de taille devant les décideurs nationaux au moment de la formulation de leurs choix et de leurs politiques nationales.

Cependant, l'ancrage de la globalisation s'est accompagné d'une montée des inquiétudes sur son caractère inégal et polarisant. Ces inquiétudes ont été exprimées essentiellement par les institutions de la société

209 Alice Amsden, *op. cit.*, 2003.

civile et les pays en développement, en particulier les pays africains. En effet, ces pays n'ont pas cessé de souligner leur marginalisation croissante dans les mouvements internationaux de capitaux comme dans les échanges commerciaux. La part des pays africains dans le commerce international n'a pas cessé de se détériorer et, en dépit de leurs efforts de diversification de leurs structures économiques, leur insertion internationale s'est renfermée dans un schéma rentier. Certes, les pays africains ont opté pour de profondes réformes commerciales dans les années 80 afin de libéraliser leur commerce extérieur et d'accroître leurs exportations. Or, ces réformes n'ont pas produit les effets escomptés, et la marginalisation des pays africains n'a pas cessé de se creuser. Cette marginalisation ne se limite plus aux produits manufacturiers, mais s'est étendue aux produits primaires pour lesquels pourtant les pays africains disposaient de solides avantages comparatifs. Mais, il faut également mentionner qu'au moment où les pays africains ouvraient leurs marchés internes, et diminuaient toutes les formes d'appui à leurs productions nationales dans le cadre des programmes d'ajustement structurels, les pays développés ne cessaient de renforcer leurs appuis et de protéger leurs marchés, particulièrement pour les produits agricoles. Ainsi, le système commercial multilatéral est devenu un système caractérisé par une concurrence déloyale entre les pays en développement et les pays développés qui se traduit par une polarisation croissante et une marginalisation des pays les plus faibles. Par ailleurs, les réformes suggérées par les différentes institutions multilatérales n'ont pas été en mesure d'améliorer l'insertion des pays africains dans les relations internationales.

Les limites du système commercial multilatéral ont été mises en exergue par les pays en développement depuis de longues années. Ces critiques ont été renforcées par une importante mobilisation de l'internationale citoyenne qui s'est progressivement structurée autour de la remise en cause du caractère inégal et injuste de la globalisation. La contestation du système commercial multilatéral a connu une ampleur sans précédent avec la Conférence ministérielle de l'OMC à Seattle. Une contestation et des critiques que les pays membres de l'OMC vont prendre en charge à travers le lancement du nouveau cycle de négociations à Doha en 2001. Le Doha Round fera des questions du développement le cœur des nouvelles négociations à entamer. Cet engagement a été confirmé de manière solennelle dans la Déclaration de Doha et dans le nouvel état d'esprit qui anime les pays membres de l'OMC. Or, depuis le lancement du Doha Round en 2001 peu de progrès a été effectué pour répondre aux préoccupations des pays en développement dans les négociations qui ont été entreprises au siège de l'OMC à la suite de la Conférence de Doha. En effet, dès le départ un décalage est apparu entre les engagements pris par les pays membres lors de la réunion de Doha et les propositions formulées lors des négociations à Genève. Ce décalage n'a cessé de s'approfondir au fil des mois, et a été à l'origine de l'impasse de Cancùn et de l'échec de cette Conférence. Certes, les pays membres de l'OMC ont adopté un nouvel accord en juillet 2004 qui devrait relancer les négociations sur les modalités. Les pays développés, et en particulier les pays du Quad, ont formulé des propositions nouvelles qui ont permis aux négociations internationales de sortir de l'impasse de Cancùn. Néanmoins, les différentes études réalisées jusque-là ont montré que les bénéfices attendus par les pays africains sont très faibles et qu'il était nécessaire de donner un nouvel élan à ces négociations.

Un consensus s'est établi depuis de longues années sur le rôle que le commerce international pourrait jouer. En effet, si dans la littérature et les stratégies de développement mises en œuvre dans les années 60 et 70, on mettait l'accent sur le marché interne et on cherchait à protéger les activités locales de la concurrence internationale, les choses ont beaucoup changé dans les années 80. En effet, les réformes entreprises dans le cadre des Programmes d'ajustement et le consensus de Washington ont mis l'accent sur la nécessité d'encourager les exportations et de libéraliser les échanges extérieurs de manière à relancer les dynamiques de croissance et à construire la compétitivité des économies africaines. Certes, ces réformes ont eu des effets limités sur les pays africains où la croissance continue à être fragile, et l'insertion internationale reste marquée par les produits de rente. Mais, en dépit des résultats limités des réformes du commerce extérieur, le rôle de l'extérieur dans la croissance et dans le développement est de plus en plus reconnu. De ce point de vue, les expériences de développement rapide en Asie du Sud-Est ont montré l'importance du commerce international dans la structuration de dynamiques de croissance fortes et compétitives. Il faut dire que l'expérience de ces pays est intéressante et diffère des expériences africaines. En effet, au moment où les pays africains ont opté pour des stratégies d'import-substitution dans les années 70 et ont fait de la protection du marché intérieur et des industries naissantes le cœur de leurs stratégies de développement, les pays asiatiques ont réussi à trouver un équilibre dynamique entre le développement du marché interne et l'ouverture sur l'extérieur. Cette stratégie leur a permis, tout en construisant la compétitivité de leurs industries naissantes, de s'ouvrir sur les nouvelles technologies et de construire leurs tissus économiques.

Ainsi, le commerce international paraît un élément essentiel dans une stratégie de développement. Cependant, la contribution de l'extérieur ne paraît pas automatique comme l'ont montré les expériences de libéralisation et d'ouverture entamées par les pays africains et d'autres pays en développement dans les années 80 et 90. À partir de là, il est important de réfléchir sur les conditions qui permettront à l'international de jouer un rôle dynamique dans le développement. La détermination de ces conditions nous permet d'envisager une contribution plus forte du commerce international dans les stratégies de croissance et de développement en Afrique. À ce niveau, nous avons identifié trois facteurs majeurs qui nous permettent d'envisager une participation dynamique de l'international dans les stratégies de développement.

Desserrer la contrainte multilatérale et protéger la marge de manœuvre des pays en développement :

Un des phénomènes marquants de ces dernières années est la montée en puissance des institutions multilatérales dans la gouvernance de l'ordre économique international. Ce phénomène est bien évidemment étroitement lié à la globalisation qui s'est accompagnée d'importants efforts afin de structurer les institutions et les règles capables d'assurer la stabilité de l'ordre international. Des efforts d'autant plus nécessaires que la dynamique économique ainsi que ses logiques s'affranchissent du cadre étroit des États-nations, et deviennent des phénomènes transnationaux. La capacité de régulation des États et des institutions nationales devient alors limitée, et les nouvelles institutions internationales émergent comme des lieux et des espaces capables de prendre en charge le nouvel ordre en gestation. Ainsi, l'Organisation des Nations unies, le FMI, la Banque mondiale et l'OMC se sont donnés des compétences nouvelles en prenant en charge la gestion des phénomènes globaux comme les mouvements de capitaux, les flux financiers, les questions climatiques ou les problèmes de la paix et des conflits internationaux.

La montée de ces institutions internationales a entraîné dans son sillage la progression de la discipline multilatérale. Cette discipline suppose que la gestion de l'ordre multilatéral devient commune et que la marge de manœuvre des États-nations dans la définition et la mise en œuvre d'actions unilatérales devient limitée. Cette évolution s'explique par le fait que l'ensemble des actions individuelles ont des effets sur les autres pays du fait de l'interpénétration croissante des économies dans un contexte de globalisation. La discipline multilatérale ne se limite pas aux actions des gouvernements dans le domaine international mais elle s'étend également aux politiques et aux choix nationaux. En effet, elle soumet les États-nations à des contraintes plus grandes dans la définition de leurs options nationales. De ce point de vue, les nouvelles institutions multilatérales ont aujourd'hui un droit de regard sur les choix et les options nationales des pays qu'il s'agisse des domaines politique, économique ou social.

Le domaine des échanges internationaux a connu les mêmes évolutions récemment. En effet, on a assisté avec la globalisation croissante à une progression sans précédent des échanges internationaux et de leur poids dans les dynamiques de croissance. En même temps, on a vu l'émergence de l'OMC dont les prérogatives et le mandat sont très différents de ceux du défunt GATT. Cette nouvelle institution s'est fixée comme objectif de renforcer le développement des échanges internationaux à travers une plus grande libéralisation du commerce international et l'élimination des barrières tarifaires et non tarifaires. Mais, l'OMC est devenue également un lieu de régulation du commerce mondial avec la création des organismes de gestion des différends. Parallèlement à ce rôle dans la régulation du commerce mondial, cette institution joue un rôle non négligeable dans la supervision des politiques commerciales nationales afin de s'assurer de leur cohérence avec les choix et les orientations de libéralisation du commerce mondial.

Au niveau du commerce multilatéral, la montée de la discipline multilatérale pose des défis aux pays en développement à deux niveaux. Le premier réside dans le fait qu'elle se traduit par des pressions fortes à l'adoption de normes, de règles et d'institutions universelles considérées comme les plus aptes à assurer la stabilité des échanges et de la croissance.

Nous avons examiné cette tendance à l'universalisation des normes institutionnelles comme le résultat des négociations internationales dans le domaine agricole, le secteur industriel, des questions de Singapour. Un autre aspect important de la montée de la discipline multilatérale est la dévalorisation des politiques nationales et des instruments de la politique commerciale comme les subventions, les tarifs douaniers et toutes les autres formes d'appui et de soutien aux activités industrielles. Ainsi, il devient de plus en plus difficile pour les pays en développement, et en particulier pour les pays africains, d'échapper à cette discipline multilatérale et de définir une politique commerciale nationale. Or, si cette évolution ne pose pas de grandes difficultés pour les pays développés qui ont pu construire la compétitivité de leurs structures industrielles avec l'appui de politiques commerciales fortes, elle paraît plus préoccupante pour les pays en développement dont l'appui de la politique commerciale est nécessaire à la définition d'une politique industrielle compétitive.

À ce niveau, il paraît essentiel de relâcher la discipline multilatérale pour les pays en développement afin de leur permettre de construire des institutions spécifiques et capables de répondre à leur niveau et à leurs expériences singulières en matière de développement. Le relâchement de cette discipline multilatérale pourrait également aider les pays africains à définir leurs politiques et leurs stratégies nationales afin de construire la compétitivité de leurs entreprises industrielles à travers l'usage des instruments de la politique commerciale. Ce relâchement de la discipline multilatérale pourrait se faire notamment à travers un accroissement et un renforcement du traitement spécifique et différentié en faveur des pays en développement.

L'amélioration de l'insertion des pays africains dans le commerce international

Un second aspect qui pourrait renforcer la place et le rôle du commerce international dans le développement concerne l'amélioration de l'insertion des pays en développement, et particulièrement les pays africains, dans les échanges mondiaux. Il faut noter à ce niveau que la place de l'Afrique n'a cessé de se détériorer et de se marginaliser. À cet effet, plusieurs réformes doivent être entreprises par les pays développés afin de renforcer la place des pays africains dans les échanges mondiaux.

Un meilleur accès au marché pour les pays africains

La première proposition est liée à l'amélioration de l'accès aux marchés pour les pays en développement. Cette amélioration devrait s'attaquer aux différentes dimensions de l'accès aux marchés dont les hauts tarifs douaniers, les pics tarifaires et la progressivité des droits de douane ainsi que les barrières non tarifaires. Or, ces actions sont insuffisantes pour certains pays et n'entraîneront pas d'amélioration significative de leur insertion internationale. Afin de renforcer l'accès des pays africains au commerce international, certains ont suggéré de leur accorder un accès illimité sur les marchés des pays de l'OCDE. Une étude récente de la CEA a montré que l'impact de cette proposition est important pour les pays africains et son coût est minime pour les pays développés [210].

Une réduction de toutes les formes d'appui dans les pays de l'OCDE

Les pays africains sont confrontés depuis quelques années au caractère imparfait de la concurrence sur les marchés mondiaux. À ce niveau, les pays développés continuent à accorder d'importants appuis à leurs secteurs stratégiques, notamment les secteurs industriels et agricoles. Ces appuis renforcent la compétitivité des exportations de ces pays et ont des effets néfastes sur le développement économique et social des pays africains. Ainsi, la réduction de toutes les formes de concurrence déloyale est cruciale pour les pays africains.

Le renforcement des préférences

Les pays développés ont accordé depuis quelques décennies des traitements préférentiels pour l'accès à leurs marchés aux pays en développement. Durant les décennies 80 et 90 on a assisté à une avalanche de critiques contre ses traitements qui n'ont pas été en mesure d'aider les pays en développement à accroître leurs exportations. Or, des études récentes ont montré que, contrairement aux affirmations, les pays en développement ont tiré profit de

---

210 Hakim Ben Hammouda, Stephen Karingi et Romain Perez, *Unrestricted Market Access: Important Gains for Africa with Limited Costs for the Quad Countries*, Addis-Ababa, ECA, December 2004.

211 Voir notamment : UNCTAD, *Trade Preferences for LDCs: An Early Assessment of Benefits and Possible Improvements*, Geneva, UNCTAD, 2003 ; Andrew Mold, *Trade Preferences and Africa- The State of Play and the Issues at Stake*, Addis-Ababa, ECA, December 2004.

ces traitements [211]. Il est de ce point de vue nécessaire dans un contexte de libéralisation des échanges de renforcer ce traitement préférentiel pour les pays en développement et surtout de simplifier les procédures et les mesures administratives liées à la mise en œuvre de ces traitements.

L'abandon de la réciprocité

Jusqu'à une date récente, le système multilatéral admettait dans son fonctionnement l'inégalité des niveaux de développement des pays et acceptait des traitements spécifiques pour les membres qui ont un niveau de développement plus faible. Ainsi, une grande partie des accords entre les pays du Nord et du Sud admettait le principe de la non réciprocité des avantages accordés par les pays riches. Or, ce principe a été remis en cause depuis quelques années et la réciprocité devient la nouvelle règle dans les accords internationaux. Mais ce principe risque de renforcer la fragilité des pays africains et de réduire leur marge de manœuvre dans la formulation de leurs choix et de leurs politiques de développement. À ce niveau, l'abandon de ce principe pourrait renforcer les pays africains dans leurs efforts de structuration de dynamiques de croissance fortes et compétitives.

L'amélioration de la transparence et de l'équité dans la gouvernance du commerce international

La troisième préoccupation qui pourrait favoriser le rôle du commerce international dans le développement est liée à la gestion et à la gouvernance de l'ordre multilatéral. De ce point de vue, l'avènement de l'OMC est un évènement important dans la mesure où cette institution joue un rôle plus marquant dans la gouvernance du système commercial multilatéral. Or, depuis la création de cette institution en 1994, les pays africains n'ont cessé d'exiger une plus grande transparence dans la formulation des propositions et des décisions de ce cénacle et une participation plus active dans la conduite des négociations.

Ainsi, le commerce international pourrait jouer un rôle majeur dans la croissance et le développement comme l'a montré l'expérience de croissance rapide des pays asiatiques. Or, cette contribution n'est pas automatique et exige une profonde réforme du système commercial multilatéral afin de le rendre plus équitable et de renforcer son ouverture sur les pays en développement. Ces réformes doivent également trouver un équilibre dynamique entre les règles minimales à mettre en place de manière universelle, et ouvrir un espace de liberté et d'expérimentation pour les pays en développement afin de construire leurs dynamiques de développement. Cependant, l'ouverture du système multilatéral et sa réforme profonde sont essentielles mais insuffisantes. À ce niveau, il faut mentionner que les pays en développement doivent mettre en place des stratégies dynamiques de croissance et des politiques commerciales actives afin de pouvoir bénéficier de l'ouverture du système commercial international.

CONCLUSION
À QUOI SERVENT LES CONFÉRENCES INTERNATIONALES ?

Les Conférences internationales se sont multipliées depuis quelques années sur des sujets ayant trait à l'ordre international et les nouveaux défis apparus à la fin du siècle dernier. Depuis le Sommet mondial sur l'enfance tenu à New York en septembre 1990, il y a eu pas moins de 11 conférences et sommets mondiaux traitant de thèmes aussi larges que l'environnement, les droits de l'homme, le développement social, le développement soutenable et la société de l'information. Le sommet le plus important a été probablement celui du Millénium organisé par les Nations unies en septembre 2000 qui a fixé pour l'ensemble de la communauté internationale des objectifs communs en matière de développement, cherchant à créer une nouvelle espérance étant donné la progression de la pauvreté et de la précarité dans le monde. Il s'agissait de construire un consensus international sur la nécessité de faire face à la progression du désespoir et de la violence : la lutte contre la pauvreté, l'amélioration de l'éducation, l'égalité des sexes, la réduction de la mortalité infantile, l'amélioration de la santé maternelle et bien d'autres objectifs sont devenus le centre des préoccupations de la communauté internationale. La planète avait atteint un niveau de développement qui rendait ces inégalités inadmissibles. Il était urgent de réduire rapidement le taux de population vivant dans le dénuement total au moment où d'autres avaient accès à un niveau de vie encore jamais atteint par le passé.

Les conférences et les sommets internationaux. Ils contribuent à la construction de consensus sur les grands sujets de préoccupation de notre monde. En réunissant les représentants des pays, des institutions et de la société civile et des représentations des institutions internationales, ils contribuent à l'émergence d'une nouvelle conscience internationale et d'un nouvel humain tourné vers le respect des droits de la personne, de la démocratie et de la paix. Ces nouveaux principes participent également à dessiner les contours d'un nouveau multilatéralisme. En effet, la fin de la guerre froide et de l'équilibre de la peur qui régissait notre monde depuis 1945 ont ouvert notre horizon sur un nouvel univers débarrassé de l'inquiétude de l'embrasement de la planète. L'idée d'un monde polycentrique ou multilatéral gouverné par des principes communs a commencé à faire son chemin. Certes, les tentations hégémoniques n'ont pas totalement disparu et le rêve d'empire continue de hanter notre planète. Mais, en dépit de ces tentations et des dérives qu'elles engendrent, il semble que l'espérance démocratique a également touché le monde des relations internationales. L'espoir d'un multilatéralisme ouvert où les différents pays joueraient un rôle dynamique n'est plus aussi éloigné. Les conférences et les sommets internationaux lui donnent un contenu concret en essayant de définir les principes et les règles d'une gestion égalitaire et concertée de notre planète.

Des idées certes nobles et marquées par l'espérance dans l'humain et cette tradition humaniste et utopique des relations internationales. Ces idées sont nourries par l'idéalisme kantien dans les relations internationales. Un idéalisme qui s'est toujours opposé aux thèses de l'hégémonie et de la puissance sans égal des nations dans les relations internationales. Kant a cherché dans l'un de ses rares textes directement politique, *Idée d'une histoire universelle du point de vue cosmopolitique*, à développer les idées et les principes qui doivent guider une gestion commune et ouverte de notre monde. La paix, la démocratie et la pluralité doivent être au cœur, selon Kant, d'un vécu et d'une conscience internationale libérée de toute velléité hégémonique. Pour un des porte-drapeaux du nouveau monde ouvert par les Lumières et la modernité, il était essentiel de prolonger les enseignements des philosophies de la conscience dans le domaine des relations internationales et de l'histoire. Kant croyait profondément en une histoire universelle qui progresse dans un sens positif, influencé par la raison et l'universalité de la nature humaine. L'histoire emmènera, pensait-il, le monde vers un horizon où l'homme vivra pleinement son humanité en parfaite cohésion avec son Autre dans un univers régi par les principes d'un droit partagé. Certes, notre histoire récente n'a pas été ce long fleuve tranquille dont rêvait ce vieux Kant. Mais, à la sortie de chaque expérience douloureuse de l'humain, et entre larmes et soupirs on a pensé à ce principe d'humanité qui nous unit à l'Autre. On a essayé de redéfinir avec lui les règles d'une nouvelle cœxistence et d'un nouveau vivre en commun, de faire de la paix, de la démocratie et de la pluralité nos valeurs communes et les fondements d'une nouvelle conscience universelle. Cette utopie et cet espoir nous ont bercé depuis la fin de la guerre froide et l'équilibre de la peur qu'il faisait régner sur l'humain. Les conférences et les sommets internationaux, dont la cadence s'est accélérée dans les années 90, ont contribué à entretenir ce rêve et à lui donner un contenu concret en faisant du multilatéralisme notre horizon.

Mais l'utopie et le rêve ne cessent de s'écrouler devant les atrocités de notre quotidien. L'autoritarisme, la violence, les espoirs déçus, les guerres et les génocides n'ont pas abandonné notre monde. Ils ne cessent de nourrir notre univers et remettent aux calendes grecques l'espoir de démocratie et de respect de la diversité et de la pluralité sur la planète. L'idéalisme dans les relations internationales a cédé le pas à la logique sourde des États et à leur réalisme froid. La force, l'autorité, l'hégémonie et l'uniformisation deviennent les nouveaux principes d'un universel en pointillé où le chaos et l'incertain l'emportent sur les rêves de stabilité et de pluralité. Les espoirs d'un ordre mondial ouvert et pacifié sont entrain de laisser la place à un champ de ruines.

Cette inquiétude croissante devant la violence et le chaos qui dominent l'ordre mondial me pousse à poser la question de l'intérêt des Conférences et des Sommets internationaux. Pourquoi continuerons nous à les organiser ? Sont-ils capables réellement de pacifier le monde et de favoriser l'émergence d'une conscience et d'une éthique partagée ? Seront-ils en mesure d'aider à l'émergence d'un monde multilatéral et démocratique ? Q'apporteront-ils à la gouvernance mondiale ? Seront-ils en mesure de faire face aux rêves d'empire ? Seront-ils en mesure de nous aider à construire et à développer une nouvelle éthique et un nouvel humanisme dans la gestion des affaires du monde ? Nous permettront-ils de construire un nouvel ordre international attentif aux préoccupations de sa marge sur les ruines et les décombres de l'ordre actuel ?

Ces questions et bien d'autres ne cessaient de me traverser l'esprit dans l'avion qui me conduisait à Sao Paolo pour assister à la 11e CNUCED (Conférence des Nations unies pour le Commerce et le Développement) du 13 au 18 juin 2004.

Sao Paolo, une capitale africaine !

Le voyage d'Afrique jusqu'au Brésil est long et pénible. Les vols passent bien évidemment par le nord et à chaque fois qu'on décide de voyager d'un pays du Sud vers un autre, parfois même sur le même continent, on est obligé de passer par une capitale européenne. Combien de fois n'ai-je pas été obligé de passer par Paris pour aller d'une capitale africaine à une autre. Voyages interminables et éprouvants avec un temps passé dans les aéroports souvent plus long que les vols eux-mêmes. Des délais, régulièrement des retards de vols m'ont permis de visiter et de connaître un grand nombre de salles d'attentes d'aéroports dans le monde entier. J'en suis devenu un expert et je peux parler des heures durant des spécificités de chaque salle d'attente et des avantages qu'elle peut offrir par rapport aux autres. Je suis toujours content de les quitter car les efforts fournis depuis quelques années par les différentes compagnies aériennes n'ont pas réussi à atténuer leur froideur ni l'anxiété des voyageurs devant des délais de plus en plus longs.

On avait espéré depuis quelques années que le développement des compagnies aériennes nationales en Afrique allait contribuer à rompre le monopole des grandes firmes internationales, et surtout leur prédominance dans les réseaux Nord-Sud. On avait pensé que ces compagnies allaient favoriser de nouveaux réseaux d'échanges et de voyages Sud-Sud mais nos rêves de fin du monopole des grandes compagnies, comme bien d'autres rêves, ont été déçus. Les compagnies nationales et régionales en Afrique ont fait faillite les unes après les autres laissant les grandes multinationales imposer leurs voies et surtout leurs tarifs.

Je suis arrivé tôt dans la matinée à Sao Paolo, en sachant que visiter une ville lors de la tenue d'une grande conférence n'est pas toujours une sinécure. On peut même détester les plus belles villes du monde quand on les a visitées lors d'un important évènement, car tout est rendu difficile par une longue file d'attente à l'aéroport pour les formalités de police, jusqu'aux prix des chambres d'hôtels qui, brusquement, connaissent des augmentations sans précédent. La meilleure organisation du monde ne peut prévenir toutes les difficultés et malgré les efforts fournis pour réussir ces évènements, le hasard trouvera toujours sa voie et pèsera de son poids ! Entre l'employé à la réception de l'hôtel qui vous affirme convaincu que votre nom n'existe pas dans la liste des réservations, les attentes pour trouver un bus pour se rendre de l'hôtel à la salle de conférence, les queues dans les restaurants, on finit toujours par craquer et détester les plus belles villes du monde si on les visite à ces occasions.

Je n'ai pas échappé à ce sentiment lors de ma venue à Sao Paolo pour la 11e Conférence générale de la CNUCED. J'y ai retrouvé les mêmes phénomènes : longues attentes à l'aéroport, dans les hôtels et dans les restaurants, en plus, il était difficile de communiquer avec les gens qui, pour leur majorité, ne parlent que portugais. Le Brésil est un continent et c'est le propre des ressortissants des grands pays de ne parler que leur langue, car ils peuvent se permettre de voir le monde à travers leurs yeux et se projeter au centre de l'univers. Ils peuvent ainsi offrir à leurs imaginaires, à leurs sensibilités et à leurs espérances et utopies les couleurs de l'universel ! Alors que les ressortissants des petits pays, eux, ne peuvent prétendre à cette même place dans le dialogue avec l'universel. Ils se résignent à négocier une relation à la marge, à composer avec la volonté d'hégémonie du temps du monde ! Une négociation qui va jusqu'à contraindre les ressortissants de ces îlots de l'univers à parler les langues de l'universel afin de pouvoir traiter avec l'ère du temps et esquiver la volonté d'être réduit à l'image de l'Autre !

Je commençais à en vouloir à cette ville ! Un dépit amoureux qui ne s'explique pas seulement par les conditions d'accueil. Mais, aussi par son caractère vieillot ! Il s'agit d'une grande métropole des années 50. J'ai pu faire ce constat le jour même après une longue visite de la ville. Il faut dire que depuis quelques années que je parcours le monde de réunions en conférences et de rencontre en séminaires, j'ai pris le temps de développer mes petites habitudes qui sont devenues au fil des voyages des rituels incontournables. Et visiter la ville, sentir son air, voir ses ruelles et avenues, respirer son atmosphère figure en tête de ce rituel. Un rituel qui fait que j'ai toujours préféré les hôtels du centre ville qui me permettent d'accomplir cette visite à pied et de flâner des heures entières, à observer les façades, à contempler les monuments, à dévisager les passants et à imaginer ce qui pouvait se passer derrière les fenêtres et les portes closes des maisons ! Ici un couple entrain d'écouter des symphonies de Beethoven, là-bas un autre en train de s'étreindre, plus loin un autre entrain de scruter par la fenêtre le vacarme et le bruit d'un jour qui se retire sur les pointes de pied pour laisser place à la poésie et à l'allégresse de la nuit !

J'ai eu juste le temps de déposer mes affaires dans la chambre d'hôtel et arrêter le premier taxi pour aller en ville. Avant, je prenais le temps de visiter les chambres d'hôtel. Il faut dire qu'elles avaient un charme particulier qui changeait d'un hôtel à un autre, d'une ville à une autre et d'un pays à l'autre. Aujourd'hui, les grands groupes ont pris le pouvoir dans l'industrie du tourisme et dans l'hôtellerie et le vent froid de l'uniformisation a rattrapé la volonté de certains de donner une âme particulière à leurs hôtels et a fait de ces chambres des lieux sans âme et sans grâce particulières. Du coup, mes séjours s'y limitent aux heures de sommeil qui sont généralement courtes pour consacrer l'essentiel de mon temps aux bruits de la ville, à son excitation intrépide et au vacarme de sa vie. Le chauffeur du taxi qui m'a conduit vers le centre ville a eu le temps de m'expliquer les difficultés quotidiennes de la circulation dans une cette grande métropole industrielle qui compte 5 millions de voitures pour 20 millions d'habitants. Un constat dont j'ai eu le temps de me rendre compte dès qu'on a commencé à approcher le centre. Notre taxi avançait à peine ! On faisait du surplace pendant de longues minutes pour reprendre notre route à un rythme très lent !

Mais, cette vitesse n'était pas pour me gêner. Au contraire, elle m'a permis de me familiariser avec la ville. Des deux côtés de l'autoroute qui nous menait au centre ville se dressaient les longs murs d'enceinte des grandes usines datant probablement des années 50. C'était alors l'âge d'or du développement industriel du Brésil et de la belle époque de l'import-substitution, ces stratégies de développement industriel orientées vers le marché intérieur et la satisfaction des besoins des populations locales qui étaient au centre de la modernisation des pays d'Amérique latine. Le taxi finit après un long périple par arriver au centre ville, vieux centre colonial dans le pur style portugais dont j'ai rapidement fait le tour. Les anciennes bâtisses coloniales ont été transformées en magasins modernes pour les produits des grands couturiers internationaux, transformation qui a fait perdre à ces bâtiments leur charme d'antan. Une déception et une désillusion que le ciel gris qui couvrait la ville rendait plus marquées. Il faut dire qu'on était au mois de juin donc en plein hiver au Sud de l'hémisphère. Du coup, j'ai repris un taxi pour revenir à mon hôtel et noyer mon désenchantement dans ma chambre en regardant béatement les feuilletons à l'eau de rose de la chaîne de télévision Globo qui inonde depuis des décennies le monde entier avec ces sous-produits de culture de masse.

Ma journée se terminait dans un mélange de tristesse et de désillusion car j'étais persuadé après cette tournée en ville que la joie de vivre qu'on voyait dans toutes les images qui nous parvenaient du Brésil n'étaient qu'un produit publicitaire. Une tristesse que le ciel nuageux poussait à son paroxysme ! Désillusion aussi de voir que la modernité du Brésil datait des années 50 et que la puissance de ce géant d'Amérique latine ne reposait pas sur les nouveaux secteurs des nouvelles technologies mais reposait pour le peu que j'ai vu à Sao Paolo, sur les grandes industries traditionnelles comme l'acier, les industries mécaniques et d'autres secteurs de plus en plus marginalisés dans la nouvelle économie mondiale et remis en cause du fait de leur caractère polluant par les nouvelles théories sur le développement durable. J'étais d'autant plus déçu que j'attendais beaucoup de la nouvelle diplomatie brésilienne qui cherche, depuis l'arrivée de Lula au pouvoir, à développer les relations Sud-Sud et à jouer un rôle plus dynamique dans la nouvelle géographie des échanges.

En refermant la porte de ma chambre d'hôtel, j'étais mélancolique et un brin agacé par cette mégapole industrielle vieillote. Mais, je savais que cette irritation ne provenait pas seulement de cette visite et du peu de ce que j'ai pu apercevoir lors de ma courte visite au centre ville. Je savais que ce mécontentement remontait à plus loin et j'essayais de fouiller dans ma mémoire pour trouver les raisons de ce désamour soudain qui me liait à cette ville. Et, je me rappelle que lorsque j'ai appris le lieu et la date de la tenue de la 11e Conférence générale de la CNUCED, je n'ai pas pu m'empêcher d'exprimer une petite déception. C'est vrai que j'avais envie depuis de longues années de visiter le Brésil. Je voulais me rendre dans ce pays où j'ai des amis à qui je ne cessais de promettre de venir rendre visite. Je voulais aller flâner dans ce pays dont j'ai commencé à aimer les rythmes suaves et cosmopolites de Gilberto Gil, de Chico Buarque, de Caetano Veloso et bien d'autres. Et puis ces dernières années, je suis tombé sous le charme de la nouvelle génération de chanteurs brésiliens comme Bebel Gilberto qui a essayé de renouveler la sensualité et l'allégresse des rythmes de la Bossa Nova en l'ouvrant sur les sonorités modernes. Cet attrait pour la culture brésilienne ne date pas d'aujourd'hui et remonte aux années 70 où je découvrais avec enchantement les expérimentations de Glauber Rocha et les cinéastes brésiliens du Cinéma Nuevo qui voulaient échapper à l'uniformisation des canaux esthétiques imposés par Hollywood sur le cinéma mondial. Les cinémas nationaux de l'époque, à l'image de la nouvelle vague française, du jeune cinéma allemand, du cinéma social italien, du cinéma latino-américain et des cinémas arabes et africains s'inscrivaient dans une quête de différence, de spécificité et cherchaient à mettre en valeur les rêves et les espoirs venus d'ailleurs. Cette quête proche des gens, ouvre les écrans à leurs utopies et à leurs espérances. Le Brésil était aussi pour moi le rêve et l'imagination portés par les joueurs de football brésiliens qui avaient résisté à toutes les tentatives de rationalisation du jeu portées par les maîtres venus du froid. De Pelé à Tostao, de Rivelino à Jaïrzinho, les joueurs brésiliens et la Seleçao nous ont toujours fait vibrer. On avait l'impression qu'ils dansaient au lieu de courir, on était persuadé qu'il chatouillaient le ballon à chaque fois qu'ils le touchaient ! Ainsi, le Brésil à travers ses chanteurs, ses cinéastes, ses artistes et ses footballeurs incarnait la grâce, l'allégresse et la jubilation.

Visiter le Brésil était alors pour moi un vœu, un rêve secret qui me donnerait l'occasion de côtoyer ce monde chatoyant et plein de sensualité ! D'où venaient alors ce dépit et cette déception ? Comment expliquer cette désillusion et cette irritation ? Cette déception s'explique par la date de la Conférence ! Pourquoi cet évènement au mois de juin quand la grisaille remplit le ciel ? Pourquoi organiser la conférence quand la joie de vivre, la fiesta et les belles sensuelles ont déserté les rues ! Depuis longtemps que je voulais visiter le Brésil j'espérais pouvoir le faire en Janvier en plein Carnaval pour voir ces longs défilés de Samba et de danseuses voluptueuses et charnelles ! J'espérais pouvoir passer ma journée sur une de ces longues plages à siroter un alcool local, et savourer au loin ces belles silhouettes qui défilent avec des maillots qui couvrent à peine les parties interdites à l'étranger ! Une démarche sensuelle et charnelle qui fait mourir d'envie les dieux sans parler de leurs créatures humaines ! Et où mieux qu'à Rio de Janeiro et sa fameuse plage de Copa Cabana trouver ces créatures de charme et d'envoûtement ! Dès que le lieu et les dates de cette Conférence ont été rendues publics, j'ai pesté tout de suite ! Comment peut-on nous envoyer en plein hiver au Brésil ? Comment peut-on délaisser le charme et la volupté de Rio pour nous conduire dans une ville industrielle et boueuse ? Pourquoi éviter le rêve et la sensualité pour nous retrouver dans une ville où rien qu'y circuler est un problème ? Autant de questions que je me promettais de poser à ceux qui étaient en charge de la fixation des dates et des lieux des Conférences. Certes, on ne va pas à ces évènements pour déguster les plaisirs et encore moins ceux qui sont interdits par les dieux ! Certes, on est là pour travailler et réfléchir sur notre monde de demain ! Certes, on va à ces Conférences pour essayer de donner un contenu à nos rêves et à nos utopies ! Mais si l'envoûtement faisait partie de nos projets des sociétés de demain ? Et, si la sensualité était partie prenante de nos utopies à venir ? Et, si l'allégresse était partie prenante de nos espoirs de lendemains qui chantent ? Alors les villes où nous donnons libre cours à notre imagination et à notre créativité doivent être envoûtement, sensualité et allégresse !

Ainsi, mon malaise dans cette immense métropole industrielle ne datait pas de cette courte visite en ville et trouvait son explication dans mes phantasmes enfouis depuis des lustres ! J'étais au bout de mon désespoir et j'avais décidé de m'enfermer dans ma chambre et ruminer seul ma désillusion ! J'avais décidé de passer ma soirée à consommer de la série brésilienne et mexicaine à quatre sous et avoir au moins l'occasion de les voir dans les langues originales et éviter ainsi l'horrible doublage que les chaînes arabes leur font subir pour nous les servir à longueur d'année ! Je suis toujours impressionné par la longueur de ces feuilletons ! J'avais fait un peu de cinéma dans ma prime jeunesse et j'ai pu mesurer la complexité de l'écriture cinématographique. Une complexité qui me fait d'autant plus admirer la longueur de ces feuilletons à l'eau de rose ! Il m'est arrivé de m'absenter pendant de longs mois de Tunisie et de ne pas être en mesure de suivre la chaîne nationale, et quand je reviens, à mon grand étonnement le feuilleton n'est toujours pas terminé ! Il m'est difficile de passer plus de quelques minutes à regarder ces feuilletons. Mais, je suis toujours impressionné par le souffle de ces réalisations sur des sujets d'une banalité sans nom !

J'étais entrain de ruminer mes ressentiments lorsque l'un de mes collègues m'a rappelé que nous étions invité à la soirée d'ouverture. Il a du beaucoup insister avant que je ne me décide à le rejoindre. Une décision que je ne regretterai jamais dans la mesure où elle m'a réconcilié avec la ville. La soirée avait lieu dans un vieux bâtiment industriel des années 50 transformé avec beaucoup de goût en une salle de spectacle branché. Des spécialités brésiliennes nous étaient servies avec le cocktail local, le *caprihina* et on commençait à se balancer légèrement sur les rythmes de la bossa nova. L'ambiance commençait à monter progressivement jusqu'au moment où la maire de Sao Paolo, la belle Marta Suplicy, est montée sur scène pour annoncer le programme de la soirée. Et, là coup de foudre ! Un coup de foudre d'ailleurs qui remontait au moment où pour la première fois j'avais vu une photo de cette belle et sensuelle candidate du Parti du travail aux élections municipales à Sao Paolo. En lisant ses interviews, je m'étais rendu compte combien cette femme était sensible, engagée et intelligente et qu'elle avait tout pour séduire un homme : la grâce et l'esprit ! J'ai essayé depuis les années où elle était à la tête de la municipalité de Rio de me renseigner sur son compte... Qui sait, j'aurai peut être ma chance un jour avec elle et les informations que j'aurai sur elle me seront peut-être utiles dans ma quête de l'impossible ! Rêves chimériques ! Savoir qu'on est irrésistible et qu'aucune créature ne peut résister à votre charme ténébreux ! Mais, j'ai l'impression que les hommes ont eu toujours besoin de ces fantasmes pour continuer à vivre et à rêver !

Trêves de rêves chimériques, revenons à ce parcours si singulier de Marta Suplicy et son rapport à la politique qui la rendent attachante ! Jusqu'au début des années 90, elle partageait sa vie entre son cabinet de psychanalyste et sa famille bourgeoise, mariée à l'un des descendants d'une des plus riches familles issues de l'immigration italienne. Une vie bien rangée jusqu'au jour où son milliardaire de mari décide de rejoindre le Parti de travail de Lula. Un sacrilège pour la bourgeoisie de Sao Paolo qui voit l'un des ses plus célèbres descendants rejoindre le parti des affamés et des crasseux ! Marta rejoint son mari au PT et fait de la cause des femmes son principal engagement. Elue au parlement, elle se distinguera en faisant voter une loi imposant un quota de 30 % de femmes dans les assemblées au Brésil. Mais, surtout elle se fera connaître à partir de 2000 en se faisant élire à la tête de la municipalité de Rio. Madame le maire met alors en œuvre une autre manière de faire de la politique. Une politique certes nourrie par les grands engagements et les grandes utopies de libération de l'homme ! Mais, surtout un engagement politique proche des gens et de leurs préoccupations ! Elle met en place un programme contre l'extrême pauvreté qui touche près de 300 000 familles. Elle développe un important programme d'appui aux indiens dans les domaines de l'éducation, de la santé et d'accès au travail. Son projet le plus ambitieux concerne l'appui qu'elle apporte aux enfants de la rue, un problème majeur au Brésil depuis de longues années. C'est le programme qui lui tient le plus à cœur et permet d'assurer aux enfants l'accès à l'éducation, à la santé et surtout à la nourriture. Jusqu'à l'âge de 16 ans, ces enfants peuvent fréquenter les différentes cantines de la ville pour manger une fois par jour du poulet, du riz et des haricots. « Pour beaucoup, indique Marta, c'est le seul repas de la journée. J'ai vu un gosse emporter à manger pour son frère ». Ça peut paraître dérisoire par rapport aux discours sur les grands engagements et les grandes utopies ! Et si le politique commençait par lutter contre les petites misères qui nous entourent ? Et, si les grandes utopies ne sont que l'accumulation de petites histoires quotidiennes d'épanouissement ! Et, si les grands rêves de monde meilleur n'étaient qu'une succession de petits récits d'émancipation ! C'est ce que semble nous rappeler la maire de Sao Paolo ! Entre grâce et engagement, entre sensualité et militantisme, Marta Suplicy nous suggère que cet autre monde auquel nous aspirons n'est autre qu'un combat quotidien pour la liberté et la dignité de l'humain !

Dans son mot de bienvenue, madame le maire a surtout donné une perspective différente d'une ville que je pensais hâtivement boueuse et sans intérêt. Des propos qui ont été également confirmés par le brillant secrétaire général de la CNUCED, autre enfant chéri de Sao Paolo, Rubens Ricupero. Ils ont expliqué avec charme et élégance que probablement plus que tout autre ville, Sao Paolo est la plus cosmopolite du Brésil. Une ville où les populations ont émigré des différentes régions du Brésil et d'Amérique latine pour venir travailler lors du boom industriel des années 50. Une ville qui s'est aussi retrouvée très tôt au carrefour des mouvements de populations en provenance d'Afrique, d'Asie et d'Europe. Esclaves tirés de force de leurs lointaines campagnes africaines, immigrants fuyant la pauvreté, la famine et parfois l'intolérance dans certains pays européens et en Asie. Le Brésil, et Sao Paolo en particulier, ont été une terre d'accueil pour des populations venues d'horizons divers en quête de rêves et d'utopies. Le Brésil a été le pays qui a reçu le plus d'esclaves venus d'Afrique et Sao Paolo a été le lieu où ils ont essayé de reconstruire le paradis perdu. Entre rites africains et rythmes soyeux, entre grâce et sensualité, ces esclaves ont cherché à enterrer les amours perdus en donnant naissance à Sao Paolo. Si l'Afrique a civilisé l'Amérique, c'est probablement à Sao Paolo qu'elle a enfoui son âme ! Et, si l'Afrique a porté l'universel à l'Amérique c'est certainement à Sao Paolo qu'elle a enseveli ce désir d'utopie et de subversion.

Le Brésil et Sao Paolo ont été une terre d'accueil, un lieu de répit pour ces populations venues de loin. Une halte nécessaire pour contempler un monde nouveau et se remémorer celui laissé derrière eux ! Un arrêt pour scruter ces nouvelles terres et frayer dans leurs mémoires une place pour les lieux qu'ils ont du quitter ! Ces populations ont apporté avec elles leurs espérances, leurs illusions, mais aussi leurs souffrances et leurs tourments. Joies et désespoirs, allégresse et détresse, enchantement et désillusions sont venus nourrir un imaginaire commun et donner à la culture brésilienne la singularité qui est la sienne par rapport à toutes les autres expressions culturelles dans le monde. Une culture qui a les rythmes et la sensualité de l'Afrique, la nostalgie et la détresse des poètes venus du Moyen Orient, la délicatesse et le raffinement de ceux venus d'Extrême Orient, mais aussi la rationalité et la logique de ceux venus des terres du froid ! Un mélange qui a fait l'originalité mais parfois aussi l'extravagance de la culture brésilienne.

Un mariage qui a fait de cette culture un des lieux forts de l'expérimentation et de l'innovation ! Un mélange qui a aussi donné à la culture brésilienne, à la poésie et à la beauté les couleurs vives de la souffrance, de la grâce et de la nostalgie !

Cette soirée m'a permis de découvrir cette autre facette du Brésil et de Sao Paolo. Entre *caprahinha* et rythmes de la bossa nova, entre échanges et regards furtifs, entre la grâce qui se dégage de la troupe d'une des écoles de Samba sur scène et les mots fugaces, entre les regards secrets et la voix soyeuse de Gilberto Gil, j'ai découvert Sao Paolo. La grâce a remplacé les souvenirs des bâtiments vieillots, la sensualité a pris la place du ciel gris et menaçant, et la nostalgie celle des longues files d'attente. Et, soudain la révélation venait à moi : j'aime ce pays ! J'aime cette ville ! Un souffle que je ne pouvais continuer à partager avec d'autres ! Un aveu que je ne pouvais que murmurer à mon Moi ! Du coup, je suis sorti de la salle et j'ai marché longtemps dans cette nuite glaciale et froide ! Je me suis réconcilié avec cette ville… la réunion pouvait commencer !

Le commerce peut-il contribuer au développement ?

La CNUCED a été créée à Genève en 1964 en tant qu'organe de l'Assemblée générale des Nations unies spécialisé dans les questions du commerce et du développement. La création de cette institution correspond à un moment particulier de l'histoire des pays en développement, surtout à leur prise de conscience du caractère inégal du commerce et de son impact négatif sur ces pays. Cette prise de conscience n'est pas récente, elle remonte à la crise des années 30 quand les efforts de développement des pays émergents de l'époque, comme le Brésil et l'Argentine, ont été annihilés par la chute des cours des produits de base, notamment ceux du café, sur les marchés internationaux. Rapidement, on s'est rendu compte du rôle que le commerce international pouvait jouer dans le développement, ce qui sera confirmé dans les années 50 et 60 par les travaux de la nouvelle discipline en vogue à l'époque, l'économie du développement. Les recherches des théoriciens de la dépendance et de la

CEPAL ont alors montré que l'économie mondiale est caractérisée par une tendance structurelle à la détérioration des termes de l'échange des pays en développement. En effet, depuis le début du siècle, les cours des produits de matière premières exportées par les pays du Sud n'ont cessé de baisser par rapport à ceux exportés par les pays développés, et les économistes ont mis rapidement en exergue le rôle négatif du commerce international dans le développement. Cette prise de conscience s'étendra à l'ensemble de l'ordre économique mondial jugé inégalitaire par les pays en développement. Cette analyse les amènera à faire de la réforme de l'ordre mondial leur revendication centrale dans les années 70. Un Nouvel Ordre International plus ouvert et plus égalitaire fut perçu comme un complément nécessaire à leurs stratégies de développement et à leur indépendance économique.

Dans ce contexte international, la CNUCED a été créée afin d'aider les pays en développement à formuler leurs politiques commerciales et s'assurer que le commerce international jouait un rôle favorable. Et qui mieux à l'époque que l'économiste argentin Raoul Prebish pouvait prendre les rennes de cette nouvelle institution ? En effet, cet économiste s'est distingué à la tête de la CEPAL par sa remise en cause du rôle négatif du commerce sur le développement des pays d'Amérique latine. Il a été également à l'origine de la popularisation des stratégies d'import-substitution, stratégies adoptées à l'époque par les pays d'Amérique latine et étendues à l'ensemble des pays du Tiers-Monde. Elles avaient pour principal objectif de contrecarrer les effets négatifs du commerce international en recentrant le développement sur les marchés internes et la satisfaction des besoins de base des populations locales. Une importante réorientation des choix et des politiques de développement s'est opérée alors en donnant la priorité aux productions locales des produits de consommations finales aux dépends des importations et exportations de matières premières. Au-delà de ces choix de développement, un consensus s'est alors construit sur la scène internationale concernant l'importance du commerce dans le développement et le rôle positif qu'il doit y jouer. Consensus rappelé récemment à Sao Paolo dans la déclaration de la Conférence générale de la CNUCED qui indiquait que « le commerce n'est pas une fin en soi, mais un moyen pour parvenir à la croissance et au développement. Les politiques de commerce et de développement sont un instrument important pour autant qu'elles soient intégrées dans les plans nationaux de développement et les stratégies de lutte contre la pauvreté visant des buts tels que : croissance, transformation économique et production, diversification, valeur ajoutée de l'exportation, augmentation de l'emploi, élimination de la pauvreté, parité entre hommes et femmes et développement durable ». Cette déclaration est venue rappeler le consensus qui a émergé dans les années 60 et 70 faisant du commerce un important outil en matière de développement. Ainsi, il devait contribuer aux efforts de diversification des économies nationales pour échapper à une insertion rentière du Sud, héritée de la colonisation et faire face à la tendance structurelle de la chute des cours de matières premières.

Ces stratégies ont été au cœur des processus de développement tout au long des années 60 et 70. Mais, la crise des années 80 et les politiques d'ajustement structurel ont emporté les espoirs et les rêves de diversification des économies du Sud. La crise de la dette verra la montée en puissance de la Banque Mondiale et du Fonds Monétaire International chargés d'empêcher sa transformation en une crise financière internationale. Ces institutions seront à l'origine de l'élaboration de la nouvelle vision appelée consensus du développement. Ce nouveau consensus remettra en cause les trois grandes orientations des années 70 : les stratégies de croissance orientées vers les marchés intérieurs, l'intervention régulatrice de l'État, les politiques commerciales protectionnistes et les obstacles dressés devant le libre échange. Tout d'abord, le rôle de l'État est remis en cause dans la mesure où il a été à l'origine d'une grande inefficacité des investissements et a favorisé des arbitrages inefficients dans l'utilisation des ressources des pays en développement. Ensuite, les politiques commerciales protectionnistes ont été également remises en cause dans la mesure où elles ont été à l'origine de comportements rentiers de la part des entreprises locales, ce qui les ont amenés à ne pas prendre de risques en matière d'investissement. Enfin, le centrage des stratégies de croissance sur les marchés internes a été remis en cause, et l'option de l'ouverture sur les marchés extérieurs a été encouragée afin de favoriser l'insertion compétitive des économies du Sud dans l'économie mondiale. Ainsi, les rêves et les utopies des pères fondateurs de l'économie du développement et des mouvements nationalistes ont été remis en cause ! Le temps de l'utopie a laissé la place au nouveau consensus de Washington et sa gestion rationnelle des économies ! Une ère s'est refermée dans l'histoire récente du Sud et une nouvelle ère de réformes s'est ouverte !

Le consensus de Washington a été la norme dans la réflexion et l'action en matière de développement dans les années 80 et 90. Désormais plus de droit au rêve et aux grandes visions, c'est la gestion des grands équilibres macroéconomiques qui a pris le dessus ! En matière commerciale, les réformes appliquées dans le cadre des programmes d'ajustement structurel ont été caractérisés par une grande ouverture et une libéralisation des politiques commerciales : les tarifs, les protections non tarifaires ont été sensiblement réduites, les entreprises publiques en matière d'import-export ont été privatisées et le secteur privé est devenu un acteur important. Les activités d'exportation ont été encouragées et plusieurs zones franches ont été créées pour attirer les investisseurs étrangers et stimuler les exportations. L'ensemble de ces réformes avait un double objectif. D'une part, il fallait que le commerce contribue aux efforts de stabilisation des grands équilibres macroéconomiques et à la réduction des déficits externes en augmentant les exportations. D'autre part, les nouvelles politiques commerciales devaient contribuer à une réorientation des stratégies de croissance vers les marchés internationaux. Cette réorientation était nécessaire car elle était censée permettre une utilisation plus efficiente des ressources rares. Ainsi, comme on le constate, le consensus de Washington a donné un nouveau contenu aux politiques commerciales, en mettant l'accent sur la stabilisation macroéconomique. Désormais, le commerce se libère des grands desseins du développement, et son rôle se limite à l'accroissement des recettes d'exportation afin de réduire les déficits. Un changement de taille dans les conceptions et les politiques dominantes en matière de développement.

En dépit de ce changement de paradigme, la CNUCED continuera contre vents et marées à défendre les idées des pères fondateurs de l'économie du développement et à mettre l'accent sur ce lien étroit entre commerce et développement. Les années 80 seront celles d'une longue et pénible traversée du désert pour cette institution et pour tous ceux qui sont attachés à une vision hétérodoxe du développement. Le libéralisme triomphant de cette période avait réduit le développement à de simples recettes que les pays devaient mettre en œuvre de manière uniforme, indépendamment de leurs spécificités historiques, leurs positionnements géographiques ou leurs expériences institutionnelles. Il suffisait de mettre en place ces stratégies simples pour que les peuples du Sud atteignent le nirvana et renouent avec un universel qu'ils ont toujours fui pour se réfugier dans une pseudo-différence ! Et les pays du Nord, comme d'habitude, sont obligés de conduire ces populations imperméables à la modernité et à la raison vers la modernité et l'universel !

Or, les réformes appliquées dans les années 80 et 90 n'ont pas produit les effets escomptés. Une croissance molle, les grands équilibres loin d'avoir été établis, et la dette qui continue de peser de tout son poids sur les économies du Sud. Pire, les conditions sociales des populations se sont détériorées et la pauvreté a connu une avancée sans précédent ! Décidément, les barbares continueront toujours à résister à l'appel de l'universel que le Nord dans sa grande générosité avait décidé d'étendre à sa marge ! Au contraire, l'extrême pauvreté avait largement ouvert les portes de la contestation de l'universel et de l'aventurisme violent et terroriste au nom de la découverte des origines et du retour à l'âge d'or !

Au niveau commercial, les réformes mises en œuvre dans les années 80 et 90 n'ont pas atteint les objectifs fixés, et les pays en développement, en dehors des exceptions asiatiques, n'ont pas amélioré leur insertion internationale se trouvant pour la majorité, prisonniers de la spécialisation rentière héritée de la période coloniale. Par ailleurs, les réformes n'ont pas permis d'améliorer la situation macroéconomique de ces pays. Au contraire la libéralisation commerciale s'est traduite par une augmentation des importations, donc une détérioration des déficits externes. La libéralisation a eu également des effets sur les équilibres internes : l'essentiel des recettes fiscales dans les pays en développement provenant des recettes douanières, la libéralisation commerciale a entraîné un creusement du déficit budgétaire. Ainsi, les politiques de libéralisation commerciale ont eu des effets déstabilisateurs dans un grand nombre de pays en développement sans pour autant contribuer à l'amélioration de leur insertion internationale. Ces orientations ont été également critiquées dans la mesure où, contrairement à l'esprit des réformes, les pays développés ont poursuivi leurs politiques stratégiques en apportant un appui essentiel à leurs productions locales notamment dans le secteur agricole et dans les secteurs industriels intensifs en travail, là où les pays en développement ont acquis une certaine compétitivité. Ainsi, les réformes commerciales ont survécu du fait de leurs résultats limités et de leur caractère inégal.

Le rêve des réformes s'est effacé à l'aube de ce nouveau siècle ! La critique et la remise en cause du consensus de Washington au cœur des réformes des années 80 et 90 ont permis un retour au débat sur le développement. Ce débat a été marginalisé avec les Programmes d'ajustement structurel pour se focaliser sur la stabilisation macroéconomique et les réformes. On s'était rendu compte progressivement que la stabilité et les réformes ne sont pas une fin en soi et qu'elles doivent servir le développement. En même temps, la relation entre commerce et développement est revenue en force dans les débats internationaux. Ce retour qui a permis à la CNUCED et à la réflexion hétérodoxe portant sur ces questions, de sortir de la longue traversée du désert des années 80 et 90 et d'être à nouveau au cœur de la réflexion sur les enjeux du développement. Cependant, cette réflexion doit prendre en compte le contexte nouveau de la globalisation croissante des économies.

La globalisation et le nouveau rôle du commerce dans le développement

Nul doute, la globalisation a créé un contexte économique nouveau depuis quelques années : multiplication des échanges, accroissement rapide des investissements directs étrangers et progression sans précédent des mouvements de capitaux financiers. Mais, au-delà elle s'est accompagnée d'une volonté de réduire le pouvoir économique des États-nations et de les dépasser comme lieu d'organisation de l'activité économique et de légitimation du politique. Cette nouvelle réalité a été à l'origine d'un grand nombre de questionnements notamment dans le domaine du développement. L'objectif de construire un appareil productif cohérent est-il toujours pertinent dans un monde de plus en plus globalisé ? Quel contenu donner à ces nouvelles stratégies de développement ? Quels rapports entre les politiques et stratégies nationales, et l'ordre multilatéral ? Comment le monde global pourrait-il contribuer au développement ? Ces questionnements entre autres ont été au cœur de la 11e Conférence générale de la CNUCED organisée du 13 au 18 juin 2004 à Sao Paolo au Brésil sous le thème « Renforcer la cohérence entre les stratégies nationales de développement et les processus économiques mondiaux pour la croissance économique et le développement ».

La question de la cohérence entre le processus de globalisation et de dépassement des États-nations et celui du développement et de la construction de structures économiques nationales compétitives est, depuis quelques années, au centre des débats. Certes, plusieurs institutions internationales mettent l'accent sur la nécessaire cohésion entre les deux processus. Ainsi, la déclaration de la dernière Conférence générale de la CNUCED souligne que « pour aider les pays en développement à tirer un plus grand parti de la mondialisation et à réaliser les objectifs internationaux de développement, notamment ceux énoncés dans la Déclaration du Millénaire, il faut accroître la cohérence et la cohésion des systèmes commercial, financier et monétaire internationaux et de la gouvernance mondiale. Il est important que le développement soit au centre des préoccupations économiques internationales. Une cohérence accrue entre les stratégies nationales de développement, d'une part, et les obligations et engagements internationaux, de l'autre, contribuerait à créer un cadre économique favorable au développement. Il faut élargir et renforcer la participation des pays en développement et des pays en transition à la prise de décisions économiques et à l'établissement de normes au niveau international ».

Mais, au-delà de cet accord de principe, la question qui se pose est : comment assurer cette cohérence ? Comment faire en sorte que les pays en développement continuent à poursuivre leurs propres objectifs de développement dans un contexte de plus en plus globalisé ? Quel contenu donner au développement ? Doit-il passer par une uniformisation croissante des modes de produire et de consommer, ou bien prendre en considération les différences et les mettre en valeur ? Ces interrogations sont d'autant plus importantes que, comme le reconnaît la déclaration finale de la conférence de la CNUCED, « l'interdépendance croissante des pays dans une économie mondialisée et l'apparition de règles régissant les relations économiques internationales font que la marge d'action dont les pays jouissent en matière de politique économique intérieure, en particulier dans les domaines du commerce, de l'investissement et du développement industriel, est souvent restreinte par les disciplines et engagements internationaux et par des facteurs liés aux marchés mondiaux. Il appartient à chaque gouvernement d'évaluer les avantages découlant de règles et d'engagements internationaux et les contraintes dues à la perte d'autonomie ».

L'intérêt de la dernière Conférence générale de la CNUCED est qu'elle est arrivée à un moment crucial du débat sur l'avenir du développement. Elle a par ailleurs su reprendre et récapituler les questionnements évoqués depuis quelques années par les économistes et les spécialistes du développement. Elle a été en mesure de mettre en valeur les éléments de réponse esquissés depuis quelques années sur le futur du développement. À ce niveau, il semble de plus en plus que la réflexion sur les stratégies de développement doit se situer à un double niveau. D'abord au niveau national où les pays doivent, en dépit de la globalisation et des appels, faire l'effort de formuler des politiques nationales qui suivent la logique rationnelle des marchés mondiaux, tout en poursuivant le développement et la diversification de leurs structures productives. Mais, le nouveau consensus sur le développement se distingue de celui de Washington en rompant avec l'un des slogans phares des années 80 « One size fits all » qui met l'accent sur l'uniformité des recettes et des remèdes appliqués aux pays en développement. La Déclaration finale de la Conférence générale de la CNUCED consacre cette évolution majeure du débat sur le développement, en soulignant que « l'expérience des 20 dernières années, pendant lesquelles les politiques de développement ont été axées sur une plus grande ouverture aux marchés mondiaux et à la concurrence internationale et sur un repli de l'État, montre qu'il n'y a pas de convergence automatique des économies ouvertes et qu'il ne peut y avoir d'approche applicable à tous en matière de développement. Il est aujourd'hui largement admis que les stratégies de développement doivent être repensées à la lumière d'expériences plus ou moins réussies. Ces stratégies devraient être adaptées à l'évolution, aux besoins et à la situation de chaque pays. Les pays en développement ayant mieux réussi que d'autres à s'intégrer à l'économie mondiale ont connu une croissance rapide et soutenue qui a été favorisée par une transformation de la structure de leur économie – la place du secteur primaire y a diminué au profit de l'activité manufacturière et des services – qui s'est accompagnée d'une hausse progressive de la productivité. Le moteur de cette transformation structurelle a été une accumulation du capital rapide, efficace et soutenue dans le cadre d'une stratégie de développement cohérente ».

Nos bienfaiteurs nous avaient longtemps expliqué qu'il n'y avait qu'une voie d'accès à l'universel : la leur bien évidemment ! Or, le nouveau consensus sur le développement vient consacrer l'idée de différence et met l'accent sur la spécificité des conditions locales et des trajectoires historiques qui justifient et légitiment des contenus différenciés dans les stratégies. Les idées de différence et de spécificité ont été consacrées par la Déclaration de la dernière Conférence générale de la CNUCED qui souligne que « les différentes mesures doivent être appliquées de façon pragmatique, en fonction des enseignements tirés de l'expérience concrète de ce qui, dans chaque pays, fonctionne ou ne fonctionne pas. D'où la nécessaire diversité des stratégies nationales de développement élaborées pour répondre aux objectifs d'une croissance économique et d'un développement soutenus, compte-tenu des possibilités de développement de chaque pays et de leur situation socioéconomique, ainsi que des conditions initiales concernant la taille, la structure économique et la situation géographique ».

Mais, l'idée de différence ne doit pas ouvrir la voie à un relativisme total. Au contraire, les expériences et les stratégies de développement doivent être construites autour des éléments de base de ce qui est considéré comme un acquis commun en matière de développement. Ainsi, la Déclaration finale de la Conférence générale souligne que « tout en reconnaissant la nécessaire diversité des politiques nationales, la CNUCED devrait recenser – dans le domaine du commerce et du développement, et compte-tenu des expériences plus ou moins réussies – les éléments de base de politiques macroéconomiques rationnelles qui favorisent une augmentation des capacités productives, une hausse de la productivité, l'accélération de la croissance et le maintien d'une croissance soutenue, la création d'emplois et la réduction de la pauvreté. Elle devrait analyser l'impact des politiques et processus internationaux sur la marge d'autonomie dont disposent les pays pour mettre en œuvre leurs stratégies de développement ».

Ainsi, la nouvelle vision du développement s'inscrit dans le débat philosophique général sur la modernité et l'accès à l'universel. Jusqu'à une date récente on considérait que l'accès au temps du monde devait prendre la voie de l'homogénéisation et de l'uniformisation avec l'Autre. Une attitude qui puise ses origines dans l'idée d'une supériorité de l'Autre par rapport à un Autre inférieur et plongé dans les mythes. À partir de là, l'accès à l'universel par le Sud passait par la réduction de son expérience historique à celle de l'Autre à travers, notamment, l'adoption de son modèle de développement. C'est dans cette posture philosophique qu'il faut chercher les tentatives à l'uniformisation des recettes et des réformes adoptées dans les années 80 et 90 dans le cadre des programmes d'ajustement structurel. Or, cette vision hégémonique et impériale du discours philosophique a atteint ses limites et on assiste à l'émergence de nouvelles perceptions ouvertes sur la marge du monde et son expérience. En effet, la multiplication des échanges et des métissages depuis quelques années a abouti au renoncement à l'universalisme du Moi occidental. La relation avec l'Autre n'est plus perçue sous le prisme de l'homogénéisation et de la domination. Au contraire, on assiste de plus en plus à l'émergence d'un discours philosophique d'une modernité ouverte et d'un universel qui se décline et s'imprègne de l'expérience de l'Autre pour s'enrichir et se diversifier. Mais, la reconnaissance de la richesse de l'expérience de l'Autre et sa capacité à sortir la modernité de sa crise récente ne signifie pas le retour à un relativisme intégral et le renoncement à l'idée d'une utopie commune de l'humain. Au contraire, cette ouverture sur l'Autre se fait dans un contexte d'adhésion à des principes et à des valeurs communes mettant en exergue les idées de raison, de respect de l'Autre, de pluralité et de prise de conscience de la différence.

Cependant, le renoncement à l'hégémonie d'un modèle unique et l'ouverture d'un champ d'expérimentation économique et sociale ne peuvent se faire que dans un environnement international qui reconnaît le droit à l'autonomie dans la formulation des choix de politique économique et des stratégies de développement. Dans ce contexte, la CNUCED a introduit le débat sur la notion de « policy space » ou de marge de liberté et d'autonomie dans la formulation et la mise en œuvre des politiques. Certes, cette notion n'est pas nouvelle et son introduction dans le débat et la réflexion économiques date de la fin des années 80 avec la multiplication des travaux sur la globalisation et la prise de conscience des contraintes qu'elle impose sur les pays en développement. L'introduction de cette notion par la CNUCED dans les sphères institutionnelles n'a pas été sans soulever des controverses de la part d'un grand nombre de pays. Certains n'ont cessé dans les réunions préparatoires à la Conférence de déclarer leur opposition à une notion qu'ils considèrent confuse et qui pourrait ouvrir la voie à la formulation de politiques nationales aventuristes et peu rationnelles.

Cette opposition et la controverse suscitée par cette notion ont amené la CNUCED à en préciser le contenu. La notion de « policy space » ou espace de liberté fait référence à la capacité des pouvoirs et des gouvernements à échapper aux contraintes multilatérales dans la formulation des politiques nationales. Cette notion fait surtout référence à l'accroissement des disciplines multilatérales, comme celles définies par l'OMC, qui réduisent la marge de liberté des pays en développement dans la formulation et la mise en œuvre de leurs choix et de leurs stratégies de développement. La notion d'espace politique peut se décliner par la formulation des priorités, de leur mise en œuvre et de l'interprétation des règles. La Déclaration finale de la Conférence de la CNUCED met l'accent sur la nécessité pour la communauté internationale de trouver « un juste équilibre entre la marge d'action nationale et les disciplines et engagements internationaux lorsqu'elle prend des décisions collectives concernant de futurs engagements et disciplines ainsi que la mise en œuvre et l'interprétation des engagements et disciplines en vigueur ». Cette notion a suscité un important débat dans les instances internationales. En dépit de la controverse et de l'opposition de certains pays, elle est devenue incontournable, et les pays en développement considèrent qu'il est essentiel de leur reconnaître cette liberté dans la formulation de leurs choix de développement et dans l'ouverture d'un espace d'expérimentation économique et sociale.

La notion d'espace politique a entraîné dans son sillage celle du nationalisme ouvert (open nationalism) qui met l'accent sur l'importance des économies nationales dans un contexte de globalisation économique mondiale poussée et elle reconnaît aux pays en développement le droit de poursuivre des choix et des politiques nationales. Cette notion de nationalisme ouvert n'est pas récente et remonte également aux années 80 quand l'accroissement des investissements étrangers aux États-Unis a suscité un débat académique et public sur la nécessité de défendre les industries nationales, qui a été à l'origine de l'adoption en 1988 de l'Exon-Florio Amendment au Defence Production Act donnant au président des États-

Unis le droit, sans aucune possibilité de recours judiciaire, de s'opposer à toute alliance entre une entreprise américaine et une entreprise étrangère qu'il considère contraire aux intérêts stratégiques américains. Le débat sur le nationalisme dans un contexte de globalisation n'est pas propre aux États-Unis, il s'est étendu en Europe et dans certains pays en développement comme l'Inde, le Brésil, l'Argentine, la Malaisie et l'Afrique du Sud.

Le nationalisme ouvert met l'accent sur la diversification et le renforcement de la compétitivité des économies nationales afin de favoriser une insertion internationale dynamique. Les politiques inspirées par le nationalisme ouvert diffèrent d'un pays à un autre compte-tenu de leurs niveaux de développement et de leurs conditions initiales, elles mettent l'accent sur l'éducation et la formation des ressources humaines, le développement du secteur privé, la présence d'un secteur public dynamique. Mais, elle insiste surtout sur les politiques de développement industriel qui ont été marginalisées par les programmes d'ajustement structurel dans les années 80 et 90.

Ainsi, qu'il s'agisse de la notion d'espace de politique ou de nationalisme ouvert, le renouveau du débat sur le développement insiste sur la notion de politiques volontaristes, et rompt avec le consensus de Washington des années 80 faisant de la neutralité politique un élément essentiel de sa vision du développement. Cette neutralité se justifiait par le fait que l'interventionnisme étatique a été à l'origine du développement de comportements rentiers et d'un gaspillage de ressources. Elle devait ouvrir la voie au fonctionnement des lois du marché supposées avoir une rationalité supérieure à celle de l'action publique. Or, la nouvelle philosophie du développement s'accompagne d'une revalorisation du rôle du politique. Une revalorisation que la Déclaration finale de la dernière Conférence générale de la CNUCED a mis en exergue en indiquant que « pour améliorer la compétitivité, il faut appliquer des politiques nationales volontaristes, spécifiques et transparentes visant à favoriser le renforcement systématique des capacités de production locales. Ces politiques doivent porter sur différents domaines : investissement, développement des entreprises, technologie, politique de la concurrence, formation d'une main d'œuvre qualifiée, développement des infrastructures, aspects institutionnels du renforcement des capacités productives, et mesures propres à faciliter un apport continu d'investissements tels que des mécanismes de garantie des investissements et des mesures relatives à la promotion et à la protection des investissements ».

Ce nouveau consensus sur le développement ne se limite pas à la mise en œuvre de stratégies de développement dynamiques et à l'élargissement des marges de liberté des pays. En effet, le développement exige également une réforme structurelle et profonde de l'ordre économique international pour faire de l'ouverture des marchés internationaux le complément nécessaire aux efforts de développement au niveau national. Les pays en développement ont mis en œuvre dans le cadre des programmes d'ajustement structurel, dans les années 80, de véritables politiques de libéralisation commerciale qui ont permis une plus grande ouverture de leurs marchés alors que les pays développés ont poursuivi jusqu'à nos jours leurs politiques commerciales stratégiques. Ainsi, sur les marchés agricoles les producteurs des pays du Nord disposent d'importants appuis à la production, les subventions à l'exportation et les fortes restrictions appliquées à l'ouverture de leurs marchés. Par ailleurs, en dépit d'une réduction des tarifs douaniers, ils continuent à défendre leurs produits industriels intensifs en travail et fortement concurrencés par les exportations en provenance des pays en développement à travers d'importants pics tarifaires. C'est pourquoi, il apparaît clairement que les objectifs de développement et de construction d'appareils productifs dynamiques et compétitifs ne peuvent être atteints sans une profonde réforme du système commercial multilatéral. Ce principe a fortement été réaffirmé dans la Déclaration finale de la Conférence de la CNUCED qui a indiqué que « tous les pays ont intérêt à ce que le programme de Doha, qui vise à étendre encore les possibilités commerciales et à abaisser les obstacles au commerce entre les nations ainsi qu'accroître la contribution du système commercial au développement soit réalisé. Ce succès contribuerait à la réalisation de l'objectif consistant à soutenir et protéger un système commercial multilatéral ouvert, équitable, réglementé, prévisible et non discriminatoire. Un des grands mérites de la Déclaration ministérielle de Doha a été de placer les besoins et les intérêts des pays en développement au cœur du Programme de travail de Doha. Il convient de poursuivre cet objectif important afin que les négociations commerciales multilatérales débouchent sur des résultats concrets orientés vers le développement ».

Ainsi, un nouveau consensus sur le développement semble émerger depuis quelques années suite à l'échec de celui de Washington. Il met l'accent sur la nécessité de maintenir et de renforcer les marges de liberté des pays en développement dans la formulation de leurs politiques. Cette nouvelle philosophie renonce à l'uniformisation et à l'homogénéisation qui étaient au cœur des réformes et des programmes d'ajustement structurel pour mettre l'accent sur la nécessité de construire et de préserver un espace d'expérimentation politique et social dans ces pays, et elle insiste sur l'importance de réformer le système multilatéral afin qu'il puisse renforcer et compléter le rôle joué par les politiques nationales. Ces idées sont devenues, depuis quelques années, le centre des préoccupations et des débats publics. Le choix de Sao Paolo pour tenir cette Conférence n'est de ce point de vue pas fortuit. La ville a été dans les années 40 et 50 au centre de l'expérimentation économique et politique par la mise en œuvre de stratégies de développement basées sur l'import-substitution. La dernière Conférence générale de la CNUCED n'a pas échappé au désir d'innovation et à cette volonté d'expérimentation. Elle est venue consacrer ce nouveau consensus et l'inscrire au centre des préoccupations des grandes institutions multilatérales. C'est probablement là que se situe le rôle et la place des conférences internationales. Elles jouent un rôle important dans la mesure où elles viennent consacrer les débats d'idées et participent à l'élaboration des consensus internationaux. Mais, des principes et des idées générales qui constituent la base des consensus à leur mise en œuvre sous forme de politique, il y un énorme cap que les pays doivent passer en abandonnant les sentiers battus et en inscrivant dans leurs politiques cette volonté d'innovation et d'expérimentation. N'est-ce pas là le choix de l'intelligence et de l'innovation par rapport à celui du conformisme et du conservatisme social et politique !

Achevé d'imprimer sur les presses de
l'Imprimerie Graphique de l'Ouest
Le Poiré-sur-Vie (Vendée)

Dépôt Légal : Novembre 2005
N° d'impression : 4290